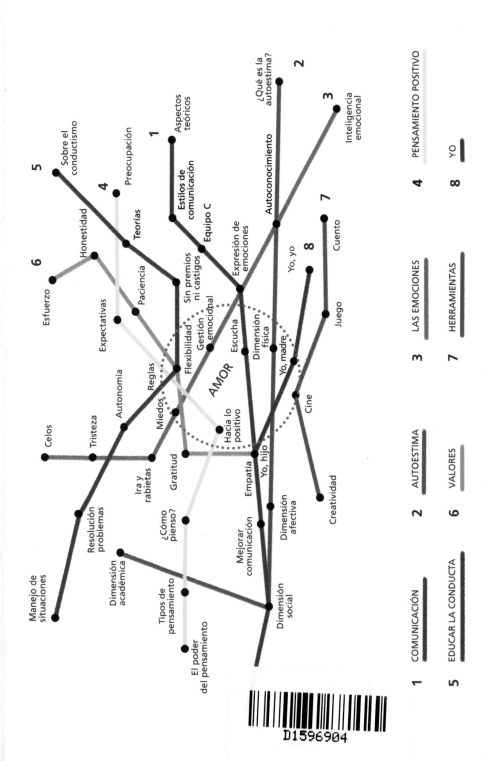

1 COMUNICACIÓN

2 AUTOESTIMA

3 LAS EMOCIONES

4 PENSAMIENTO POSITIVO

5 EDUCAR LA CONDUCTA

6 VALORES

7 HERRAMIENTAS

8 YO

Manejo de situaciones

Dimensión académica

Resolución problemas

Tristeza

Celos

Autonomía

Ira y rabietas

Gratitud

Miedos

Reglas

Expectativas

Honestidad

Esfuerzo

6

Paciencia

Teorías

Preocupación

4

Sobre el conductismo

5

Aspectos teóricos

1

Estilos de comunicación

Equipo C

Sin premios ni castigos

Flexibilidad

Gestión emocional

AMOR

Hacia lo positivo

Escucha

Dimensión física

Expresión de emociones

Autoconocimiento

¿Qué es la autoestima?

2

Inteligencia emocional

3

Yo, yo

Yo, madre

Cine

Yo, hijo

Empatía

Mejorar comunicación

Dimensión afectiva

Dimensión social

Creatividad

Juego

Cuento

7

8

¿Cómo pienso?

Tipos de pensamiento

El poder del pensamiento

D1596904

Mapa para educar niños felices

Mapa para educar niños felices

Encuentra el camino
en la crianza de tus hijos

Susanna Isern

VERGARA

Papel certificado por el Forest Stewardship Council®

Primera edición: septiembre de 2021

© 2021, Susanna Isern
© 2021, Penguin Random House Grupo Editorial, S. A. U.
Travessera de Gràcia, 47-49. 08021 Barcelona

Printed in Spain – Impreso en España

ISBN: 978-84-18045-87-5
Depósito legal: B-10.555-2021

Compuesto en M. I. Maquetación, S. L.

Impreso en Rodesa
Villatuerta (Navarra)

VE 4 5 8 7 5

ÍNDICE

Línea 2
La autoestima

Línea 3
La inteligencia emocional

Línea 4
El pensamiento positivo (y realista)

El conector del AMOR

Línea 5
Educar la conducta

Línea 6
Valores que importan

Línea 7
Herramientas

Línea 8
Yo

A Marc, Yuna y Adriel;
por ser lo más grande y lo más bello.
Por guiarme y acompañarme en este viaje

El porqué de un mapa para educar

Estábamos en primavera, hacía un día muy agradable y mi marido y yo salimos a pasear con nuestra hija pequeña. Era una de las contadas ocasiones en las que sus dos hermanos no nos acompañaban. Ella caminaba entre los dos, y nos cogía de la mano. Adoraba sentirse «la única» por un rato, estaba pletórica y derrochaba simpatía y cariño a partes iguales.

No recuerdo de qué estábamos hablando, pero en un momento dado, ella dijo:

—MAPA, ¿podemos ir a comer un helado?

—¿MAPA? —le pregunté, sorprendida.

—Sí, MAmá y PApá: MAPA —contestó sonriente.

Se había dirigido a los dos al mismo tiempo y, para ello, juntó las dos primeras sílabas de mamá y de papá, dando lugar a la palabra MAPA.

Una sonrisa enorme se dibujó, esta vez, en mi cara. Me pareció ingenioso por su parte, además de una preciosa coincidencia. ¡Nuestra hija nos había llamado MAPA! ¿Acaso no somos los padres un mapa para nuestros hijos? La luna en la noche, un faro que muestra la ruta correcta, un lazarillo que ejerce de guía... No importa si somos la madre y el padre, juntos o separados. O si viajamos uno solo o dos del mismo género. Nuestros hijos e hijas ponen fe ciega en ese mapa que nosotros trazamos día a día en su camino. Y, sin embargo, en muchas ocasiones, más que sentirnos un mapa estamos tan perdidos en su educación que los que necesitamos un mapa somos nosotros.

De ese paseo y de las ocurrencias de mi hija surgió la idea de crear un MAPA para educar. Un plano que, en un primer momento, quizá parezca un laberinto, una gran maraña de diferentes caminos, posibilidades y encrucijadas.

En este caso, vamos a imaginar un mapa de metro de una gran ciudad desconocida con cantidad de líneas, variedad de colores y muchas conexiones. Cuando nos encontremos delante de ese gran mapa, nos sentiremos desbordados, estresados, preocupados, incapaces… Sí, así es, educar no es fácil. Se trata de un largo viaje. Pero para eso tenemos un mapa, el mapa que iremos desgranando en este libro, y nos daremos cuenta de que no es tan enrevesado como parecía en un principio. Solo debemos montarnos en el metro e ir siguiendo las diferentes líneas, dependiendo de hacia dónde queramos viajar. Y detenernos en las paradas que decidamos, según lo que necesitemos.

En este mapa recojo mi formación como psicóloga, mi trayectoria de casi veinte años tratando con familias y niños, mi experiencia como madre de tres hijos y mis facetas de profesora de Psicología en la universidad y de escritora de libros infantiles, gran parte de ellos destinados a trabajar la educación emocional. Esto último es importante porque, desde que descubrí el poder de los cuentos y de las historias, se convirtieron en una de mis principales herramientas de trabajo a la hora de impartir terapia, tanto con niños como con adultos. No es casualidad que este viaje se halle repleto de historias: vivencias que he experimentado en primera persona, relatos basados en casos debidamente tratados para su uso, cuentos nuevos que he escrito para ti, fábulas que he seleccionado para educar en valores, metáforas que he creado al hilo de los temas que se tratan… En la línea 7, destinada a las herramientas, te hablaré con detalle del poder de los cuentos y entenderás por qué tienen un protagonismo tan especial.

El objetivo de este mapa no es otro que acompañar en un viaje donde impere el sentido común, el respeto y el amor por nuestros hijos y nuestras hijas; un recorrido en el que cabe el error, ya que podemos perdernos y volver hacia atrás y encontrar de nuevo el camino. Un trayecto donde cada uno halle su voz interior como educador, huyendo de los modelos de crianza anclados en el pasado, pero también de las modas y de aquellas «verdades absolutas» que señalan como errónea cualquier otra opción. Porque no existe un único camino, ni todos somos iguales, ni necesitamos lo mismo. Porque podemos equivocarnos o pensar diferente y eso no nos convierte en malos padres. Nuestro mapa mostrará un itinerario flexible recorriendo los puntos clave de la crianza sobre el cual cada uno podrá reflexionar, adquirir y/o trasformar lo que necesite, llegando a confeccionar un viaje a su medida y a la de sus hijos.

Y es que este es uno de los principales mensajes que quiero transmitirte: **Encuentra tu camino.***

---

* Quiero hacer una aclaración preliminar. Los nombres de los ejemplos que aparecen en este libro son ficticios. Los casos están inspirados en conocimientos y experiencias, pero en ningún supuesto representan a personas concretas. Todos los datos han sido debidamente modificados, mezclados y tratados para su correcto uso.

Los preparativos del viaje

La crianza es un gran viaje.
No te centres en el destino,
mejor disfruta del paisaje.

ENCUENTRA TU CAMINO

Para comenzar a calentar los motores, te voy a contar un pequeño cuento que he escrito especialmente pensando en este momento. Se titula «Un buen calzado de viaje», ya que algo imprescindible a la hora de llevar a cabo un largo viaje es hacerse con el calzado más adecuado.

Un buen calzado de viaje

Macarena estaba muy nerviosa por emprender aquel nuevo y desconocido viaje. Así que recibió con agrado los consejos que le daban aquellas personas que ya tenían experiencia en ese tipo de trayectos. Algo que tuvo muy claro desde el principio era que necesitaba un calzado cómodo y confortable para poder hacer frente a un itinerario tan largo e incierto.

Su amiga María le recomendó unos zapatos con cordones bien prietos para que estuvieran ajustados y que no se le cayeran; según ella, eran los mejores para ese viaje. A Macarena le gustaba que fueran unos zapatos ligeros, pero estaban hechos de un material muy duro, y unos cordones tan ceñidos le cortaban la circulación.

Carmen, la vecina de enfrente, le habló de unas botas rígidas que mantenían el tobillo bien sujeto. Sin embargo, enfundados en aquellas botas altas y pesadas, los pies de Macarena se sentían prisioneros, tenía el empeine dolorido y le salieron ampollas.

En un libro leyó que, sin duda, el mejor calzado consistía en unas sandalias abiertas para que respirara el pie y se sintiera libre. Pero con ellas Macarena se hacía heridas con las piedras del camino y se le helaban los pies cuando hacía frío.

Después de probar tantos tipos de calzado, Macarena se sentía perdida. Los zapatos que tan bien les funcionaban a los demás, a ella le resultaban incómodos y dolorosos.

Hasta que un día encontró a una anciana que tomaba el fresco a un lado del camino. Al ver a Macarena, le dijo:

—Con esos zapatos no creo que llegues a buen puerto.

—Me los ha recomendado mi prima. Dice que son fantásticos.

—Sí, pero a ti te están haciendo daño en el talón —dijo la anciana—. Por eso cojeas un poco y no vas a buen ritmo.

—He probado muchos tipos de zapatos y no encuentro ningunos que se ajusten a mí.

—¿Acaso tus pies son iguales a los de los demás? ¿Acaso el camino que debes recorrer es idéntico al de los otros? En tu viaje todo es distinto: tus pies, el terreno, las piedras con las que te vas encontrando en mitad del sendero, el paisaje, los fenómenos atmosféricos... Tienes que fabricar un calzado a tu medida, adecuado para tu viaje.

—¡Claro! ¿Cómo no se me había ocurrido antes? —contestó, feliz, Macarena.

—Seguro que la experiencia de haber usado todos esos zapatos inadecuados te ayuda ahora a saber qué necesitas.

Y la anciana tenía razón. Porque Macarena sabía exactamente lo que no le había funcionado bien de todos aquellos zapatos y pudo diseñar el calzado perfecto: debía ser sin cordones, con el tobillo descubierto y ligeros, muy ligeros.

Con sus nuevos zapatos, Macarena avanzaba en su camino de un modo mucho más confortable y, además, se sentía segura. Por supuesto, en algún momento se daba cuenta de que estos necesitaban ciertos cambios, como una suela más gruesa o un centímetro de más allí donde apoyaba el dedo gordo. Otras veces, necesitaban descansar o ciertos cuidados, como un buen lavado o hidratación. Pero todo fluía porque eran sus propios zapatos y los de nadie más.

Si has leído la historia conectando con el tema de la crianza, es muy probable que te hayas sentido identificado con Macarena. Yo misma viví algo parecido cuando nació mi primer hijo, te hablaré de ello más adelante. Es precisamente con el nacimiento del primogénito cuando surgen con más fuerza las dudas y suelen aparecer todo tipo de consejos que, aunque la mayoría de las veces son bien intencionados, no ayudan en absoluto a que vivamos la maternidad con seguridad y determinación.

Fulanita dice: «No lo cojas tanto en brazos o se va a malacostumbrar».

Menganita asegura: «No debes permitir que tu hijo llore alejado de tus brazos».

Zutano advierte: «Si no cortas las rabietas de cuajo, la llevas clara».

Perengano opina: «Dale lo que pide, mujer. Menudo mal rato se está llevando la criatura».

¿Te suena? En la calle todos creen saber lo que nuestros hijos necesitan, todos opinan con sus verdades absolutas. Lo peor es que esas verdades, en general, suelen ser contradictorias y podemos acabar volviéndonos locos. Y quizá caigamos en la tentación de ponernos «esos zapatos» que tanto nos recomienda Fulanita. Pero ¿es Fulanita igual que tú? ¿Es su hijo igual que el tuyo? El camino que deberá recorrer, ¿es idéntico al que tienes tú por delante?

Si te sucede esto constantemente, no te preocupes. Forma parte de la búsqueda de ese camino que será el tuyo. Reflexiona, pon en duda y cuestiona las verdades absolutas que quieren imponernos.

En este viaje voy a tratar de ayudarte a que encuentres tu propio camino. Aunque no un camino cualquiera, por su puesto. Trataremos de que sea un camino donde impere el sentido común, el respeto, el amor, la flexibilidad, la empatía… Y en el que podamos hallar siempre el punto medio. Porque, ¿sabes una cosa?, en los extremos casi nunca se encuentra la solución correcta. Tiene que ser un camino en el que te muevas con comodidad y estés siendo fiel a ti mismo y a tus principios. Por ejemplo, quizá te han recomendado que cuando tu hijo tenga una rabieta retires la atención, porque supuestamente esta es la mejor forma de que no se repita esa reacción. Te han dicho que está probado científicamente. Pero, cuando tratas de aplicarlo, se te parte el alma, te sientes culpable y te das cuenta de que eso no acaba de encajar contigo. En este punto yo te diría que, entonces, ese no es tu camino. Sabemos que las rabietas son algo natural en los niños de entre, más o menos, dos y cinco años. Todos los padres deseamos tener las técnicas adecuadas para manejarlas, pero esas estrategias pueden ser muy diversas y tú tienes que encontrar la tuya. Debes buscar la mejor para tus hijos y para ti, preguntándote siempre si es razonable y respetuosa.

En este libro-viaje se recogen muchos aspectos de la crianza, avalados por estudios que ratifican diferentes teorías. En general, parece que todos los profesionales estamos bastante de acuerdo en que debemos cultivar la inteligencia emocional de nuestros hijos, potenciar su autoestima, favorecer una conducta adecuada, mantener una comunicación fluida con ellos, fomentar valores… Es en «el cómo» donde surgen desavenencias. Debes saber que muchas veces los estudios arrojan resultados contradictorios precisamente respecto a «el cómo». Por ejemplo, cuando hablamos de favorecer una conducta adecuada, hay quienes concluyen que el uso del refuerzo positivo no es beneficioso para la crianza, pero otros teóricos defienden que sí lo es. Al enfrentarte a temas de esta índole, y con toda la información en la mano, deberás valorar qué incluir o descartar en tu estilo de crianza, siempre que se trate de una elección basada en el respeto. Cuando hablemos de este tema te invitaré a reflexionar sobre ello para que crees tu propia caja de herramientas. Esta caja siempre estará abierta a cambios y modificaciones.

A lo largo de estos años he conocido a muchos padres con sus diferentes estilos de crianza. Salvo excepciones, nunca he pretendido que las personas cambien, siempre he intentado ayudar a que encuentren su propio camino, igual que yo he encontrado el mío en mi profesión a partir de una visión ecléctica. Es decir, huyendo de los polos, no casándome con ninguna teoría extremista, abriendo la mente y el corazón a otras opciones y cogiendo los pedacitos que he considerado más interesantes de aquí y allá, hasta configurar mi camino. Esta es la ruta que muestro a mis pacientes, pero la dejo abierta para que ellos, a partir de sus reflexiones, escojan, seleccionen y modifiquen lo que estimen oportuno.

Solo hay algo que debes tener en cuenta y que es fundamental repetirlo: cualquier elección no es válida. Es más, hay «caminos» que son presentados como tales, pero no lo son, y así lo expresaré a lo largo de este libro. Hay cosas que no tienen cabida y otras que deben estar ahí, sí o sí. Cuando te hable del equipaje comprenderás a qué me refiero.

¡Y ahora sí! ¿Qué es eso de un MAPA para educar?

Quizá te preguntarás qué relación existe entre un viaje en metro y la educación de los hijos. Comprendo que, en un principio, puede resultar una comparación un tanto forzada o, como mínimo, curiosa. ¡Pero, créeme, el paralelismo resulta asombroso!

LA METÁFORA DEL MAPA

¿Te atreves a coger este mapa entre las manos? ¡Vamos allá!

Este mapa de metro es el mismo para todos, o quizá no, según se mire. Se trata de un mapa que pretende que cada uno diseñe su hoja de ruta a la hora de iniciar esta gran aventura: **el viaje de ser padres.** Fíjate bien. Tienes delante una buena maraña de colores y letras, igual que si hubieras llegado a una gran ciudad por vez primera y te hubieran plantado el mapa de metro ante tus ojos. Recuerdo bien esa sensación, por ejemplo, cuando he visitado ciudades nuevas para mí, como Londres o París. He visto el caos ante mis ojos y he pensado si sería capaz de no perderme entre tantos lugares desconocidos. Lo bueno es que cuando comienzas a analizar mejor el mapa, te das cuenta de que no es tan difícil como parece. Solo tienes que ubicarte y elegir hacia dónde quieres ir.

Te invito ahora a que observes nuevamente este mapa que he ideado para la crianza. Tiene ocho líneas de diferentes colores para recorrer los diferentes aspectos que debemos tener en cuenta a la hora de educar a las hijas y a los hijos: la comunicación, la autoestima, las emociones, el pensamiento positivo, la conducta, los valores, las herramientas y un recorrido llamado «Yo» que he dedicado especialmente a ti. Y en cada línea hay diferentes andenes en los que te podrás apear.

Como ves, las líneas se cruzan en algunos puntos, eso es así porque la educación de los hijos no se divide en compartimentos estancos. Muchos se relacionan, interactúan, se transforman mutuamente. Por ejemplo, si trabajamos para que la comunicación con nuestros hijos sea fluida, estamos ayudando a que sean más inteligentes emocionalmente y también a que su autoestima sea más positiva. De ahí que la línea azul de la comunicación se cruce con la verde de las emociones y con la roja de la autoestima.

En la parte central he trazado un círculo imaginario que conecta con todas las líneas, y en el interior de esa circunferencia se encuentra el AMOR, lo podemos llamar «el conector del amor». Si te pierdes o te sientes confundido en este gran viaje, regresa siempre al amor. Te aseguro que entonces lo verás todo mucho más claro.

Por otro lado, son muchos los pasajeros que están inmersos en este periplo; los verás circulando por los pasillos y acomodados en los vagones. Son viajeros que entran, salen, suben, bajan... Ninguno es igual al otro, ni necesita lo mismo. Cada uno parece seguir un camino distinto, pero todos compartís un objetivo muy parecido: educar a los hijos. Algunos eligen realizar el viaje completo recorriendo todas las líneas y apeándose en cada andén; otros, sin embargo, se dirigen a la línea verde de las emociones, a la línea azul de la comunicación o a la línea roja de la autoestima, bajándose en el andén que más precisen. Hay viajeros que inician por primera vez este viaje, los llaman «primerizos». Y los hay, en cambio, que llevan ya un tiempo recorriendo las diferentes líneas. Incluso para algunos de ellos este puede ser el segundo viaje, el tercero o hasta el cuarto.

Generalmente, viajeros primerizos y viajeros más expertos os encontráis en el camino. Pueden ser conocidos o desconocidos, y a veces sois padres y madres que coincidís en los vagones, en los pasillos o en los andenes, y acaso habláis entre vosotros sobre el viaje. Los que tienen más experiencia es muy posible que recomienden seguir una línea u otra o apearse en un andén determinado, e incluso animen a emplear unas estrategias concretas. Darán consejos, algunos quizá buenos, otros no tanto; y acaso te llegue también información contradictoria. En un trayecto te ha tocado sentarte al lado de una vecina de tu mismo rellano y te ha dicho que lo mejor es que comiences a quitarle el pecho a tu hijo, en otro has estado de pie junto a un compañero del colegio y te ha dicho que el chupete le va a deformar los dientes a tu niña... Si eres de las que escucha estas recomendaciones, quizá te generen dudas y te lleven a replantearte tu camino. Debes tener en cuenta que conlleva cierto peligro atender a las explicaciones de unos y otros, la mayoría habla sin conocimientos específicos y lo que funciona a unos no tiene por qué funcionar a todos, ni muchísimo menos. Y es que suelen darse consejos rápidos y sin fundamento, por eso debes ser muy selectivo a la hora de escuchar. Elige a personas con criterio y con sentido común. Y siempre, siempre, debes cuestionar lo que te dicen y meditar si realmente eso encaja contigo y con tus hijos, con el viaje que te gustaría realizar. Escucha tu voz interior para encontrar el camino propio. Y recuerda que, en cualquier caso, hallaremos respuestas en el amor.

Además de encontrar otros viajeros que, como nosotros, están realizando este periplo, en el camino nos cruzaremos con personas expertas que verdaderamente pueden ayudarnos a que este viaje sea más fácil: el conductor o la conductora del tren, agentes de seguridad, responsables de los puntos de información... En el mundo de la crianza esas personas que nos acompañan son los psicólogos, los orientadores, los profesores o diferentes profesionales. Toma de ellos lo que encaja con tu forma de pensar y de sentir, lo que convenga a tus hijos y a ti. Y si no acaba de convencerte lo que te dicen, busca otros conductores y agentes porque, aunque su función es la misma, quizá tengan diferentes estrategias y herramientas para alcanzar sus objetivos, y te sentirás más afín a unas u otras.

Sí, suele haber mucho bullicio en este viaje. Pero también puede ocurrir que, en alguna ocasión, te encuentres solo en un vagón, porque el vagón esté vacío y haya mucho silencio. Cuando no haya más personas que sigan tu mismo camino, eso te hará dudar: «Todos los padres de los compañeros del jardín de infancia de mi hijo han empezado a quitarle el pañal a los suyos, alentados por los educadores, pero yo creo que el mío no está preparado todavía y prefiero esperar. ¿Lo estaré haciendo bien?».

Otras veces sucederá justo lo contrario, que viajamos por una línea llena de pasajeros, hay mucho ruido y todos vamos hacia el mismo destino. Nos dejamos llevar. Pero ¿necesitan lo mismo todos los niños?

O, no menos importante, ¿me parece adecuado eso para mi hijo? Quizá puedas planteártelo ante un dilema similar a este: «La maestra del colegio va a programar una economía de fichas a base de pegatinas y recompensas para que los niños adquieran hábitos y quiere que desde casa también sigamos con esa estrategia para que dé un mejor resultado».

Si nos paramos a observar, nos daremos cuenta de que, durante los trayectos, los pasajeros toman diferentes actitudes. Como te he comentado antes, algunos hablan con el vecino, con el amigo y hasta con el desconocido. Dentro de esta modalidad, los hay que son más dados a opinar y aconsejar y otros, a escuchar. También hay viajeros que aprovechan para leer. Existen muchos libros sobre la crianza de los hijos, está bien conocer diferentes teorías, opiniones y perspectivas, para ir tomando de aquí y allá, e ir creando el camino propio. Otros viajeros piensan, sin más; le dan vueltas a sus asuntos y buscan la forma de solucionar los obstáculos que se les presentan. Y, finalmente, los hay que están tan cansados que aprovechan el trayecto para dormir o mirar las musarañas y dejarse llevar.

A veces puede ocurrirnos que estamos sentados en un vagón y bajamos la guardia irremediablemente, porque somos humanos, porque este viaje es largo y en ocasiones fatigante. Si estamos muy cansados, podemos distraernos o incluso quedarnos dormidos, y es probable que pasemos de largo y nos saltemos nuestra parada. Si te ocurre algo así, no te desesperes. Puedes volver atrás. Aquella parada seguirá allí para ti, aunque tardes un poco más en conseguir el objetivo. Si te desorientas entre tantas líneas y andenes, no te preocupes, reubícate y avanza en la dirección deseada.

Como ves, este es un viaje impredecible. A veces te saltas tu parada y otras veces pierdes tu tren. Quizá te has entretenido charlando por los pasillos o te has equivocado de línea. El caso es que, aunque te has pegado la carrera de tu vida, finalmente las puertas se han cerrado ante tus narices y has visto tu tren alejarse por el túnel. Pero hay otras formas de perderlo. Quizá te has quedado paralizado en el andén, hecho un mar de dudas, sin saber si ese es verdaderamente tu tren y, cuando te has querido dar cuenta, este ya había partido. ¡Pues, sí, parece que lo has perdido! Pero ¿sabes qué? Cuando menos te lo esperes, este tren volverá a pasar. ¡Muy pronto!

Además, en el trayecto pueden surgir otro tipo de obstáculos: averías, accidentes, complicaciones… circunstancias que nos frenan y retrasan. En ese caso hay que dar prioridad a lo más urgente e importante, para más tarde retomar nuestro camino.

Por otra parte, es muy posible que este viaje no lo realices solo. ¡Fíjate bien! Hay pasajeros que viajan en pareja y hay pasajeros que viajan solos. Si tienes compañía, es importante que tu compañero de viaje y tú vayáis en la misma dirección, no es suficiente con circular por la misma línea, es necesario que, además, compartáis un mismo destino. Viajar en diferente dirección crea confusión y no es beneficioso para los hijos.

En este viaje tendremos en cuenta las principales dimensiones que conforman a las personas: conductual, cognitiva y afectiva (es decir, el comportamiento, los pensamientos y las emociones). Sin olvidar la dimensión social, que nos permite interactuar con los demás. Y precisamente son estos aspectos los que debemos tener en cuenta a la hora de criar a nuestros hijos. Un niño piensa, siente, actúa… y, según cómo lo haga, le resultará más fácil o más difícil alcanzar la felicidad. Si te fijas, todas estas dimensiones se reflejan de una manera u otra en las líneas de nuestro mapa.

Línea 1: Comunicación

La comunicación es, sin duda, una de las principales áreas a tener en cuenta en la educación de nuestros hijos. Desde que nacen nuestros bebés y los sostenemos en brazos, comenzamos a interactuar con ellos, a comunicarnos con caricias, besos, palabras... Gracias a la comunicación, ya sea verbal o no verbal, empezaremos la crianza y accederemos a los temas destacados en las otras líneas. Por ese motivo es tan necesario que cuidemos la comunicación, esforzándonos por que sea fluida, bidireccional y empática.

Línea 2: Autoestima

Todos los especialistas coincidimos en que una imagen positiva de uno mismo es fundamental para el bienestar emocional de las personas. Como padres, desempeñamos un papel fundamental a la hora de potenciar un autoconcepto adecuado y también realista en nuestros hijos. Esto último es importante porque potenciar la autoestima de nuestros hijos no significa decirles que todo lo hacen bien o que son los mejores.

Línea 3: Inteligencia emocional

Varios estudios han demostrado que la inteligencia emocional se relaciona directamente con la felicidad. Por suerte, en los últimos años se ha puesto el acento en la importancia de comprender y gestionar las emociones. Especialistas, docentes y padres son ahora los encargados de potenciar ese conocimiento, tanto en los niños como en ellos mismos.

Línea 4: Pensamiento positivo

En muchas ocasiones, el pensamiento actúa como gobernador del corazón, de ahí su importancia. En esta línea aprenderás a pensar en positivo y a transmitírselo a tus hijos.

Línea 5: Educar la conducta

La conducta de los hijos es, sin duda, uno de los principales intereses de los padres cuando hablamos de crianza. En esta línea te hablaré de diferentes perspectivas y estrategias relativas al comportamiento de los niños y las niñas.

Línea 6: Valores que importan

Si queremos que nuestros hijos sean felices, inevitablemente tendremos que enseñarles también a ser mejores personas cada día. Proyectarnos hacia fuera impregnados por buenos valores hará que seamos apreciados, valorados y respetados por los que nos rodean. Y eso contribuirá a que nos sintamos bien con nosotros mismos. En esta línea te hablo de los valores que considero fundamentales en la educación de nuestros hijos, y cada valor va acompañado de una fábula con su respectiva moraleja.

Línea 7: Herramientas

Existen herramientas muy útiles que podemos utilizar en la crianza de nuestros hijos. En esta línea te enseño mis favoritas. Sin duda, el cuento desempeña un papel protagonista.

Línea 8: Yo (o sea, tú)

En este viaje no me podía olvidar de ti. Porque también tú necesitas la atención que mereces.

El conector del amor

Algo que siempre tiene que estar presente en la relación que establecemos con nuestros hijos es el amor incondicional y sin reservas. No importa lo que suceda, que estalle una fiera tormenta o que un terremoto alcance hasta las entrañas de la tierra. Ese amor siempre debe estar ahí y nuestro hijo debe saberlo. El amor será nuestra brújula en este viaje. Será aquello que nos reconducirá cuando nos sintamos perdidos. Por eso he ideado el conector del amor, aquel lugar donde nos encontraremos con nosotros mismos y redefiniremos nuestros objetivos.

Todos los aspectos que se mencionan en estas líneas son susceptibles de trabajarse y de ser fomentados y mejorados día a día. Todos son importantes y están relacionados entre sí. Si mejoramos uno, de alguna forma mejoramos los demás. Por eso existen conexiones que enlazan las diferentes líneas.

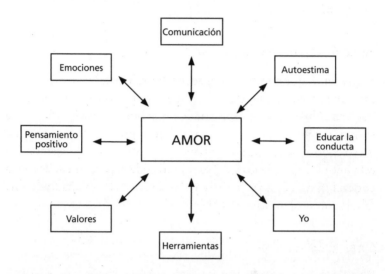

Después de los apartados dedicados a cada tema específico, al final de cada línea encontrarás un listado con las claves más importantes, un cuento de mi autoría y algunas actividades para realizar juntos que pueden resultar un buen complemento a la teoría.

En definitiva, nos enfrentamos a un gran viaje, será un camino largo en el que surgirán imprevistos, nos cansaremos, nos impacientaremos, nos desorientaremos… Pero este MAPA te acompañará, y quizá con él lo veas todo más sencillo o, por lo menos, más llevadero. Y lo más importante es que disfrutarás de la maravillosa aventura que supone ser padres. Estoy segura de ello.

¿Estás listo para subirte al tren y comenzar este gran viaje?

El equipaje

Antes de emprender un gran viaje es necesario contar con un buen equipaje. ¿Qué voy a llevar en la maleta? Por si te sirve de ayuda, estas son mis sugerencias:

No puede faltar:	Deja fuera:
Amor	Gritos
Empatía	Insultos
Respeto	Reproches
Paciencia	Faltas de respeto
Implicación	Daño físico
Calma	Castigo
Sentido común	Presión
Flexibilidad	Estrés
Equilibrio	Expectativas demasiado
Coherencia	altas

Confecciona ahora tu propio equipaje
¿Qué te gustaría añadir?
¿Hay alguna cosa que te gustaría descartar?

ASÍ COMENZÓ MI VIAJE

Te cuento un secreto...

Un psicólogo es, entre otras cosas, la persona que escucha sin juzgar y, por regla general, sin revelar información personal a sus pacientes. Sin embargo, ocasionalmente, el terapeuta puede emplear la **técnica de la autorrevelación** y narrar alguna experiencia personal, siempre que se estime como algo muy beneficioso, tanto para el tratamiento como para la relación terapéutica.

En este caso no estamos en una consulta, ni soy la terapeuta a la que le cuentas todo. Soy una especialista, madre de tres hijos, que me dispongo a volcar en las páginas de este libro buena parte de lo que sé, y aquello en lo que creo, en relación con la crianza. Me propongo convertirme en tu compañera de viaje, y no de uno cualquiera, pues soy consciente de la importancia y responsabilidad que conlleva participar en un viaje de este tipo. Para ello me gustaría crear un clima cálido, de cercanía y confianza. Quiero abrirte mi corazón para que me conozcas mejor, para que sepas cómo piensa y siente la que te habla de algo tan importante para ti como son tus hijos, y contarte, casi se podría decir que «confesarte», cómo fueron mis inicios en esto de ser madre. Voy a explicarte la forma en que encontré mi camino (y lo sigo encontrando). Te aseguro que fue un proceso que no estuvo exento de dudas y dificultades. Es más, ese proceso aún no ha finalizado y se sigue dando día a día, pues aunque mis hijos ya son un poco más mayores, necesitan que yo me recicle, me adapte a las circunstancias y me siga preguntando si aún viajamos en la dirección correcta. A lo largo de estas páginas te irás encontrando con otras revelaciones personales, pero quizá esta es la que describe mi mayor momento de vulnerabilidad e incertidumbre.

Con veinticinco años acabé el máster en Psicología clínica y comencé a tratar a mis primeros pacientes. Entre ellos, acudieron a verme madres y padres que solicitaban mis conocimientos para encauzar la crianza de sus hijos. Me acuerdo de que iba «recetando consejos» con gran seguridad sobre la retirada del pañal, los miedos, las rabietas, las conductas... Llevaba a la práctica con certeza las teorías que había estudiado durante tantos años. En una ocasión, una de esas madres se me quedó mirando fijamente, quizá no demasiado convencida con lo que le acababa de decir, y a bocajarro me preguntó: «¿Tú tienes hijos?».

Al escuchar su pregunta, me sonrojé y una risita irónica se dibujó en su cara. Debió de parecerle muy evidente que aún no los tenía. Sin embargo, tras el sofoco inicial pude contestar serenamente a su pregunta: «No necesito experimentar las dificultades para las que ofrezco tratamiento. No he sufrido nunca una depresión o un trastorno de ansiedad y soy plenamente capaz de tratarlos porque los conocimientos y las estrategias de intervención son las que son. Estoy debidamente formada y entrenada para ello».

Me quedé satisfecha con mi respuesta, y creo que ella también. No obstante, con el paso del tiempo y con la llegada de mis propios hijos, me acordé de aquella conversación de años atrás. Valoré de otra forma la pregunta que me había hecho esa madre y cambié de opinión. Porque, hasta que no se descubre el amor infinito que se siente por los hijos, hasta que no te enfrentas a las noches sin dormir, al agotamiento, a la preocupación... y te das cuenta de que tienes una capacidad de sacrificio ilimitada, que desconocías, ante la llegada de un maravilloso ser que pasa por delante de cualquier otra cosa, hasta que eso no ocurre, no eres verdaderamente consciente de lo que significa la maternidad-paternidad. Con esto no digo que un psicólogo sin hijos no pueda dirigir un tratamiento efectivo o dar las pautas adecuadas, pero los que los tienen adquieren otra dimensión y eso, queramos o no, es un añadido a tener en cuenta. ¿Adónde quiero llegar?

Cuando nació mi primer hijo se produjo una auténtica revolución dentro de mí. Un choque entre todo aquello que había estudiado y que predominaba bajo el título «buen camino a seguir» y mi instinto como madre. Te voy a contar mi historia, para que veas cómo comencé el viaje y cómo cambié de dirección encontrando un nuevo camino.

Sobre las influencias, las modas y la presión social
Cuando estaba embarazada de ocho meses abandoné la capital y me mudé a una ciudad más pequeña. Mi pareja encontró un nuevo trabajo y yo decidí aparcar un tiempo mi profesión de psicóloga para dedicarme plenamente a la maternidad. Las ecografías habían ido siempre bien, pero, en una ocasión, la ginecóloga me dijo: «Este niño es un polvorín. Hay que ver cómo se mueve. Los niños que se menean tanto en el vientre de su madre, luego suelen ser más movidos. Ya me contarás».

Mi pequeño nació un mes de agosto. Ahora no viene al caso detallar todo lo que sucedió, pero fue un parto complicado. De los que una prefiere olvidar. Por suerte, todo acabó bien y, tras unos días en la UCI de neonatos, ya estábamos en casa con nuestro bebé. Las primeras semanas no fueron las más difíciles. Mi marido tenía la baja de paternidad, mis padres vinieron a pasar unos días con nosotros y, en general, todo el mundo alrededor estaba muy atento y predispuesto a echar una mano. Poco a poco, esta situación fue cambiando. Mis padres regresaron a su ciudad, y mi marido retomó su jornada laboral en un puesto que suponía estar muchas horas fuera de casa, con comidas y cenas de trabajo que surgían demasiado a menudo. Y yo estaba en una ciudad nueva y me sentía bastante sola. Así que la mayor parte del tiempo estábamos solos el bebé y yo, yo y mi bebé maravilloso al que desde el primer momento quise con locura. Y ¿recuerdas lo que muchos padres dicen al hablar de sus bebés recién nacidos? ¿Aquello de «es un bendito, solo come y duerme»? Pues mi niño era todo lo contrario, ni comía ni dormía. Prácticamente todo el día estaba incómodo y lloraba. Lloraba mucho. En el coche, en la bandolera, en el cochecito, en la hamaquita y, por si te lo estás preguntando, también en mis brazos. Yo siempre lo estaba atendiendo, y cuando lo cambiaba de ubicación era para ver si así lograba que se tranquilizara. No quisiera exagerar, pero diría que el 80 por ciento del tiempo se sentía intranquilo. Yo era una de esas madres que no podía ducharse, a duras penas vestirse, que no podía comer… Y estaba triste, sobre todo por mi pequeño, al que tan pocas veces veía calmado y contento. Y estaba cansada, mucho. Además, debido al problema que padecimos cuando nació, no pude darle el pecho. Eso me carcomía terriblemente. Me sentía mala madre por no darle lo que para mí era mejor. Mientras pude, me saqué leche, pero eso significaba más estrés, porque tenía que invertir el doble de tiempo extrayéndola para después dársela en biberón. Las noches no eran mejores, no recuerdo haber dormido más de dos horas seguidas durante los primeros meses. El bebé padecía unos cólicos muy fuertes que comenzaban a las cuatro de la tarde y se alargaban hasta las dos o las tres de la mañana. Y además tenía reflujo. Por eso no comía y estaba tan incómodo. El pediatra me decía que los cólicos duraban unos tres meses, que el reflujo desaparecería pronto, cuando madurara su aparato digestivo, y algunos conocidos me decían que a los tres meses ya dormiría del tirón. Mientras tanto, me seguía cruzando con los padres primerizos que me decían: «El mío es un bendito, solo come y duerme». Ahora me río de todas estas cosas, pero con trece años menos, las hormonas revueltas, estando demasiado sola, agotada y desesperada, te aseguro que me agarraba a cualquier cosa que me dijeran y puse una especie de cuenta atrás, como si a los ciento ochenta días fuese a cambiar mi vida y la de mi hijo. Podría dormir más, ducharme mientras se echaba una siestecita, tomarme un café mientras que él permanecía tranquilo en mi regazo, pasear sin que se pusiera a llorar desconsolado, y, sobre todo, él sería un bebé feliz. Porque te aseguro que verlo siempre tan alterado y descontento era probablemente lo que más me perturbaba. Sobre esta base, me creé unas expectativas y comencé a contar los días y las horas para que pasaran esos tres meses. Y ese fue mi gran error. Llegaron los tres meses y los cuatro, y la situación no solo no mejoraba sino que empeoraba. Mi cuenta atrás hacía tiempo que había finalizado y cada vez me sentía más perdida y desesperada. Lo del día lo sobrellevaba como podía, pero lo de la noche me estaba comenzando a pasar factura. Es justo decir que mi marido se ocupaba del niño cuando podía y que, gracias a eso, se hizo todo algo más llevadero.

A todo esto, recuerdo que cuando hablaba por teléfono con compañeras de profesión (dio la casualidad de que yo fui la primera en ser madre), ellas me decían muy convencidas que dejara de atender tanto al bebé, que así estaba reforzando el llanto. Dicho en palabras técnicas, me recomendaban extinguir los lloros del niño retirando la atención cuando tuviera todas las necesidades básicas cubiertas, en palabras coloquiales «debía dejar de malacostumbrarlo». En realidad, al comentarme aquello, ellas me animaban a aplicar los principios del conductismo que habíamos estudiado en la carrera y que en aquel momento gozaban de gran popularidad. Yo misma había pensado en eso en alguna ocasión; sin embargo, había algo que no me convencía, que iba en contra de mi corazón. Me acordé de aquella madre que un día me preguntó si yo tenía hijos… ¿Le habría aconsejado por aquel entonces a alguien en mi situación que extinguiera el llanto de su bebé? Es difícil de saber, y, aunque en este momento me cueste admitirlo, porque es una cuestión implanteable, existe alguna posibilidad de que sí (si hubiera llegado a la conclusión de que era lo mejor que se podía hacer). Sin embargo, ahora que era madre, no lo tenía tan claro.

Entre tanto, una mañana en la que, como de costumbre, salí a pasear con el niño, me crucé con una conocida que paseaba también, en este caso con su tercera hija. La conversación vino a ser así:

—Tienes cara de cansada. ¿Qué tal va con el bebé? ¿Ya duerme del tirón?

—¡Qué va! Me reclama dos o tres veces cada noche.

—¿Cuántos meses tiene ya?

—Casi seis…

—¿Conoces el libro para enseñar a dormir a los bebés? A mí me lo recomendó el pediatra y es mano de santo. En pocos días duermen de un tirón. También lo ha probado mi hermana y está encantada.

—No, no lo conocía.

—Uy, pues apúntate el título y pruébalo. Ya me contarás.

Me compré aquel libro que, aunque no te dé el título, estoy segura de que sabrás identificarlo porque se hizo muy famoso. En resumen, consistía en un método que detallaba una tabla de tiempos en la que se definían los minutos que debían esperar los padres antes de atender a su bebé cuando comenzaba a llorar al acostarle o al despertarse a media noche. Todo esto iba acompañado por una larga lista de beneficios que supuestamente se alcanzaban si se conseguía regular el sueño de los niños. Me encontraba de nuevo con principios de los conductistas. Era el mismo sistema que había estudiado y que mis compañeras de profesión me habían recordado por teléfono, pero aquí se vertían unas pautas muy detalladas y aplicadas al tema que tanto me preocupaba: el sueño del bebé.

¿Era aquella la solución que necesitaba? Estaba todo tan bien formulado y justificado en aquel libro que comencé a dudar. Al fin y al cabo, el método cuadraba con mi formación y supuestamente había estudios científicos que lo avalaban. Por lo que allí se podía leer, era bueno para el niño y para todos. Dicen que esa metodología no es para los niños, sino para los padres. Así que supongo que, en aquel momento, me autoconvencí, porque de alguna manera necesitaba que todo encajara en mi cabeza como un puzle perfecto. No me siento orgullosa de lo que estuve a punto de hacer y confieso que hasta me siento avergonzada al revelar algo así. A veces, encontrar el camino supone darle la voltereta a nuestras ideas, ponerlas patas arriba y cometer errores para después rectificar y dirigirse en dirección contraria, si es preciso. Eso es exactamente lo que me ocurrió a mí.

Mi bebé estaba a punto de cumplir seis meses. Había subrayado las partes del libro que me interesaban y memorizado los pasos. Aquella noche iba a ponerlos en práctica. Así fue como seguí la rutina de todos los días: lo bañé, le puse el pijama, le di la última toma del día, tuvimos nuestro rato de caricias y carantoñas, le cambié por última vez el pañal, le di un beso y le dije que lo quería. Mi bebé estaba saciado, limpio y parecía que no le dolía nada. Por lo tanto, pensé que tenía todas sus necesidades básicas cubiertas. Recuerdo que el corazón me iba a mil. Lo introduje en la minicuna, le di el chupete, que escupió en el acto, apagué la luz y tras darle las buenas noches salí de la habitación. Como era de esperar, comenzó a llorar. Yo estaba tras la puerta del dormitorio con un reloj. Al ver que nadie acudía a su rescate, mi bebé comenzó a sollozar con más fuerza. ¿Estaría sintiendo que lo habían abandonado? Una punzada de angustia golpeó mi corazón. En aquella eterna espera, los segundos parecían minutos. Comencé a llorar. ¿Qué estaba haciendo? Mi bebé lloraba y yo también. ¿Podía ser bueno algo que nos hacía llorar a los dos? Y no aguanté más. Entré en la habitación y abracé a mi niño. Me metí en la cama con él, mientras le pedía perdón por lo que había intentado hacer. Me emociono cada vez que me acuerdo de este episodio. Aquella noche dormimos juntos, la primera de muchas. Y aquella noche no hubo cólicos, no hubo llantos. Casi diría que se produjo la magia.

Lo que mi hijo necesitaba era a su madre

Así comencé a practicar el colecho. Porque esa era la necesidad básica que precisaba cubrir mi hijo a la hora de dormir. Una de las necesidades más importantes que tiene un bebé es el contacto y el cariño de sus padres. Ahora, eso de compartir colchón con los hijos, por suerte, se suele considerar natural (no digo que lo sea para todo el mundo, porque todavía hay quien se echa las manos a la cabeza cuando oye hablar de ello). No sucedía lo mismo en aquel entonces. O, por lo menos, no lo era en mi entorno próximo. Dormir con los hijos se consideraba, en general, «raro» y debo reconocer que al principio lo oculté e, incluso, en algún momento llegué a preguntarme si aquello estaba bien. Ahora lo miro desde la lejanía y me escandaliza pensar que una madre pueda llegar a ser cuestionada por compartir cama con su bebé. Me pregunto quién tuvo la «brillante idea» de decirnos que lo adecuado era que durmiera en su cunita y, por supuesto, a los cuatro meses lo hiciera fuera de nuestra habitación, no vaya a ser que lo convirtamos en un ser dependiente e inseguro. Hoy se ha demostrado que es al revés, los niños adquieren seguridad cuando saben que sus padres están ahí siempre. ¿Cómo algo tan antinatural pudo colarse en nuestras costumbres e integrarse de una forma tan arraigada en nuestra forma de pensar? Por fortuna, encontré especialistas y grupos de madres y padres alternativos que respaldaban el apego y el amor por encima de todo. Esta perspectiva comenzaba a bullir con fuerza y llegó para quedarse. Eso no es lo que estudié en la carrera, pero es a lo que me llevó mi instinto como madre y mi sentido de la lógica. Las noches mejoraron y, poco a poco, también lo hicieron los días. Mi hijo estaba más descansado y yo también. Él sabía que no se iba a quedar solo, que yo iba a estar ahí.

Mi hijo mediano nació cuando mi hijo mayor tenía veinte meses, y dos años después de eso llegó mi pequeña. Con ellos abandoné las expectativas, dejé de mirar los calendarios y pude disfrutar del colecho (esta vez, sin dudas y sin esconderme) y de una lactancia prolongada, entre tantas otras cosas. Es verdad que fueron niños que no me habían descrito como polvorines en las ecografías, que no padecieron cólicos ni reflujos. Pero supongo que, al final, lo verdaderamente importante era mi actitud y mi forma de enfocar las cosas. ¡Había encontrado mi camino! Por lo menos en lo que respecta a esta etapa de la crianza.

Con eso no pretendo decir que este camino es el único válido, ni muchísimo menos, pero lo fue para mí y para mi familia. Creo que cada uno es muy libre de ir conformando su ruta, siempre que sea desde el respeto, sin tener que sufrir el juicio de los demás. Pero, si me permites un consejo, deshecha el método conductista para dormir bebés porque, en definitiva, no es una práctica respetuosa ni conlleva ningún beneficio, sino todo lo contrario.

Por otro lado, si mi primer hijo no hubiera sido un bebé tan «tremendo» (y digo esto con todo mi cariño, porque lo que él me enseñó no lo cambio por nada del mundo), no habría hecho este recorrido tan valioso: renunciar a unas ideas previas, para avanzar en otra dirección y convencerme de que estaba en el camino correcto. Lo cual me ha servido para seguir pivotando entre diferentes opciones y, a cada paso, hallar la que considero la mejor.

A raíz de lo que he contado sobre «ocultar algo por miedo al qué dirán», te aconsejo que te liberes. Por lo general, la sociedad juzga demasiado. Existe una extraña costumbre de escrutar lo que hace el otro y señalarlo con el dedo acusador si se considera inaceptable. No sé por qué, pero con el tema de la crianza ese mal hábito se intensifica. Pues bien, no importa lo que hagas, siempre habrá alguien que te juzgue. Yo pude comprobarlo con la doble opción del pecho o el biberón. A mi primer hijo no pude darle el pecho, y eso hizo que en alguna ocasión tuviera que darle el biberón en la calle, sentada en un banco. Notaba que algunas personas me miraban y cuchicheaban, otras se extrañaban de que no le diera el pecho a un niño tan pequeño, y cuando me defendía diciendo que no había sido posible, me respondían que era porque no me había esforzado demasiado. No tenía bastante con los reproches que me hacía a mí misma, y solo me faltaba aquello. Unos años después, me situaba en el mismo banco a darle el pecho a mi hija pequeña, y no faltaron las miradas y los cuchicheos, e incluso alguien se dirigió a mí para decirme que la calle no era sitio para eso. Definitivamente, no se puede gustar a todo el mundo, así que sonríe y disfruta de tu estilo de crianza elegido con libertad y plenitud. Voy a acabar este apartado con un pequeño cuento clásico que resulta revelador.

El padre, el hijo y el burro

Cuentan que un padre, un hijo y un burro regresaban a casa después de una larga jornada de trabajo.

En un primer momento iba el hijo sobre el burro, mientras que el padre andaba por delante tirando de las riendas. Cuando se cruzaron con unos paisanos, estos dijeron:

—Vergüenza me daría ser fuerte y joven y permitir que mi pobre y anciano padre tenga que ir andando.

Ante aquel comentario, el hijo recapacitó, descendió del burro y en su lugar subió el padre. Al encontrarse con unas vecinas, estas cuchichearon:

—Menudo padre más egoísta. Él, bien sentado, y el pobre chiquillo, andando.

Entonces, padre e hijo decidieron montar los dos sobre el burro, así nadie los criticaría. Pero cuando los vieron pasar unos pastores, estos dijeron:

—¡Hay que ser bárbaro para abusar así de un pobre animal! Ellos, cómodamente sentados, mientras que el burro va con la lengua fuera.

Ya al final del trayecto, cansados de que todos los criticaran, padre e hijo decidieron bajar del burro e ir los tres andando. Nada más verlos, un grupo de albañiles se rieron:

—¡Vaya par de tontos! ¡Tienen un burro y, en lugar de aprovecharlo, van andando!

Cuento tradicional relatado por Esopo

Y ahora sí. Suena la alarma que anuncia la inminente partida de tu tren. Coge el equipaje y sube, porque este viaje empieza ya.

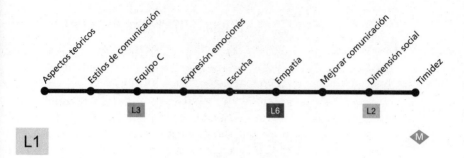

Aspectos teóricos · Estilos de comunicación · Equipo C · Expresión emociones · Escucha · Empatía · Mejorar comunicación · Dimensión social · Timidez

L3　　　L6　　　L2

L1　　　M

La comunicación

> Un niño que cuenta lo que le
> sucede lleva puesta una armadura
> invencible contra los abusones.

Podríamos iniciar este viaje desde cualquier parte y, sin embargo, te propongo empezar por la comunicación. Algunos expertos aseguran que la comunicación entre madre e hijo comienza desde que este último se encuentra en su vientre. Si eres madre biológica, seguramente habrás oído en más de una ocasión aquello de que cuando estés triste o estresada durante el embarazo se lo transmitirás al bebé. Esto es así porque, a través de las hormonas que circulan por la sangre, el bebé percibe las emociones de su madre, por eso siempre se recomienda que, en la medida de lo posible, la mujer embarazada procure estar tranquila y animada. Sin duda, la voz también es un factor importante en la comunicación prenatal. Si la madre susurra, habla suavemente o canta, tendrá un efecto tranquilizador y reconfortante para su hijo. Más tarde, cuando el bebé nazca, la comunicación se desarrollará en otra dimensión y se hará cada día más compleja. A través de esta comunicación se establecerá la base de la crianza y permitirá a los padres llegar a los hijos, y viceversa. Se convertirá en el canal necesario para el desarrollo de su autoestima y fomentará que sean emocionalmente inteligentes, que piensen en positivo, que actúen de forma adecuada y que adquieran valores. En definitiva, la comunicación es la base de todo lo demás. Pero los padres no siempre conseguimos comunicarnos de una forma efectiva. Por eso, cultivar y potenciar las habilidades comunicativas resulta imprescindible para enfocar adecuadamente la relación con nuestros hijos. Y cuanto antes comencemos a hacerlo, mucho mejor.

Una buena comunicación entre padres e hijos es fundamental para crear lazos afectivos fuertes y duraderos, para que haya confianza, complicidad y conexión y para poder establecer las bases adecuadas del estilo de crianza elegido.

Quizá una de las cosas que más preocupa a los padres es que los hijos se alejen, que no les cuenten sus problemas y, por este motivo, no poder ayudarlos si los necesitan. La base de una relación cercana entre ambas partes es una comunicación fluida y bidireccional.

Una comunicación adecuada se establece desde el inicio de la relación, asentando unos buenos cimientos, como quien construye una casa para toda la vida. Deberá tratarse de un lazo irrompible hilado con empatía y respeto, que seguirá intacto en el momento que más lo necesitemos. Por ejemplo, cuando nuestros hijos atraviesen una mala época, o durante la adolescencia, cuando se convierten en seres más independientes y, algunas veces, más reservados. Este lazo ayuda a que haya armonía en casa y facilita una relación sana y de respeto entre todos los componentes de la familia. Si, en cambio, se sientan las bases de una comunicación inadecuada, se va construyendo un muro entre padres e hijos cada vez más grueso y más alto. Un muro que, cuando llega la adolescencia, puede estar ya insonorizado.

LA COMUNICACIÓN: ASPECTOS TEÓRICOS

En esta línea viajaremos por los aspectos más importantes de la comunicación entre padres e hijos. Permítame antes hacer un breve apunte teórico sobre la comunicación y las variables que la conforman. Encuentro que pueden resultar de utilidad para que te familiarices con los diferentes conceptos que aparecerán a lo largo de este trayecto.

Se entiende por **comunicación** la acción consciente de intercambiar información entre dos individuos o más. Un esquema básico de los elementos que intervienen en la comunicación es:

| EMISOR | → | MENSAJE | → | RECEPTOR |

Emisor: Es la persona que transmite el mensaje.
Mensaje: Es aquello que queremos comunicar.
Receptor: Es la persona que recibe e interpreta el mensaje.

Ten en cuenta que para que la comunicación sea efectiva y el mensaje llegue al receptor, tal y como el emisor pretende que se interprete, deben tenerse en consideración estos tres factores por igual. No obstante, debemos plantearnos varias cuestiones: ¿Cómo debe actuar el emisor? ¿Qué características tiene el mensaje? ¿Está el receptor receptivo al mensaje?... Y añado: ¿El entorno es favorable para que se dé correctamente el proceso de comunicación?

Por otro lado, hay diferentes tipos de comunicación:

1. **Comunicación verbal** es aquella que utiliza el lenguaje de la palabra. Se trata de un conjunto de símbolos o signos lingüísticos que forman diferentes estructuras que representan la realidad. La comunicación verbal, a su vez, puede ser de las siguientes formas:

   Oral: La interacción entre el emisor y el receptor es a viva voz. El emisor habla y el receptor escucha. Para que haya comunicación, lógicamente es necesario que ambos interlocutores conozcan el lenguaje que se está empleando.

   Escrita: La interacción entre el emisor y el receptor es a través de la escritura y de la lectura. Para que se dé este tipo de comunicación, además de que ambos interlocutores conozcan el lenguaje empleado, necesitan unos conocimientos específicos que les permitan leer y escribir.

2. **Comunicación no verbal** es aquella en la que se transmite una información sin el uso de la palabra. Para ello se emplean gestos, expresiones faciales, posturas corporales... Sin ir más lejos, las emociones suelen ser responsables de muchas de las expresiones faciales y corporales que forman parte de lo que llamamos «comunicación no verbal». Por ejemplo, fruncir el ceño suele significar enfado, y sonreír se tiende a identificar con la alegría. Como adelantaba antes, la comunicación no verbal está formada por:

Gestos: Gesticulaciones que generalmente implican las manos y los brazos. Por ejemplo, en nuestra cultura, si subimos los hombros queremos decir que no comprendemos el mensaje; si levantamos el pulgar significa que estamos de acuerdo con el emisor, y si señalamos con un dedo tratamos de mostrar algo en aquella dirección.

Expresión facial: Hace referencia a lo que dice nuestro rostro, que transmite mucho acerca de lo que sentimos, como nos recuerda el dicho «la cara es el espejo del alma». Por ejemplo, cuando las comisuras de nuestros labios apuntan hacia abajo, o cuando arrugamos la nariz o abrimos la boca.

Contacto visual: Se refiere a mirar a los ojos cuando estamos conversando. La ausencia de contacto visual puede mostrar desinterés o excesiva timidez; en cambio, si el contacto visual es demasiado prolongado e intenso puede dar la sensación de invasión u osadía. Un contacto visual equilibrado siempre será la mejor opción.

Postura del cuerpo: En este caso, nos centramos en el lenguaje corporal. Se trata de observar si una persona camina con la cabeza gacha y con los hombros caídos o si, por el contrario, va completamente erguida y con la mirada al frente. También la forma en que nos sentamos será importante: si damos la impresión de querer desaparecer en la silla, les haremos pensar a los demás que nos sentimos incómodos; en cambio, si permanecemos rectos, transmitiremos que estamos seguros, atentos y a gusto.

Paralenguaje: Consiste en los elementos no verbales de la voz: el volumen, la velocidad, el ritmo, la entonación, las pausas… Sin duda, es un aspecto de la comunicación que facilitará, dificultará y enriquecerá la transmisión de información.

Muchas veces la comunicación verbal y la no verbal coinciden y transmiten informaciones compatibles. Sin embargo, en ocasiones estas no concuerdan, transmitiendo una información que incluso es contradictoria. Pongamos, por ejemplo, que alguien nos dice de palabra que está contento, pero su cara y su cuerpo nos indican que no es así, que está triste y alicaído. ¿A qué información debemos atenernos? Algunos teóricos defienden que la información no verbal tiene más peso y es más fiable que la verbal. Albert Mehrabian con su **regla de la comunicación 7-38-55 %** defendió, en 1967, la hipótesis de que el impacto emocional de un discurso depende:

- en un 7 % de su contenido
- en un 38 % de la voz (entonación, volumen, modulación...)
- en un 55 % del lenguaje corporal

Por lo tanto, la información no verbal tendría una importancia vital y no debe ser ignorada.

En el caso de los niños esto todavía es más evidente ya que, aunque muchas veces ellos no saben expresar con palabras lo que piensan y sienten, su cuerpo habla fielmente de lo que les ocurre por dentro. Si nuestro hijo dice que está bien, pero nosotros detectamos que algo ocurre al mirar su rostro, por sus gestos, por su comportamiento... como padres no debemos autoengañarnos, lo más aconsejable es seguir las señales hasta determinar cuál es su estado real.

Sirvan, además, estas conclusiones para tomar conciencia del tipo de comunicación verbal y no verbal que empleamos con nuestros hijos y si estas son compatibles y coherentes entre sí.

Cuando hablamos de «comunicación en la crianza» debemos tener en cuenta al menos dos vertientes:

1. **La forma en que nos comunicamos con nuestros hijos.** Las bases de la comunicación las establecemos los padres desde que nuestros hijos nacen. La forma en que interactuamos con ellos condicionará el vínculo y la cercanía, nuestra capacidad para conectar y la confianza que se creará entre ambas partes. Esta comunicación será siempre bidireccional, irá de padres a hijos y de hijos a padres, ambas partes se influirán mutuamente. Algunos padres dudan a veces sobre si sus hijos los escuchan. «Soy como un disco rayado, siempre le repito lo mismo y no sé si sirve para algo», suelen decir. Para empezar, habría que observar si esa interacción se está dando correctamente (veremos las claves a lo largo de esta línea); si llegamos a la

conclusión de que sí, entonces no dudes de que tus hijos te escuchan y de que, poco a poco, van integrando tus mensajes.

2. **La forma en la que nuestros hijos se comunican de puertas para fuera.** La manera en que nos comuniquemos con nuestros hijos no solamente influirá en nuestra relación con ellos, también sentará las bases de cómo ellos serán capaces de interactuar con las personas que viven fuera del núcleo familiar: otros familiares, amigos, conocidos y desconocidos. Me refiero a las **habilidades sociales** que desarrollarán y que pondrán en práctica fuera de casa.

Para profundizar en todo lo relativo a la comunicación entre padres e hijos, he dividido este trayecto en varias paradas:

1. **El estilo de comunicación de los padres.** Es importante que te observes a ti mismo e intentes analizar qué estilo predominante de comunicación estás utilizando con sus hijos. Podemos encontrarnos con un uso del lenguaje beneficioso o, por el contrario, dañino. Detectar este tipo de expresiones podrá ayudarte a mejorar la comunicación con tus hijos si lo necesitas.

2. **Expresión de las emociones.** A través del lenguaje verbal y no verbal puedes validar o negar las emociones de tus hijos. Para fomentar una comunicación y una inteligencia emocional saludable, será necesario un trabajo personal en la aceptación de lo que sienten, y no en la evitación.

3. **Escucha activa.** Escucha con todo tu ser y todos tus sentidos aquello que te cuentan tus hijos y resiste la tentación de hacer otras cosas al mismo tiempo; así se fomentará una relación estrecha y una comunicación fluida entre ambas partes.

5. **Empatía.** Comunicarse no consiste solo en escuchar a la otra persona, el receptor debe interpretar el mensaje recibido y reaccionar. La mejor forma de hacerlo es mostrando empatía. Hazle entender a tu hijo (al emisor) que eres capaz de ponerte en su lugar.

6. **La dimensión social.** ¿Cómo se relacionan tus hijos con el resto del mundo? ¿Cuáles son sus habilidades sociales? Generalmente los niños pondrán en práctica fuera de casa los aprendizajes que hayan adquirido al comunicarse con los fa-

miliares más cercanos. Fomentar sus habilidades sociales los ayudará a interactuar en las diferentes situaciones en que se encuentren.

¿QUÉ ESTILO DE COMUNICACIÓN UTILIZO?

La autoobservación y el autoconocimiento deberían ser siempre un primer paso antes de plantearnos cualquier reto. Será fundamental saber quiénes somos y cómo nos comportamos normalmente, conocer el punto desde el que partimos y ser capaces de hacer autocrítica constructiva. En el caso concreto de la comunicación paternofilial deberíamos empezar por hacernos las siguientes preguntas: ¿Cómo suelo comunicarme con mis hijos? ¿Me parece adecuada esa forma de comunicación? ¿Qué se podría mejorar? ¿Qué pasos voy a seguir para cambiar los puntos débiles? Solo así podremos comenzar a construir los cimientos de una interacción rica y fluida con nuestros hijos.

Para contestar mejor a la primera pregunta —¿Cómo suelo comunicarme con mis hijos?— he preparado unas características generales de los principales estilos de comunicación que pueden emplear los padres. Lo que se describe a continuación son perfiles estereotipados y simplificados, pensados para favorecer la detección del estilo que predomina en cada uno o de formas de expresarse en momentos puntuales que sería bueno modificar.

Estilo autoritario

Se caracteriza por el uso reiterado de imperativos sin contar con la opinión del niño. Generalmente, estos padres se comunican a través de órdenes y amenazas, en muchas ocasiones con un tono elevado de voz. En este caso los padres se sitúan en un rango superior, dando a entender prácticamente todo el tiempo que son ellos quienes mandan y quienes tienen siempre la razón. Este estilo de comunicación suele ir en detrimento de la autoestima de los niños, haciéndoles sentirse poco valorados y en ocasiones culpables. Estos padres suelen centrarse en aquello que, según ellos, los hijos hacen mal, y raras veces los felicitan o se refieren a lo positivo. Algunas frases típicas del estilo autoritario son:

- «¡Porque lo digo yo!».
- «¡Cuando yo hablo, tú te callas!».
- «¡Porque no y punto!».
- «¡Desaparece de mi vista!».

Estilo pasota

Los padres que utilizan este estilo de comunicación suelen restar importancia a los problemas de sus hijos, y puede deberse a dos motivos: porque consideran esos problemas niñerías o porque pretenden finalizar precipitadamente con un conflicto que no saben o no quieren gestionar.

En general, son padres que evitan escuchar a sus pequeños o, si lo hacen, no les prestan la suficiente atención. A menudo, mientras sus hijos les hablan, ellos miran el ordenador, el teléfono o la televisión. Este estilo de comunicación tampoco es favorable para la autoestima de los hijos que se sienten poca cosa y poco importantes.

Algunas frases típicas del estilo pasota son:

- «No me cuentes tus historias».
- «Mañana lo hablamos». (Pero nunca llega ese «mañana».)
- «Eso es una tontería».
- «No es para tanto».

Estilo sabiondo

A estos padres les gusta sentar cátedra. Siempre quieren tener la razón y les encanta escucharse a sí mismos cuando dan esos discursos eternos y cargados de consejos que, según su criterio, son el único camino correcto. Suelen cometer el error de hacer prevalecer sus ideas sin tener en cuenta las necesidades, los intereses y las particularidades individuales de sus hijos. En ocasiones, los niños pueden seguir el camino que marcan sus padres debido a la presión que ejercen sobre ellos o para no decepcionarlos.

Algunas frases típicas del estilo sabiondo son:

- «Deberías estudiar ciencias. Las ciencias son muy importantes porque...».

- «Te recomiendo que no te juntes con ese niño. Los malos alumnos son...».
- «El mundo de la música clásica es apasionante. Una persona que sabe disfrutar de la música...».
- «Dibujar es un hobby. Sin embargo a la hora de elegir una profesión...».

Estilo empático

Los padres que hacen uso de este estilo de comunicación se ponen en el lugar de sus hijos, así se lo demuestran y velan por sus intereses y necesidades. Escuchan lo que tienen que decir de forma respetuosa y sin juicios. Acompañan y tienden la mano, fomentando que elaboren el pensamiento crítico y que tomen sus propias decisiones. Este tipo de comunicación ayuda a que los niños se sientan valorados, queridos y, por tanto, a que su autoestima crezca.

Algunas frases típicas del estilo empático son:

- «Entiendo que te sientas así...». (Y matizamos con algo más concreto.)
- «Te escucho con las orejas, los ojos y el corazón muy abiertos».
- «Gracias por confiar en mí. Estoy aquí para lo que necesites».

¿Ya has detectado el estilo de comunicación que predomina en ti? Quizá no te sientas identificado al cien por cien con ninguno de ellos, pues estas descripciones son estereotipos. Y es que, aunque algunos estilos pueden prevalecer sobre los demás, se suelen combinar. Por ejemplo, quizá haya algún padre que actúe de forma autoritaria en ciertas ocasiones, pero en otras se acerque más al estilo sabiondo. Otros padres pueden tratar de ser empáticos casi siempre, pero, si tienen un mal día, quizá usen puntualmente el estilo pasota. Lógicamente, el estilo más equilibrado y defendido por los especialistas como el adecuado es el empático, al que deberíamos intentar acercarnos.

Un primer paso para comenzar a utilizar el estilo empático es ser consciente del estilo que estamos empleando en cada momento y tratar de evitar y desechar las fórmulas verbales y actitudes que identifiquemos como autoritarias, pasotas o sabiondas, para sustituirlas por otras más empáticas.

Las diferentes formas de lenguaje

Además de los estilos generales de comunicación que acabamos de ver, existen diferentes formas de lenguaje que pueden beneficiar o dañar. Me refiero a expresiones o formas de hablar que conllevan cierta intencionalidad, la cual marcará vivamente el tipo de comunicación que empleamos con nuestros hijos. He dividido estas formas de lenguaje en deseable e indeseable.

Lenguaje deseable
Es aquel que fortalece la relación con nuestros hijos y que favorece un vínculo fuerte y resistente. Elogiar, motivar y confiar, ser amable y cariñoso, animar, consolar y pedir perdón son claros ejemplos de este tipo de lenguaje.

✓ Elogiar
Realizar un elogio consiste en alabar las cualidades o los méritos que percibimos en otras personas. Habrás oído en varias ocasiones que, para favorecer la autoestima de tus hijos, es necesario reconocer abiertamente aquello positivo que tienen y aquellas actividades que desempeñan con éxito. Sin duda, centrarse en lo positivo (minimizando lo negativo) es muy recomendable para que nuestros hijos se sientan valorados y tengan una imagen positiva de sí mismos. Pero, como en todo, es necesario encontrar el equilibrio y el punto medio. En ningún caso resulta recomendable caer en el elogio fácil, poco sincero y deliberado, que puede provocar desmotivación, saturación, incredulidad y desconfianza, además de una dependencia con las alabanzas que sería perjudicial. En consecuencia, no debemos alabar a nuestros hijos por todo y a todas horas, ni decirles que sus trabajos son absolutamente fantásticos o darles a entender que nunca se equivocan, en especial si no lo consideramos así.

Por otro lado, en el caso de las alabanzas, tampoco se trata de elogiar solamente aquellos aspectos que encajan con lo que nosotros deseamos para ellos como padres, sino todo lo que resulta veraz y real, respetando sus intereses y su esencia. Algunos padres elogian conscientemente lo que quieren potenciar en sus hijos desde su punto de vista, pero evitan hacerlo con lo que no consideran interesante. Imagina, por ejemplo, un niño que tiene grandes dotes para escribir cuentos, pero a sus padres «las letras» no les parecen una buena salida profesional. Por ello, cuando su hijo escribe una nueva historia, evitan alabarlo aunque consideren que es muy buena; en cambio, cuando obtiene buenas notas en asignaturas de ciencias, le dicen que «es un genio» y que sería un gran matemático. Tenemos que ser conscientes de que esto no es respetuoso para los intereses y el desarrollo de nuestros hijos y que, en este caso, a través del elogio podemos ejercer una presión innecesaria —incluso manipularlos— que los lleve a elegir un camino que no es el que realmente desean.

Algunos especialistas hablan de los beneficios del uso del **elogio descriptivo**, que consiste en describir con cierto detalle las acciones o las actividades realizadas por nuestros hijos en lugar de decir directamente, y sin más argumentación, que «son maravillosos». Por ejemplo, si nuestro hijo nos enseña un caracol que ha realizado como manualidad, en lugar de decir directamente «es fantástico», se recomienda **describir lo que vemos y transmitir lo que nos hace sentir**, de esta forma ellos mismos llegarán a autoelogiarse.

«—Vaya, has cogido un rollo de papel higiénico y lo has pintado. Luego has puesto lana como pelo y has hecho un churro de papel charol para el caparazón. Me recuerda a mi infancia, a cuando me inventaba mil cosas. Se nota que te has esforzado haciéndolo y que has disfrutado mucho.

»—Sí, mamá. La verdad es que me ha quedado chulísimo.

Según esta teoría, los padres debemos describir, sin evaluar ni juzgar.

Otra recomendación de los expertos es que, por ejemplo, en lugar de decirles a nuestros hijos que son inteligentes, valoremos el hecho de que se han esforzado y de que son constantes. Esto abona la idea de que es mucho mejor elogiar un esfuerzo que algo que ha venido dado de nacimiento, como el coeficiente intelectual. Algunos estudios han puesto en evidencia que los niños a los que se les elogia el esfuerzo tienden a enfrentarse a nuevos retos con más confianza que los niños a los que se les alaba por su inteligencia.

Ahora bien, ¿puede haber alguna excepción? A mi modo de ver, sí, aunque apelando siempre al equilibrio y al sentido común. No me privaré de mirar a mis hijos a los ojos y decirles que son fantásticos, lo más bonito, lo más grande y lo más importante, o que han hecho un trabajo brillante, cuando así lo siento. Porque soy cien por cien sincera, brota de mi corazón. Y ellos me miran, sonríen y me abrazan. Nos queremos y por eso somos tan maravillosos los unos para los otros. En algunos casos, callárnoslo sería antinatural y, sobre todo, pienso que tampoco podemos caer en una meditación continua de lo que decimos y de cómo lo decimos, cuando el amor fluye y nos lleva a ser espontáneos y reales.

✓ Motivar

A través de nuestras palabras también podemos motivar y animar a los hijos para que se superen cada día y se enfrenten a nuevos retos. Los especialistas están de acuerdo en que la motivación es una de las estrategias más importantes para superar metas, y los padres tenemos la responsabilidad de esforzarnos para motivar a nuestros hijos, empujarles a trabajar y a luchar por sus sueños. Un niño motivado creerá en sus posibilidades y trabajará duro para aprender y alcanzar sus objetivos.

Muchos padres se proponen firmemente motivar a sus hijos; sin embargo, a veces pueden ejercer demasiada presión. Así es, la línea que separa ambos conceptos no siempre está lo suficientemente clara y algunos progenitores no conocen la diferencia entre motivar y presionar, y confunden ambas cosas. ¿Dónde se encuentra entonces la fina línea que separa ambos conceptos? ¿Cómo podemos motivarlos sin caer en la presión?

Para empezar, se deberían **fijar unas metas realistas a partir de unas expectativas también realistas.** De hecho, lo ideal es que estas metas se establezcan conjuntamente con el niño, contando con su opinión y la percepción que tiene de sí mismo y animándole siempre a llegar un poquito más allá. Y a partir de aquí, utilizar un **leguaje motivador** que los aliente con frases del tipo:

- «Equivocarse es una gran oportunidad para aprender».
- «No me importa el resultado, valoro tu esfuerzo».
- «No te compares con los demás. Nadie es como tú».
- «Nada se pierde con intentarlo. El no ya lo tienes».
- «Eres capaz de hacer más de lo que crees».

✓Confiar

La confianza se gana con mil actos
y se pierde con tan solo uno.

Anónimo

La confianza es algo muy difícil de lograr y muy fácil de perder. Es como un castillo de arena que construimos en la orilla del mar con sumo cuidado, podemos pasar horas trabajando en nuestro edificio, pero es tan frágil que si llega una ola traicionera lo destruirá en un instante y no dejará ni rastro de él.

En la crianza, la confianza puede entenderse desde dos perspectivas: por un lado, la que nuestros hijos depositan en nosotros y, por el otro, aquella que expresamos al considerar sus posibilidades. En ambos casos, el lenguaje desempeñará un papel fundamental.

Los hijos suelen tener confianza en sus padres, pero un error o un resbalón en un momento clave puede fracturarla, y quizá resulte algo verdaderamente difícil volver a recuperarla.

Recuerdo que, cuando tenía once años, una amiga me contó que le había venido la menstruación por primera vez, pero que aún no se lo quería decir a su madre. Por aquel entonces, yo tenía una relación de confianza con la mía y le conté lo sucedido con mi amiga, diciéndole expresamente que era un secreto. Al día siguiente, me encontré con que mi amiga no me hablaba, y yo no entendía por qué. Más tarde me enteré de que mi madre había llamado por teléfono a la suya para explicarle que a su hija le había llegado la menarquía. Cuando regresé a casa le reproché a mi madre que hubiera traicionado mi confianza, ella me dijo que aquello era algo importante y que decidió que debía hablar con la madre de mi amiga. El caso es que, desde aquel día, algo se rompió entre nosotras. Aquella actitud de mi madre fue una ola inesperada que destruyó el castillo de confianza que habíamos construido durante tanto tiempo. Quizá ahora pienses: «Pues yo hubiera hecho lo mismo, una madre debe saber estas cosas», «A mí también me gustaría que me avisaran» o «Jamás hubiera traicionado a mi hija». Independientemente de si lo lógico era o no avisar a aquella madre, pienso que la mía tendría que haber actuado de otra forma. Por ejemplo, hablarlo conmigo y decidir juntas que lo mejor era informar a la madre de mi amiga; seguramente, yo hubiera estado de acuerdo después de escuchar una buena argumentación. Y, lo más importante, hubiera estado preparada cuando me hubiera encontrado a mi amiga de morros. O quizá no hubiera estado de acuerdo, y entonces mi madre tendría que haberme respetado. Y si, a pesar de eso, ella hubiera decidido de todas formas informar a aquella madre, por lo menos se habría hablado y yo hubiera tenido la oportunidad de opinar. El caso es que hace algunos años me encontré en una situación similar con mi hijo, que en aquel entonces tenía nueve años. Me contó que desde hacía unas semanas veía como un grupo de niños pegaban a otro a la hora del recreo. Indagué un poco más para cerciorarme de que tenía la suficiente importancia y me pareció que podría tenerla.

—¿Crees que deberíamos decírselo a sus padres? —le pregunté.

—Yo creo que sí, mamá. Porque eso está pasando cada día —dijo.

Los dos estuvimos de acuerdo en que lo mejor era hablar. Pero ¿y si él no hubiera querido? Está claro que este es un caso en el que ningún adulto responsable se puede quedar de brazos cruzados, hay cosas que no las debemos silenciar. Si mi hijo no hubiese estado de acuerdo, me las tendría que haber ingeniado para actuar sin traicionar su confianza. Con un poco de reflexión y creatividad, seguro que hubiera conseguido encontrar la fórmula.

Por otro lado, los padres ejercemos la función de **dar confianza** a nuestros hijos para que se enfrenten sin miedo y con buena predisposición a los retos de la vida. Esto lo conseguiremos aceptándolos tal y como son, sin juzgarlos ni compararlos, sino acompañándoles en el camino, estando presentes cuando tengan dificultades. Algunas frases que podemos utilizar son:

- «Creo en ti».
- «Solo un poco más y lo tienes».
- «Estoy aquí para lo que necesites».
- «Estoy tremendamente orgulloso de ti».
- «Lo único que me importa es que te has esforzado».
- «Si te caes, aquí estaré para ayudarte».

✓ Ser amable

La amabilidad no es algo que se utilice solamente fuera de casa cuando nos encontramos a un amigo, al llegar al colegio o cuando vamos a comprar. La amabilidad debe impregnar nuestro hogar y tomar protagonismo en la forma de comunicarnos. A veces cometemos el error de intentar agradar a los de fuera dejando un poco de lado a los de dentro. Es verdaderamente importante practicar la amabilidad en cualquier ámbito en el que nos encontremos, pero no debemos olvidar jamás que nuestra familia debe ser la primera en recibir nuestras atenciones. Tenemos que ser encantadores tanto dentro como fuera de casa.

Para ello, debe estar muy presente el tono amable y no olvidar integrar en nuestro vocabulario hogareño expresiones como:

- «Buenos días».
- «Buenas noches».
- «¿Qué tal ha ido?».
- «Gracias».
- «Por favor».
- «No hay de qué».

✓ Ser cariñoso

No importa que nos repitamos más que el eco. Los niños necesitan oír, cada día, que los queremos; precisan que les hablemos en términos cariñosos y, al mismo tiempo, acompañemos esto con contacto y calor. En alguna ocasión he oído decir que los niños a los que se les daba mimos continuamente se convertían en dependientes de sus padres y que acababan siendo más frágiles y débiles. Según esa teoría había que tratar a los niños con dureza para que se despojaran de sus miedos y fuesen valientes y autónomos. Lógicamente, esta afirmación no solo carece de fundamento, sino que se ha demostrado que los niños que crecen con más afecto son más inteligentes emocionalmente y más felices. Tienen la autoestima más alta y, por lo tanto, están más seguros de sí mismos.

Frases con cariño:

- «Te quiero».
- «Dame un beso, chiquitín».
- «¿Cómo está mi amor?».
- «Hola, cariño».
- «Que tengas un buen día, cielo».

✓ Consolar

Consolar significa aliviar la pena, el dolor o el disgusto de una persona. Cuando nuestros hijos sientan dolor o pasen por un mal momento, van a agradecer que estemos a su lado. Eso sí, consolar no es decirle «Venga, no llores más», se trata de acompañarlo, estar a su lado y susurrarle «Llora todo lo que necesites, estoy aquí». A veces no es fácil encontrar las palabras adecuadas e incluso podemos meter la pata sin querer. No todos necesitamos que nos digan lo mismo. Por ese motivo, si no sabemos qué decir, muchas veces lo mejor es simplemente acurrucarnos junto a nuestro hijo, abrazarlo y besarlo, tratando de entenderlo y empatizar con él.

Frases de consuelo:

- «Entiendo que te sientas así».
- «¿Necesitas que haga algo por ti? Solo tienes que pedírmelo».
- «Vamos a buscar juntos una solución».

✓ Pedir perdón

Los padres no somos perfectos y muchas veces cometemos errores. En ocasiones, esos errores tienen que ver con nuestros hijos. Mostrar arrepentimiento y reconocer que nos hemos equivocado no nos hace más débiles, sino al contrario, pues así mostramos a nuestros hijos que, en la vida, rectificar es de sabios y que ellos son importantes y valiosos para nosotros. Algunas frases que podemos utilizar son:

- «Lo siento mucho, no ha estado bien cómo te he hablado antes».
- «Tienes razón. Me he equivocado al juzgar a tus amigos».
- «Antes no he estado atenta a lo que me decías. Lo lamento mucho».

Lenguaje indeseable

Es aquel que mancilla poco a poco la relación con nuestros hijos, creando distancia y rencor, en definitiva, los va alejando emocionalmente de nosotros. Amenazar, comparar, dar órdenes, juzgar, reprochar, acusar, presionar y etiquetar son claros ejemplos de este tipo de lenguaje.

✗ Amenazar

Según la Real Academia Española, una «amenaza» es dar a entender a alguien la intención de causarle algún mal, generalmente si se determina una condición. A menudo, los padres podemos incluir en nuestra forma de expresarnos este tipo de frases amenazadoras con el fin de conseguir que nuestros hijos actúen como nosotros deseamos. El problema de las amenazas es que los niños realizan (o dejan de realizar) un comportamiento, no porque ellos mismos hayan considerado que es lo mejor, sino para evitar unas consecuencias negativas prometidas. Además, la amenaza crea distancia entre padres e hijos y causa rencor.

Ejemplos de amenazas son:

- «Como saques malas notas, no tocas los videojuegos en un mes».
- «O recoges tu habitación o no vamos al parque».
- «Si no obedeces, te castigaré».
- «Como vuelvas a portarte mal en el colegio, no vas al viaje de final de curso».

Una **alternativa a la amenaza** podría ser negociar o proponer. Por ejemplo:

- «¿Qué te parece si recoges tu habitación rapidísimo y nos vamos al parque a divertirnos con tus amigos?».
- «¿Qué podríamos hacer para arreglar lo que ha sucedido en el colegio? Podemos encontrar una solución juntos».

✗ Comparar

La comparación tiene consecuencias poco deseables para el bienestar de nuestros hijos. Hace que surja la competitividad y rivalidad, las envidias y los celos, las inseguridades… Además, las comparaciones entre hermanos se pueden interpretar como una competición por el amor, en la que uno de los dos (o más) sale perdiendo. Por otro lado, la comparación fomenta que el niño valore sus logros, siempre comparándolos con los de los demás.

Ejemplos de comparación son:

- «Tienes que ser el mejor de la clase».
- «¿Qué notas han sacado tus amigos?».
- «Es mucho más inteligente que su hermano, lo que pasa es que no quiere estudiar».

- «Mira qué bien se está portando tu hermana, deberías aprender de ella».

Por lo tanto, es recomendable desechar la comparación de nuestro vocabulario. Mira a tu hijo de frente sin dirigir la mirada a los lados y háblale de él y solo de él.

Recuerdo un episodio que me hizo sentir poco valorada y reconocida por mis padres. Desde siempre había sido una niña muy responsable con los estudios. Trabajaba duro y eso se reflejaba en los resultados. Una tarde vino de visita una pareja de amigos de la familia, acabábamos de mudarnos y mis padres les enseñaron la casa. Yo estaba en mi habitación estudiando. Llamaron a la puerta, me saludaron brevemente y se dispusieron a seguir el recorrido. Sin embargo, al cerrar la puerta, pude oír:

—Da gusto verla estudiar —dijeron los amigos.

—Es más inteligente su hermano que ella. Lo que pasa es que es un vago y no quiere estudiar —contestaron mis padres.

Una ola de indignación y rabia me envolvió por completo. ¿De verdad acababa de oír aquello? ¡Era injusto! Me molestó la forma de compararnos sin venir a cuento. Los amigos de la familia habían visto algo positivo en mí, se habían quedado impresionados al observar mis esquemas y mis textos subrayados, y así lo expresaron, pero mis propios padres se encargaron de tirarme tierra encima (o, por lo menos, así lo sentí), insinuando que yo era menos capaz que mi hermano, pero que me iba bien a base de echarle horas. Además, ni siquiera era un dato real, pues en ningún momento se había testado el coeficiente intelectual del uno y del otro. No sé si mis padres fueron conscientes de que podía oírlos y de la sensación que sus palabras iban a causar en mí. Ahora quizá parezca un hecho poco relevante o que tuve una reacción exagerada, pero lo importante no es lo que opinemos los adultos, sino que aquella comparación hizo que se sintiera mal una niña (en este caso yo) y pudo dañar su autoestima.

✗ Dar órdenes

Antes de ser madre vivía en un piso cuya cocina colindaba con la de los vecinos de enfrente, una familia formada por una pareja y dos niños, uno de cuatro y otro de siete años. A la hora del desayuno se oían sus conversaciones —las paredes eran casi de papel de fumar—.

Los niños debían desayunar rápido para llegar a tiempo al colegio y su madre les decía: «¡Acábate la leche, ya!», «¡Que te tomes el zumo!», «¡Traga!», «¡Que te des prisa!».

Oír aquello me indignada. Incluso en varias ocasiones le expresé a mi marido que no entendía cómo podía hablarles así a los pobres niños. Años más tarde fui madre de tres hijos y me vi en aquella misma situación: los desayunos, las prisas por llegar al cole... Y, un día, me descubrí a mí misma demasiado parecida a aquella madre: «¡Vamos, rápido!», «¡Tienes que acabar ya!», «¡Salimos en cinco minutos!». Entonces, le dije a mi marido: «¿Recuerdas a los vecinos del piso de la Alameda? Ahora entiendo a esa madre, pero yo no quiero ser como ella». Decidí no dejar que se instalara en mi vida aquella forma de comunicarme con mis hijos y cambiar de estrategia. Y es que muchas veces, sin darnos cuenta, nos convertimos en verdaderos sargentos para nuestros hijos. Cantamos una orden tras otra, y, además de no actuar como nos gustaría, esto incluso nos hace sentirnos mal con nosotros mismos. Por lo menos a mí me ocurrió.

Ejemplos de órdenes son:

- «¡Recoge tus zapatos ahora mismo!».
- «¡He dicho que te calles!».
- «¡A la ducha!».

Hay otras formas de pedir las cosas evitando caer en el imperativo, es decir, buscando la empatía y la complicidad, o dando una argumentación.

- «Cariño, si alguien se tropieza con los zapatos, se romperá la crisma. ¿Qué te parece si los metes en el zapatero?».
- «Necesito un poco de tranquilidad para redactar el informe, ¿crees que podrías ir a charlar con tus amigos a tu cuarto?».
- «Recuerda ducharte. ¿A qué hora crees que podrás hacerlo?».

Sirva esto como pincelada para acercarnos al tema de las órdenes. Hablaré con más detalle sobre las alternativas a los imperativos cuando circules por la línea de «Educar la conducta».

✗ Juzgar

Algunas veces, sin darnos cuenta, emitimos frases que llevan implícito un juicio. Juzgar es transmitir que algo está bien o está mal. Para empezar, quizá deberíamos preguntarnos cómo nos sentimos cuando alguien nos juzga, por ejemplo, en nuestra forma de educar a los hijos. Es algo que suele suceder con amigos y conocidos, e incluso con desconocidos. Una vez una amiga me contó que su hijo pequeño estaba pasando una racha de mucho nerviosismo y que a veces le pegaba. En una ocasión su hijo le dio una patada en plena calle y luego se echó a llorar con mucha rabia, ella se acercó a su hijo para tratar de tranquilizarlo. En ese momento, una señora que pasaba por allí le dijo: «Pero ¿cómo permites que tu hijo te pegue? Como no le pares los pies te arrepentirás». Otro día, en el parque, le pasó lo mismo, el niño le pegó un manotazo en el brazo, y en esta ocasión mi amiga reaccionó con menos paciencia y riñó al niño severamente: «¡No se te ocurra volver a pegarme, jamás!». Otra madre que estaba cerca le dijo: «No deberías ponerte así con el chiquillo, solo es un niño. Está inquieto y no sabe cómo gestionarlo». Como puedes ver, mi amiga había tenido dos reacciones muy diferentes ante una situación parecida, y en ambos casos la habían juzgado. Me contaba con impotencia que, hiciera lo que hiciese, a alguien le parecería mal y que se había sentido mala madre ante los juicios de aquellas personas. ¿No te recuerda todo esto nuevamente al cuento tradicional de «El padre, el hijo y el burro»? Le dije que debía encontrar la mejor forma de reaccionar pensando tanto en el bien de ella como en el de su hijo, liberándose de lo que pudieran decirle los demás. A nadie le gusta que lo juzguen, que le hagan sentirse mejor o peor madre o padre. Y, por supuesto, a los niños y las niñas tampoco les gusta. Al verse juzgados pueden sentir tristeza, enfado o culpa, igual que tú. Ante todo, debemos desear que nuestros hijos aprendan, no que se sientan mal, y procurar que sean ellos mismos los que se juzguen a sí mismos.

Ejemplos de frases que llevan implícito un juicio son:

- «Esto está mal».
- «Lo que has hecho es terrible».
- «Nunca deberías haber hecho algo así».
- «Pero ¿cómo se te ocurre decir que la comida está mala? Eres un mal educado».

✗ Reprochar

Reprochar es regañar, increpar o recriminar algo a otra persona porque nos ha molestado.

Cuando educamos con reproches y regañinas, nuestros hijos se van alejando poco a poco. Perderán la confianza en nosotros y no tendrán ganas de compartir ni sus alegrías ni sus problemas, y, mucho menos, sus meteduras de pata.

Que los padres estén continuamente regañando o reprochando, puede deberse a una emoción de hartazgo, enfado o cansancio derivada de problemas laborales u otras preocupaciones. Por eso es aconsejable hacer también un trabajo individual para tratar de alejar —o por lo menos no mezclar— esas emociones con la crianza de los hijos. Debemos ser conscientes de que estar siempre —o incluso a veces— «al ataque» con nuestros hijos no es educativo. No les hace bien. Entrar en una dinámica de constante regañina y vivir una especie de batalla diaria en casa no es el ambiente ideal para que los niños crezcan felices, tranquilos y a nuestro lado.

Ejemplos de reproches son:

- «¡Me has mentido, ya no puedo confiar en ti!».
- «Me prometiste que me ayudarías y no has hecho absolutamente nada».
- «Esta habitación es una auténtica pocilga. Eres un desastre».
- «¿En serio has traicionado a tu mejor amigo contando su secreto?».
- «No te has acordado de mi cumpleaños».

✗ Acusar

Acusar significa hacer sentir culpables a nuestros hijos por algo que han hecho o no han hecho. Esto puede convertirse también en una práctica habitual en algunas familias en las que los padres emplean un estilo autoritario.

Si los niños hacen algo que consideramos mal hecho, debemos ser conscientes de que ellos están creciendo y que también se aprende a base de errar; hacer que se sientan culpables no es la solución. Muchas veces ya tienen bastante con su propio sentimiento de culpa como para que, encima, los padres nos encarguemos de aumentarlo.

Imagina, por ejemplo, el caso de una niña que va con su vestido nuevo muy orgullosa y, jugando en el parque, se tropieza y se cae en un charco. Su vestido nuevo acaba repleto de barro y la niña se echa a llorar. La madre se acerca enseguida y, cuando observa que se ha ensuciado, le grita: «¡Qué horror! ¡Mira lo que has hecho con tu vestido! Está para tirarlo a la basura, con lo que nos cuesta ganar el dinero y tú lo desperdicias así».

Si aquella niña ya se sentía lo suficientemente desdichada por haber ensuciado el vestido nuevo, tras la reprimenda de su madre esa emoción se intensificará mucho más, transformándose en un sentimiento de culpa.

Si, en cambio, en esa misma situación su madre le dice: «¿Estás bien? Vaya, se ha ensuciado el vestido y te has disgustado. No te preocupes, lo lavaremos y quedará como nuevo».

Lo que la niña percibe es, por un lado, que su madre se preocupa por ella, y, por el otro, que un vestido es solo un vestido y que todo tiene solución.

Con la primera reacción de la madre, se crea una barrera entre ambas. Con la segunda, nada se interpone entre ellas y consolidan así una relación de cariño, complicidad y confianza.

En definitiva, hacer que se sientan mal los niños no es educativo y no les aporta nada positivo.

Ejemplos de acusar son:

- «Todo, por tu culpa».
- «Me deslomo trabajando para que no te falte de nada y tú me lo agradeces así. Eres un vago».
- «Me ha dado un tirón recogiendo del suelo todo lo que tiras».

✗ Presionar

Antes te he hablado de lo complicado que puede resultar a veces motivar sin llegar a ejercer presión. Se trata de encontrar el equilibrio y saber pisar el freno cuando veamos que estamos exigiendo demasiado. No debemos olvidar que, tras la presión de los padres, se encuentra el miedo a decepcionar por parte de los hijos.

Ejemplos de presionar son:

- «Tienes que ser el primero de la clase».
- «Tú puedes sacar las mejores notas».
- «¡Vas a ganar!».
- «¡Eres el mejor!».

✗ Etiquetar

Poner una etiqueta significa colgarle un calificativo o un mote a alguien. El problema es que las etiquetas encasillan y, muchas veces, encadenan de tal forma que resulta verdaderamente difícil deshacerse de ellas porque uno mismo acaba creyendo que forman parte de sí. Quizá una de las cosas que más daño puede hacer a nuestros pequeños es el etiquetaje, sobre todo cuando este es negativo, y deberíamos evitarlo a toda costa.

El uso que hacemos del lenguaje es más importante de lo que imaginamos. Es aconsejable que nos acostumbremos a no destacar las partes negativas sobre las positivas que tienen nuestros hijos, pero si queremos comentar algo siempre será mucho mejor utilizar el verbo «estar» en lugar del verbo «ser». El verbo «ser» indica que algo permanece constante en el tiempo, nos habla de una característica que parece inherente a una persona. En cambio, el verbo «estar» indica temporalidad, da la oportunidad a la persona para que en otro momento se comporte de otra forma. Te pongo un ejemplo: si a un niño le decimos *«Eres* un vago», le estamos transmitiendo que es una persona que nunca se esfuerza y que no trabaja; si transformamos esta frase y decimos «Hoy *estás* muy vago», le estamos transmitiendo que, aunque en ese momento puntual se está comportando como un gandul, sabemos que mañana podrá esforzarse y mostrar otra actitud. ¿Ves la diferencia? El verbo «ser» etiqueta, y las etiquetas se amarran a la persona como una lapa, y lo peor es que el niño puede acabar identificándose con ella e integrarla en su personalidad. El verbo «estar», en cambio, es más amable y mucho menos perjudicial para el desarrollo de la identidad del niño. En cuanto a las etiquetas que podemos llegar a considerar positivas como «Eres muy bueno», «Eres un genio»... debes saber que, en ocasiones, producen mucha presión en los niños, pues ellos intentan no decepcionar nunca a sus padres, comportándose siempre como estos esperan o tratando de sacar las mejores puntuaciones.

Ejemplos de etiquetar son:

- «¿Eres tonto o qué te pasa?».
- «Eres un vago».
- «Eres malo».
- «Eres un auténtico desastre».

Para acabar, te dejo un cuadro resumen de estos tipos de lenguaje. En el viaje de la crianza te recomiendo que trates de hacerle un buen hueco en tu maleta al lenguaje deseable, y que, en la medida de lo posible, dejes fuera el lenguaje indeseable.

LENGUAJE DESEABLE ✓	LENGUAJE INDESEABLE ✗
Elogiar	Amenazar
Motivar	Comparar
Confiar	Dar órdenes
Ser amable	Juzgar
Lenguaje cariñoso	Reprochar
Animar	Acusar
Consolar	Presionar
Pedir perdón	Etiquetar

Puede resultarte útil observar y registrar durante unos días todo aquello que les dices a tus hijos y clasificarlo según el cuadro anterior. Te dejo un ejemplo sobre cómo podría ser tu hoja de registro.

FRASES (Frases que le he dicho a mi hijo)	Clasificación (¿Qué tipo de lenguaje es?)	Si es lenguaje indeseable, lo puedo sustituir por...
«¡Dúchate ahora mismo!».	Dar órdenes (Lenguaje indeseable)	«Se está haciendo tarde. ¿Qué te parece si te duchas ahora?»
«Eres más lenta que una tortuga».	Etiquetar (Lenguaje indeseable)	«Hoy vas un poco despacio. ¿Te sientes especialmente cansada?»
«Esta tarta sabe a almendras y a limón. Me encanta. Se nota que la has hecho con mimo».	Elogio descriptivo (Lenguaje deseable)	——

El viaje de la crianza de los hijos puede realizarse solo o acompañado. Muchos niños tienen un padre y una madre presentes en su día a día. Pero, lógicamente, existen otras combinaciones igualmente válidas: una sola madre, un solo padre, dos mamás, dos papás, padres separados, la implicación de los abuelos, una nueva pareja… Son diferentes tipos de familias a las que incluyo y tengo en cuenta en este libro, aunque de forma general me refiera a «los padres». En el caso de que circules solo en este trayecto, no debes plantearte lo que te voy a contar ahora; pero si eres de los que viajan acompañados, debes tener muy en cuenta que todas las partes implicadas en la educación de los hijos deben avanzar en la misma dirección. En ese sentido, y relacionado directamente con los estilos de comunicación e interacción con los hijos, podemos encontrarnos con que, en ocasiones, existen incongruencias entre los cuidadores principales.

¿Poli bueno, poli malo?
Lo hemos escuchado infinidad de veces. En las películas policiacas sale a menudo este concepto. Hay un interrogatorio con un supuesto delincuente y hay dos policías que se encargan de representar papeles muy distintos. Uno es el **poli malo**, aquel que será especialmente duro con el detenido, advirtiéndole duramente sobre el futuro que le espera si no colabora, su función es asustarlo para hacerle cambiar de opinión. Y el otro es el **poli bueno**, quien se mostrará más comprensivo y tratará de llegar a un acuerdo que beneficie a todos; le dará una salida al interrogado para evitar las advertencias horribles del poli malo.

Algunos padres han adoptado estos dos papeles en la crianza de los hijos. Uno ejerce el papel de estricto y duro y el otro, de cercano y comprensivo.

Cuando Manuel llega a casa se encuentra con la cara furiosa de su padre:
—¡Han llamado del colegio! Dicen que llevas varias semanas con una actitud lamentable y que casi nunca haces los deberes. ¡Estás castigado sin videojuegos hasta que acabe el curso y

despídete de fiestas de cumpleaños, excursiones y quedar con tus amigos. Ahora, sal de mi vista y vete a tu cuarto.

Manuel se va a su cuarto y comienza a llorar. Un fuerte nudo aprieta su garganta. Le parece injusto que su padre lo vaya a castigar tan duramente. De pronto, alguien llama a la puerta. Es su madre, que lo mira con cariño. Se acerca y lo abraza. Manuel llora todavía con más fuerza, esta vez sollozando.

—Tranquilo, chiquitín. Ya sabes que cuando papá se enfada es un poco exagerado. No te preocupes, mañana ya se le habrá olvidado. Yo creo que no piensa cumplir con su amenaza de castigo.

Seguramente, para Manuel su madre ha sido un bálsamo, un ungüento que lo ha ayudado a estar más calmado. Pero ¿es positivo para los niños esa falta de coherencia entre el mensaje que le transmite su padre y el que le transmite su madre? Desde luego, no parece una buena estrategia a seguir si lo que pretendemos es hacerle llegar a nuestro hijo una enseñanza clara y concisa.

Los principales educadores de los niños deben formar el **Equipo C**. Eso significa, por un lado, que son personas que juegan en el mismo bando y que, por lo tanto, persiguen el mismo objetivo. Y, por otro lado, deben compartir una serie de principios y estilos de comunicación que, sin duda, serán los más apropiados a la hora de enfrentarse a la crianza de sus hijos. Yo los llamo **los principios del Equipo C**:

cariño	comunicación	compatibilidad
coherencia	cohesión	complicidad
cordialidad	cercanía	corrección (cualidad de «correcto»)
competencia	cautela	calma
calidez	cordura	consecuente

Los principales educadores de los niños deben procurar siempre ser el Equipo C independientemente de su relación y de sus circunstancias personales. En la medida de lo posible, entre ellos debe fluir la comunicación y hacer un esfuerzo por llevarse bien, en beneficio de su hijo. Me refiero especialmente a los casos de separación conyugal. Tomar vidas independientes como pareja no significa separarse como padres, el objetivo debe seguir siendo común. Los hijos necesitan que sus padres sigan siendo el Equipo C.

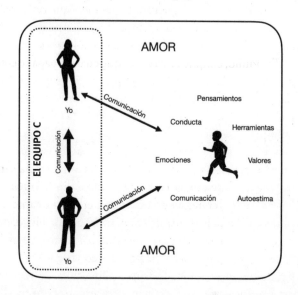

Además de los principios mencionados anteriormente, ¿se te ocurren otros que deban compartir los miembros del Equipo C?

LA EXPRESIÓN DE LAS EMOCIONES

Te hablaré largo y tendido de la expresión de las emociones en la línea 3 de «La inteligencia emocional», por eso estas dos líneas (L1 y L3) conectan en esta parada. Sin embargo, quisiera reforzar aquí la idea de la **validación de las emociones** de nuestros hijos y la necesidad de evitar su negación.

Vivimos en una sociedad en la que la expresión abierta de las emociones no fluye de una forma natural. En general, nos cuesta llorar delante de otras personas, muchas veces por vergüenza, y, si lo hacemos, suele pasar que la persona que tenemos enfrente no sabe muy bien cómo reaccionar. Una respuesta corriente suele ser: «Vamos, no llores más, ya está, ya pasó»; transmitiendo así un deseo irrefrenable de que acabe aquella situación incómoda y difícil de gestionar. Como si deteniendo el llanto hiciéramos desaparecer, por arte de magia, la tristeza que causan aquellas lágrimas. En el caso de los padres, muchas veces de forma inconsciente, negamos las emociones que expresan nuestros hijos. Eso sucede porque, por un lado, tendemos a creer que ellos sienten emociones similares a las nuestras ante la misma situación, y, por otro, parece que nos gobierna la idea de que nuestros hijos necesitan sentirse siempre felices, que no deben tener problemas o incluso que la felicidad y sentir tristeza en un momento dado son incompatibles. Ambas ideas parten de un planteamiento erróneo. Para empezar, los niños tienen su particular forma de vivir, interpretar y sentir sus propias emociones en una intensidad determinada, que puede estar muy alejada de nuestra visión de adultos. Eso significa que cuanto antes te liberes de tus ideas adultas y abras la mente a otras posibilidades, antes comprenderás y empatizarás con tus hijos. Respecto a la segunda cuestión, debes saber que, al igual que nos ocurre a los adultos, los niños tienen derecho a estar tristes, enfadados y decepcionados y a tener sus propios problemas, y eso no es negativo ni entorpece su felicidad, sino al contrario, ya que es positivo para su desarrollo. Aunque no lo creas, las emociones consideradas por algunos como negativas (yo prefiero llamarlas «desagradables»), forman parte de esa felicidad. Saber aceptarlas y gestionarlas, en lugar de ignorarlas o tratar de eliminarlas, es precisamente el camino a seguir para que los niños se regulen y consigan sentirse bien, y vivir en equilibrio y en armonía.

Ejemplos de negación de sentimientos por parte de los padres

HIJO: ¡Detesto a mi prima!
MADRE: Pero ¿qué dices? ¿Cómo vas a odiar a tu prima? No vuelvas a decir algo así, es horrible.

HIJA: La abuela no me quiere. A mí me obliga a acabarme la sopa de verduras y a mis hermanos no.
MADRE: Eso es una verdadera estupidez. La abuela os trata a los tres por igual.

HIJO: Finalmente, este no ha sido un gran día de cumpleaños.
MADRE: Es injusto que digas eso. Yo creo que ha sido estupendo, nos hemos esforzado para que sea un día inolvidable.

Cuando negamos los sentimientos de nuestros hijos, por un lado los juzgamos: «No está bien sentir algo así». Por otro lado, les transmitimos que lo que sienten es inadecuado: «Lo correcto es que te sientas como yo te digo». También les demostramos no tener empatía: «No comprendo que puedas sentir eso». Cuando, en realidad, no existen emociones correctas o incorrectas porque cada uno es como es y somos libres a la hora de expresar nuestros sentimientos. Además, haremos que se sientan incomprendidos y potenciaremos que, en la siguiente ocasión, disfracen sus sentimientos, mostrándonos aquello que creen que queremos percibir. Todo lo cual no ayuda en absoluto a que se desarrolle correctamente su inteligencia emocional.

Una buena forma de luchar contra esta tendencia a la negación es encendiendo la **empatía**. Ponerse en el lugar del otro es siempre una buena estrategia. Eso nos ayudará a analizar los sentimientos de nuestros hijos, a buscar las causas y, por lo tanto, las mejores soluciones cuando sea necesario, y también a descifrar lo que sienten ellos cuando negamos sus emociones: incomprensión, frustración, malestar, confusión...

A algunos padres les sucede que ellos mismos carecen de las habilidades necesarias para expresar sus emociones. Es posible que en alguna ocasión hayas escuchado aquello de «Es igual que su padre, se lo guarda todo dentro». Lógicamente, si eres una persona a la que le cuesta abrirse y te estás diciendo a ti mismo «¿Cómo voy a conseguir que mi hijo exprese sus emociones si ni yo mismo puedo hacerlo, si soy más cerrado que una ostra?», encontrarás más dificultades a la hora de ayudar a que tus hijos logren expresarse. En muchas ocasiones, la crianza supone un gran reto para los padres que, enfrentándose a sus propias carencias, tratan de llevar a cabo un desarrollo personal, y es que la crianza supone conocerse a uno mismo y evolucionar junto a nuestros hijos. Por eso este viaje también es para ti.

En cualquier caso, alentar a nuestros hijos a que expresen sus emociones verdaderas es muy positivo. Te propongo **ocho pasos a seguir para que tus hijos expresen sus emociones y tú las aceptes**:

1. **Momento.** Si se puede posponer la conversación, esperar al momento adecuado. Eso significa que es importante encon-

trar un espacio-tiempo de tranquilidad donde no haya prisas ni interrupciones.

2. **Escucha.** Escuchar atentamente y darle la importancia que merece (esto se llama «escucha activa» y te hablaré de ella con más detalle en el siguiente tramo de esta línea). Con la escucha se espera a que el niño encuentre las palabras, dando espacio a la reflexión y tiempo para que hable. A veces esa espera es suficiente para que el niño arranque a hablar, otras veces necesitan que los dirijamos un poco.

3. **Origen.** Buscar juntos el origen de su emoción evitando a toda costa juzgarlos.

4. **Validar.** Mostrarles que hemos comprendido lo que les sucede. Identificar juntos su emoción.

5. **Empatizar.** Ponernos en la piel de nuestro hijo.

6. **Soluciones.** Si la emoción es consecuencia de un problema, acompañar en la búsqueda de posibles soluciones.

7. **Alternativas.** Si ha expresado sus emociones de una forma dañina para sí mismo y para los demás, pensar en alternativas para la próxima vez.

8. **Reconocer.** Valorar el hecho de que se haya expresado, mostrar apoyo y cariño.

Ejemplo práctico

Veamos estos pasos a través de un ejemplo:

Opción 1: negación de la emoción y enfado
Manuel llega del colegio visiblemente enfadado. Lanza la mochila de mala gana y apenas saluda. Cuando Catia, su madre, le pregunta qué tal le ha ido el día, él contesta que fatal, que está harto de todo y que odia el colegio. Mientras sigue removiendo la comida, su madre le dice: «Vamos, no será para tanto. Un mal día puede tenerlo cualquiera. Recoge tu mochila y que sea la última vez que la tiras de esa manera».

En este caso, Manuel llega a casa y da claras pistas de que algo no va bien en el colegio, pero Catia no solo niega ese sentimiento, sino que le reprocha su actitud pidiéndole que no vuelva a manifestarla de esa forma. Así, es probable que Manuel aprenda a no expresar el enfado cuando llegue del colegio, y eso puede hacer que los padres perdamos una gran oportunidad para acercarnos a nuestros hijos y ayudarlos si nos necesitan.

Opción 2: validación de la emoción y acompañamiento
Si Catia hubiese seguido los siete pasos propuestos anteriormente, seguramente habría aprovechado una gran oportunidad para conectar con su hijo y ayudarlo. Veamos una simulación de cómo podría haber sido esa interacción siguiendo el esquema.

1. Momento. Manuel llega a casa mientras su madre está preparando la comida. En ese momento está rabioso y lanza la mochila de malas maneras. Probablemente, este no sea un buen momento para sentarse a hablar. Es mejor esperar hasta después de comer.

2. Escucha. Después de comer, Manuel se va a su habitación. Antes de ponerse con las tareas del colegio, siempre lee un rato. Su madre llama a la puerta y pasa a hablar con él. Se sienta en el borde de la cama y lo mira a los ojos:

—Hijo, antes, cuando has llegado a casa estabas muy nervioso. ¿Va todo bien en el colegio? ¿Has tenido algún problema?

Manuel medita unos segundos y contesta:

—No lo sé.

Y su madre espera un tiempo para dar espacio a la reflexión y a que Manuel se anime a contarle, pero sigue callado.

3. Origen. En muchas ocasiones, cuando los niños contestan «no lo sé» o aseguran que no les pasa nada, pero sus gestos expresan otra cosa, debemos seguir indagando porque, en realidad, algo sucede. Para ello, es necesario tener mucha mano izquierda y paciencia.

—A mí me ha parecido que te sentías regular. Si tuvieras que decirme una cosa, ¿qué es lo que te ha gustado menos hoy en el colegio?

—Bueno, hay un niño de clase que me llama «conejo» desde hace tiempo. Al principio pensé que dejaría de hacerlo, pero lo hace todos los días. La próxima vez se va a enterar.

4. Validar. Durante la confesión, su madre escucha atentamente y contesta:

—Vaya, no me extraña que te sientas así. Yo creo que estás enfadado. Y con razón, ¿no crees?

—Sí, estoy muy enfadado y rabioso. Lo odio.

5. Empatizar. Su madre muestra que se pone en su piel e incluso le cuenta algo que le sucedió cuando era pequeña:

—Te entiendo muy bien, a nadie le gusta que lo insulten. ¿Sabes una cosa?, cuando era pequeña había una niña que me llamaba «Dumbo».

—¿Como el elefante volador? ¿Por qué?

—Porque tengo las orejas un poco de soplillo. Me molestaba mucho que me llamara así.

—Y ¿qué hiciste?

—Fui acumulando rabia, hasta que un día le pegué un empujón tan fuerte que al caer se partió el labio. Y eso resultó no ser una idea acertada, porque al final ella quedó como la buena y yo como la mala. Me castigaron y tuve que pedirle perdón.

—¡Qué injusto!

—¡Sí que lo fue! Por eso entiendo perfectamente que tú te sientas así.

—Es que no me gusta que me insulte.

6. Soluciones.

—Y ¿cómo crees que se podría solucionar este problema?

—A veces tengo ganas de pegarle una patada, pero ya veo que no es buena idea.

—¿Qué te parece si se lo contamos a la tutora para que hable con él?

—No lo sé, mamá. Entonces me van a llamar «chivato».

—Solo se lo contaremos si tú quieres. Pero te diré que cuando uno cuenta lo que le sucede a aquellas personas que lo pueden ayudar, los «niños abusones» dejan de meterse con él. En realidad, «los chivatos», a quienes yo considero unos valientes, no les gustan porque les impiden salirse con la suya.

—De acuerdo, mamá. ¿Tú me ayudarás a contárselo a la tutora?

—Por supuesto que sí.

7. Alternativas. Tras aceptar la emoción del niño, hablamos de la reacción que tuvo al entrar a casa para que reflexione.

—Antes, cuando has llegado, has tirado la mochila muy fuerte y, mira, el asa del carrito ha golpeado la pared y se ha hecho un agujero.

—Vaya. Lo siento, mamá.

—No pasa nada, a todos nos puede suceder algo así. Además, gracias a eso hemos hablado de este tema. Pero, la próxima vez, cuando estés enfadado podrías intentar no tirar la mochila. Por ejemplo, puedes contar hasta diez o respirar hondo.

—Lo intentaré.

8. Reconocer. La madre dice:

—Me alegra mucho que hayas confiado en mí. Estaré siempre aquí para lo que necesites.

Madre e hijo se abrazan.

Como ves, las diferencias entre la opción 1 y la opción 2 son considerables, casi podríamos decir que en la primera tenemos a una madre que está en la inopia y no se entera de lo que sucede a su alrededor, esa madre pasa por alto las emociones de su hijo y, por tanto, las niega y le reprocha su conducta sin preguntarse cuál es la causa. En cambio, en la opción 2 tenemos una versión de la madre que conecta y acompaña, que acepta las emociones de su hijo, se implica, busca el origen y empatiza. En ambos casos, el niño tiene el mismo problema: está enfadado y seguramente también triste porque un niño de su clase lo insulta. Son las diferentes reacciones de la madre las que, en este caso, cambiarán su destino e influirán, entre otras cosas, en su autoestima, inteligencia emocional y forma de comunicarse. Por eso merece mucho la pena hacer un esfuerzo para que nuestros hijos se expresen libremente y para aceptar sus sentimientos.

La **escucha activa** y la **empatía** deben formar parte de cualquier tipo de intercambio de información importante con nuestros hijos, no solamente cuando están expresando sus emociones. Por ese motivo tienen dedicado un trayecto propio en esta línea, como verás a continuación.

LA ESCUCHA ACTIVA

Para comenzar este trayecto voy a compartir contigo un caso en el que se describe un déficit en la comunicación entre madre e hija, debido en gran parte a la ausencia de la escucha activa.

Marisa, de cuarenta y cinco años, y su hija Lucía, de once, acudieron a consulta a causa de «la rebeldía de esta última». Madre e hija vivían con la abuela desde que el padre de Lucía falleció en un accidente años atrás. Según la madre, su hija estaba cada vez más contestona e insoportable. Había abandonado completamente los estudios, hacía lo que le venía en gana y desobedecía sistemáticamente a todo lo que se le pedía que hiciera. Marisa describía gritos, portazos, caos y desorden en la habitación de Lucía, una gran adicción al teléfono y dependencia de las amigas. Llegaba a casa y apenas saludaba, corría a encerrarse en su habitación. Además, había comenzado incluso a hablarle mal a la abuela y eso sí que no estaba dispuesta a consentirlo.

Por su parte, Lucía se defendía diciendo que su madre solo quería fastidiarle la vida y que no la entendía, que la criticaba por estar siempre pegada al móvil, pero que ella también lo estaba.

—¡No le importa nada de lo que le digo! ¡Se cree que solamente sus cosas son importantes! —se quejaba Lucía.

Claramente, se había establecido entre ellas un patrón de comunicación inadecuado y por eso no llegaban a un buen entendimiento. Desde hacía un tiempo, Marisa solamente se dirigía a su hija para recriminarle cosas y darle órdenes, centrándose en lo malo que veía en Lucía. Esta última, por su parte, reconocía que ya no le contaba nada a su madre, pero que esta se lo había ganado a pulso, pues siempre estaba en su mundo.

—Una vez le pedí consejo porque tuve un problema con una amiga y me dijo que debía resolverlo yo sola. Además, creo que ni siquiera me escuchó porque seguía viendo su serie de televisión. ¡Pues ahora que no se queje de que no le cuento nada! —expresaba Lucía.

Muchas veces los padres traen a sus hijos a consulta expresando algún problema en ellos. Tienen la idea preconcebida de que, en una primera reunión, nos contarán a los psicólogos lo que les sucede a los niños y que a partir de ahí nos lo traerán semanalmente a terapia hasta que logremos solucionar «sus problemas». Por eso, cuando marcamos el camino a seguir y se dan cuenta de que forman parte del tratamiento, muchos se llevan una sorpresa: «¡Ah!, pero ¿yo también tendré que venir?».

Incluso, en algunas ocasiones, descubren con asombro que los principales pacientes serán ellos, y reaccionan desconcertados: «Yo no tengo ningún problema. Ya le he dicho que el que se comporta mal es mi hijo».

Y es que algunos progenitores ignoran el fuerte poder que tienen sobre sus hijos. Los padres determinamos en gran medida cómo sienten y actúan nuestros hijos. Y debemos ser conscientes de cómo influye en ellos la forma en que nos comportamos, el modo en que les hablamos y los queremos. No se trata de culpabilizar ni de responsabilizar a nadie. La mayoría de nosotros educamos a nuestros hijos lo mejor que podemos, con nuestras mejores intenciones. Como tantas veces habrás oído, los hijos no nacen con un manual de instrucciones bajo el brazo (ni con un mapa) y muy pocos son expertos en el arte de educar. Cuando nació mi primer hijo, y a pesar de que yo tenía una carrera, un máster y experiencia tratando a familias, me surgieron muchas dudas y necesité reinventarme para encontrar mi camino.

Debemos, por tanto, tomar conciencia de que la influencia que ejercemos sobre los hijos existe y de que verdaderamente es importante. Algunos padres se sienten fácilmente cuestionados o incluso atacados cuando se les hace ver su parte de responsabilidad en las acciones de sus hijos. Aceptar y concienciarse de este hecho, llevando a cabo una autocrítica constructiva, será fundamental para que comience a producirse el cambio.

Obviamente, en el caso de Marisa y Lucía se estudiaron muchas variables y se trabajaron muchos aspectos de su relación y de su estado emocional individual. Pero algo que había que trabajar con ambas era su forma de comunicarse, con el fin de instaurar nuevos patrones más adecuados que indudablemente mejorarían la situación familiar y las acercarían salvando aquella distancia tan grande que se había creado.

Una de las cosas que se detectó fue que, desde hacía años, Marisa tendía a no centrar su atención en su hija cuando esta le contaba sus cosas. Quizá era debido al cansancio o al estrés, o a que daba prioridad en aquel momento a sus responsabilidades o intereses propios. Sea como fuere, la madre reconoció que rara vez se paraba a hablar con su hija. Con «pararse a hablar» me refiero a detenerse, a esconder el reloj, a sentarnos a escuchar con calma. Pero ese tiempo en exclusiva no es todo lo que necesitan nuestros hijos para sentirse escuchados, lo más aconsejable es poner en práctica **la escucha activa**, una estrategia de comunicación basada en un trabajo de Carl Rogers, quien además defendía que para llevar a cabo esta habilidad era imprescindible tener empatía.

La escucha activa, como su nombre indica, implica una acción. Exige centrarnos en la otra persona, recibiendo el mensaje verbal, pero también fijándonos en los gestos, las expresiones y el tono de voz, y, sobre todo, mostrándonos receptivos a través de un feedback que implica mantener el contacto visual, asentir y reformular lo que nos han dicho.

Cuando sospechamos que nuestro hijo tiene algún problema —o simplemente tiene interés en contarnos algo— y llevamos a cabo la escucha activa, en un primer momento esperamos a que el niño encuentre las palabras, dando espacio a la reflexión y tiempo para que hable. A veces esa espera es suficiente para que el niño se abra y nos cuente sus inquietudes; otras veces necesitan que los dirijamos un poco con nuestras intervenciones. No es fácil encontrar las palabras exactas, pero con un poco de práctica conseguiremos establecer ese lazo comunicativo.

Al leer el caso de Marisa y de su hija Lucía es posible que te hayas sentido identificado, quizá te haya sucedido algo similar en alguna que otra ocasión. A veces nuestros hijos reclaman nuestra atención en un mal momento, cuando tenemos prisa o estamos cansados, y podemos caer en la tentación de escucharles mientras estamos haciendo otra cosa. Si en ese momento no podemos aparcar la actividad que estamos desempeñando, o realmente nos viene mal hablar con ellos, es necesario que busquemos sin excusas un momento para escucharlos con calma en ese mismo día, si es posible. Será un espacio de tiempo donde no haya teléfonos móviles ni ningún otro tipo de distracciones.

Cuando no escuchamos a nuestros hijos tal y como se merecen, podemos estar transmitiéndoles los siguientes mensajes:

- «No me interesa lo que te pasa».
- «Es mucho más importante lo que estoy haciendo que escucharte».
- «No me preocupo ni por ti ni por tus problemas».
- «Tus sentimientos no son importantes para mí».

Y es que, aunque no verbalicemos estas frases, nuestros actos pueden estar afirmándolo con rotundidad. Como cuando nuestro hijo se acerca a hablar con nosotros mientras trabajamos y contestamos «Y, ahora, ¿qué quieres?»; o cuando, sin ni siquiera mirarlo, le decimos «Luego me lo cuentas», pero ese «luego» nunca llega. Estos pequeños momentos de desatención, si se van sumando día a día, acaban creando distancia y transmitiendo constantemente unos mensajes tan poco afortunados que se convertirán en los ladrillos que irán construyendo el muro que os separa. Todo eso, finalmente, llevará a nuestros niños a que ni siquiera intenten hablar con nosotros. A veces nos quejamos de que nuestros hijos e hijas no nos cuentan las cosas, pero ¿estamos poniendo algo de nuestra parte para que lo hagan? Obsérvate durante unos días y analiza cómo te comunicas con tus hijos. Si crees que abusas del «Ahora no» o «Te escucho mientras hago otra cosa», quizá es un buen momento para replantearse las cosas e intentar establecer un nuevo patrón de comunicación en familia.

Estos son algunos consejos para llevar a cabo la **escucha activa** con nuestros hijos:

1. **No menospreciar lo que nos están contando.** Lo que para nosotros no es importante, puede que sí lo sea para ellos.
2. Si nuestros hijos nos reclaman en un mal momento, debemos hacérselo entender y **buscar un rato para hablar con calma.**
3. Cuando hablemos con nuestros hijos, tenemos que asegurarnos de que **no habrá prisas ni distracciones.**
4. Poner **toda la atención** en nuestro hijo y en lo que nos dice. Escucharle sin interrumpirle y mostrar que estamos atentos con expresiones del tipo: «Ya», «Vale», «Ya entiendo», «Ah, ok»...
5. **Mirarle a los ojos.** Mantener el contacto visual con el interlocutor es una de las principales reglas para desarrollar una buena comunicación.
6. **Parafrasear y resumir.** Para que nuestro hijo vea que estamos atendiendo y entendiendo lo que nos dice, de vez en cuando podemos repetir o resumir con nuestras palabras aquello que nos está contando: «Así que, cuando te has caído y algunos niños se han reído, has sentido que se burlaban de ti».

7. **Validar sus emociones activando la empatía.** Como he comentado en el trayecto anterior, al hilo de la expresión de las emociones, es fundamental aceptar los sentimientos de nuestros hijos, compartirlos y demostrar que somos capaces de ponernos en su lugar. Para ello, podemos decir, por ejemplo: «¡Menuda noticia! ¡Estoy feliz por ti! ¡No me extraña que estés tan emocionada!», o «Vaya, eso ha debido de ser duro para ti. Lo siento mucho, cielo».

8. **Contestar de forma asertiva.** Muchas veces nuestros hijos esperarán de nosotros que les demos una opinión o consejo, en ese caso no debemos decirles que estamos de acuerdo si no lo estamos, pero es necesario que les demos nuestra visión de forma respetuosa y valoremos el hecho de que se haya abierto con nosotros.

LA EMPATÍA

Ponte las gafas para ojos de niño
y mira la vida a través de sus cristales.

La empatía es aquella capacidad que tiene una persona para ponerse en la piel de otra, comprender cómo se sienten los demás ante una situación concreta y compartir sus sentimientos. Se trata de una gran habilidad y está muy relacionada con la inteligencia emocional y, como defendía Carl Rogers, con la escucha activa.

La empatía es un gran valor que debemos transmitir a nuestros hijos, para que sean capaces de ponerse en el lugar de los otros y convivir en armonía con aquellos que los rodean. Hablaré con más detalle de esto en la línea 6 de los «Valores que importan». Como ves, en esta parada, la línea de los «Valores que importan» y la de la «Comunicación» se encuentran, pero también se cruzan con la línea 8 del «Yo», en concreto con la empatía que se despierta cuando conectamos con el «Yo, hijo».

En este caso, nos centraremos en la empatía que debemos desarrollar los padres y que será fundamental no solo para que nuestros hijos también la adquieran, sino porque esta será imprescindible para que conectemos con ellos y mantengamos una comunicación fluida y estrecha. A veces es tan sencillo como que los tratemos de la misma forma en que nos gustaría ser tratados.

Una de las primeras cosas que debemos tener en cuenta es que la importancia de las cosas es relativa, ya que lo que para nosotros puede no parecer importante, para un niño puede serlo, y mucho.

Te voy a pedir ahora que hagas un pequeño viaje en el tiempo, busca en tu interior una emoción intensa, como el miedo o la tristeza, o una sensación de angustia, tal y como la sientes cuando estás alterado, y conéctala con una situación o experiencia que viviste cuando eras pequeño y que te provocó una emoción muy fuerte, pero te sentiste incomprendido por tus padres. Tómate el tiempo necesario. En la línea 8 del «Yo» trabajaremos más este aspecto para que crees un lazo con tu «Yo, hijo».

Mientras buceas en tus recuerdos, voy a hacer ese mismo ejercicio. He recuperado una emoción de ansiedad, uno de esos latigazos que sentía en el corazón cuando era niña y me ocurría algo que me afectaba más de la cuenta. Recuerdo que solía ponerme colorada, me ardía la cara y se me aceleraba el corazón. Decían de mí que era una niña muy sensible, y ahora, mirándome desde lejos, pienso que así era. Aquel día en el colegio me enteré de que por la tarde todas las niñas de la pandilla iban a ir a la fiesta de pijamas de Noelia, yo era la única que no estaba invitada. Recuerdo que llegué a casa con la angustia agarrándome la garganta, tanto era así que, cuando mi padre me saludó, solté lo que me había pasado haciendo un puchero y comencé a llorar desolada.

—Noelia no me ha invitado a su fiesta de pijamas. Van a ir todas menos yo —dije sollozando.

—Venga, siéntate a comer y déjate de tonterías —me espetó mi padre.

Pero yo no podía parar de llorar.

—¿Vas a darnos la comida o qué? Que no te vea llorar en la mesa.

Y me tragué las lágrimas.

Cierra los ojos y haz este mismo ejercicio.

¿Cómo te has sentido?

Yo he sentido incomprensión, impotencia y soledad. Y quiero acordarme de ello cada vez que mis hijos muestren una preocupación o un disgusto, y a mí me parezca que eso no tiene la suficiente importancia. Para la vida de un niño, acudir a una fiesta es algo muy importante. Es sentirse integrado, supone disfrutar fuera del colegio, compartir las anécdotas al día siguiente... Y no ser invitado, en un caso en el que todos los de un grupo concreto sí lo están, significa rechazo e incluso exclusión. Por eso, un niño al que no han invitado necesita empatía, necesita desahogo, necesita saber que estamos ahí para consolarlo y comprender sus sentimientos. Se trata de escuchar y acompañar su modo de sentir, no de restarle importancia ni de incrementarla.

Conectar con el «yo niño» nos ayuda a incrementar la empatía con nuestros hijos y a entenderlos mejor. Sobre todo porque la empatía no se puede fingir. Debemos sentir lo que decimos, nuestras palabras deben salir del corazón. No basta con pronunciar de forma autómata: «Te entiendo», «Sé por lo que estás pasando» o «Es terrible». Las palabras deben atravesar nuestra alma y salir impregnadas de sentimientos sinceros.

¿Comprendes mejor eso de que la importancia de las cosas es relativa? Si nosotros, los adultos, damos importancia a nuestros «conflictos» de forma subjetiva y en ocasiones nos cuesta comprender por qué algo tan insignificante para unos afecta tanto a los otros, imagínate los niños, que lo viven todo con tantísima intensidad. Así que escucha a tus hijos, ponte las gafas de niño y empatiza dando importancia a sus problemas de acuerdo con su perspectiva, no según la tuya.

Una dificultad con la que te puedes encontrar es que a veces no es fácil identificar la emoción de un niño, sobre todo cuando las palabras e incluso los actos dicen otra cosa. Para eso hace falta intuición, atención y práctica. Cuando nuestros hijos sean más hábiles a la hora de expresar sus emociones, será más sencillo ayudarlos y empatizar con ellos. Por ejemplo, cuando un niño o una niña muestra enfado y está muy irritable, casi siempre ese enfado esconde detrás otra emoción, como la tristeza o los celos, que lo lleva a reaccionar así. Llegar a esa conclusión puede resultar difícil. Por eso debemos ser conscientes de que se suele dar esta asociación entre las reacciones visibles que corresponden al enfado y otras emociones que las provocan, que son las que realmente están en el fondo de todo.

Como he mencionado anteriormente, una buena forma de empatizar con nuestros hijos es verbalizar lo que hemos comprendido y mostrar que entendemos cómo se sienten, acompañando nuestras palabras con nuestros gestos. Por ejemplo: «Has perdido tu peluche favorito, por eso estás tan enfadada. ¿Sabes?, yo también estaría furiosa. Y también me pondría muy triste, porque perder algo que queremos mucho hace que nos sintamos desdichados».

Es probable que en ese punto nos demos cuenta, por su forma de responder a nuestras palabras, si estamos acertando o no en la interpretación de sus emociones. Siguiendo con el ejemplo, si la niña con la que estamos hablando en ese momento conecta con su tristeza y la manifiesta incluso desahogándose a través del llanto, es que estamos en el camino correcto. Si, por el contrario, nos equivocamos en nuestra interpretación, es probable que también nos demos cuenta. Podemos notarlo a partir de una mueca o una expresión de contrariedad y, en ese caso, rectificar sobre la marcha y reinterpretar. Esta tarea no es sencilla y requiere práctica, pero en cualquier caso nuestros hijos valorarán que hagamos esfuerzos por entenderlos.

Algunos expertos defienden que es mejor no dar consejos a los hijos, que tras una dialéctica en la que los padres empatizamos, ellos mismos hallarán la solución. Sinceramente, pienso que en algunos casos puede suceder así, pero en otros, por mucho que empaticemos y escuchemos, ellos necesitarán que nos mojemos y nos impliquemos. Como ya avanzaba en el apartado anterior, eso no quiere decir que les demos la razón si creemos que no la tienen, ni que no los dejemos que se equivoquen cuando ellos quieren seguir un camino que nosotros consideramos erróneo. Debemos dejar que se explayen y que sigan sus instintos, y que tropiecen y se levanten, porque eso supondrá un gran aprendizaje. De hecho, muchas veces los niños tienen la necesidad imperiosa de seguir su criterio y debemos ceder a ello, por más que creamos que se equivocan (por supuesto, me refiero a cosas que no supongan ningún peligro). Todavía recuerdo aquel día que mi hijo mayor quiso dormir con la persiana levantada, y tuvimos una breve conversación:

—Yo no lo haría. Creo que dormirás mal —le dije.

—Ya, mamá. Pero es que yo lo quiero probar.

—Está bien —accedí.

Al día siguiente se acercó a mí y me dijo:

—Tenías razón. A las tres de la mañana me he despertado con la luz de las farolas y he tenido que levantarme a bajar la persiana.

—Bueno, así has podido comprobarlo por ti mismo —le contesté.

Y pensé que había hecho bien en dejarle experimentar, al fin y al cabo aquello no era una decisión trascendental.

Y es que, efectivamente, a veces no necesitan nuestro consejo, necesitan sentir las vivencias en su piel y eso es bueno. Sin embargo, en otras ocasiones, están tan bloqueados que precisan de nuestra guía. No olvidemos que a su corta edad les faltan experiencia y estrategias. ¿Acaso no nos pasa a los adultos que, cuando tenemos algún problema, llamamos a aquel amigo que consideramos que tiene un buen criterio para que nos dé su visión de las cosas? A veces necesitaremos que, sencillamente, nos escuchen, pero otras buscaremos algo más. Aunque después decidamos no hacer caso, necesitamos escuchar esas palabras. Saber qué piensa el otro. En el caso de los hijos, es donde debe prevalecer el sentido común y la cordura, porque aconsejar a un hijo es una gran responsabilidad que tenemos como padres. Muchas veces el consejo consistirá precisamente en que busquen dentro de sí la respuesta.

Por tanto, estoy de acuerdo en que debemos dejar a nuestros hijos que se explayen y resistirnos a dar una solución o un consejo rápido. Pero podemos darles nuestra visión y, por qué no, decirles lo que haríamos nosotros en su lugar, sin imposiciones ni presiones, cuando observamos que lo necesitan. Porque ser padres no solo es poner la oreja y estar, ser padres es meterse en el charco y llenarse de barro hasta el cuello, si hace falta.

Generalmente, cuando se trata de poner en marcha nuestra empatía, se recomienda no utilizar según qué preguntas. La pregunta directa puede bloquear al niño, sobre todo cuando ni él mismo sabe lo que le sucede; un «¿cómo te sientes?» puede no ser buena idea. Debemos tener mano izquierda para que en la conversación el propio niño llegue a reconocer sus sentimientos.

Lo que sí debemos hacer es mostrar que comprendemos cómo se sienten, pero no basta con decirle «Entiendo que te sientas así», es mejor si elaboramos un poco más la respuesta: «Entiendo que te sientas así. La oscuridad hace que nos imaginemos cosas que no existen y nos produce miedo…».

De ese modo, nuestros hijos creerán que verdaderamente estamos tratando de entender lo que sienten. No debemos tener miedo a equivocarnos porque ellos valorarán que estemos a su lado esforzándonos por comprenderlos. Probablemente, ellos mismos serán capaces de decirnos que vamos por mal camino y de darnos más pistas para que acertemos.

Otra forma de conectar es **buscar la empatía de los niños.** Recuerdo una anécdota de hace años. Cuando tenía veintitantos hice un curso de monitora de tiempo libre y, un verano, mientras estudiaba la carrera de psicología, me estrené como monitora en unos campamentos. Tras la primera reunión de coordinación con los compañeros, debíamos decidir quiénes serían los dos monitores que se quedarían de guardia aquella primera noche. Casi nadie salió como voluntario, así que lo hice yo pensando que, de todas formas, tarde o temprano me tocaría. Enseguida comprendí por qué los demás habían preferido no velar aquella noche. Por lo visto, la primera siempre era, con diferencia, la noche más movida de los campamentos. Los niños llegaban emocionados y repletos de energía, se levantaban, corrían por los pasillos, jugaban, cantaban... y los monitores de guardia debíamos levantarnos cada vez que había alboroto porque éramos los encargados de que regresaran a la cama.

—¡Vamos, chicos, a dormir! Ya está bien, mañana vais a estar destrozados.

Poco a poco los niños y las niñas se fueron durmiendo, pero había uno que se resistía. Se llamaba Nil y por enésima vez hizo que me levantara de la cama.

—Vamos, Nil. No podemos estar toda la noche así.

—¿Por qué tengo que ir a dormir? ¡No tengo sueño!

—Porque son más de las cuatro y, además, no puedes seguir haciendo ruido.

—Me da igual.

Nos sentamos los dos en el suelo del pasillo. La verdad es que ya no sabía qué más decirle, estaba agotada. Y entonces lo miré a los ojos y le dije:

—Si no vas a dormir, yo tampoco podré hacerlo y tengo muchísimo sueño.

Y fue en ese momento, al cambiar el discurso de persona que le decía lo que debía hacer por el de una persona que le mostraba lo que sentía, cuando Nil me escuchó. Se metió en la habitación y ya no volvió a salir hasta el día siguiente.

Ese día me di cuenta de que es tan importante mostrar empatía como abrirse para encontrar la empatía del otro, aunque ese «otro» sea un niño de siete años al que acabas de conocer.

CÓMO MEJORAR LA COMUNICACIÓN CON NUESTROS HIJOS

Con la información de los trayectos anteriores espero haberte ayudado a mejorar la relación y el intercambio de información con tus hijos. Sin embargo, es preciso que tengas algunas pistas y consejos prácticos para contribuir a consolidar esta mejoría.

Ya sabemos que, en ocasiones, resulta complicado que nuestros hijos hablen abiertamente de sus preocupaciones, y más aún si no están acostumbrados. Una conversación en la que aceptes sus sentimientos, emplees la escucha activa y uses la empatía puede ayudarlos (y mucho) a abrirse.

Pero, si no expresan sus preocupaciones, ¿cómo sabremos que las tienen? Existen algunos indicios que pueden alertarnos de que algo les sucede a nuestros hijos. Por ejemplo, habrás oído hablar de niños a los que les duele la tripa antes de ir al colegio, cuando en realidad no tienen gastroenteritis ni ningún tipo de problema digestivo o intestinal, sino que ese dolor quizá se debe a la ansiedad de separación o al nerviosismo que le produce encontrarse con algún niño o con una situación que se suela dar en el aula. Me refiero a síntomas que pueden asociarse a la inquietud y que nos sirven como pista.

Síntomas compatibles con preocupaciones o inquietudes de los niños

- Dolor de tripa
- Dolor de cabeza
- Necesidad de ir al baño con más frecuencia
- Opresión en el pecho
- Dificultades para respirar
- Dificultad para conciliar el sueño o despertares nocturnos
- Pesadillas y/o terrores nocturnos
- Micciones nocturnas

- Descenso o aumento del apetito
- Tics
- Tartamudeo
- Miedos a diferentes estímulos y/o situaciones
- Irritabilidad y mal humor
- Tristeza, desánimo o apatía
- Comportamientos poco comunes en el niño
- Incremento de la sudoración
- Distracción o problemas para concentrarse
- Descenso del rendimiento académico
- Negativa a ir al colegio
- Evitación de salir de casa

Este listado puede servir como orientación, pero no debe tomarse al pie de la letra. Todos los niños y todas las familias son diferentes, y no todos reaccionamos igual ante las mismas situaciones o estímulos. Si tu hijo tiene alguno de estos síntomas de forma recurrente, lo primero que habría que hacer es descartar con la ayuda de un médico que haya una causa física. Si estos síntomas persisten y no encontramos ningún motivo físico, entonces podemos sospechar que nuestro hijo tiene una preocupación o inquietud. Cuando llegamos a esta conclusión, no conviene alarmarse precipitadamente. Primero, porque la calma siempre será mejor compañera de viaje, y segundo, porque debemos recordar que la importancia de los problemas de los niños siempre es relativa. Es decir, que nuestro hijo presente alguno de estos síntomas no tiene por qué significar que tenga un problema gravísimo desde la perspectiva del adulto. En cambio, es posible que sí sea grave para él, en cuyo caso debemos darle la importancia que merece, según su vivencia e interpretación.

Por otra parte, además de esa enumeración de síntomas, también resulta útil conocer cuáles son las preocupaciones más comunes de los niños. Debemos tener en cuenta que su vida gira alrededor de la familia, los amigos y los compañeros del colegio, así encontraremos que sus inquietudes suelen ir ligadas a estos entornos. El siguiente listado también podrá servirnos de pista cuando sospechemos que algo anda mal.

- **La familia.** Generalmente, los padres lo somos todo para nuestros hijos. Por ese motivo, si perciben alguna complicación en el núcleo familiar, lo viven como una amenaza a aquello que más quieren en la vida. Problemas de salud, dificultades económicas, discusiones entre ambos progenitores, la separación o el temor a que esta se produzca... todo ello produce preocupación y gran inquietud en los más pequeños.

- **Amigos y compañeros.** En muchos casos, antes de entrar en la adolescencia, en segundo plano, después de la familia, se encuentran los amigos como una pieza clave de la vida de los niños. Un niño que no se sienta integrado dentro de un grupo, valorado o querido por sus iguales, puede sufrir y manifestar intranquilidad y preocupación.

- **Rendimiento escolar.** A medida que los niños y las niñas se van haciendo mayores, se les exige más y más en el ámbito académico. Si son niños muy autoexigentes, o si las exigencias vienen por parte de los padres, puede ocurrir que sientan tal nerviosismo y presión que los lleve a desarrollar inquietud. Como en el caso de exámenes, entregas de trabajos e incluso algún rifirrafe con algún profesor.

- **Acoso.** Uno de los problemas más graves que puede tener un niño es sufrir acoso escolar. Si el hecho de no sentirse validado en un grupo ya es lo bastante estresante para ellos, sufrir aislamiento o ser víctima de agresiones verbales y físicas puede convertirse en un auténtico calvario o pesadilla. La detección precoz del acoso escolar por parte de los padres o de la escuela es crucial para que los daños sean menores. Si conseguimos que nuestro hijo confíe en nosotros y nos cuente sus preocupaciones, podremos prevenir un problema tan importante como este.

- **Muerte o enfermedad de un allegado.** El hecho de que un ser querido enferme gravemente, e incluso la posibilidad de perderlo por fallecimiento, es un temor que suele estar presente en la vida de los niños, sobre todo sobre los nueve o diez años, que es cuando se produce la comprensión de la irreversibilidad de la muerte. Hay una época en que algunos niños se preocupan cuando se separan de sus padres, cuando estos viajan o realizan algún tipo de actividad que ellos interpretan como peligrosa.

- **Padres con estilo autoritario.** Los padres que practican este estilo de educación suelen crear temores e inseguridades en sus hijos, causando en ellos preocupaciones y ansiedad. ¿Cómo reaccionarán mis padres? ¿Me van a castigar? ¿Se van a enfadar mucho conmigo? Estos niños pueden sentirse solos y carentes de apoyos y figuras de confianza.
- **Vivencias complicadas.** Lamentablemente, los niños no son inmunes a los acontecimientos duros y desagradables, y en ocasiones les puede tocar vivir circunstancias traumáticas que les produzcan gran preocupación o incluso bloqueos.
- **Futuro a corto plazo.** Las preocupaciones en ese sentido suelen darse por la tendencia a pensar que algo malo va a suceder, ya sea a ellos mismos o a sus seres más queridos. Por ejemplo, pensar que se quedará solo en el patio o creer que suspenderá un examen.

No debemos tomar este listado al pie de la letra. Las diferencias entre las personas existen objetivamente y siempre hay excepciones. Sirva esto únicamente como orientación. Como decía, tanto este listado como el de los síntomas te pueden servir como pistas para tirar del hilo y tratar de indagar si algo les puede estar sucediendo a tus hijos. A partir de ahí, se trata de activar nuestra intuición y nuestras habilidades comunicativas para lograr que nuestros hijos se abran y podamos así ayudarlos a expresarse y darles nuestro punto de vista, si es que lo necesitan.

Trucos para que nos hablen de sus cosas

A lo largo de estos años de maternidad y de profesión he aprendido un conjunto de **trucos** que son los que mejor me funcionan para lograr que los niños se sinceren y me cuenten sus cosas, lo cual siempre incluye que yo también sea sincera y les hable de lo que pienso y siento. Los comparto a continuación por si te pueden servir de ayuda:

- **Les cuento lo que he hecho ese día.** En esta narración no solamente les describo las actividades que he realizado durante las horas que hemos estado separados, sino que incluyo sentimientos y sensaciones. Lo mejor de todo es comprobar que mis hijos, poco a poco, también están desarrollando habilidades de comunicación como la escucha activa y la empatía. Te pongo un ejemplo.

—¿Qué tal ha ido tu día, mamá?

—Bastante bien, aunque me he llevado un poco de disgusto a media mañana.

—¿Por qué?

—Una compañera del trabajo se ha molestado conmigo, porque yo olvidé algo importante para ella.

—Y ¿está enfadada?

—Un poco. Por supuesto, me he disculpado. Ha entendido que ha sido un despiste sin mala intención y me ha perdonado. Pero yo no puedo evitar sentirme mal.

—Te entiendo, mamá. A mí también me disgusta cuando un amigo se enfada conmigo.

—Gracias, cielo. Y tú día, ¿qué tal?

—Bien, aunque me he peleado con Jaime a la hora del recreo solo porque yo no quería jugar a fútbol…

Lógicamente no podemos contárselo todo a nuestros hijos y tenemos que adaptar nuestro discurso a su edad, a su personalidad y a las circunstancias. Pero está bien que vean que nosotros también tenemos preocupaciones y cómo las gestionamos y somos capaces de expresarlas y recibir su apoyo de buen grado. Y es que muchas veces pretendemos que nuestros hijos nos cuenten lo que hacen cuando no estamos presentes, pero ¿lo hacemos nosotros? La buena comunicación siempre tiene que ser de ida y vuelta, recíproca, en ambas direcciones.

• **Lo mejor, lo peor y lo regular del día.** Muchas veces el estrés, la rutina o la vorágine del día a día pueden hacer que sea complicado encontrar el tiempo necesario para mantener una conversación en la que todos los miembros de la familia contemos cómo ha ido nuestro día. Por ese motivo, una buena costumbre es que antes de acostarnos nos contemos lo mejor, lo peor y lo regular de nuestro día. Así nos aseguramos de que, si ha sucedido algo importante, nos enteraremos y no lo pasaremos por alto.

- **Cuando yo era niña...** Recordarles a nuestros hijos e hijas que también fuimos niños alguna vez. Mostrarles que tuvimos dificultades, vivencias o problemas parecidos y relatar cómo nos sentimos entonces. Yo recurro a esta estrategia cuando mencionan alguna experiencia que me recuerda a algo que viví en la infancia. Es increíble cómo disfrutan de este tipo de conversación, a veces desearía recordar (o haber vivido) más anécdotas o experiencias para contárselas. Este tipo de relatos producen una explosión en la que todos quieren hablar y contar algo que también les ha sucedido. Por ejemplo: «Cuando tenía más o menos tu edad, me sucedió algo parecido. Resulta que mi mejor amiga se fue a pasar el verano entero a casa de sus abuelos, en la otra punta del país. Yo me sentí abandonada, pensé que me iba a quedar sola todas las vacaciones. Pero entonces descubrí que había otros niños y niñas en el pueblo que querían jugar conmigo y, aunque echaba de menos a mi amiga, lo pasé genial aquel verano».

- **Historias con las que puedan identificarse.** Hablaré del poder de los cuentos en la línea 7, destinada a las «Herramientas», pero debo decir aquí que la lectura de historias cuyos protagonistas tengan una vivencia con la que nuestros hijos se sientan identificados, puede ser un detonante muy valioso para que se rompa el hielo y el niño comience a hablar de un tema complicado y hasta entonces no abordado. Existe un cuento para acompañar cada momento, solamente hay que saber elegirlo.

¡Este es el camino que yo sigo! Ahora ya conoces las estrategias comunicativas que empleo con mi familia. Para encontrar tu propia dirección, trata de idear un pequeño listado de recursos que te gustaría utilizar. Puedes ir probando y cambiándolos sobre la marcha. Invéntate un juego, establece una nueva rutina o utiliza facilitadores emocionales como la música.

DIMENSIÓN SOCIAL - HABILIDADES SOCIALES

> Ni sumisión ni agresión, solo asertividad.
>
> WALTER RISO

Como hemos visto, la forma en que nos comunicamos con nuestros hijos será crucial para sentar las bases de nuestra relación y para establecer un vínculo estrecho y de confianza. Será igualmente fundamental para que la educación que les estamos procurando cale en ellos y los convierta en mejores personas. Pero esta forma de comunicarnos con nuestros hijos desempeñará también un papel fundamental en el modo en que ellos y ellas se comunicarán, a su vez, con el resto del mundo. Por supuesto, existe un factor genético que influye en que haya niños más o menos hábiles socialmente, y también las experiencias que hayan vivido los condicionarán. Pero un niño cuyos padres se comunican fluidamente con él, activando la empatía y aceptando sus emociones, desarrollará con mayor facilidad un entramado de estrategias comunicativas que le serán de gran utilidad en su día a día.

Los padres debemos ser conscientes de que una de las principales fuentes de aprendizaje de nuestros hijos es la **observación**. Los niños ven y después hacen. Albert Bandura fue el gran precursor de esta idea, en 1961 y 1963 llevó a cabo un interesante experimento conocido como Estudio del Muñeco Bobo. En esta investigación se demostraba que, tras observar un vídeo en que un joven golpeaba e insultaba a un muñeco de plástico, niños y niñas de preescolar lo imitaban cuando posteriormente se encontraban ante un muñeco de las mismas características. Bandura llamó a este comportamiento **aprendizaje por observación y modelado**, conceptos clave que forman parte de su famosa teoría del Aprendizaje Social. «Los sujetos no aprenden tanto de sus propias conductas como de la observación de la conducta de los demás», escribió Bandura.

Por lo tanto, nuestra forma de comunicarnos con nuestros hijos y con otras personas en su presencia; la manera en que expresamos y gestionamos nuestras emociones; el modo en que nos comportamos; si solemos ver el vaso medio vacío o medio lleno; si nos queremos a nosotros mismos... todo será observado y procesado por nuestros hijos, aprenderán de ello y en muchos casos nos imitarán.

Así pues, cuando hablamos de **comunicación en crianza,** por un lado nos referimos a la que utilizamos con nuestros hijos, y por otro, a las estrategias que ellos adquieren y que influirán en su interacción con los demás. Esto último son las habilidades sociales y, en gran parte, vendrán determinadas por la comunicación en casa y por el aprendizaje por observación o modelado que defendía Bandura.

Que un niño sea hábil socialmente significa que, a la hora de comunicarse con los demás, será capaz de:

✓ Expresar sentimientos
✓ Transmitir pensamientos
✓ Verbalizar opiniones
✓ Compartir preocupaciones, alegrías, ilusiones, tristezas y temores
✓ Contar sus vivencias positivas y negativas
✓ Comunicarse de forma asertiva
✓ Recibir las emociones de los demás con empatía
✓ Hablar en público

Y muchas de esas cosas, como te decía, las aprenden por observación directa de los padres y por el estilo de comunicación que se practica en casa.

Esta parada coincide con la dimensión social que veremos en la línea 2 dedicada a «La autoestima», te hablaré de ello nuevamente en ese trayecto. Sin embargo, es importante que sepas ahora que, a grandes rasgos, existen **tres estilos de comunicación:**

1. **El estilo de comunicación pasivo:** Suelen emplearlo niños con carácter inseguro, tímido e introvertido. Se caracterizan por hablar poco y mostrarse reservados. No expresan sus pensamientos, ni sus opiniones, ni sus emociones, ya sea por desinterés o porque creen que no son capaces de hacerlo. Pueden tener una autoestima baja y, por lo tanto, pensar que sus opiniones son menos válidas que las de los demás. Tienden a desear que sus interacciones sociales sean cortas y prefieren pasar desapercibidos. Por ello, no les gusta ser el centro de atención. No suelen conseguir aquello que desean, ya

que no lo expresan ni luchan por ello. En general, les cuesta mucho decir que no.

Ejemplos de comunicación verbal en el estilo pasivo:

- «Vale».
- «Me da igual».
- «Como queráis».
- «Lo que tú digas».
- (No contestar.)

Ejemplos de comunicación no verbal en el estilo pasivo:

- Evitar mirar a los ojos
- Rostro inexpresivo
- Postura alicaída
- Mantener una buena distancia interpersonal
- Tono de voz bajo
- Ritmo de habla lento, incluso a trompicones
- Escasa entonación
- Diálogo a base de monosílabos, sin desarrollar sus respuestas

2. **El estilo de comunicación ofensivo:** Al referirse a este estilo de comunicación, la mayoría de los autores habla de «estilo agresivo», pero tratándose de niños prefiero hablar de «estilo ofensivo». Quienes lo emplean suelen imponer su voluntad sin importarles lo que quieren los demás. Sus interacciones pueden contener insultos, reproches, críticas y burlas. Suelen utilizarlo niños con poca empatía. Aunque parezca que tengan una autoestima elevada, en realidad tienden a tenerla baja y presentan carencias e inseguridades.

Ejemplos de comunicación verbal en el estilo ofensivo:

- «Haremos lo que yo diga».
- «Vamos, no seas miedica».
- «Tú no tienes ni idea».
- «¿Eres bobo o qué te pasa?».

Ejemplos de comunicación no verbal en el estilo ofensivo:

- Mirar directamente a los ojos de forma desafiante e invasiva
- Rostro tenso con cara seria y ceño fruncido
- Postura erguida con el cuerpo inclinado hacia delante
- Invadir el espacio de los demás
- Tono de voz alto
- Ritmo del habla acelerado
- Entonación áspera y cortante
- Diálogo a base de órdenes sin desarrollar sus respuestas

3. **El estilo de comunicación asertivo:** Suelen emplearlo niños hábiles socialmente, seguros de sí mismos, con una gran capacidad de empatía y una alta autoestima. Este estilo de comunicación se caracteriza por expresar opiniones, sentimientos y pensamientos de forma abierta, respetando siempre al que tenemos enfrente y tratando de no molestarlo ni ofenderlo. Saben decir «no» cuando no desean hacer alguna cosa.

Ejemplos de comunicación verbal en el estilo asertivo:

- «Preferiría hacer la parte del trabajo en la que se habla de los planetas. Me encanta el espacio y me he leído muchos libros acerca del sistema solar».
- «No, gracias. Tengo un poco de prisa y no quiero llegar tarde».
- «Me gusta más el de manzana. Es mi fruta favorita».
- «Me ha molestado que no hayas contado conmigo para el regalo conjunto. Me gustaría que me avisaras la próxima vez».

Ejemplos de comunicación no verbal en el estilo asertivo:

- Mirar directamente a los ojos de forma cálida
- Expresión del rostro amigable
- Postura relajada y abierta
- Distancia interpersonal adecuada
- Tono de voz sereno
- Ritmo del habla equilibrada

- Entonación agradable.
- Diálogo equilibrado de habla y escucha. Desarrollo de respuestas para hacerse entender

Sin duda, el estilo de comunicación que debemos cultivar junto a nuestros hijos es el asertivo. La **asertividad** es una habilidad social muy valiosa y una de las mejores estrategias de comunicación. Siendo asertivos, nuestros hijos evitarán muchos conflictos e impedirán que abusen de ellos, y se desenvolverán de forma positiva y efectiva en la vida. El primer paso es detectar cuál es el estilo de comunicación predominante en nuestros hijos. Apreciarás que en muchos casos coincidirá con el estilo que los padres emplean en casa.

Veamos el siguiente ejemplo en el que un grupo de tres amigos, Raúl, Tomás y Carlos, están eligiendo la película que van a ir a ver al cine.

RAÚL: Eh, veremos *La casa encantada*.

TOMÁS: Yo preferiría la de acción. Hoy no me apetece demasiado ver algo de terror.

RAÚL: Vamos, esa peli es una chorrada. ¡Yo paso!

TOMÁS: Y tú, Carlos, ¿qué película prefieres ver?

CARLOS: A mí me da igual. La que queráis.

RAÚL: Vosotros, lo que pasa es que sois unos gallinas. ¡Venga, la de terror!

CARLOS: (silencio)

TOMÁS: Lo siento mucho, pero no pienso ir a ver una película con alguien que no tiene en cuenta mi opinión y encima me insulta.

RAÚL: ¡Que os den!

CARLOS: (silencio)

Como ves, en este ejemplo se representan claramente los tres estilos de comunicación. Raúl representa el ofensivo, ya que quiere imponer su voluntad por encima de lo que opinan los demás, incluso empleando algún insulto. Carlos representa el estilo pasivo, evita contestar y cuando le preguntan directamente, responde con evasivas, sin decir realmente lo que piensa. Tomás representa el estilo asertivo, en este caso da su opinión de forma respetuosa, tratando de no herir a los demás y buscando un acuerdo. Cuando le faltan al respeto, Tomás no lo acepta y así lo expresa sin perder las formas. A partir de este ejemplo deducimos que lo conveniente sería que Raúl aprendiera a dar su opinión con respeto y sin imponerla, y que Carlos fuera capaz de dar su opinión sin miedo a lo que puedan pensar los demás.

¿Cómo potenciar la **asertividad** en nuestros hijos e hijas? Hay varias opciones:

1. **El primer paso, sin duda, es practicar la asertividad en casa.** Si nuestros hijos observan que nosotros somos asertivos, que expresamos nuestras opiniones desde el respeto, ellos aprenderán también a serlo. Como en este ejemplo: «Antes me ha molestado que al llegar a casa hayas pisado el suelo mojado. He sentido que no valoras el esfuerzo que significa mantener la casa limpia».

2. **Enseñarles a expresar sus emociones.** Si en casa les facilitamos que hablen abiertamente de lo que sienten —«Cuando has llegado y ni siquiera me has mirado, me he sentido ignorada»—, allanaremos el camino para que hagan lo mismo con las personas adecuadas fuera del núcleo familiar.

3. **Enseñarle a decir que no.** Sobre todo en el caso de los niños que practican el estilo de comunicación pasivo, será muy importante que aprendan a negarse a las cosas, para que no abusen de ellos. Por ejemplo: «No quiero jugar a tocar timbres».

   En este caso, será muy útil si observan que dices «no» cuando surja algún compromiso que no quieres aceptar: «Lo siento, Juana, no me viene bien llevar a los niños a hockey esta semana».

4. **Enseñarles a ser empáticos.** Sin duda, que aprendan a ponerse en el lugar de los demás será vital para que dejen de emplear el estilo de comunicación ofensivo:

   «Lo mejor es que hagamos una votación y juguemos a lo que quiera la mayoría».

5. **Enseñarles a ser respetuosos.** Se trata de que los niños aprendan a decir aquello que piensan y a expresar sus deseos, pero desde el respeto, sin menospreciar a nadie y teniendo en

cuenta también los intereses de los otros. Para lograr eso, un buen truco es que cuando quieran expresarse lo hagan hablando de los sentimientos propios, describiendo cómo se han sentido en una situación: «Cuando me he caído y he visto que te reías, he sentido que te burlabas de mí...»; en lugar de juzgar o acusar al que tienen delante: «¡Te estás burlando de mí! ¡Eres un cretino!».

Aunque generalmente todos tendemos a utilizar un estilo de comunicación determinado, según la situación en la que nos encontremos y la gente que nos rodea, podemos comunicarnos de diferentes formas. Quién no ha conocido a algún niño que parece extremadamente tímido en el colegio y que después, en casa o con gente de confianza, habla por los codos. O al revés, un niño que se muestra callado y reservado en casa y con los adultos en general, y en cambio se desinhibe con su grupo de iguales. En ese sentido, los padres debemos esforzarnos por conocer a nuestros hijos en los diferentes ámbitos en los que interaccionan, ya que algunas veces no coincide la visión que tenemos de ellos con la que puedan estar manifestando de puertas para fuera, y eso puede hacer que nos llevemos algunas sorpresas y que neguemos sus actitudes cuando alguien manifiesta haberlas observado. Solo si somos conscientes de la realidad podremos entenderlos, educarlos, acompañarlos y guiarlos. Veamos dos ejemplos de lo que digo.

Conversación con el maestro

MAESTRO: Tu hija me ha llamado «viejo verde» delante de toda la clase.

MADRE: Eso es imposible. Ella jamás haría algo así.

MAESTRO: Ya lo creo que sí. Te ruego que se lo preguntes.

MADRE: Tiene que haber alguna explicación. Eso es muy raro en ella.

MAESTRO: Me temo que sucede más a menudo de lo que crees.

Conversación con un amigo del colegio de tu hijo

AMIGO: Hoy, en el recreo, hemos jugado al escondite y a Juan le ha tocado buscar todo el tiempo.

PADRE: Pero ¿él quería hacerlo?

AMIGO: Creo que no, pero los otros niños insistían.

PADRE: Y ¿no se ha quejado?

AMIGO: No ha dicho nada.

PADRE: Qué extraño. Juan no es de los que se callan.

A lo largo de estos años de experiencia, me he dado cuenta de que los padres que tienen un solo hijo o una sola hija suelen desconocer con mayor frecuencia el área social de su hijo cuando está fuera de casa, sobre todo cuando crecen y tienen menos oportunidades de observarlos en acción en lugares de encuentro como los parques, fiestas de cumpleaños, merendolas... En cambio, los niños que tienen hermanos suelen jugar, reír, bromear y también protagonizar peleas y discusiones en casa. En este último caso los padres pueden observar de forma más directa cómo reaccionan y cuál es su estilo de comunicación ante ese tipo de situaciones. Los niños que no comparten techo con un igual, tienen menos oportunidades de mostrar esta faceta porque, en general, no suelen interactuar con otros niños delante de los padres, y es más probable que estos desconozcan cómo se defiende su hijo en circunstancias similares. Por supuesto, como en todo, hay excepciones: niños con hermanos que tengan una actitud diferente en sus relaciones en casa y fuera; e hijos únicos que actúen igual en diferentes ámbitos o que sus padres hayan podido observarlos en su parcela social. En cualquier caso, mi recomendación para todos los padres y madres es que estén un poco atentos a la forma en que sus hijos se relacionan en el exterior. Así podrán ayudarlos a que lo hagan de una forma asertiva si aprecian que su tendencia es pasiva u ofensiva.

A veces imaginamos a nuestros hijos interactuar con sus iguales de una forma diferente a la que en realidad es. Otras, sin embargo, somos conscientes de su estilo de comunicación y deseamos ayudarlos para que sean más asertivos. En mi caso, por ejemplo, he detectado en mis hijos algunas actitudes de comunicación pasiva:

- «Nunca puedo dormir en la cama de arriba de las literas cuando voy de campamentos».
- «Nunca puedo ir junto a la ventanilla en el autobús cuando vamos de excursión».
- «Éramos cinco y en tres partidas todos han jugado al futbolín menos yo».
- «Siempre me toca ser defensa y yo quiero jugar como delantero algún día».

Es difícil ver cómo tus hijos no reaccionan y dejan que otros «abusen» de ellos. A mí, por ejemplo, en estos casos me invade una indignación enorme, siento rabia y mucha injusticia. Me gustaría ir a hablar con esos niños y decirles que todos son iguales y tienen los mismos derechos, que deben turnarse, que no está bien hacerle eso a un compañero. Me gustaría ponerme la capa de mamá superheroína y salir al rescate de los más débiles, pero soy consciente de que sería un error hacerlo porque, salvo en casos graves, son ellos, nuestros hijos, los que deben resolver sus propios problemas. Nuestro papel es acompañarlos en el camino.

Por otro lado, conozco a madres y padres que han detectado, o los han alertado, de que sus hijos practican un estilo de comunicación ofensivo. No es nada fácil encontrarse en esa situación. Saber que tu hijo es «el abusón» de clase puede conllevar mucho estrés y muchos disgustos. En ese caso hay una gran labor por delante para trabajar la empatía y que el niño aprenda a retener sus impulsos.

Como te decía antes, en muchos casos los padres debemos resistir la tentación de actuar y de correr a solucionar las dificultades de nuestros hijos. A veces, sin embargo, es necesario. ¿Cuándo debemos intervenir? Un caso claro, sin duda, es el de acoso escolar. Aunque nuestro hijo o nuestra hija nos diga que puede solucionar ese asunto, es difícil que logre manejar una situación de tal magnitud, y cuanto antes actuemos implicando al colegio y a quien sea necesario, antes acabará esa situación tan peligrosa y desagradable. También debemos intervenir si alguna otra persona corre algún tipo de riesgo o peligro. Se trata de activar la intuición y aplicar el sentido común.

LA TIMIDEZ EN LOS NIÑOS

Un motivo de consulta bastante habitual es la timidez de los niños. Muchos padres se muestran preocupados, sobre todo, cuando comienzan a observar que la vida de sus hijos se ve condicionada por lo que ellos consideran una timidez excesiva. Por ello, he preparado un trayecto especial para hablar de esta característica que tanto afecta a nivel comunicativo y social.

Voy a comenzar este tramo con la descripción de un caso que servirá para enmarcar mejor este tema.

Raquel llegó a mi consulta porque su madre consideró que tenía un «gran problema»: timidez. Era una niña de diez años que se mostraba introvertida y callada excepto cuando estaba en casa, donde era muy risueña y habladora. Raquel había sobrellevado bastante bien su dificultad para interactuar con los demás, pero unos meses atrás comenzó a sufrir por ello, hasta tal punto que evitaba cualquier tipo de contacto con otros niños de su edad. Cuando organizaban una excursión decía que se encontraba mal, cuando la invitaban a un cumpleaños ponía una excusa para no ir… Además, en el colegio sentía auténtico temor a leer en público y a responder en voz alta.

Desde el inicio del curso, Raquel estudiaba violín en una prestigiosa escuela de música. En ese ámbito la niña se sentía incapaz de cantar y de tocar en público. Además, cuando la examinaban, era tal su nerviosismo que se bloqueaba. Y, sin embargo, la madre relataba que, en casa, su hija tocaba y cantaba como los ángeles. A medida que avanzaba el curso, los profesores de música manifestaron que, para seguir en la escuela, Raquel debía ser capaz de cantar y tocar delante de ellos y sugirieron que tal vez aquel no era el mejor sitio para ella, que quizá podía acudir a una academia independiente donde disfrutaría de la música sin la presión de las pruebas obligatorias. Pero la madre no quería ni oír ni hablar de ello. En realidad, esto era lo que más le preocupaba, pues tenía el sueño de que su hija se convirtiera en violinista y aseguraba que aquel era también el sueño de su pequeña. Así, se había puesto como objetivo que Raquel adquiriera las herramientas necesarias para enfrentarse a los retos de la escuela de música.

Cuando hablamos de habilidades sociales y de estilos de comunicación, sobre todo al referirnos al estilo pasivo, quizá nos vengan a la cabeza aquellos niños y niñas de perfil tímido que tienden a hablar poco, se ponen colorados con facilidad e intentan pasar desapercibidos.

La timidez hace referencia a una sensación de vergüenza y temor ante algunas interacciones sociales en las que las personas se sienten inseguras. En casos extremos, la timidez puede limitar el día a día y suponer un obstáculo para una vida plena a nivel personal, familiar, escolar y social. En estos casos, el niño incluso evita situaciones que realmente le apetecen, como asistir a fiestas de cumpleaños o quedar con amigos, por temor a la interacción interpersonal. En general, se siente inseguro y poco hábil socialmente, tiene dificultades para mantener una conversación fluida, para expresar sus sentimientos y opiniones y para mirar a los ojos a otras personas. El niño con timidez desearía poder relacionarse de forma abierta y fluida como hacen sus compañeros, pero no encuentra la forma de hacerlo. Esta incapacidad lo lleva a sentir frustración y malestar consigo mismo, y se resiente su autoestima.

Algo muy importante a tener en cuenta es que ser tímido en sí no es algo «malo» (incluso en menor grado puede tener ventajas), el problema surge cuando esta característica limita el bienestar personal y la vida social; en definitiva, cuando condiciona nuestro día a día. Resumiendo lo mencionado anteriormente, esto sucede cuando la timidez implica para el niño o la niña:

- Evitación de actividades que en realidad le gustaría hacer: acudir a fiestas, excursiones y campamentos.
- Deseo de poder relacionarse con los demás de forma ágil y fluida, desencadenando frustración y baja autoestima.
- Guardarse cosas para dentro y dificultad para expresar sentimientos. Cuando las cosas desagradables se quedan en el interior pueden conllevar sentimiento de soledad, incomprensión y dolor.
- Limitación para desarrollar ciertas actividades escolares como leer, exponer, hablar en público…
- Dificultades para entablar nuevas amistades, y a veces incluso para mantenerlas.

Generalmente, todo ello viene acompañado de algunos síntomas físicos, como la ansiedad anticipatoria a aquellas actividades que le ocasionan temor y estrés, rubor, palpitaciones, respiración agitada, tartamudeo o sudoración.

La timidez es un rasgo de personalidad que puede venir condicionado por la experiencia. Eso quiere decir que, aunque suele existir una carga genética que predispone a tener mayor o menor timidez, esto también depende de las vivencias o los aprendizajes de la persona. Por ejemplo, niños que no hayan interactuado con otros niños en sus primeros años de vida probablemente tengan de forma temporal dificultades para socializarse en los inicios de la escolarización. La timidez también puede verse incrementada si el pequeño ha vivido alguna experiencia traumática relacionada con una interacción social, como leer en voz alta delante de los compañeros de clase, trabarse a causa del nerviosismo y que todos comiencen a reír. O por la observación directa de algún familiar que se comporta con timidez. Lo positivo es que, de la misma forma que una mala experiencia puede complicar la timidez, un buen entrenamiento puede favorecerla y suavizarla.

Hay que tener en cuenta que, en un momento dado, todos los niños pueden mostrarse tímidos, y eso es normal. Generalmente, se trata de una característica pasajera que desaparece con el tiempo. A veces, incluso puede tener ventajas, pues en una situación nueva el niño con timidez se comporta con prudencia, observa y no se precipita, y eso le permite adaptarse y cometer menos errores. En cambio, cuando la timidez es extrema y comienza a suponer un obstáculo para la vida cotidiana, es recomendable tratar de vencerla, y entonces la ayuda de un buen profesional será muy útil para que paute una serie de ejercicios y recomendaciones que harán que el niño se enfrente poco a poco a nuevos retos. En general, se trabajará la asertividad, las habilidades sociales, la autoestima, la inteligencia emocional y los pensamientos rígidos y demasiado exigentes con uno mismo.

¿Qué podemos hacer las madres y los padres para ayudar a vencer la timidez de nuestros hijos?

1. Aceptarlo, comprenderlo y ponernos en su lugar activando la intuición y la empatía, diciendo, por ejemplo: «Entiendo que ese tipo de situaciones pueden ser complicadas para ti».

2. Ayudarlo a expresar sus emociones y sentimientos empleando la escucha activa: «Entonces, cuando te han preguntado en clase sin esperarlo, ha comenzado a latir muy fuerte tu corazón y has sentido mucho calor en el rostro».

3. Empleando la comunicación asertiva para que nuestro hijo aprenda por observación: «Disculpe, pero creo que yo llegué primero. Es mi turno» (podemos decir en la cola de la panadería cuando alguien quiere saltársela).

4. Respetar sus limitaciones y animarle a enfrentarse poco a poco a pequeños retos, diciéndole, por ejemplo: «¿Qué te parece si vamos un ratito a esa fiesta? Yo me quedaré allí por si me necesitas. Pero lo hacemos solamente si quieres».

5. Fomentar su autonomía con pequeñas acciones: «¿Por qué no le dices tú a la heladera los sabores que quieres?».

6. Fomentar que se relacione con sus iguales. Para empezar, podemos tratar de quedar con primos o amigos con los que se sienta cómodo.

7. Valorar sus progresos aunque sean pequeños. Verbalizarlos y decirle que estamos orgullosos de él. Por ejemplo: «Antes, en el parque, me ha encantado cómo le has dicho a ese niño que te tocaba a ti balancearte en el columpio. Estoy muy orgullosa de ti».

¿Qué debemos evitar?

1. Presionarlo con el fin de que haga cosas para las que no se siente preparado. No debemos decirle, por ejemplo: «Tienes que leer en clase».

2. Juzgarlo, con frases del estilo: «¿Cómo no vas a ir al cumpleaños? Te estás perdiendo la infancia».

3. Quitar importancia a lo que le sucede. Evitemos decir: «No es para tanto, nadie te va a comer».

4. Etiquetarlo y verbalizar aspectos negativos, con frases como estas: «No eres capaz de hacer nada»; «¡Qué van a pensar de ti!»; «Van a decir que eres un bicho raro».

5. Que sea excesivamente duro consigo mismo: «No sirvo para nada»; «Nunca conseguiré hacer lo que quiero».

Regresando al caso de Raquel, resultó evidente que la niña necesitaba reforzar, entre otras cosas, sus habilidades sociales para poder llevar a cabo aquellas actividades que evitaba a pesar de desear realizarlas. Lo que no estaba claro era el tema de la escuela de música. Había que averiguar si, de un modo inconsciente, la madre estaba ejerciendo una presión que aumentaba el nerviosismo y la sensación de inseguridad de su hija. En este caso, era importante averiguar los deseos reales de la niña. En cuanto a las fiestas de cumpleaños y las excursiones, era evidente que Raquel quería participar.

A lo largo de las sesiones de terapia, Raquel expresó entre llantos que le producía verdadera ansiedad el hecho de pensar en los exámenes de la escuela de música y en actuar en público, pero que temía reconocerlo porque no quería decepcionar a su madre. Añadió que, aunque le gustaba tocar el violín, de mayor no quería dedicarse a la música profesionalmente y que no le compensaba pasarlo tan mal. En este sentido, la ansiedad que le producía la escuela de música, la bloqueaba para avanzar en las otras áreas sociales de las que participaba. Era un caso delicado porque la madre de Raquel tenía muy arraigada la importancia de que su hija cursara violín en aquella escuela. Sin embargo, resultaba fundamental la interrupción de esos estudios, ya fuera momentánea o permanentemente. Raquel no estaba preparada para afrontar aquellos retos, padecía mucho estrés y ansiedad. Era necesario escucharla y respetar su necesidad, por encima de un deseo irrefrenable de su madre. Y es que, a veces, aunque estemos convencidos de que actuamos por el bien de nuestros hijos, en realidad conseguimos el efecto contrario. No tengas miedo en replantearte una y otra vez si vas en el buen camino. Solo así lograrás saber a tiempo si te estás equivocando y, en caso necesario, poder cambiar el rumbo.

CLAVES DE LA COMUNICACIÓN CON LOS HIJOS

✓ La comunicación verbal y no verbal deben ser compatibles. Si hay contradicciones entre la una y la otra, estaremos creando confusión en los niños.

✓ El autoconocimiento es un primer paso para desarrollar un estilo de comunicación adecuado en la crianza. ¿Qué estilo de comunicación empleas tú como madre o padre?

✓ El estilo de comunicación empático es el más adecuado a la hora de interactuar con nuestros hijos. Practícalo y utiliza un leguaje deseable: elogiar, motivar y confiar, ser amable y cariñoso, animar, consolar y pedir perdón.

✔ Acepta las emociones de tus hijos. Permíteles llorar, enfadarse o sentir celos, y acompáñalo activando la empatía.

✔ Cuando interactúes con tu hijo, pon en práctica la escucha activa. Céntrate en él. Abre los ojos, los oídos y el corazón. Resiste la tentación de llevar a cabo otra actividad cuando te hable.

✔ En ocasiones, suele resultar complicado que los niños se abran y cuenten sus preocupaciones. Existen síntomas compatibles con la inquietud, y ciertos temas que suelen preocuparles sirven como pista para indagar en el origen del problema y así poder ayudarlos.

✔ Con el paso del tiempo tu hijo desarrollará su propio estilo de comunicación para interactuar con el mundo. Existen tres estilos: ofensivo, pasivo y asertivo. Es importante conocer qué estilo suele utilizar tu hijo (y también tú) y enseñarle a comunicarse de una forma asertiva para que adquiera habilidades sociales.

✔ Cuando la excesiva timidez conlleva la evitación de ciertas actividades y limita el día a día del niño, será necesario comprenderlo, acompañarlo y dotarlo de herramientas. En algunos casos será aconsejable la ayuda de un especialista.

En este viaje, los vagones de las líneas de metro tienen cuentos colgados de sus muros para hacer más llevadero el trayecto a sus pasajeros. Encontrarás siempre uno al final de cada línea, que he escrito para la ocasión. Ahora te invito a que leas «La cancelación», un cuento sobre la comunicación familiar.

La hora del cuento: La cancelación

Gael jugaba a los piratas en su habitación, el capitán Barba Amarilla y su tripulación se enfrentaban a una terrorífica tormenta marina. Entonces, a Gael se le cruzó por la cabeza el viaje que haría con su padre durante las próximas vacaciones de verano. Tenían previsto ir en barco hasta una isla con playas de aguas turquesa, y desde allí harían excursiones en kayak y buceo. ¡Gael estaba emocionado! No solo por navegar por primera vez en un gran barco, sino por compartir esos días con Tomás, su padre. Desde que sus padres se separaron, Gael echaba mucho de menos a Tomás. Este, debido a su empleo de transportista, solamente podía ver a su hijo cada quince días y eso Gael no lo llevaba demasiado bien. Por otra parte, Gloria, su madre, había ampliado su jornada laboral y, aunque trabajaba desde casa, eso hacía que Gael se sintiera un poco lejos de ella. Pero el verano ya estaba a la vuelta de la esquina y Gael pronto disfrutaría de la compañía de Tomás, y después se iría al pueblo, a casa de los abuelos, con Gloria. Gael estaba contando las horas. ¿Cuánto quedaba para el viaje? ¿Tres semanas? ¿Tal vez dos? Salió de la habitación y se dirigió a la cocina para preguntarle a su madre cuántos días faltaban exactamente para las vacaciones, ella llevaba muy bien la cuenta y a él le encantaba ver cómo se acercaba aquella fecha tan esperada.

Pero, cuando llegó a la puerta de la cocina, antes de poder abrirla, escuchó que su madre hablaba por teléfono con la abuela.

—Todavía no se lo he contado. No sé cómo reaccionará cuando se entere de que se ha anulado. Sé que para él era muy importante...

A Gael se le paró el corazón. ¿De verdad acababa de oír aquello? ¿De verdad se había anulado el viaje a la isla?

Con un nudo en la garganta, Gael regresó a su habitación. Sin poder evitarlo le pegó un empujón al barco pirata y a sus muñecos, que quedaron esparcidos por el suelo. Cuando su madre lo llamó a comer, Gael acudió a la mesa a regañadientes, mostrando su mal humor con contestaciones ásperas.

—¡A mí no me hables así! Acaba lo que tienes en el plato y vete a tu habitación —dijo su madre.

Y así comenzaron a sucederse unos días en los que Gael estaba tan irritable que se enfadaba por todo. Incluso la profesora se comunicó con Gloria para contarle que su hijo se había peleado con otro niño y que por eso les había reñido. Además, cuando su padre lo llamaba por teléfono se ponía al habla protestando, contestaba con monosílabos y procuraba que la conversación fuera muy corta. Al llegar el fin de semana que debía pasar con Tomás, Gael puso como excusa que tenía un dolor de tripa horrible, para así quedarse en casa de su madre.

Gloria achacó al nerviosismo de los exámenes de fin de curso el hecho de que Gael estuviera más gruñón que de costumbre. Y Tomás, por su parte, se preguntaba por qué su hijo se mostraba tan frío y distante con él, cuando siempre habían tenido una relación extraordinaria. Podía preguntarle a Gloria, pero su relación era complicada y prefería no hablar con ella de ese tema.

Fueron pasando los días y llegó el final de curso. Una mañana, mientras Gael estaba leyendo un libro, su madre se acercó y le dijo:

—Tendremos que comenzar a preparar las cosas para tu viaje. ¿No te parece?

—¿Viaje? —preguntó Gael sin entender nada—. Pero ¿no se había cancelado?

—No sé de qué me hablas... Dentro de tres días sale el barco. Sigues queriendo ir, ¿no?

—Pero, pero... ¡Yo te oí hablar por teléfono con la abuela y le dijiste que se había cancelado!

—Espera un momento... —dijo Gloria recordando aquella conversación y comenzando a comprender—. Lo que se ha cancelado es el campeonato de bridge al que había apuntado al abuelo.

—Entonces, ¿el viaje a la isla sigue en pie?

—Pues, claro, si no te lo habría dicho. Vaya, llevas todo este tiempo pensando que... Lo siento mucho.

Sin poder retenerse más, Gael comenzó a llorar. Durante días había acumulado mucha tensión y tristeza en su interior. Se había producido un malentendido y eso le había hecho sufrir innecesariamente. Por suerte, enseguida sus ojos se llenaron de ilusión: el barco, la isla y unos magníficos días con su padre le esperaban.

Reflexión

A veces se producen malentendidos que conllevan un malestar o sufrimiento que se podría haber evitado con una buena comunicación.

En este caso nos encontramos a tres personas de una misma familia:

- Gael: Un niño que hace una interpretación errónea de lo que escucha y que no habla con su familia sobre aquello que ha entendido.
- Gloria: Una madre que, cuando ve que su hijo está enfadado, reacciona mandándole a su cuarto usando un estilo autoritario.
- Tomás: Un padre que, a pesar de percibir que algo le pasa a su hijo, no establece comunicación con su expareja para hablar del tema.

¿Cómo podría haber cambiado esta situación?

En cuanto a Gael, lo más probable es que haya recibido una educación que no potenciaba la expresión de sentimientos. Si la comunicación entre Gloria y Gael hubiese sido fluida, nada más oír aquella conversación el niño habría entrado en la cocina preguntando a qué se refería su madre cuando hablaba de «cancelación». Por lo tanto, sería aconsejable que tanto Gloria como Tomás practicaran para alcanzar una comunicación más estrecha con su hijo.

Por parte de Gloria se aprecia una carencia de habilidades relacionadas con la búsqueda del origen de las emociones de su hijo. En este caso, al percibir un enojo injustificado en su hijo, ella podría haber tratado de llegar al fondo del supuesto enfado y averiguar el motivo activando la intuición y la empatía y empleando la escucha activa. Algo muy común es que, cuando los niños se sienten tristes, reaccionen expresando enfado; eso puede hacer que los adultos se enfaden con ellos e incluso que los castiguen (como en el caso de Gloria), cuando en realidad lo que más necesitan es cariño y atención.

Y, por último, en lo que respecta a Tomás (y que también implica a Gloria), parece claro que ambos progenitores no forman el «Equipo C» y eso siempre perjudica al hijo. Lógicamente, pueden darse muchas circunstancias, pero, en la medida de lo posible, un trato cordial y una buena comunicación entre los padres y una dirección común, en todo lo que concierne al hijo, resultan esenciales para la crianza.

Cuestiones para pensar

- ¿Cómo crees que se habría evitado esta situación?
- ¿Cómo tendría que haber reaccionado Gloria ante el enfado de Gael para que este expresara su preocupación?
- ¿Crees que la falta de entendimiento y comunicación entre Gloria y Tomás son beneficiosos para Gael? ¿Cómo podrían acercar posturas?

Actividades para realizar juntos: mejorar la comunicación

Expresión de las emociones

1. Juego de mímica

Objetivo: Favorecer la expresión y reconocimiento de las emociones.

Se trata de un juego sencillo y eficaz a la hora de practicar la expresión de las emociones con los más pequeños.

Materiales:

- Papel
- Bolígrafo
- Tijeras

Preparativos: Se recortan dos folios en seis partes iguales a modo de tarjetas. Cuando tengamos las tarjetas preparadas, escribimos el nombre de una emoción por un lado: alegría, tristeza, enfado, miedo, amor, calma, celos, asco, vergüenza, sorpresa (y dos emociones más, a tu elección). Si el niño no sabe leer, se pueden dibujar las emociones en lugar de escribirlas. Para utilizar este recurso en más ocasiones, una buena idea es hacer las tarjetas con cartulinas y plastificarlas.

Funcionamiento: Se mezclan las tarjetas boca abajo. Un participante será el intérprete y los otros, los observadores. El intérprete coge una tarjeta y tiene que representar, únicamente con mímica, la emoción que le ha tocado. Los observadores (o el observador) intentarán adivinar de qué emoción se trata. El que lo adivine antes, será el siguiente intérprete. Al final, gana el que más emociones haya acertado.

Extensión:
Para complicar un poco el juego podemos añadir más tarjetas y buscar otras emociones menos conocidas, como la nostalgia, la melancolía, la soledad… O dividir las más conocidas por intensidades; por ejemplo, en el caso del «enfado» se pueden hacer tres tarjetas: enfado, ira y furia.

2. Yo me sentí así…
Objetivo: Favorecer la expresión e identificación de las emociones.
Para esta actividad aprovecharemos las tarjetas que hemos creado en el juego de mímica. Nos sentamos en el suelo en círculo, en el centro colocamos las tarjetas boca abajo y por turnos cada participante va cogiendo una tarjeta. El juego consiste en que cada uno narre una situación en la que sintió la emoción que le ha tocado.

3. Frío, frío… Caliente, caliente… ¿Cómo te sientes?
Objetivo: Favorecer la expresión e identificación de las emociones.
Cuando nuestros hijos tienen dificultades para expresar cómo se sienten podemos jugar al «Frío, frío… Caliente, caliente…». En ese caso los padres podemos usar el sentido del humor para comenzar diciendo aquello opuesto a lo que creemos que sienten. Cuando hayamos acertado, hablaremos de lo sucedido.
Te cuento el funcionamiento con un ejemplo:

El niño llega a casa aparentemente enfadado después de estar jugando al fútbol con sus amigos.
MADRE: Te sientes feliz como una perdiz.
HIJO: Congelado…

MADRE: Te sientes sorprendido como un búho.

HIJO: Frío, frío...

MADRE: Te sientes un poco molesto.

HIJO: Templado...

MADRE: Estás un poco enfadado.

HIJO: Caliente, caliente...

MADRE: Estás furioso.

HIJO: ¡Sí!

Asertividad

4. Juego de roles

Objetivo: Favorecer la utilización de un estilo de comunicación asertivo. Reconocer otros estilos de comunicación.

Esta actividad consiste en representar diferentes roles teniendo en cuenta el estilo de comunicación. Lo ideal es que se realice con tres participantes para que así cada uno pueda representar un estilo diferente: ofensivo, asertivo y pasivo. Se trata de hacer una especie de teatrillo en el que cada uno se comporta según el rol que le haya tocado interpretar.

Situaciones a representar:

a) Tres amigas se reparten tres muñecas para jugar. Hay una muñeca que todas desean y una que no gusta a ninguna de las niñas. ¿Cómo se repartirán las muñecas?

b) Tres vecinos se encuentran en el rellano. Uno de ellos quiere que alguien lo ayude a limpiar los cristales de su casa. ¿Cómo se desarrollará la conversación?

c) En la cola del autobús coinciden tres personas. A la hora de subir hay un rifirrafe para ver quién sube antes.

Ejemplo desarrollado:

Tres alumnos deben compartir libro y a los tres les gustaría estar en el medio. ¿Cómo se decidirá quién ocupa cada posición?

MADRE (Estilo ofensivo): ¡Yo me siento en medio!

HIJO (Estilo asertivo): No me parece justo. Yo también quisiera sentarme en medio.

PADRE (Estilo pasivo): *(silencio).*

MADRE (Estilo ofensivo): ¡Ni hablar! *(se coloca en medio apartando a los otros dos).*

HIJO (Estilo asertivo): De eso nada, vamos a sortearlo.

PADRE (Estilo pasivo): A mí me da igual.

HIJO (Estilo asertivo): El sitio del medio es el mejor y todos tenemos el mismo derecho a estar ahí. Opino que lo mejor es sortearlo o turnarnos.

A partir de aquí se pueden inventar situaciones diferentes y llevar a cabo el juego de roles con los tres estilos de comunicación.

5. El doctor no

Objetivo: Favorecer la utilización de un estilo de comunicación asertivo. Reconocer otros estilos de comunicación. Aprender a decir «no».

Aprender a decir que «no» es, sin duda, un gran reto. Si a muchos adultos nos cuesta, imagínate a un niño. Los niños suelen tener una época, alrededor de los dos o tres años y coincidiendo con las rabietas, en la que dicen «no» a todo. Sin embargo, una vez superada esta fase, si coincide que el niño tiende a un estilo de comunicación pasivo es muy posible que le cueste decir «no», cuando en realidad quiere hacerlo. Con este juego podemos practicar en familia para decir «no» amablemente y también para recibirlo como respuesta.

Funcionamiento: Durante un tiempo, pactado de antemano, los habitantes de la casa deberán contestar «no» a todo lo que se les pida. Los demás aceptarán la negativa de buena gana.

Ejemplo:

—Cielo, ¿me puedes traer mi teléfono?

—Ahora no puedo mamá. Estoy ocupado haciendo otra cosa.

—Papá, ¿juegas conmigo al prisionero?

—En este momento estoy trabajando y no puedo. Quizá más tarde.

La idea es que, llevando a cabo esta actividad conscientemente, tratemos de imaginar cómo le diríamos «no» a personas de fuera de casa con las que no tenemos tanta confianza.

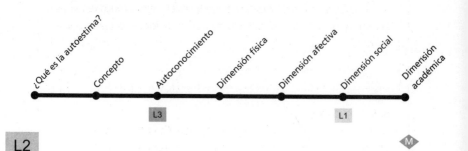

L3

L1

L2

La autoestima

El amarse a sí mismo es el comienzo
de un romance para toda la vida.

OSCAR WILDE

Me quiero, no me quiero, me quiero, no me quiero, me quiero... Bienvenido a la línea del quererse más y mejor. Es el trayecto donde describiré diferentes estrategias para potenciar la autoestima de nuestros hijos e hijas, recorriendo las diferentes dimensiones de este concepto. Los padres somos una pieza clave en el proceso en que el niño adquiere una visión de sí mismo y, sobre todo en los primeros años de vida, seremos determinantes para que la balanza se decante hacia una valoración positiva o negativa.

Grandes autores, como el humanista Abraham Maslow, pusieron el acento en la necesidad de autoestima. Maslow ideó una **pirámide de necesidades** en la que, empezando desde la base y hasta la cúspide, estableció cinco niveles: necesidades fisiológicas (alimento, descanso, abrigo...), necesidades de seguridad física y psicológica (sentirse a salvo de peligros), necesidades de pertenencia y afecto (sentirse querido y parte de una familia o grupo de amigos), necesidades de autoestima (imagen positiva y realista de uno mismo) y necesidades de autorrealización (sentirse pleno y realizado).

Jerarquía de necesidades Maslow

Fuente: *Motivation and Personality*, de A. Maslow, 1970.

Según Maslow, para satisfacer las necesidades superiores era necesario haber satisfecho antes las de la base. Eso significa que si, por ejemplo, alguien no tiene satisfechas las necesidades alimenticias, no podrá ocuparse de satisfacer necesidades del orden superior, como quererse o realizarse, porque su prioridad será comer para sobrevivir. En el momento en que nacen los niños, tienen buena parte de estas necesidades y, en este caso, seremos los padres los encargados de satisfacerlas. La mayoría de nosotros nos ocupamos de cubrir aquellas necesidades que se encuentran en la base de la pirámide: los alimentamos, procuramos su descanso, los hidratamos, les proporcionamos un lugar seguro, un núcleo familiar... Pero, a medida que ascendemos en las necesidades de la pirámide, podemos encontrarnos con que, seguramente por desconocimiento, comenzamos a bajar la guardia sobre otros aspectos que también son necesidades: colmar de afecto, potenciar su autoestima y acompañarlos para que lleguen a autorrealizarse.

En este trayecto abordaremos **la necesidad de autoestima**. Cuando realices este recorrido, lógicamente debes pensar en tus hijos, pero no olvides la autoestima propia. Porque para cuidar de los demás es importante que primero cuides de ti. Las madres y los padres, a menudo nos olvidamos de nosotros mismos, muchos incluso perdemos el nombre propio, pasando a ser «la mamá de Claudia», «el papá de Alejandro», «los padres de las gemelas»... y no es que eso sea malo en sí, pero puede suponer un síntoma del olvido de uno mismo. Muchas veces, la maternidad y la paternidad nos arrastra al inevitable descuido de nuestras necesidades personales y obviamos que nuestro jardín debe estar bello y fuerte para que otro jardín luzca igual de hermoso y resistente. Pero con este razonamiento (cuidarnos para cuidarles mejor), volvemos a poner el foco en el mismo sitio: los hijos. Y claro que eso es importantísimo, pero quiérete tú también, porque sí. Hablaré con más detenimiento del autocuidado en la línea del «Yo», pero ten en cuenta que, cuando hablo de autoestima, también me preocupa la tuya.

En el proceso de educar hay siempre, como mínimo, dos partes: el educador y el educando. Algunos pueden llegar a pensar que esta relación se da en una sola dirección, donde el educador transmite y el educando recibe. Esta visión es simplista y, desde luego, poco acertada. La relación entre el educador (pongamos el caso de los padres) y el educando (los hijos) siempre es bidireccional. Ambas partes se comunican, se influyen y se adaptan la una a la otra procurando mejorar cada día. Seguro que en alguna ocasión has oído decir a un padre o a una madre que cada día aprende de sus hijos. Ahora que ya hemos visto cómo puedes comunicarte con tus hijos, llega el momento de utilizar lo aprendido para fomentar lo que es importante en la crianza.

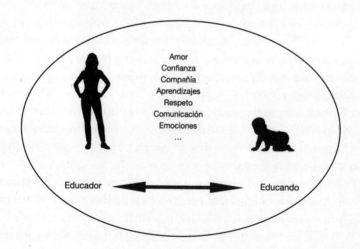

Amor
Confianza
Compañía
Aprendizajes
Respeto
Comunicación
Emociones
...

Educador ⟷ Educando

Por ello, todas las partes son igualmente importantes, y debemos buscar el equilibrio y el bienestar de cada una de ellas para que este viaje, además de interesante, útil y clarificador, sea una aventura maravillosa.

¿QUÉ ES LA AUTOESTIMA?

Aunque este libro pretende, ante todo, ofrecer una visión reflexiva y práctica, creo que es necesario hacer pequeñas introducciones teóricas para acercarnos a cada tema. Para empezar, resulta interesante matizar otro concepto que, a menudo, se confunde erróneamente con el de «autoestima». Me refiero al término de «autoconcepto». El **autoconcepto** es la imagen que tenemos de nosotros mismos. Se refiere a nuestro aspecto físico, pero también a nuestra personalidad y carácter, a nuestra forma de sentir y de relacionarnos con los demás, a nuestras habilidades y carencias. Todas estas características confluyen en una visión propia que conforman la imagen del «yo», llegando a establecerse lo que hemos denominado «autoconcepto».

Una vez que tenemos definido nuestro «autoconcepto» podemos decidir si este nos gusta o no. Aquí es cuando entra en juego la autoestima. La **autoestima** es una valoración subjetiva basada en la percepción que cada uno tiene de sí mismo. Esta evaluación puede dar lugar a diferentes grados según si es positiva, negativa o fluctuante:

- **Autoestima alta:** Las personas con la autoestima alta se aceptan tal y como son, se quieren, se gustan y están a gusto en su propia piel. Confían en sí mismas y en sus posibilidades, transmitiéndose a sí mismas mensajes positivos que las acercarán al bienestar y a la consecución exitosa de aquellas metas que se propongan.
- **Autoestima baja:** Las personas con la autoestima baja no están satisfechas con ellas mismas y les cuesta aceptarse tal y como son. Suelen sentirse inseguras de sus propias capacidades, a menudo están convencidas de que las cosas les saldrán mal.
- **Autoestima media:** En este caso hablamos de personas que oscilan entre una valoración positiva y negativa, o que se mantienen en un estadio intermedio. A veces se sienten bien consigo mismas; otras, a disgusto, y en ocasiones, regular. Necesitan afianzar un juicio positivo y estable de sí mismas.

Por tanto, no es ningún secreto que una autoestima alta es una gran aliada para la vida. Si nuestros hijos e hijas tienen una valoración positiva de sí mismos, se sentirán más seguros a la hora de relacionarse con las demás personas y también a la hora de enfrentarse a nuevos retos. Esta autoconfianza los hará más asertivos, empáticos y creativos. Conseguirán alcanzar sus metas, pero, sobre todo, serán más felices.

Los padres somos el primer espejo de nuestros hijos. A través de nuestros ojos y de nuestras palabras ellos comienzan a formar su autoconcepto y su valoración. Por eso es tan importante que, en la medida de lo posible, colaboremos para que ambos aspectos sean realistas, aceptados y positivos.

Cuando se habla de «autoestima alta» o de «autoestima baja» se suele hacer referencia a una valoración global, al promedio que hemos establecido valorándonos subjetivamente, y que ha determinado que la balanza se decante hacia el lado positivo (donde concluimos que nos queremos) o hacia el negativo (donde nos damos cuenta de que no estamos satisfechos con nosotros mismos).

Si esta percepción global ha resultado positiva, y nos enfrentamos al día a día con buena actitud y predisposición, encararemos retos y dificultades de forma activa y efectiva y con mayores posibilidades de éxito. Si, en cambio, la percepción global es negativa, estaremos convencidos de que no somos capaces de conseguir nuestros objetivos.

El concepto de «autoestima» ha adquirido mucha popularidad en los últimos tiempos y es fácil que oigamos hablar de la autoestima de los demás, casi siempre haciendo referencia a esa valoración global, y que se emitan conclusiones precipitadas y excesivamente simplistas: «Fulanito tiene la autoestima muy baja, por eso no consigue hacer las cosas bien», o «Menganita tiene la autoestima muy alta, llegará donde se proponga». Sin embargo, los humanos somos seres muy complejos, poseemos una carga genética única e irrepetible (excepto en el caso de los gemelos monocigóticos, que comparten el mismo genoma), pero también estamos condicionados por experiencias, sensaciones e interacciones con el mundo que nos rodea. Y, además, aunque lleguemos a una conclusión general, la autoestima está formada por diferentes aspectos, como veremos en este trayecto, por lo que se trata de un proceso complejo.

Con la autoestima se da también una particularidad muy curiosa desde el punto de vista social. Por un lado, recibimos el mensaje constante de que debemos querernos más y creer en nosotros mismos; y por otro, si alguien demuestra quererse mucho y alardea de una excesiva seguridad, se le tacha de creído y prepotente. ¿Cuál es, entonces, el camino? La autoestima es una percepción interna que nos ayuda a sentirnos mejor, otra cosa muy distinta es verbalizar repetitivamente frases como: «Soy la mejor», «Soy el más guapo»… Tener la autoestima alta no es pensar que uno es perfecto y superior a los demás, y mucho menos verbalizarlo; se trata de ser realista respecto a lo que somos, aceptarnos y querernos. Es importante tener en cuenta que cuando les decimos a nuestros hijos que son los mejores, no estamos contribuyendo a que su autoestima sea alta, sino al posible aumento de su altivez y soberbia, lo cual no suele ser demasiado apreciado socialmente.

Para profundizar en el término de «autoestima» y tratar de potenciar así la de nuestros hijos, es necesario promover el autoconocimiento y tomar conciencia de las diferentes **dimensiones** que la conforman. Lógicamente, para desarrollar una autoestima alta en nuestros hijos será fundamental tener en cuenta sus diferentes áreas, tratando de que todas ellas sean positivas. Por fortuna, la autoestima no es una valoración estable e inamovible, se puede modificar y mejorar para sentirnos felices en nuestra piel. Las dimensiones de la autoestima de las que hablaremos en este libro son: la física, la afectiva, la social y la académica.

EL AUTOCONOCIMIENTO

Ahora que te encuentras viajando en este trayecto, dirige la mirada a los cristales de las ventanas. Cuando el tren viaja a través de los túneles, los cristales se convierten en espejos. ¡Ahí estás tú! ¿Qué es lo que ves? ¿Conoces bien a esa persona?

Hace unos años Ogilvy Brasil, en colaboración con la firma Dove, realizó un interesante experimento enmarcado en la campaña «Retratos de belleza real», que invitaba a reflexionar sobre el autoconcepto y el autoconocimiento que tenemos de nosotros mismos. En este estudio un pintor de retratos se dispuso a dibujar el rostro de un grupo de personas «a ciegas», solamente a partir de descripciones verbales muy detalladas.

En una primera fase eran las mismas personas que iban a ser retratadas las que se describieron a sí mismas a partir de las preguntas del artista: «Tengo los ojos más bien pequeños, con forma almendrada…». Mientras que en una segunda fase eran los seres queridos los que se encargaron de describir a esas mismas personas que anteriormente se habían autodescrito: «Tiene los labios rosados con forma de corazón…».

Así pues, cada participante fue retratado en dos cuadros. Uno realizado a partir de sus propias descripciones y otro, a partir de las apreciaciones de un ser querido. Cuando el pintor les mostró individualmente ambos retratos, una gran sorpresa se dibujó en sus caras. En la mayoría de los casos se dieron cuenta de que la imagen más fiel a la realidad era la que se había elaborado a partir de las descripciones de un tercero, y esta representación era más amable y armoniosa. Se demostraba así que tendemos a destacar aquello que percibimos como negativo en nosotros mismos y que podemos tener una apreciación distorsionada, mientras que los que nos rodean suelen tener una visión nuestra más realista y objetiva.

Para crear un autoconcepto realista y ajustado, es fundamental **conocerse bien a uno mismo**. Solamente así podremos después hacer una valoración adecuada para cultivar una autoestima positiva y alcanzar un bienestar emocional. Conocerse significa tener un conocimiento preciso de nuestra forma de ser, de sentir y de pensar. Significa saber cuáles son nuestras necesidades, lo que nos gusta y lo que no. Como ves, hablamos de un concepto integral, por ese motivo esta parada conecta con la línea 3, destinada a «La inteligencia emocional», ya que entenderse desde el punto de vista emocional será un aspecto primordial para gestionar sentimientos y sentirse bien.

Además, el autoconocimiento nos ayudará a conocer nuestros talentos, nuestros déficits y nuestros límites. Nos ayudará a ajustar mejor lo que nos autoexigimos, poniéndonos metas realistas.

Por si todos estos términos con el prefijo «auto-» te confunden un poco, he preparado un pequeño cuadro:

AUTOCONOCIMIENTO	¿Cómo soy en realidad? ¿Me conozco a mí mismo?
AUTOCONCEPTO	Si me conozco bien, voy a crear un autoconcepto objetivo y ajustado a la realidad. Si, por el contrario, no tengo un conocimiento profundo de cómo soy, puedo crear una visión distorsionada de mí mismo.
AUTOESTIMA	A partir del autoconcepto que he creado... ¿me gusto?, ¿me quiero?, ¿me acepto?

Así pues, un primer paso será potenciar que nuestros hijos se conozcan adecuadamente. Y para eso debes saber que los padres somos una pieza clave, sobre todo en los primeros años de vida, y tenemos la responsabilidad de favorecer una imagen real y objetiva, carente de juicios, para que pueda ser integrada en una autoestima positiva.

Conocerse a uno mismo significa ser capaz de contestar, por ejemplo, a las siguientes preguntas:

- ¿Cómo soy físicamente?
- ¿Cómo suelo actuar dependiendo de cada situación?
- ¿Cómo me siento ante los diferentes estímulos que percibo?
- ¿Qué tipo de pensamientos suelen circular por mi cabeza?
- ¿Cómo me relaciono con los demás?
- ¿Qué es lo que me gusta hacer en mi tiempo libre?
- ¿Qué cosas se me dan bien?
- ¿Cuál es mi comida favorita?

Como ves, algunas preguntas son más sencillas de responder que otras. Quizá pienses que incluso son difíciles para ti, y no me sorprende. El autoconocimiento no es algo que se consiga de la noche a la mañana, se trata de un proceso continuo y cambiante a lo largo de la vida. Sobre todo porque las personas no somos seres estáticos, sino que evolucionamos, y nuestro autoconcepto también se irá modificando. Por ese motivo es bueno mirar hacia dentro, de vez en cuando, para comprobar que lo que pensamos de nosotros mismos sigue coincidiendo con la realidad. En ocasiones, un autoconcepto antiguo o desajustado puede conllevar frustración o desconcierto. Imagina, por ejemplo, el caso de Vanesa, una mujer que cuando tenía alrededor de veinte años era una habilidosa bailarina que acudía a clases de baile moderno varios días por semana; más tarde, por circunstancias de la vida, lo dejó. Estudió una carrera, comenzó a trabajar, encontró a su pareja y fue madre de dos hijos. Cuando cumplió los cuarenta se acordó con nostalgia de cuando bailaba, así que Vanesa se apuntó nuevamente a clases de baile, al fin y al cabo siempre se le había dado fenomenal. Pero el regreso a la pista no fue como ella había imaginado. Con los años había perdido elasticidad, agilidad y coordinación y le costaba más aprender los pasos. El recuerdo del pasado chocó con el presente. Los primeros días lo pasó mal, incluso se planteó dejarlo. ¿Cuál era el problema? Vanesa había acudido a clase con expectativas que se basaban en un autoconcepto (referente al baile) del pasado y eso le había causado frustración. Ella debía conocerse de nuevo en ese campo y ajustar su autoconcepto, procurando no dañar su autoestima. Debía tomar conciencia de que ahora su cuerpo era distinto, que necesitaba ponerse en forma, y aceptar que quizá no bailaría como antes. Ahora su objetivo debía ser esforzarse por mejorar un poco más cada día, pero, a la vez, conocer los límites de su cuerpo. Tenía que encontrar el camino para disfrutar del baile con plenitud, aunque fuera de otra forma.

En el caso de los hijos, nuestras verbalizaciones serán fundamentales para que comiencen a conocerse a sí mismos y a crear su propio autoconcepto. Por ejemplo, si tenemos a un bebé de dos añitos y queremos que se observe físicamente, podemos ponernos delante del espejo y describirle en voz alta señalando las diferentes partes del cuerpo mientras verbalizamos: «Tienes los ojos azules y brillantes, tu pelo es castaño, aunque con algunos reflejos dorados...». Se trata de que hagamos una descripción objetiva, sin ningún tipo de juicio, para que el niño cree una imagen objetiva y realista de sí mismo.

A medida que los niños crezcan, podrán describirse a sí mismos, no solo físicamente sino también teniendo en cuenta sus gustos, sus aficiones, su carácter... Las típicas descripciones que hacen en el colegio pueden ser una gran oportunidad para que los más pequeños se animen a mirarse por dentro y por fuera y lo plasmen sobre el papel. De nuevo, se trata de realizar una exposición objetiva sin ningún tipo de juicio. Por ejemplo: «Mido 142 centímetros y peso treinta y nueve kilos. Mi pelo es casi negro y lo llevo corto y pincho por la parte delantera. Mi plato favorito son los espaguetis con tomate y detesto el chocolate. Me gusta jugar al tenis y tocar la guitarra. Siempre que está en mi mano ayudo a los demás, me molesta que toquen mis cosas sin pedirme permiso».

En definitiva, un autoconocimiento real y ajustado será un primer paso para desarrollar una autoestima positiva.

LA DIMENSIÓN FÍSICA

Para introducir las cuatro dimensiones de la autoestima, voy a compartir contigo diferentes casos que ayudarán a la reflexión y a enmarcar mejor los contenidos.

Se llamaba Pablo y acababa de cumplir siete años. Su madre lo traía a la consulta por diversos motivos; uno de ellos, según manifestó en la entrevista inicial, era debido a la baja autoestima del niño. Pablo tenía un lunar de aproximadamente medio centímetro de diámetro en la parte central de la frente que le acomplejaba mucho. Además, en clase habían comenzado a incidir despectivamente sobre esa característica y eso, lógicamente, incrementó su malestar, hasta tal punto que Pablo no quería ir al colegio, e incluso decía que tenía dolor de tripa antes de salir de casa.

A la siguiente sesión, acudió Pablo. Tenía la piel morena a pesar de ser invierno; el pelo castaño, corto, con reflejos cobrizos; los ojos negros y chispeantes y una sonrisa que, cuando la dejaba salir de su escondite, iluminaba toda la habitación. Era bastante alto y atlético; según decía, una de las cosas que más le gustaba en el mundo era jugar al fútbol con sus amigos.

Y, efectivamente, en su frente se encontraba aquel lunar. Era un pequeño círculo negro que se había convertido en lo único que veía cuando se miraba al espejo, una pepita de sandía que le nublaba los ojos y le impedía ver a aquel niño extraordinario.

La dimensión física de la autoestima hace referencia, por un lado, a nuestro aspecto físico, a aquello que vemos en el espejo, y a la valoración subjetiva que hacemos de ello percibiéndonos atractivos o, por el contrario, poco agraciados. Y, por otro lado, a lo habilidosos que nos sentimos desde el punto de vista físico, si nos consideramos rápidos, fuertes y ágiles, con capacidades medias o torpes, débiles e incapaces.

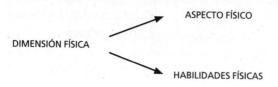

DIMENSIÓN FÍSICA

ASPECTO FÍSICO

HABILIDADES FÍSICAS

Habrás oído en más de una ocasión la frase «La belleza está en el interior». Sin lugar a dudas, valores como la bondad, la humildad, la generosidad, la empatía... nos convierten en personas más valiosas y mucho más bellas. No obstante, y a pesar de que muchos quisieran librarse del peso que acarrea dar demasiada importancia al aspecto físico, esto resulta complicado debido a la constante exposición a la que nos somete la sociedad en la que vivimos, y los niños no son inmunes a ello. Por eso debemos tratar de cuidar también que la autovaloración subjetiva de la dimensión física sea equilibrada y que no dañe su amor propio.

En el caso de Pablo nos encontramos con una característica física (un lunar en la frente) que el niño percibe como un «horrible defecto» que le impide ver más allá. Evidentemente, el hecho de que los compañeros de clase destaquen, a su vez, esta particularidad de forma despectiva, acentúa esa visión negativa de sí mismo.

Es posible que al leer la historia de Pablo alguien piense que es una exageración, que por un lunar nadie —en este caso un niño— se sentirá así, incluso si manifiesta ansiedad antes de ir al colegio. Pero una de las principales premisas de las que parto siempre que me encuentro con un paciente, y más todavía si es un niño, es que la magnitud de los problemas es siempre relativa. Los problemas tienen la importancia que el afectado les da, son relevantes dependiendo de cómo afectan en su día a día. Así que, aunque estés tentado de restarle importancia y de decirle al niño «Eso es una tontería», o «Déjate de estupideces», debes saber que esto no ayuda a mejorar el problema. Así, lo único que se consigue es que se sienta incomprendido y que en un futuro no exprese sus sentimientos por vergüenza o porque piense que no sirve de nada, es decir, estaremos provocando que se los guarde. Y te aseguro que perder esa conexión con los hijos es una verdadera lástima, porque, como hemos visto en la línea anterior, una comunicación fluida siempre será la mejor aliada, un buen canal para sentirnos cerca de ellos y ayudarlos a crecer.

En el caso de Pablo era un lunar. Pero en otras ocasiones pueden ser unos kilitos de menos o de más, una mayor o menor estatura, tener los dientes desalineados o el pelo rojo. Y también aspectos relacionados con las habilidades corporales, como no saber hacer la voltereta o ser casi siempre el último elegido cuando se emplea esa odiosa forma (esto es una opinión personal) de hacer equipos en la clase de educación física, que todos hemos experimentado alguna vez. Y, aunque resulte increíble, la percepción negativa de una sola característica física, por pequeña o ínfima que nos parezca, puede hacer decantar la balanza hacia una autoestima negativa. Esto produce el llamado «fenómeno de la lupa», que consiste en agrandar aquello que consideramos un defecto, de tal forma que este eclipsa por completo las cosas increíbles que todos tenemos y que en un momento dado no somos capaces de ver.

Como padres, podemos colaborar para que esa «lupa que amplía lo que no nos gusta» se le caiga de la mano y quede relegada al fondo del cajón. Debemos ayudar a que nuestros hijos minimicen o incluso vean desde otra perspectiva aquello que no les gusta, mejorando así lo mejorable y aceptando lo que no se puede cambiar. De este modo, les marcaremos un camino para que se centren y valoren todas las virtudes y cualidades que tienen.

La diferencia hace especial

Haciendo un repaso de los cánones de belleza a lo largo de la historia, podemos observar, sobre todo en el caso de la mujer, cómo se han ido modificando. En algunas épocas se apreciaban los cuerpos voluptuosos y la piel clara, mientras que en otras primaba la delgadez y piel bronceada. En el caso de los hombres, también ha habido una evolución, en otros tiempos el género masculino vivía poco presionado por el aspecto físico, mientras que ahora se llevan más los cuerpos trabajados en el gimnasio y libres de bello corporal.

Resulta evidente que la forma en la que percibimos la belleza es producto de lo que nos rodea y de la información inmediata que recibimos. Las tendencias parecen querer educarnos y decidir por nosotros lo que nos tiene que gustar y el aspecto que debemos tener. En la actualidad, estos «modelos» inundan más que nunca nuestras vidas, aparecen en las revistas, los paneles publicitarios y la televisión. Por si fuera poco, están muy presentes en las redes sociales y son promovidos por los llamados *influencers*. Y estos se han convertido en ídolos de muchos jóvenes que, cada vez a edades más tempranas, aspiran a parecerse a ellos.

Así es, muchos quieren acercarse a los cánones estipulados y, sin embargo, todos nacemos distintos. Es ahí donde se produce un choque que puede hacer tambalear la dimensión física de nuestra autoestima. Por eso, en ocasiones, tendemos a detestar esas diferencias que nos alejan de lo común, y tratamos de cambiarlas o disfrazarlas para parecernos a la mayoría, una mayoría que quiere asemejarse a estos cánones de belleza que nos imponen.

Volviendo al caso de Pablo, a él no le gustaba aquel lunar. A mí, en cambio, me parecía precioso. Lo consideraba una característica especial que enriquecía su rostro. Pero eso debía descubrirlo él por sí solo. Su madre le decía que, cuando fuera más mayor, si el lunar seguía sin gustarle, quizá podría quitárselo con cirugía. De eso hace ya muchos años y yo perdí el contacto con aquella familia, pero si me encontrara con Pablo me encantaría ver que ese lunar sigue en su frente (siempre que no hubiera tenido que quitárselo por cuestiones de salud), haciéndola única. Porque muchas veces no somos conscientes de que aquello que no nos gusta puede ser bello. Primero porque la belleza, afortunadamente, es subjetiva y se percibe diferente dependiendo de quién mira y cómo mira, y segundo porque podemos aceptar e incluso amar una característica que en un principio no nos convencía. ¡Por suerte, podemos cambiar de opinión! ¡Por suerte, podemos encontrar la belleza en todo! ¡Considerar que algo es hermoso depende solo del prisma con que se mire! La belleza no está en lo externo sino en nuestra interpretación de lo que observamos.

Recuerdo el caso de una mujer que, cuando era adolescente, al sonreír se tapaba la boca con la mano. La causa era un colmillo que había decidido crecer un poco torcido. Con el paso del tiempo dejó de esconder su sonrisa, pues el colmillo había sido aceptado como parte de su cuerpo y ya no lo consideraba un problema. Pero fue en la edad adulta, conversando con su odontólogo, cuando entendió que su colmillo también podía ser bello.

—Cuando tenía quince años me acomplejaba mucho este colmillo —dijo la paciente—. Provengo de una familia humilde y en casa nunca se barajó la posibilidad de ponerme ortodoncia.

—Pues te diré —contestó el odontólogo—, y sé que echo piedras sobre mi propio tejado, que a mí esas bocas tan rectas y perfectas no me gustan. Un colmillo un poco rebelde como el tuyo le da personalidad y un toque de gracia a tu sonrisa.

Seguramente, si se hubiera encontrado en esa misma situación y con esa conversación cuando era adolescente, no hubiera tenido el mismo efecto. Estaba tan convencida de la «fealdad» de su colmillo que hubiera pensado del especialista que estaba tratando de convencerla y que, en realidad, no creía en lo que le estaba diciendo. Por otro lado, ella manifestaba que sus padres nunca dieron especial importancia a su mundo interior, a sus sentimientos y pensamientos. Así surgió la siguiente cuestión: Si sus padres lo hubiesen ayudado a que forjara una autoestima más positiva, ¿habría estado toda la adolescencia tapándose la boca al sonreír?, ¿habría elaborado un proceso de aceptación a una edad más temprana? Es difícil contestar a partir de premisas que no han sucedido, pero los estudios y la experiencia nos dicen que hay una probabilidad alta de que esta adolescente se hubiera enfrentado a su complejo con más entereza si sus padres hubiesen prestado mayor atención al desarrollo de su autoestima.

Aceptación y mejora

> Podemos tratar de mejorar o modificar aquello que no nos gusta, pero cuando algo no se puede cambiar es preferible aceptarlo.

Volviendo al caso de Pablo, en aquel momento se trabajó la aceptación, realzamos sus fortalezas y hallamos el camino para que se enfrentara a los comentarios desafortunados de los otros niños reflexionando sobre la influencia de las opiniones de los demás.

Cuando hablamos de **aceptación** hacemos referencia a la voluntad de asumir y validar una realidad que en un principio no es bien recibida. Se trata de un proceso de desarrollo personal en el que admitimos algo que no se puede cambiar. Aunque en este apartado hablamos de «la aceptación de uno mismo», este término también resulta muy adecuado para referirnos a errores que se han cometido y que no tienen marcha atrás o sucesos que nos ha tocado vivir. Luchar contra una realidad que nos disgusta y que no puede modificarse produce, sin duda, mucho desgaste emocional y frustración, y también un descenso importante de la autoestima. Debemos decirnos, por ejemplo: «Mido 157 cm, cuando en realidad me gustaría medir más de 170 cm, pero eso no se puede cambiar y debo aceptarlo para sentirme mejor. Es probable que con esta estatura no pueda convertirme en modelo de pasarela, tenga dificultades para ser alero de baloncesto e incluso me cueste llegar a la parte más alta de los armarios sin subirme a una silla. Sin embargo, hay muchos otros caminos maravillosos que podré explorar sin que los centímetros de menos o de más sean determinantes. Y hay muchas actividades en las que resulta ventajoso tener una estatura más baja».

Aceptar no es lamentarse ni conformarse, más bien nos incita a tolerar aquello que no nos gusta y a no recrearnos en ello, para centrarnos en otros aspectos que tenemos olvidados y que pueden suponer nuevos caminos de exploración y satisfacción. La aceptación permite salir de un estado de bloqueo y seguir caminando, avanzando: «De acuerdo, Pablo, el lunar no te gusta. Pero, como a corto o medio plazo va a seguir estando ahí por más que desees que desaparezca, lo más sensato es que aprendas a convivir con él. ¡Mírate al espejo! Ahí está el lunar, pero también muchas otras cosas. Y no solo por fuera, también por dentro. ¿Puedes verlas?».

Aunque algunas veces debemos aceptar la realidad, otras en cambio podemos tratar de mejorarla o cambiar aquello que no nos gusta de una forma razonable y coherente. Por ejemplo:

- «Si tengo el pelo demasiado largo o no me gusta cómo me queda, puedo probar otros peinados».
- «Si me canso demasiado rápido cuando me pongo a correr y me gustaría aguantar más, puedo entrenarme y mejorar mi resistencia».
- «Si me doy cuenta de que no estoy llevando una vida demasiado sana, puedo tratar de comer de forma más saludable».

A veces, los que debemos aceptar somos los padres...
Al hilo de la aceptación, recuerdo la experiencia de un padre que, al comenzar las vacaciones de verano, me contaba que su hijo Jorge, de nueve años, no quería ir a la playa, ni a la piscina con amigos, ni de campamentos... La razón era porque había engordado un poco en los últimos meses y le avergonzaba su barriga. El pa-

dre decidió no presionarlo en ese sentido y reconocer sus emociones, había **aceptado** y **validado** aquel sentimiento de su hijo y optó por darle tiempo con escucha, comprensión y acompañamiento. También respetó su elección. Y, sin duda, fue el camino correcto. En agosto, Jorge cambió de opinión, se puso el bañador y disfrutó del verano con sus amigos. La tripa seguía allí y no le gustaba, pero ya no era lo único que veía cuando se miraba al espejo y, desde luego, dejó de gobernar su vida. Y su padre estuvo allí para que eso sucediera.

En definitiva, como padres es recomendable que evitemos las verbalizaciones referidas al físico de otras personas, sobre todo si nos centramos en un aspecto que consideramos negativo: «Hay que ver cómo ha engordado Moisés», «El pelo corto no le queda bien», «Ainara es muy patosa, la pobre»... De ese modo, lo único que conseguiremos es que nuestros hijos pongan el foco en lo negativo, y no solo cuando observen a las otras personas sino también cuando se miren en el espejo. Lo que realmente va a ayudarlos a quererse más y mejor es centrarse en lo que les gusta, tanto de ellos mismos como de las personas que los rodean.

Por contra, cuando sean nuestros hijos los que emitan verbalizaciones de este tipo, debemos indicarles que no está bien referirse a las personas mencionando un aspecto físico, y menos cuando señalan algo que consideran poco atractivo: «El niño de los granos», «El señor del culo gigante»... En estos casos es aconsejable potenciar la empatía de nuestros hijos y hacerles ver que a ellos no les gustaría que alguien los nombrara en esos términos.

Eduquemos a nuestros hijos dando ejemplo. Ayudémoslos para que vean en la diversidad la belleza, para que encuentren lo hermoso en los demás y en ellos mismos, para que acepten lo inevitable y mejoren lo mejorable, si es lo que quieren. Que se amen o no se amen, también depende de ti.

En resumen, debemos promover en ellos:

- Un estilo de vida saludable con una dieta equilibrada, actividad física y buen descanso.
- Que se miren con cariño, tratando de buscar lo positivo.

Y, en cambio, debemos evitar:

- Hablar negativamente de las características físicas de otras personas.
- Comentarios despectivos referentes al físico, no solamente hacia los hijos sino también hacia uno mismo. Por ejemplo, si una madre se para ante el espejo en presencia de su hijo y se lamenta diciendo que está horrible, le enseñará a mirarse con ojo crítico en busca del defecto.

LA DIMENSIÓN AFECTIVA

Carmen acudió a mi consulta debido, según sus palabras, «a los graves problemas de conducta» de su hija Alba, de cinco años de edad. Carmen relataba que Alba siempre había sido una niña con mal carácter, pero que últimamente iba a más y sentía que se le estaba yendo de las manos. Cuando la niña no se salía con la suya, se tiraba al suelo, gritaba, pataleaba e incluso había comenzado a romper cosas. Un día, incluso agredió a su madre.

Carmen estaba claramente desbordada por la situación y, con lágrimas en los ojos, verbalizó:

—¡Es una bruja! ¡Un mal bicho! Si ve que te está molestando, sonríe y disfruta. No puedo más. Esta niña acabará conmigo.

La siguiente sesión fue con Alba, una primera toma de contacto que resultó muy positiva porque ella habló de muchas cosas. Cuando llegó el tema de la relación con su madre, en un momento dado, la niña dijo: «Yo es que soy mala, por eso me porto mal».

La dimensión afectiva de la autoestima hace referencia a cómo nos vemos a nosotros mismos en cuanto a forma de ser, de pensar, de actuar, de sentir… Y si, a nuestro juicio, eso nos gusta o no.

Algunas características relacionadas con esta dimensión pueden ser:

- Cariñoso/distante
- Optimista/pesimista
- Valiente/temeroso
- Simpático/antipático
- Extrovertido/introvertido
- Sereno/inquieto
- Trabajador/vago

Si te fijas, los ejemplos mencionados anteriormente podrían situarse en los extremos de una línea con dos polos opuestos. A un lado tendríamos una característica que, en general, se valora como positiva y en el otro extremo, una característica contraria que suele ser valorada como negativa.

En ocasiones, nos referimos a otras personas utilizando términos absolutos que se sitúan en los extremos: «Es supersimpática», «Menudo vago», «Es muy miedoso»...

Y a veces no somos conscientes de que la forma en que nos expresamos tiene más importancia e influencia de la que creemos. Esto conlleva algunos inconvenientes:

1. Hablamos en términos de todo o nada, de blanco o negro, dejando de lado que también hay una escala de grises y puntos intermedios.
2. Se tiende a pensar que en un extremo se encuentra una característica «buena» y en el otro, una «mala».
3. Con nuestra forma de expresarnos, damos por hecho que esta característica se manifiesta siempre y en todos los casos.

Así, cuando afirmamos, por ejemplo, que alguien «Es miedoso», estamos utilizando el verbo «ser» que etiqueta, transmitiendo que el individuo en cuestión es una persona MIEDOSA, en mayúsculas, y que por lo tanto se comporta siempre como tal, mostrando miedo en todas las circunstancias y a lo largo del tiempo. De este modo, otorgamos también una valoración «negativa» al hecho de tener miedo.

Es muy común que, de forma coloquial, escuchemos a la gente de la calle hacer afirmaciones de este tipo, pero la mayoría de los psicólogos no consideramos que eso sea adecuado, sobre todo en el caso de los padres al relacionarse con sus hijos. ¿Por qué? En primer lugar, porque los valores dicotómicos casi siempre llevan a error, casi nada es blanco o negro en su totalidad, y en el caso de los rasgos de personalidad ocurre lo mismo. Existen diferentes grados y matices (grises) que, además, dependen de forma evidente de otras variables que es necesario tener en cuenta; como pueden ser la situación concreta, las personas que nos acompañan, si estamos teniendo un buen día o si nos encontramos desanimados.

Por ejemplo, Miguel siente miedo cada vez que tiene que ir al dentista, pero no le ocurre lo mismo cuando va al pediatra, al que conoce desde que era un bebé, ni cuando vuela en su monopatín por las calles del barrio. Sin embargo, cada vez que va al dentista, alguien dice: «Es muy miedoso». Pero, como ves, eso no es totalmente fiel a la verdad, y se trataría de una generalización injusta y desproporcionada.

Por otro lado, nos encontramos con la tendencia a etiquetar rasgos de personalidad como «positivos» o como «negativos». A priori, se podría pensar que si calificamos a alguien de cariñoso, optimista, valiente, simpático, extrovertido, sereno, trabajador... son rasgos positivos; mientras que si de una persona decimos que es distante, pesimista, miedoso, antipático, introvertido, inquieto, vago... los consideramos rasgos negativos. Pues bien, eso tampoco es correcto. Por ejemplo, el miedo nos protege y ser miedoso en un momento dado nos puede mantener a salvo. Ser distante también puede resultar positivo si lo encuadramos en una situación en la que nos encontramos ante un desconocido y no confiamos en él. Y lo mismo sucede con el rasgo pesimista que, en un momento dado, puede acercarse más al realismo que un estado de euforia o positivismo extremo que quizá nos llevaría a cometer una imprudencia o a un mayor estado de frustración si las cosas salen mal.

¿Adónde quiero llegar? ¿Qué tiene que ver esto con la autoestima de los demás? Ciertamente, nacemos con cierta predisposición genética y existen rasgos de personalidad marcados que condicionan las conductas y las formas de sentir y de pensar, pero está comprobado que el entorno puede actuar como influencia determinante para que esas tendencias aumenten y se afiancen o, por el contrario, disminuyan e incluso desaparezcan. Llegados a este punto, es lógico pensar que cuando esa persona con ciertos rasgos de personalidad es un niño y el entorno directo son los padres, esta teoría de la influencia todavía toma más fuerza.

Las palabras que empleamos al dirigirnos a nuestros hijos serán fundamentales, también influirá notablemente cuando nos referimos a ellos hablando con otras personas en su presencia, la forma en la que nos expresamos, el tono de voz... ¡Todo va calando en la visión y el juicio que tienen de sí mismos!

Regresemos al ejemplo del niño que tiene miedo de ir a dentista. Si de forma reiterada sus padres afirman «Eres muy miedoso, siempre estás igual» o «Es muy miedoso, nos cuesta horrores que haga las cosas»… el niño acabará creyendo que él es así. Muy probablemente, «Eres miedoso» o «Es miedoso» acabará formando parte de su autoconcepto «Soy miedoso», y se comportará como tal, extrapolándolo a otras situaciones; y como en este caso se enfoca como algo negativo, hará que baje su autoestima.

Todo cambiaría si los padres le dijeran: «Es normal tener miedo a lo desconocido, e ir al dentista es muy desagradable porque te hurgan en la boca. A mí, de niña también me ocurría. Pero ya verás cómo, poco a poco, te acostumbrarás y dejarás de pasarlo tan mal cuando tengas que ir».

En este segundo caso la madre no solo se muestra empática con su hijo, sino que lo ayuda a entender que su miedo es algo normal y transitorio, sin subrayarlo como algo inamovible de su personalidad y ayudando así a reforzar su autoestima y su autoconfianza.

Todo esto nos lleva a hablar de un potente fenómeno de la psicología que tiene mucha importancia en la crianza y la educación, se trata del **Efecto Pigmalión**. Este fenómeno tiene su origen en el famoso mito griego que narra la historia de Pigmalión, un escultor que se enamoró perdidamente de Galatea, la estatua que había tallado con sus propias manos y que acabó cobrando vida. A partir de este mito se formuló lo que hoy en día se denomina el «Efecto Pigmalión», que hace referencia a la influencia que un individuo ejerce sobre otro a partir de la visión que expresa tener de él, llegando así a hacerse realidad las **expectativas** que esa primera persona tiene sobre la segunda. Esto nos lleva al fenómeno de la profecía autocumplida que defiende que las expectativas propias y ajenas incitan a las personas a actuar de tal forma que esas expectativas se acaban cumpliendo.

Según lo expuesto anteriormente, este fenómeno puede ser de dos tipos:

- Efecto Pigmalión positivo: Produce un efecto positivo, promoviendo una característica que se podría considerar deseable. En este caso se produce un aumento de la autoestima.
- Efecto Pigmalión negativo: Produce un efecto negativo y repercute en una disminución de la autoestima.

Los padres tenemos la responsabilidad de intentar minimizar lo máximo posible el Efecto Pigmalión negativo derivado de nuestras verbalizaciones, interacciones y expectativas negativas, y aprovechar para que actúe el Efecto Pigmalión positivo, motivando, confiando, reconociendo y realzando las virtudes de nuestros hijos. Porque si a un niño le repetimos un mismo mensaje a lo largo del tiempo, por ejemplo, «Tú eres malo», «Tú eres un cobarde», «Eres débil»…, e incluso lo confirmamos cuando en su presencia hablamos con nuestra pareja o con la vecina: «No sé qué voy a hacer con este niño, es un demonio», «No podrá hacerlo, es muy flojo»… lo que acabaremos consiguiendo es que nuestro hijo interiorice esas palabras y crea que de verdad es así, y se produzca el fenómeno de la profecía autocumplida. Por ese motivo, y también porque no es una práctica respetuosa, resulta muy desaconsejable hacer uso de este tipo de verbalizaciones. Por contra, podemos hacer que el Efecto Pigmalión se convierta en nuestro aliado, aprovechando para transmitir mensajes positivos, sinceros y reales que le harán crecer como persona, sentirse querido y aumentar su autoestima: «Eres una buena persona, hijo», «Es una suerte tenerte en mi vida», «Me enorgullece ver cómo te esfuerzas por superarte cada día»… Y hacerlo de la misma forma cuando, en su presencia. hablemos de él con otras personas: «Es un chiquillo extraordinario», «Me ayuda mucho en casa», «Se esfuerza un montón por conseguir lo que se propone». De la misma forma que ocurría en el caso del Efecto Pigmalión negativo, nuestro hijo interiorizará las palabras positivas, sintiendo así que es valioso e importante para nosotros, formándose un autoconcepto positivo, actuando y sintiéndose acorde con este. Y mejorará así su autoestima.

No se trata de inventar o realzar algo que no existe. Se trata de fijarnos en las actitudes y aptitudes positivas de nuestros hijos (que, con total seguridad, las tienen y son muchas) y reconocerlas con nuestras palabras y acciones. Debemos asumir que todos podemos cometer errores y actuar de una forma poco adecuada en un momento dado, sin necesidad de elevarlo a una sentencia demoledora («Eres un desastre»), que se mantendrá a lo largo de los días y acabará grabándose a fuego en la piel de nuestros hijos y nuestras hijas.

Volvamos ahora al caso del inicio de este trayecto, a Carmen y a su hija Alba. ¿Qué está ocurriendo? En primer lugar, nos encontramos con una madre que se siente desbordada por la situación y que, de alguna forma, ha comenzado a ver a su hija como a «un enemigo» (lo expreso así porque ella misma lo verbalizó en algún momento). Llamaba especialmente la atención la cantidad de veces que, refiriéndose a ella, dijo: «¡Es una bruja!». Y, al preguntarle si manifestaba eso mismo delante de su hija, Carmen reconoció que sí, que prácticamente todos los días le expresaba a su hija, de una u otra forma, que «era mala», que era imposible convivir con ella y que le hacía la vida insoportable.

Si analizas este caso conmigo, puedes deducir lo que significó para la autoestima y para el autoconcepto de aquella niña de cinco años recibir a diario ese tipo de mensajes. Su madre no lo estaba haciendo bien y, además, no era consciente del poder que sus palabras tenían sobre su hija ni de que solo servían para empeorar la situación. La niña se estaba formando una imagen de sí misma a partir de toda esta situación y de los mensajes que recibía, y se comportaba acorde con ellos. Y así se confirmó cuando, al tener la entrevista con Alba, ella misma se describía así: «Soy mala».

A continuación hubo una sesión de psicoeducación con la madre, en la que se le comentaron las conclusiones de la evaluación, entre otras, la anteriormente mencionada. Y se le dio una pauta clara: eliminar las verbalizaciones que hacían referencia al «mal comportamiento de su hija» y valorar positivamente las cosas que Alba hacía bien. Pero, sobre todo, su madre debía recuperar el afecto de su hija, buscar la cercanía, la empatía y la comprensión. Si Alba se lavaba los dientes: «¡Estos dientes han quedado muy limpios! ¡Qué bien!». Si Alba estaba cinco minutos haciendo los deberes: «¡Has estado cinco minutos con concentración absoluta! ¡Bravo!». Cuando el padre llegara de trabajar: «Hoy Alba me ha ayudado mucho. Hemos ordenado juntas los juguetes y hemos hecho bizcocho». Y todo esto debía ir acompañado de besos, caricias, cariño... Lo apropiado era preguntarle a la niña cómo había pasado el día en el colegio, si todo iba bien.

Evidentemente, además de estas indicaciones, se trabajaron muchos otros aspectos para mejorar la relación entre madre e hija. Pero, respecto al tema que nos interesa, el de la dimensión afectiva de la autoestima, esta fue la principal pauta. Y funcionó, ya lo creo que funcionó.

En una ocasión leí un texto anónimo en las redes sociales que decía: «Si a un niño le dices que los Reyes Magos llegarán en Navidad y que un ratoncito irá a recoger sus dientes, te cree. Si le dices que es bobo, débil o miedoso, te cree. Dile que es hábil y capaz de todo, y también te creerá». Se trata de unas palabras muy a propósito del tema de este trayecto y con las que no puedo estar más de acuerdo. Como padres, tenemos el deber de amar a nuestros hijos y de procurar que sean lo más felices posible. Y eso implica ser conscientes de cómo les influimos. Una de nuestras responsabilidades es interactuar con ellos adecuadamente, de forma que potenciemos su desarrollo personal en positivo. Si nuestras palabras destacan sus virtudes y talentos, ellos también lo harán y se querrán más a sí mismos.

LA DIMENSIÓN SOCIAL

Patricia vino a la consulta porque consideraba que su hija Zoe, de seis años, no acababa de encajar con los compañeros de clase. Según Patricia, Zoe siempre había sido una niña con un gran mundo interior, callada e introvertida, y le costaba relacionarse y hacer amigos. Casi desde que comenzó a ir al colegio se dio cuenta de que su hija no era demasiado popular, no solían invitarla a los cumpleaños, ni la avisaban cuando algunos compañeros quedaban para ir al parque. A pesar de ello, Zoe siempre había ido al colegio contenta y con ganas de aprender. Sin embargo, desde hacía semanas, la niña manifestaba padecer dolor de tripa y rechazo a acudir a las clases. Una mañana, Patricia se acercó al colegio a la hora del recreo. Se situó detrás de la verja, en una zona desde la que podía observar el patio pero era muy difícil que la vieran. Así fue como descubrió que Zoe permanecía sola en el recreo, y no solo eso, en un momento dado una niña se acercó a ella y le sacó la lengua, mofándose de ella, ante las risas de su grupito de amigas.

Zoe no solo estaba excluida en el colegio, sino que además era víctima de burlas.

La dimensión social de la autoestima hace referencia a sentirse aceptado y querido por parte de un grupo de iguales. Se trata de la valoración subjetiva que realiza cada uno sobre su forma de relacionarse con los demás y sobre su habilidad para conseguir que lo acepten. También incluye la capacidad para hacer nuevos amigos, creando relaciones resistentes y duraderas a lo largo del tiempo.

Es en la infancia cuando quizá esta dimensión toma mayor relevancia, ya que para un niño y para un adolescente resulta de vital importancia cubrir la necesidad de pertenencia al grupo, sentirse integrado y respetado. En el caso contrario, puede percibir el rechazo de los otros, y eso, además de hacerle sentir desgraciado, vulnera su autoestima, llevándolo a creer que es inferior o menos valioso que quienes lo rodean.

Una autoestima positiva lo ayudará a tener seguridad y confianza en sí mismo a la hora de interactuar con los demás. Será más hábil desde el punto de vista social. Se comunicará mirando a los ojos o con una sonrisa, y expondrá ampliamente sus argumentos y opiniones sin titubeos ni vacilaciones.

En ese sentido, se puede hablar de tres estilos de comunicación que, si bien ya he desarrollado más ampliamente en la línea 1 de la comunicación entre padres e hijos (por eso aquí se encuentran ambas líneas), es importante retomarlos, ya que guardan una relación directa con la autoestima:

1. **El estilo de comunicación pasivo:** Lo manifiestan personas más bien calladas que no expresan opiniones ni emociones, y acatan siempre lo que dicen los demás. Se relaciona con una baja autoestima.
2. **El estilo de comunicación ofensivo:** Se utilizan las malas formas y las ofensas como principal forma de interacción, pasando por encima de los demás. Aunque no lo parezca, en la mayoría de los casos este estilo de comunicación se relaciona también con una baja autoestima.
3. **El estilo de comunicación asertivo:** Consiste en expresar el punto de vista propio, respetando siempre el de los demás. Es una habilidad social muy importante y se relaciona con una autoestima alta y positiva.

Para potenciar una autoestima positiva en esta dimensión, es muy importante ayudar a que nuestros hijos desarrollen un **estilo de comunicación asertivo** (en la línea 1 de la «Comunicación» tienes algunas pautas para potenciar esta habilidad). En el caso de Zoe, uno de los objetivos que nos propusimos fue que mejorara sus habilidades sociales, abandonando un estilo de comunicación pasivo para sustituirlo por uno asertivo. En ese momento ella se manifestaba como una niña introvertida y callada, no expresaba sus sentimientos y prácticamente nunca daba su punto de vista. Por ese motivo, no había contado en casa lo que le estaba sucediendo en el colegio, que se quedaba sola y que incluso era víctima de burlas. Todo ello contribuía a que se sintiera poca cosa y a que su autoestima se fuera resintiendo cada vez más.

Si ya de por sí es muy importante sentirse aceptado y parte de un grupo, esta necesidad es vital en la infancia, lo cual está relacionado con el concepto de «amistad».

La **amistad** toma en esta época una relevancia notable y es imprescindible que los padres estemos alerta de cómo se desarrollan las relaciones interpersonales de nuestros hijos y nuestras hijas, favoreciendo que se relacionen con niños y niñas de su edad y que establezcan lazos afectivos y sociales adecuados. Steven R. Asher y Jeffrey G. Parker (1991) investigaron la amistad en profundidad, haciendo hincapié en la importancia de que el niño se sienta aceptado e integrado en un grupo de iguales. Según estos autores, la amistad estaría muy presente en el desarrollo de la autoestima social de los más pequeños desempeñando las siguientes funciones:

- Promueve valores como el compañerismo, la empatía y la solidaridad.
- Desarrolla las habilidades sociales y la inteligencia emocional.
- A través de la visión y validación de los demás, se potencia una imagen positiva de sí mismo.
- La amistad favorece positivamente las experiencias vividas: compañía, apoyo, escucha, complicidad y diversión.

Un niño o una niña que siente que no tiene amigos ni amigas, puede estar sufriendo soledad, desamparo y desprotección, y esto, a su vez, puede conllevar inseguridades y una autoestima baja. En el caso de Zoe había que trabajar la asertividad y la autoestima, pero también resultó necesario actuar desde el ámbito escolar para frenar aquella dinámica que se había establecido, con el fin de integrar de nuevo a la niña en el grupo. Había que fortalecer la empatía de los compañeros y fomentar valores.

En algunos casos no se consiguen frenar a tiempo ciertas actitudes, se cruza una línea roja y se llega al acoso escolar. Entonces, se produce un daño muy profundo y casi irreparable en la autoestima, sobre todo en el caso de la víctima.

El acoso escolar, también conocido como *bullying*, hace referencia a cualquier tipo de maltrato, ya sea físico o psicológico, producido entre alumnos y de una forma prolongada en el tiempo, tanto en el ámbito escolar como a través de las redes sociales (ciberacoso). En ese sentido, el niño acosado suele mostrarse sumiso, conformista, miedoso y solitario. Al otro lado se encontraría el niño acosador, que suele manifestar conductas agresivas hacia otros, muchas veces como compensación a unas carencias que, muy probablemente, padece. Sin olvidar el papel que desempeñan los espectadores, aquellos niños que presencian (algunos con una actitud activa y otros pasiva) los episodios de acoso. Los especialistas aseguran que es en los espectadores donde se encuentra la clave para acabar con el acoso, si estos se unen para rechazar la actitud del acosador y apoyar a la víctima, con toda probabilidad el problema desaparecerá.

Sin duda, este es un tema delicado y de gran complejidad, y que causa mucho sufrimiento a las familias implicadas. Hablar como es debido de algo así implicaría profundizar y sería necesario tener en cuenta muchísimas variables. Volviendo al tema de la autoestima y centrándonos en la víctima, si como padres nos encontramos con que nuestro hijo sufre acoso escolar, vamos a tener que actuar en diferentes frentes. Pero será necesario hacer hincapié en su autoconcepto y revisar su autoestima en todas sus dimensiones, pues muy probablemente habrá desencadenado una valoración negativa.

En definitiva, ¿cómo podemos colaborar los padres para que nuestros hijos tengan una autoestima social positiva?

- Favoreciendo un estilo de comunicación asertivo.
- Fomentando unas buenas habilidades sociales.
- Potenciando una comunicación fluida en casa para facilitar que el niño nos transmita sus inquietudes y dificultades en el colegio.
- Procurando que establezca lazos de amistad sanos y duraderos.
- Tratando de dar ejemplo al interactuar de modo asertivo en presencia de los hijos.

LA DIMENSIÓN ACADÉMICA

El padre de Bruno se implicaba con mucha energía en los estudios de su hijo. Expresaba con orgullo que él sabía motivarlo para que no se conformase con obtener resultados medios y para que sus notas fuesen espléndidas, las mejores. Por otra parte, Bruno, cuando su padre no estaba presente, confesaba que si algún compañero de clase sacaba mejor nota que él, la noticia no era bien recibida por su progenitor, aunque el resultado rozara el sobresaliente: «Si otro alumno ha podido sacar esa nota, tú también».

Bruno era uno de los alumnos que obtenía mejores calificaciones de su clase y, sin embargo, comenzó a sentirse inseguro y estresado. El primer síntoma se produjo cuando, en un examen de matemáticas, se bloqueó y comenzó a hiperventilar entre lágrimas porque había un apartado de un ejercicio que no conseguía resolver. El segundo síntoma se produjo cuando sucedió algo inimaginable para todos: la profesora de biología lo pilló copiando en pleno examen.

La dimensión académica de la autoestima hace referencia, en este caso, a cómo se ven a sí mismos el niño o la niña en el ámbito escolar. Es la valoración que el menor hace sobre sus capacidades y su rendimiento, generalmente en el colegio, teniendo en cuenta el feedback de los docentes, las calificaciones, la comparativa con los resultados obtenidos por los compañeros y, cómo no, las expectativas que demuestren tener sus padres en cuanto a sus capacidades académicas. Con el paso del tiempo, el niño concluirá si es un buen estudiante, un mal estudiante o un alumno medio. Esta valoración influirá en su autoestima y, por lo tanto, en la autopercepción de sentirse capaz, o no, ante los diferentes retos de aprendizaje a los que se enfrente en un futuro.

Aspectos como sentirse inteligente, ser constante, trabajador o creativo influyen directamente en esta dimensión. Un niño o una niña con una autoestima académica alta presentará una actitud positiva y se sentirá motivado ante el aprendizaje, mientras que quien la tenga baja, probablemente sentirá rechazo por este tipo de actividades. Esta dimensión de la autoestima se relaciona con la percepción de seguridad, autoeficacia y competencia que tiene el niño sobre sus capacidades intelectuales, algo que será fundamental para su formación y para su desarrollo en el campo laboral.

En el caso de que un niño desarrolle una autoestima baja en la dimensión académica debido a la vivencia de diferentes fracasos, la consecuencia será la percepción de inseguridad e incapacidad ante la tarea. Lo que puede conllevar que acabe «tirando la toalla» y deje de esforzarse por superarse cada día.

Aunque la actitud de los padres influye claramente en esta dimensión de la autoestima de los hijos, resulta evidente que el entorno escolar tendrá una importancia vital, puesto que es el lugar donde se pone en práctica todo lo relativo a las capacidades intelectuales. De esta forma, los profesores que den clase a nuestros hijos, sus metodologías de aprendizaje y los compañeros de aula tendrán un papel muy relevante en el desarrollo de su autoconcepto académico.

Esto me lleva de nuevo al importante fenómeno del **Efecto Pigmalión** que describí en el trayecto de la dimensión afectiva, esta vez enfocado en las capacidades. A lo largo del tiempo ha habido importantes investigaciones al respecto, que han demostrado su gran influencia. Una de las más famosas fue la que llevaron a cabo, en los años sesenta, Robert Rosenthal y Lenore Jacobson en un centro escolar de California con alumnos de primaria y secundaria. En primer lugar, los investigadores pasaron un test de inteligencia a los escolares para tener un índice de referencia. Una vez realizados los cuestionarios, eligieron alrededor de sesenta alumnos al azar y redactaron informes ficticios, cuyos destinatarios eran los profesores. En estos informes se afirmaba que dichos alumnos eran extremadamente brillantes, habiendo obtenido un coeficiente intelectual por encima de la media; cuando la realidad era que estos alumnos tenían unas características similares a las de los otros compañeros que no habían sido seleccionados. En ningún momento los niños supieron los resultados ni se les dijo que se esperaba algo de ellos. Al terminar el curso se observó no solamente que los sesenta alumnos seleccionados al azar habían obtenido mejores resultados y puntuaciones en sus trabajos y pruebas académicas, sino que su coeficiente intelectual había aumentado bastante, contrariamente a lo sucedido con los compañeros que no fueron seleccionados. Este experimento confirmaría el gran poder del Efecto Pigmalión y la eficacia de la profecía autocumplida en el ámbito académico, porque demostró que las expectativas de los maestros y las maestras influían notablemente sobre la actitud de sus alumnos ante el aprendizaje, modificando sus resultados e incrementando sus capacidades. En definitiva, aquello aumentó su autoestima, la seguridad en sí mismos, la motivación y su capacidad para el esfuerzo.

La profecía autocumplida vendría dada por aquellas acciones que se llevan a cabo para que de alguna forma se acabe cumpliendo aquello en lo que creemos. En este caso, y en palabras de los investigadores, «los niños se vuelven más hábiles cuando los profesores esperan que se vuelvan más hábiles». Y eso es precisamente lo que había ocurrido con aquellos docentes. Según Rosenthal y Jacobson se dieron cuatro factores fundamentales que los profesores emplearon con aquellos niños con los que tenían mayores expectativas y que consiguieron que se produjese este fenómeno:

- Factor clima: Los profesores son más agradables y tienden a crear un clima más cálido alrededor de los niños de los que se espera más.
- Factor input: Los profesores enseñan más materia a los niños de los que esperan más.
- Factor de la oportunidad de respuesta: Según esto, los profesores darían más oportunidades de responder a sus preguntas a aquellos niños que consideran más competentes. Les preguntan más veces y los dejan contestar más ampliamente.
- Factor feedback: Los profesores alaban más a estos niños con elogios motivadores y los animan a seguir esforzándose.

En definitiva, estos resultados confirmarían que la información que recibimos sobre nuestras «buenas» o «malas» aptitudes y la forma en que somos tratados puede cambiar nuestra motivación, nuestra forma de actuar y la visión que tenemos de nosotros mismos.

Como acabamos de ver, las expectativas de los profesores son fundamentales. Pero no hay que dejar de lado que, en la mayoría de los casos, el sistema educativo actual, tal y como está planteado, también puede influir positiva o negativamente en el autoconcepto académico de los niños. Existen las mismas asignaturas o materias para todos, y algunas de ellas son consideradas más importantes, como matemáticas y lengua. Y existen unos contenidos mínimos que todos deben alcanzar y que son valorados a través de un sistema de evaluación estándar, el cual no suele contemplar las dificultades que pueda tener cada alumno. Porque, aunque estamos avanzando y se intenta atender a la diversidad al contemplar las diferencias individuales, todavía queda un largo camino que recorrer y generalmente se exige lo mismo a todos los niños y niñas, con independencia de sus capacidades. En definitiva, los alumnos que obtengan altas puntuaciones en las asignaturas troncales, se sentirán más capaces, competentes y eficientes en general. Mientras que los niños que presenten dificultades matemáticas o lingüísticas es muy probable que tengan una autoestima académica baja.

Esto me lleva a utilizar una frase de Einstein que resulta reveladora: «Todos somos genios, pero si juzgas un pez por su habilidad para trepar árboles, vivirá toda su vida pensando que es un inútil». Y también es apropiada para el caso una ingeniosa viñeta, de autor desconocido, que consiste en la imagen de un bosque donde aparece un señor que representa al examinador y, enfrente de él, una hilera de animales: un pájaro, un chimpancé, un pingüino, un elefante, un pez, una foca y un lobo. El examinador los está mirando y les dice: «Para un proceso de selección justo para todos, haremos la misma prueba: subir a un árbol». Así es como me imagino que se debe de sentir, por ejemplo, un niño con dislexia cuando se enfrenta a un examen repleto de letras y más letras. Un examen que, por otro lado, habrá tenido que preparar leyendo una gran cantidad de texto. Seguro que se siente como aquel pez o aquel elefante que debe subir a la copa de un árbol. Y esto daña su autoestima. Aunque sea brillante y su única dificultad sea leer.

Finalmente, este planteamiento del sistema educativo tiene como consecuencia que el niño que saca buenas notas en lengua y matemáticas sea considerado como inteligente, brillante, uno de los mejores alumnos… Y, sin embargo, el niño que tiene una capacidad asombrosa para dibujar o para crear, o el que tiene una habilidad sin igual para el deporte o la música, sea considerado «mal alumno» si sus calificaciones en las «asignaturas troncales» son bajas. En definitiva, la autoestima de los unos aumenta y la de los otros baja. Y eso no debería ser así, porque hay niños que son verdaderamente habilidosos en otras competencias que no se valoran en el colegio, y merecen sentirse eficaces, diestros, cualificados… Por eso es tan importante ayudar a que cada niño encuentre sus «superpoderes», sus talentos, porque todos tenemos más de uno: la agilidad, la música, la cocina, la creatividad…, para que se sienta valioso y extraordinario, para que su autoestima académica sea positiva.

Queda en manos de los docentes y otros profesionales de la educación todo lo que acontece en el aula, pudiendo utilizar el Efecto Pigmalión positivo y atendiendo a la diversidad de una forma teórica y práctica, reforzando las habilidades de cada alumno. Sin embargo, desde casa, **los padres** también desempeñamos un papel muy importante en esta faceta de nuestros hijos. Volviendo otra vez al Efecto Pigmalión, será importante lo que verbalizamos y las expectativas que tenemos de nuestros hijos, procurando siempre un mensaje positivo: «Eres muy trabajador», «Tú vales mucho», «Sé que te estás esforzando»... Así los motivaremos, valoraremos lo positivo y, sobre todo, el esfuerzo que desempeñan. Mensajes como «Eres un vago», «No vales para los estudios», «No vamos a hacer carrera de ti»... sirven solo para que el niño cree una imagen negativa de sí mismo y pierda las ganas y la ilusión de seguir esforzándose en los estudios.

Quizá llegados a este punto algunos padres y madres se pregunten si, para potenciar la autoestima de sus hijos, tienen que decirles que todo lo hacen bien, que son unos auténticos genios.

La respuesta es «no». No debemos mentir a nuestros hijos diciéndoles, por ejemplo, que ha sido el mejor de la clase en la actuación de Navidad, en caso de que no sea cierto. Pero sí que debemos valorar su esfuerzo y ver si dentro de sus posibilidades se van acercando a lo mejor que pueden dar de sí mismos.

En ocasiones, los padres pueden creer que están motivando a sus hijos, cuando en realidad los están presionando al exigirles mucho o porque esperan demasiado de ellos. Precisamente esto era lo que ocurría en el caso expuesto al principio de este trayecto. El padre de Bruno creía estar motivando a su hijo, instándolo para que se esforzara al máximo y convertirse así en el primero de la clase. Pero este padre valoraba más el resultado que el esfuerzo y comparaba constantemente las notas de su hijo con las del resto de los compañeros. Bruno llegó a sentir tal presión que manifestó ansiedad durante los exámenes y también llegó a hacerse una «chuleta» con el fin de asegurarse que sabría contestar aquella parte que dominaba menos, si le preguntaban. Comparar con otros niños, y fijarse solamente en el resultado, no ayuda a potenciar la autoestima académica de nuestros hijos; por contra, puede crear inseguridad y, como en el caso de Bruno, ansiedad para no decepcionar a su padre. Es recomendable, por lo tanto, centrarnos en nuestros hijos sin mirar a los demás y valorando siempre su esfuerzo:

HIJO: Y si saco mala nota, ¿te enfadarás?
MADRE: Por supuesto que no. Además, yo sé que te has esforzado mucho y eso es lo único que importa. Una nota solo es un número y no te define en absoluto.

HIJA: Manuel ha sacado un nueve y medio.
PADRE: No me importa la nota de Manuel. Estoy muy contenta contigo porque has trabajado mucho esta unidad.

Si valoramos el esfuerzo, liberaremos a nuestros hijos de la presión de los exámenes. Todos somos humanos y podemos equivocarnos o tener un mal día. Además, es importante que los niños acepten sus errores, solo así podrán tolerar el fracaso y la frustración. **Los padres debemos ejercer de modelo** en ese sentido, mostrarnos humanos, asumir nuestros fallos y aceptarlos con deportividad. Los niños aprenderán a reaccionar así, aceptando los fracasos y aprendiendo de ellos.

En una ocasión, una madre me contó que su pareja se había tomado muy mal que hubieran ascendido a una compañera del trabajo en vez de a él. Por lo visto había llegado a casa a la hora de comer de muy mal humor, casi gritando, soltando «lindezas» sobre su jefe y su compañera, expresando con palabras malsonantes que estaba cansado de la empresa y de los favoritismos y que cualquier día se iría dando un portazo. Según relató la madre, pocos días después su hijo Tobías llegó del colegio enfadado con una actitud que le recordó a la de su padre. Su maqueta de los volcanes no había sido seleccionada, el niño expresó que estaba harto del colegio y que el autor de la maqueta elegida era un enchufado. Quizá si el padre hubiera encajado con deportividad el ascenso de su compañera, tratando de ver las cualidades de esta y enfocándose en positivo para seguir mejorando, su hijo Tobías hubiera tenido una actitud similar cuando su maqueta fue descartada. Solo si vemos los errores como oportunidades, podremos mejorar.

Por otro lado, desde casa también debemos ayudar a que nuestros hijos encuentren aquel «superpoder» del que hablábamos antes y animarlos a cultivarlo. Se trata de tener en cuenta que, como defendía el psicólogo Howard Gardner, existen inteligencias múltiples. No solo la lingüística y la lógico-matemática, sino también la espacial, la musical, la corporal, la interpersonal y la intrapersonal. Todos somos más inteligentes en algo. Hay una inteligencia que predomina en cada caso, solo tenemos que encontrarla y entender que también somos válidos y hábiles. Sentir que uno destaca en alguna de las inteligencias potencia, sin duda, la autoestima positiva y ayuda a encontrar el camino hacia el futuro profesional.

Muchas veces, si nuestro hijo muestra una habilidad espléndida para la música y dificultades en matemáticas, lo apuntamos de forma errónea a clases de refuerzo de matemáticas y dejamos de lado la música, porque, total, eso ya se le da bien. Obviamente, tenemos que reforzar aquello en lo que presenta dificultades, tiene que llegar a un nivel mínimo de matemáticas porque así lo exige el currículo educativo y porque son conocimientos útiles para la vida. Pero no olvidemos lo importante que es seguir cultivando aquello en lo que destacan nuestros hijos, porque probablemente en un futuro esa característica será la que los diferenciará y los hará destacar. Y no solo eso, les dará muchas satisfacciones y felicidad. Se trata de enfocarse en las competencias, en vez de en los déficits. Y, como padres, debemos aceptar que nuestros hijos sean menos hábiles o no tengan interés en lengua o matemáticas, abriendo así la mente a distintos talentos e inquietudes.

CLAVES PARA FAVORECER LA AUTOESTIMA DE LOS HIJOS

✓ Para crear un autoconcepto realista y ajustado, es fundamental que tu hijo se conozca bien a sí mismo; solamente así podrá hacer una valoración adecuada para cultivar una autoestima positiva.

✓ Cuando hablamos de autoestima debemos tener en cuenta las siguientes dimensiones: física, afectiva, social y académica.

✓ En referencia al aspecto físico, ayuda a que tus hijos mejoren lo mejorable si eso es lo que quieren y los hace sentir mejor y que acepten lo que no se puede cambiar.

✓ Fíjate en aquellas actitudes y aptitudes positivas de tu hijo y procura reconocerlas con tus palabras y acciones.

✓ Valora en tu hijo el esfuerzo, en lugar de los resultados académicos.

✓ No compares a tu hijo con los demás.

✓ Confía en tu hijo y en sus posibilidades.

La hora del cuento: Yo quiero ser

Sara tenía once años y vivía en un pequeño pueblo entre montañas, lo que más le gustaba era corretear por los campos y pasar el rato charlando con sus amigas Ana, Eva y Lía.

Una tarde, Ana le dijo:

—Me he apuntado a clases de baile moderno. De mayor me gustaría ser bailarina.

—Yo también quiero ser bailarina. Iré a clases contigo —contestó Sara.

Ana y Sara comenzaron a acudir a clases de baile. Cuando sonaba la música, el cuerpo de Ana comenzaba a vibrar, se movía con la elegancia de una mariposa y era capaz incluso de hacer piruetas. Sin embargo, Sara se sentía como un pato mareado. Bailar se le daba fatal y, si era sincera consigo misma, ni siquiera le gustaba.

Otro día, su amiga Eva le dijo:

—Tengo que irme ya. Mi abuela me va a enseñar a coser. Me gustaría convertirme en modista.

—Yo también quiero ser modista. ¿Puedo ir a casa de tu abuela y aprender también a coser? —contestó Sara.

La abuela de Eva les enseñó a cortar, a hilvanar y a empuñar la aguja. Eva tenía unas manos de oro, utilizaba las tijeras con maestría y punteaba la ropa como si lo hubiera hecho toda la vida. En cambio, los cortes de Sara parecían una carretera de curvas y se le hacían unos nudos tan terribles con los hilos que tenía que volver a empezar.

Una mañana, Sara se encontró con Lía cuando esta se dirigía a toda velocidad a la granja de unos vecinos:

—¿Adónde vas con tanta prisa?

—Va a nacer el ternero y no me lo quiero perder. De mayor quiero ser veterinaria —contestó Lía.

—Yo también quiero ser veterinaria, ¿puedo ir contigo? —dijo Sara.

Cuando el ternero comenzó a asomarse, el veterinario les dijo a las niñas que se acercaran a mirar. Lía estaba tan emocionada que casi lloraba de felicidad. Sara, sin embargo, estaba a punto de desmayarse; había líquidos muy extraños y olía un poco raro, y tuvo que darse media vuelta y regresar a casa.

Todas sus amigas estaban entusiasmadas con sus nuevas pasiones. Pero Sara no tenía ninguna. ¿Acaso a ella todo se le daba mal? ¿A qué podría dedicarse de mayor?

Pasaron los días y los meses, hasta que llegó el verano y el cumpleaños de Sara. Cumplía doce años y organizó una sensacional fiesta en el jardín de su casa. Lo preparó todo, hasta el más mínimo detalle, con globos, guirnaldas, delicias dulces y saladas y una gran tarta. Un montón de amigos acudieron a la fiesta, entre ellos Ana, Eva y Lía. La música sonaba y todos bailaban entre risas. Estaba todo tan rico que en un visto y no visto se acabó la merienda. Aunque lo que más impresionó a los invitados fue la tarta de cinco pisos. Cada bizcocho era de un sabor diferente y estaba adornado muy elegantemente con virutas de colores, bombones y nata.

Cuando acabó la fiesta, Ana, Eva y Lía se acercaron a Sara y a Consuelo, su madre, que en ese momento estaban recogiendo unos platos.

—Muchas gracias por la fiesta. Ha sido estupenda —dijo Ana.

—Sí, enhorabuena por una merienda y una tarta tan increíble, doña Consuelo. Ya le dará las recetas a mi madre —añadió Eva.

En ese momento, Sara se puso colorada como un cangrejo. Sus amigas la miraron desconcertadas.

—Oh, te lo agradezco —contestó doña Consuelo—. Pero, en esta ocasión, ni he pisado la cocina. Sara siempre ha sido una gran repostera, pero esta vez se ha superado.

Ana, Eva y Lía se quedaron boquiabiertas.

—Pero bueno, Sara, ¡qué callado te lo tenías! Eres la mejor pastelera del pueblo y del mundo entero.

Sara todavía se ruborizó más, pero esta vez se le escapó una sonrisa. Acababa de darse cuenta de que ella también tenía un talento que a la vez era su gran pasión. Quizá de mayor podría convertirse en una gran pastelera.

Reflexión

En ocasiones miramos aquí y allá, a ese y aquel... y no somos capaces de detenernos en lo único que de verdad importa: nosotros mismos.

En el cuento, nos encontramos a la joven Sara, que se fija demasiado en lo que hacen sus amigas; observa sus habilidades y piensa que ella también puede tenerlas. Sin embargo, pronto se da cuenta de que aquellas destrezas no le pertenecen y que ni siquiera le gustan.

Encontrar la voz propia y el camino que cada uno debe recorrer no es algo sencillo. A veces los niños pueden observar lo que hacen sus amigos y querer ser como ellos, cuando en realidad su disfrute y satisfacción se encuentra en otra parte:

- «Carlitos va a futbol, yo también quiero ir (aunque en realidad no me gusta demasiado ese deporte)».

- «Carmen va a elegir francés como optativa, yo también lo haré (aunque probablemente me vendría mejor el taller de matemáticas)».
- «Rodrigo va a estudiar Psicología (no estoy segura de si me gusta, pero puede estar bien)».

Pero quizá esas actividades no les llenan, no sacan su brillo, no ayudan a que su autoestima sea alta y, por lo tanto, dificulta que alcancen su felicidad y bienestar. Sería muy distinto si se disfruta con una actividad aunque uno no sea habilidoso. Por ejemplo, a mucha gente le encanta bailar y no son grandes bailarines, pero lo pasan fenomenal y hacen ejercicio. Si no se es competitivo, eso sí que aumenta la autoestima y el bienestar.

Como padres podemos ayudar a que nuestros hijos miren dentro de sí mismos, encuentren y **aúnen habilidad y pasión**. Cuando se produce esa conexión, se da un fenómeno extraordinàrio: autoestima alta, satisfacción, orgullo, realización y mucha felicidad.

Cuestiones para pensar

- ¿Por qué crees que Sara quería hacer lo mismo que sus amigas? ¿Era eso buena idea?
- ¿Por qué crees que Sara pensó que ella no era habilidosa en nada? ¿Piensas que estaba en lo cierto?
- ¿Crees que los padres de Sara podrían haberla ayudado desde un principio? ¿Cómo?
- ¿Qué descubre Sara al final? ¿Piensas que ese descubrimiento la ayudará a que se quiera más y a ser más feliz?

Actividades para realizar juntos: mejorar la autoestima

Autoconocimiento

1. Descripciones y retratos
Objetivo: Mejor conocimiento de uno mismo y ajuste del autoconcepto.

Materiales:

- Papel
- Bolígrafo
- Pinturas

Funcionamiento: Se le da la pauta al niño de que debe realizar una descripción objetiva y sin juicios de sí mismo, animándole a que hable de su aspecto físico, su carácter, sus gustos y aficiones. Después deberá dibujar un autorretrato. A su vez, la madre o el padre (o los dos) también realizarán una descripción y un autorretrato del niño.

Después de la actividad se compararán textos y dibujos, observando similitudes y diferencias. Con todas las aportaciones se definirá una nueva descripción lo más ajustada posible a la realidad.

La autoestima: dimensión física

2. La lupa tramposa

Objetivo: Visión objetiva de uno mismo. Evitar el efecto lupa de lo que no nos gusta.

Muchas veces sujetamos una lupa invisible y tramposa cuando nos miramos en el espejo. Esta lupa amplía lo que no nos gusta y no nos deja ver más allá.

Materiales:

- Un espejo
- Una lupa (si no tenemos ninguna, podemos fabricarla con cartulina y film transparente).
- Papel
- Bolígrafo

Funcionamiento:

1. Primera parte

Colocamos al niño delante del espejo y le preguntamos qué es lo que ve. Según cómo se defina, nos daremos cuenta de si lleva la lupa tramposa en la mano. Se trata de identificar la lupa y «dejarla en el fondo del cajón» para obtener una visión objetiva centrada más en lo positivo que en lo negativo. Para romper el hielo es recomendable que el ejercicio lo realice primero el adulto, y es probable que el niño se dé cuenta de que él también sostiene una lupa que agranda lo que menos le gusta. Así que puede aprovechar para deshacerse de ella.

Ejemplo:

—Tengo una nariz grande como una patata… —verbaliza el niño.

—¿Una patata? Espera un momento.

La madre va a buscar una regla y también una patata bien hermosa a la cocina, después la coloca junto a la nariz de su hijo, que la mira muy sorprendido.

—No sé yo, a mí me parece que esta patata es muchísimo más grande que tu nariz —dice la madre—. Vamos a medirlas.

La nariz no mide ni dos centímetros de ancho, mientras que esta patata mide doce.

—Creo que estás usando la lupa tramposa.

La madre saca la lupa y la coloca delante del ojo del niño.

—Ella te hace creer que tu nariz es tan grande como esta patata, pero te está mintiendo. Y, además, no te deja ver ninguna otra cosa.

—Tienes razón, mamá —dice el niño ante la evidencia.

—Ve a dejar esta lupa en el fondo del cajón y después mírate en el espejo sin cristales engañosos.

La autoestima: dimensiones en general

2. Segunda parte

En una hoja en blanco se copia el siguiente cuadro para que el niño lo complete. Podemos realizarlo juntos y ayudarlo a reflexionar.

LO QUE MÁS ME GUSTA DE MÍ	¿CÓMO LO POTENCIO? ¿CÓMO LO DISFRUTO?	LO QUE MENOS ME GUSTA DE MÍ	¿SE PUEDE MEJORAR? Si es que sí: ¿CÓMO?
Se me da bien bailar.	Me invento coreografías y las comparto con mis amigas para bailar juntas.	Leo un poco despacio.	Sí se puede mejorar. Practicando más en casa la lectura en voz alta y en voz baja.

En el listado de las cosas que no le gustan subrayará en naranja aquello que no se puede modificar y en verde lo que se puede cambiar o mejorar. Una vez elaborados estos dos listados, el niño se centrará en las cosas que no le gustan que ha subrayado en verde y escribirá al lado qué acciones puede realizar para mejorarlas.

En la primera línea hay un ejemplo resuelto. Se trata de que los niños encuentren el camino para potenciar y disfrutar a tope de sus cualidades. Y, a su vez, de que acepten aquello que no les gusta y que no se puede cambiar, haciendo un esfuerzo por mejorar lo mejorable.

Conclusión:

✓ Disfruto de lo que me gusta.

✓ Mejoro lo mejorable.

✓ Acepto lo que no se puede cambiar.

3. La persona más importante

Objetivo: Comprender que la persona más importante es uno mismo, y que por eso hay que quererse y cuidarse al máximo.

Materiales:

- Una caja
- Un espejo
- Papel
- Colores
- Decoraciones para la caja (opcional)

Funcionamiento:

Primer paso: La madre, el padre o los dos preparan en secreto la caja. Se trata de decorarla para que quede vistosa y de poner un cartel en la tapa donde se lea: «La persona más importante». Después se introduce el espejo dentro de la caja y se cierra.

Segundo paso: En un momento de tranquilidad, los padres y el hijo se sientan en una mesa; se deposita la caja en el centro. Uno de los progenitores le dice algo similar a esto: «Hace muchos días que te observo con detenimiento, casi diría que me he convertido en un auténtico detective. Finalmente, he llegado a una conclusión. Una conclusión que está dentro de esta caja. Todavía no la abras, pero lee lo que pone en la tapa...».

El niño lee «La persona más importante» y se queda pensativo. La madre o el padre sigue diciendo: «Dentro de esta caja se encuentra la persona más importante de tu vida. Es posible que ya sepas a quién me refiero. ¿Quién crees que es?».

En la mayoría de los casos, los niños piensan en sus padres, sus hermanos, los abuelos... Imaginan que dentro de la caja hay una foto o un dibujo de algún familiar. Pero no imaginan lo que en realidad se van a encontrar.

Después de tratar de adivinar quién se encuentra dentro de la caja, se le pide al niño que la abra. Cuando se mire en el espejo y compruebe lo que aquello significa, se quedará muy sorprendido. Entonces, los padres pueden decirle: «No olvides nunca que la persona más importante de tu vida eres tú mismo. Cuídate, mímate y trátate bien. Guarda esta caja y nunca olvides lo que significa».

4. La bolsita de las maravillas

Objetivo: Recordar todas aquellas cosas maravillosas que cada uno tiene.

Materiales:

- Una bolsa de tela
- Papel
- Bolígrafo

Funcionamiento: Todos los miembros de la familia escriben cosas positivas y maravillosas que tiene el niño (él también las escribirá sobre sí mismo) en pequeñas notas. Si se acompañan de una frase bonita, mejor que mejor. Por ejemplo:

- «Samuel es la mar de cariñoso. Cuando me abraza como un osito quiero que se pare el tiempo».
- «Samuel tiene una de las risas más bonitas del mundo. ¡Ríete mucho, hijo!».

Después se doblarán las notas y se introducirán en la bolsita de las maravillas. Cada vez que el niño tenga un bajón puede sacar una nota y leerla para recordar que es un ser increíble lleno de virtudes.

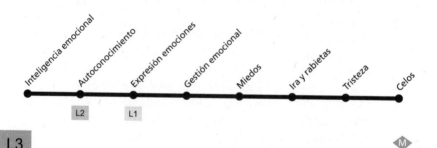

La inteligencia emocional

> Todas las acciones humanas se fundan
> en lo emocional, independientemente del espacio
> operacional en que surjan, y no hay ninguna
> acción humana sin una emoción que la establezca
> como tal y la torne posible como acto.
>
> HUMBERTO MATURANA, 1991

Un viaje está repleto de emociones de todo tipo y este no va a ser una excepción. Lo que sienten los hijos y lo que sienten los padres a medida que avanzan en el trayecto y en cada uno de los pasos que dan, será un aspecto fundamental a tener en cuenta.

Las emociones son algo omnipresente en la vida de las personas. No actuamos dirigidos únicamente por el sistema racional, sino que también escuchamos al corazón.

Por ejemplo, si una nadadora de élite tiene que participar en una importante competición, la afrontará mucho mejor si está positiva y emocionalmente estable. Si, por el contrario, está pasando por un mal momento personal, es posible que no logre concentrarse y que el resultado de su ejecución no sea el esperado.

Otro ejemplo sería el caso de un niño que comienza a bajar su rendimiento académico a causa de una situación familiar que le preocupa y sobrepasa. Lógicamente, es imposible desligar una cosa de la otra. Si el niño tiene preocupaciones, difícilmente podrá centrarse en sus estudios.

Según el psicólogo Daniel Goleman (1995) se ha demostrado que la forma de reaccionar a nivel emocional se transmite de padres a hijos, y eso incluye la parte genética y la parte de la experiencia. Es decir, los hijos heredarían una carga genética determinada de sus progenitores que los llevaría a sentir las emociones de una forma específica, pero a su vez aprenderían observando la manera de expresar y de gestionar las emociones de sus padres.

Años atrás, generalmente los padres se fijaban en las conductas de sus hijos, obviando sus sentimientos. Por fortuna, en los últimos años se ha puesto el acento en la gran importancia de la educación emocional en los hijos. Eso se puede observar no solo en la gran cantidad de libros que hay en el mercado sobre este tema destinados a familias, ya sea centrados en los padres o en los hijos, sino también en la extensa oferta de cursos y artículos y en la creciente demanda de que la inteligencia emocional se convierta en una asignatura en las aulas.

Debido a su importancia y peso, cuando hablamos de la crianza de nuestros hijos la inteligencia emocional tiene un sitio indiscutible y prioritario. En ese sentido, la línea 3 es uno de los principales trayectos de nuestro mapa. Para empezar, hablaremos de tres fases indiscutibles a la hora de desarrollar la inteligencia emocional: identificación, expresión y regulación de las emociones. Y, en la segunda parte del recorrido, nos centraremos en las emociones más destacables de la infancia: miedos, ira y rabietas, tristeza y celos entre hermanos. ¡Vamos allá!

LA INTELIGENCIA EMOCIONAL EN LA INFANCIA

Escuchar al corazón o escuchar a la razón, esa es la cuestión.

Como avanzábamos en el apartado anterior, la inteligencia emocional ha empezado a desempeñar un papel fundamental en la concepción de la psicología en las últimas décadas. Algo que se ha ganado el adjetivo de «esencial», siendo necesario su estudio para comprender cómo somos y por qué reaccionamos de una forma o de otra.

Hasta no hace mucho, se relacionaba de forma directa el coeficiente intelectual (CI) con el éxito en la vida. Las mejores calificaciones en los estudios, los puestos de trabajo más relevantes... Sin embargo, hoy por hoy, se sabe que la inteligencia emocional es tanto o más importante que tener un CI elevado, tanto en el ámbito laboral como en el personal. Sin ir más lejos, hay estudios que aseguran que el 87 % del éxito y de la felicidad se debe a la inteligencia emocional y no a las capacidades intelectuales como se creía.

Imagina el caso de un estudiante de psicología que saca las mejores notas en los exámenes porque tiene una capacidad asombrosa para aprender y memorizar datos. De buenas a primeras, podríamos augurarle un gran futuro como terapeuta; sin embargo, si no dispone de una inteligencia emocional adecuada, con capacidad para establecer un vínculo con el paciente, empatía u otro tipo de habilidades terapéuticas, difícilmente podrá desempeñar la profesión de psicólogo clínico. En su caso, podría ser mejor camino profesional, por ejemplo, la investigación.

Tampoco la inteligencia racional garantiza el bienestar ni la anhelada felicidad. Serán las personas capaces de tolerar la frustración, de sobreponerse a las dificultades y de disfrutar de las pequeñas cosas (es decir, aquellas con mayor inteligencia emocional), las que tendrán más probabilidades de triunfar sentimentalmente en la vida.

¿Por qué, entonces, muchos padres se esfuerzan tanto en el éxito académico e intelectual, dejando de lado la parte emocional? ¿Qué queremos realmente para nuestros hijos? A mí, cuando me preguntan qué me gustaría que mis hijos fueran de mayores, lo tengo claro: «Quiero que sean felices y buenas personas».

En definitiva, me gustaría que estuviesen satisfechos con su vida, sintiéndose plenos, aunque siempre respetando a los demás. Ya que, a mi modo de ver, no es válido ser feliz si eso implica perjudicar a otras personas.

En este trayecto hablaré del camino para cultivar la inteligencia emocional y enseñar a nuestros hijos a ser más felices. Y en la línea 6, la de los «Valores que importan», hablaré de aquello que los hará grandes como personas y los ayudará a convivir en un mundo en el que no viven solos.

En términos generales la IE o **inteligencia emocional** se refiere, por tanto, a la forma de percibir, comprender y gestionar las emociones propias y de los demás.

Por otro lado, el hecho de que la inteligencia emocional haya tomado tanta importancia en la educación en los últimos tiempos, lleva a que haya diferentes perspectivas y visiones de los especialistas sobre cómo debe enfocarse por parte de los padres este tema en la crianza. Y es que las emociones, a pesar de ser necesarias y adaptativas, muchas veces pueden ocasionarnos sensaciones desagradables, sufrimiento y dolor, y podemos querer evitarlas, cuando el mejor camino es comprenderlas y aceptarlas como parte indispensable de nuestra vida. Porque somos seres racionales, sí, pero sobre todo emocionales.

Algo en lo que parece que todos los profesionales nos ponemos de acuerdo es en que no hay que negar las emociones de los niños y que es vital validarlas. No debemos restarles importancia y sí darles espacio para su expresión, activando la intuición y la empatía, comprendiendo y poniendo todos nuestros sentidos en la forma en que nuestros hijos representan esas emociones.

Debemos evitar expresiones como estas:

- «No llores por esta tontería».
- «Como te vuelvas a enfadar por algo así, te vas a enterar».
- «No seas tan miedica, ¿quieres que se rían de ti?».

Se trata de expresiones inadecuadas y tienen como consecuencia que, en futuras ocasiones, nuestros hijos se guarden sus emociones para sí mismos.

Sin embargo, existen otros aspectos relacionados con la inteligencia emocional sobre los que, sin duda, surgen algunas desavenencias. Una de ellas es, por ejemplo, en el uso de la palabra «controlar»; por ejemplo: «controlar la rabia», «controlar el miedo»… Algunos psicólogos siguen empleando esta palabra, probablemente porque la tienen arraigada desde la época en que estudiábamos psicología y se hablaba de las técnicas de autocontrol, de falta de control de los impulsos, etc. Personalmente, opino que la palabra «controlar» no es la más acertada cuando hablamos de «inteligencia emocional». Me imagino una olla a presión a punto de explotar, pero a la que se le ha puesto una buena tapa encima con cierre hermético y sin válvula de escape. Dentro de la olla la comida está ardiendo, hirviendo, incluso puede estar quemándose. Pero, como le hemos puesto una tapa muy eficaz, desde fuera parece que no está pasando nada con esa olla. A corto plazo, la olla estará visiblemente estable, no «molestará» ni alterará nada a su alrededor. Sin embargo, ese estado no será infinito, llegará un momento en que la olla no pueda «controlarse» más y estallará.

Por tanto, eliminaría la palabra «controlar» para referirnos a las emociones, por sus connotaciones negativas y por transmitir una acción que no considero idónea. Defiendo que podemos ayudar a que los niños aprendan a **regular** o **gestionar** sus emociones, igual que tienen que aprender a convivir en sociedad, a sumar o a leer. En este caso la tapa de la olla a presión tiene una buena válvula de escape que la ayuda a canalizar lo que lleva dentro. Me gustaría remarcar esto porque, en los últimos tiempos, me he encontrado con afirmaciones que desde luego no son afines a mi forma de entender la educación emocional.

Cuando oigo decir que «las emociones no hay que regularlas, hay que vivirlas» o «las emociones no hay que regularlas, hay que acompañarlas», como profesional de la salud, estoy de acuerdo en la última parte de ambas afirmaciones («hay que vivirlas», «hay que acompañarlas»), pero en ningún caso comparto la primera parte de las mismas. Voy a explicar por qué. A lo largo de los años que he estado atendiendo a niños y adultos, me he encontrado con muchos casos en los que (y me refiero ahora sobre todo a los niños) las emociones eran tan intensas que desbordaban, bloqueaban, angustiaban… He visto a niños con miedos irracionales tan fuertes que los paralizaban y les hacían temblar, que no les dejaban pegar ojo por la noche, que les llevaban a encerrarse en sí mismos y no les permitían avanzar. También he visto ojos que albergaban una tristeza infinita y corazones que palpitaban con tanta fuerza que casi se salían del pecho, con riesgo de incluso llegar a cometer una locura. Evidentemente, lo último que se me ocurriría en estos casos era decirles a esos niños que «las emociones hay que vivirlas», así, sin más. Estoy de acuerdo en que hay que vivir las emociones: disfrutar de la alegría, sobreponerse a una pérdida (algo que, al fin y al cabo, nos ayuda a crecer como personas), enfrentarse a un miedo… Y sí, siempre, siempre debemos acompañar a nuestros hijos en sus vivencias y formas de sentir, con cariño, presencia y escucha. Pero ese «vivir las emociones» en algunos casos y ese «acompañar» tan necesario, no excluye que podamos dotar a nuestros hijos de herramientas, dándoles pequeños trucos para regular una emoción que los desborda y les hace sufrir.

Si a un niño que tiene miedo le enseñamos a respirar profundamente varias veces, le estamos dando una herramienta para que aprenda a regular la intensidad de aquella emoción. Si a un niño que está muy triste le ayudamos a expresar sus sentimientos a través de la palabra oral o escrita, o a través del dibujo o de la música, le estamos mostrando un camino para que aprenda a regular la intensidad de aquella emoción. Si a un niño que tiende a reaccionar de forma impulsiva le enseñamos a contar hasta diez antes de actuar, le estamos dando una estrategia para que aprenda a regular la intensidad de aquella emoción, evitando así que explote de una forma inadecuada y que haga daño a los demás.

¡Y eso está muy bien! Así que, sí, enseñémosles a vivir las emociones, acompañémoslos siempre de forma incondicional y dotémoslos de herramientas para gestionar mejor su mundo interno.

AUTOCONOCIMIENTO E IDENTIFICACIÓN DE LAS EMOCIONES

> Las emociones son contagiosas siempre,
> ya se trate de familiares, clientes o amigos.
> Se produce una transacción emocional, que
> puede ser grandiosa o puede ser un desastre.
>
> DANIEL GOLEMAN

Estaba impartiendo un taller de creatividad con niños y niñas de seis a doce años. Era la cuarta sesión y ya conocía mejor a mis alumnos. Aquel día, Manuel, de ocho años, que siempre se mostraba risueño y hablador, estaba callado y ausente.

Cuando su padre vino a recogerlo, me preguntó cómo había visto a su hijo. Le contesté lo que ya sospechaba, que se había mostrado apagado durante toda la clase. El padre me comentó que estaban preocupados porque desde hacía unos días notaban a Manuel un poco raro, pero que no sabían qué le ocurría, pues cuando le preguntaban, contestaba simplemente «nada» o «no lo sé». El padre me pidió que lo viera individualmente para tratar de averiguar a qué se debía ese estado de desánimo de su hijo.

En la sesión individual pude comprobar que ni siquiera Manuel sabía lo que le ocurría exactamente. Recorriendo sus pensamientos y analizando sus reacciones pudimos llegar a la emoción que estaba sintiendo y no era otra que miedo. En pocas semanas Manuel tendría un hermanito y la incertidumbre de lo que sucedería llegado el momento le preocupaba. Manuel tenía miedo a perder el amor de sus padres, miedo a que todo cambiara y miedo a que esa personita le quitara su sitio en casa. Sin ser consciente de ello, todos estos temores lo invadían desde hacía días y, por fin, podíamos ponerle un nombre a esa emoción y mirarla cara a cara.

En la línea 2 te hablaba del autoconocimiento relacionado con la autoestima y, lógicamente, el conocerse a sí mismo ayudará a que cada uno se quiera más y mejor. En esta línea te hablaré también de la importancia del autoconocimiento, aunque en este caso fijándonos en nuestra forma de sentir; por eso nos encontramos en una parada en la que ambas líneas se cruzan. Hablando de las emociones, este autoconocimiento será un gran aliado para poder entender cómo nuestros sentimientos y estado anímico pueden afectar a nuestras decisiones y acciones. Cuando se dice que alguien tiene poca inteligencia emocional, nos referimos a que precisamente una de sus carencias es que no es capaz de comprenderse a sí mismo, no entiende por qué se comporta de cierta forma y tampoco es capaz de evitar una reacción cuando es desafortunada y daña a otras personas.

En el caso de los niños, es común encontrarnos con que les cuesta saber qué les ocurre y poner nombre a sus emociones. Por eso resulta muy interesante ayudarlos a conocerse a sí mismos y a entrenar su inteligencia emocional. Un primer paso será enseñarles a identificar las emociones o, lo que es lo mismo, que sepan poner nombre a lo que están sintiendo (tanto ellos mismos como los demás); cuando los niños sepan identificar las emociones, entonces podrán gestionarlas.

Para identificar qué sentimos es necesario, en primer lugar, conocer las diferentes emociones que existen. Hoy en día hay multitud de libros infantiles en el mercado para que los niños aprendan de una forma divertida a identificar sus emociones. En el anexo encontrarás algunos títulos de los cuentos que he escrito y que van en esa dirección. Para empezar, es importante entender qué es una emoción y conocer cuáles son las emociones básicas.

Una **emoción** es un proceso que se activa cuando detectamos una situación a nuestro alrededor que provoca un cambio en nuestro cuerpo u organismo. Este cambio podemos vivirlo como algo agradable o como algo desagradable. Dicha emoción pondrá en marcha diferentes reacciones en nuestro cuerpo, pudiendo desencadenar algún tipo de conducta.

En función de esto, existen unas **emociones básicas**. Las emociones básicas son aquellas que aparecen en la vida de cualquier persona, independientemente de su cultura, personalidad o forma de pensar. Generalmente, son emociones vinculadas con procesos adaptativos o de supervivencia que forman parte del ser humano de una forma innata, ya que están presentes desde el nacimiento.

Varios teóricos, como Paul Ekman o Daniel Goleman, han estudiado en profundidad las emociones básicas. Aunque cada autor defiende una clasificación propia, hoy en día podría decirse que existen seis: alegría, tristeza, enfado, miedo, sorpresa y asco. Veámoslas por separado…

La **alegría** se asocia a sentirse bien, a la felicidad, a proyectarse de forma positiva en el día a día. Además, la alegría está relacionada con la motivación y con la acción dirigida a conseguir retos y logros. Esta emoción acompaña al optimismo.

La **tristeza** suele conllevar negatividad e inactividad. Cuando invade a una persona, esta no tiene ganas de hacer nada, se siente desanimada y desmotivada. Esta emoción suele suponer un reclamo de acompañamiento y de recepción de cariño y comprensión por parte de los seres queridos.

El **enfado** viene condicionado por una situación que se vive como injusta o dañina y que produce frustración o malestar. Cuando sentimos esta emoción, nuestro cuerpo se activa y tiene ganas de actuar, lo cual puede llevar a un comportamiento desafortunado con presencia de gritos, palabras hirientes y, en el peor de los casos, conductas de agresión física. Es recomendable esperar y calmarse antes de actuar.

El **miedo** surge ante una situación percibida por el individuo como peligrosa que lleva a una reacción de evitación o escape. Se acompaña por cambios físicos como la aceleración del ritmo cardiaco o de la respiración que preparan al cuerpo para la huida. Probablemente, el miedo es la emoción que más ha ayudado al hombre a sobrevivir en este mundo.

La **sorpresa** suele aparecer como reacción a una situación que nos coge desprevenidos y que llega de forma abrupta e inesperada, sin previo aviso. Se trata de un estímulo que aparece repentinamente y que no formaba parte de nuestras previsiones o expectativas. Según las características del estímulo y cómo sean interpretadas, esta emoción se vivirá como agradable o desagradable.

El **asco** se caracteriza por producir rechazo, repulsión o evitación ante el estímulo que desencadena dicha emoción. Adaptativamente, esta emoción ha servido para que el ser humano evite consumir determinados alimentos que pudieran resultar tóxicos. Sin embargo, el asco no solo se ha asociado a alimentos, en la actualidad esta emoción también se vincula a situaciones o circunstancias que nos producen rechazo.

A grandes rasgos, estas son las seis emociones básicas que describen los principales teóricos. Personalmente, prefiero no catalogar las emociones como positivas o negativas, ya que todo es relativo y aquellas que en un momento dado parecen negativas, pueden resultar positivas en otra circunstancia. Por ejemplo, el miedo en un principio podría parecer una emoción negativa porque nos impide avanzar o hacer algo que nos apetece, como tirarnos de un tobogán; en cambio, en otras ocasiones es muy positiva, como cuando nos impide cruzar a pie una autopista.

Además de las emociones básicas, existen otras emociones llamadas secundarias, complejas o combinadas. La palabra «combinada» indica que vienen formadas por la combinación de diferentes emociones básicas, como puede verse en la rueda de Robert Plutchik (1927-2006). Según este autor, el enfado y la aversión darían lugar al desprecio, y la tristeza y la sorpresa provocarían la decepción.

Además de las emociones básicas hay otras emociones que podemos enseñar a identificar a los niños, como por ejemplo: la pereza, el amor, los celos, la envidia, la vergüenza, la culpa... Sobre todo cuando intuyamos que pueden estar sintiendo dichas emociones.

Aparte de identificar las propias emociones, también será necesario identificar las emociones de los demás, lo cual es la base de la empatía. Para ello, será necesario tener una gran capacidad de observación, en concreto es importante fijarse en:

- **La expresión facial y los gestos.** La sonrisa, si abre la boca enseñando los dientes o mostrando asombro, la expresión de los ojos, si frunce el ceño o arruga la nariz...
- **La postura.** Debemos fijarnos en si tiene el cuerpo erguido o, por el contrario, encorvado; si está rígido o relajado, o si tiembla como un flan.
- **Lo que dicen y cómo lo dicen.** Nos fijaremos en el contenido de sus palabras, pero también en si habla mucho o poco, en la velocidad con que une las sílabas, en si se traba o tartamudea, en si estructura correctamente las oraciones, en el volumen y el tono de voz o en el uso de palabras malsonantes.

Identificar correctamente las emociones de los otros hará que seamos más habilidosos en nuestras relaciones sociales y que podamos reaccionar de una forma adecuada cuando las llevamos a cabo. Por ejemplo, si alguien está triste porque ha perdido algo importante, no será adecuado que reaccionemos riendo o restándole importancia.

La correcta interpretación de las emociones ayudará a establecer vínculos más resistentes y estables a lo largo del tiempo. Será útil que mostremos a nuestros hijos que es fundamental observar a las personas que nos importan, tratar de entenderlas y reaccionar acompañando sus emociones. De este modo, contribuiremos a que mejoren su inteligencia emocional y sus relaciones personales, algo que, en definitiva, los hará más felices.

También es importante tener en cuenta que, en ocasiones, quizá encontremos contradicciones que nos confundan. Por ejemplo, cuando un amigo nos dice que no está enfadado con nosotros y, sin embargo, tenemos claro que se ha distanciado, que ya no nos sonríe, que nos habla de forma seca y huidiza (y que eso solo le pasa con nosotros). En estos casos casi siempre suele tener la razón el lenguaje no verbal y los hechos, más allá de lo que se verbaliza.

Lo que está claro es que, si no conocemos bien las emociones, podemos confundir no solamente nuestros sentimientos sino también los de los demás. Pero somos los padres quienes debemos tratar de dar a nuestros hijos la información adecuada para que interpreten bien lo que sentimos y así puedan aprender a identificar mejor las emociones. Por ejemplo, en muchos casos nuestros hijos quizá piensen que estamos enfadados cuando en realidad estamos preocupados, incluso pueden creer que ellos tienen la culpa o que son responsables de lo que nos pasa. A mí me ha ocurrido en varias ocasiones que mis hijos me han visto poniendo caras delante del ordenador, porque estaba preocupada por algún asunto, y han acabado preguntándome si estaba enfadada con ellos por algo que habían hecho. Por eso es tan importante, en un primer paso, identificar y poner nombre a las emociones, propias y ajenas, y reconocerlas, y ser a la vez conscientes de cómo las expresamos y las pueden estar recibiendo nuestros hijos. Solo cuando sepan ponerles un nombre, podrán después profundizar en ellas, expresarlas y regularlas. Si desde la infancia se enseña a identificar y regular, la vida será mucho más sencilla y agradable.

Identificar las emociones de nuestros hijos cuando ellos no las identifican ni las expresan

Un gran reto que se nos plantea a los padres es comprender qué les sucede a nuestros hijos cuando no son capaces de identificar y, por lo tanto, tampoco de verbalizar lo que les ocurre. Otro caso diferente sería que ellos identificaran la emoción que sienten, pero tuvieran dificultades para compartirla con sus padres, un tema del que te he hablado ya en la línea de la «Comunicación».

Regresando al caso de Manuel que introduce este trayecto, ocurría que los padres lo notaban diferente, extraño, pero el niño no verbalizaba qué le ocurría. En concreto, ni él mismo era consciente del motivo de su estado de ánimo alicaído. Sus padres optaron por que un profesional lo valorara, y este determinó que Manuel tenía ciertos miedos asociados a la inminente llegada de un hermanito. El hecho de que tanto el terapeuta como sus padres descubriéramos a qué se debía su cambio de actitud ayudó a que él también lo identificara y validara, lo cual resultó el primer paso para lograr desacreditar esos miedos y que comenzaran a desinflarse hasta desaparecer. Manuel necesitaba sentir el amor incondicional de sus padres, necesitaba saber que, aunque llegara un hermanito, lo fundamental no iba a cambiar.

La ayuda de un profesional es una opción para familias que presenten dificultades de este tipo. Sin embargo, en la mayoría de las ocasiones nos encontramos a padres que, cuando viven una situación similar, en la que detectan que algo les sucede a sus hijos (pero desconocen a qué se puede deber), comienzan una ardua tarea detectivesca para tratar de averiguar la causa que ensombrece la mirada de sus pequeños. Es en este proceso cuando, generalmente, empiezan las conjeturas y los «Y si...»:

- «¿Y si le sucede algo en el colegio?».
- «¿Y si tiene algún problema con un amigo?».
- «¿Y si...?».

Estos padres observan atentamente, preguntan aquí y allá, hacen lo que sea con tal de averiguar qué les ocurre a sus hijos y poder ayudarlos.

Con el paso del tiempo, los niños y las niñas serán capaces de identificar sus emociones y, si desarrollan una inteligencia emocional adecuada, las expresarán y gestionarán. Pero hasta que lleguen a un nivel de manejo emocional que les permita hacer este proceso por sí solos, los padres podemos poner en marcha nuestras dotes y capacidad de intuición para acompañarlos en sus emociones y en la adquisición de conocimientos y herramientas que les permitan ser cada día un poco más inteligentes emocionalmente.

En cualquier caso, es importante considerar que todos tenemos derecho a sentirnos de la forma que nos surja. Una emoción no puede juzgarse, no puede criticarse, ni ser cuestionada. El modo de sentir es libre y algo muy personal de cada uno. Una vez identificada la emoción, lo que sí se puede aprender es a expresarla o manifestarla, dependiendo de la situación y siempre desde el respeto a los demás.

LA EXPRESIÓN DE LAS EMOCIONES

> Lo que haces grita tanto,
> que no puedo oír lo que dices.
> RALPH WALDO EMERSON

Una vez que nuestros hijos hayan aprendido a identificar, a reconocer y a entender sus emociones, será más fácil que también adquieran la capacidad de expresarlas de una forma adecuada y proporcionada.

Algunas corrientes de la psicología enseñan a controlar y reprimir las emociones. Sin embargo, cada vez son más los teóricos que apuntan a que esas estrategias no solo son desafortunadas, sino que además contribuyen a que esas emociones se enquisten y no fluyan, como ocurría con el ejemplo de la olla a presión. Cuando las emociones se quedan dentro, producen tensión, ansiedad y desasosiego. Al **expresar las emociones**, estas se canalizan y comienzan a regularse por sí mismas. Se trata de aprender a poner palabras a aquello que sentimos. Así, los que nos rodean pueden atender a nuestras necesidades y empatizar con nosotros. A veces podemos sentir vergüenza de sincerarnos y manifestar lo que tenemos dentro, y más si no estamos acostumbrados. Pero merece la pena hacer un esfuerzo y fomentar que nuestros hijos expresen sus emociones, ya que esto tiene muchas ventajas:

1. **Produce desahogo y liberación,** sobre todo en el caso de las emociones desagradables, puesto que si las guardamos dentro, solamente nos harán daño.
2. **Mejora nuestra calidad de vida y bienestar emocional.** Esto es una consecuencia directa de lo anterior: el desahogo produce tranquilidad. Hemos compartido un peso y ahora caminamos más ligeros.
3. **Creamos vínculos más fuertes y reales** con aquellas personas a las que confiamos nuestra forma de sentir. Lo fundamental siempre será hacerlo de una forma asertiva, que nos expresemos respetando también las emociones de los demás y tratando de no herir sus sentimientos cuando es innecesario. Todo ello hará que tengamos más habilidades sociales y que mejoren nuestras relaciones interpersonales.
4. **Mejora la autoestima porque ponemos en valor nuestros sentimientos.** Nuestras emociones sí importan y por eso queremos expresarlas.
5. **Ayuda a conectar con las necesidades** propias y ajenas, recibiendo o dando comprensión y apoyo.

Por un lado, se pueden expresar las emociones de forma espontánea en el momento que se sienten, y por otro lado, podemos buscar la forma de expresar una emoción que llevamos dentro desde hace tiempo.

En el primero de los casos se trata de expresar lo que tenemos dentro de una manera natural. Si sentimos alegría, sonreímos, cantamos, silbamos y hasta nos reímos a carcajadas. Si estamos tristes, nos mostramos cabizbajos y si nos apetece, lloramos, porque llorar sienta de maravilla. Y si, por ejemplo, estamos sorprendidos, abrimos la boca en forma de «O» y ponemos los ojos como platos. Y las palabras pueden acompañar estas emociones validándolas:

- «Estoy feliz porque me han invitado a una fiesta de Halloween».
- «Me siento triste porque no he sido seleccionada para el papel principal en la obra de teatro».
- «¡He alucinado cuando he visto el helicóptero volar entre los edificios! ¡Ha sido una auténtica pasada!».

El miedo, por ejemplo, puede provocar una reacción inmediata que se expresa con temblor, huida, rechazo y con frases como: «¡Tengo miedo!», «¡No puedo dormir porque está muy oscuro!»... Sin embargo, en otras ocasiones, puede quedarse dentro. Es posible que el niño o la niña sea consciente de que tiene ese temor, pero no es capaz de expresarlo. Es ahí donde los padres debemos desempeñar la función de **facilitador** para que esa emoción pueda salir de una forma adecuada y poder así acompañar a nuestras hijas y a nuestros hijos.

La ira, por su parte, es una emoción que activa el organismo, empujándolo a reaccionar de forma inmediata. En este caso es mejor evitar estallar y esperar a que nuestro volcán interior se tranquilice, ya que expresar esta emoción de forma precipitada quizá provoque una reacción desproporcionada y poco acertada. Por ello, debemos animar a nuestros hijos a que, ante esas situaciones, esperen unos segundos e incluso unos minutos, antes de actuar.

En el caso de que guardemos emociones en nuestro interior y queramos expresárselas a las personas más allegadas, tendremos en cuenta las siguientes recomendaciones, que también podemos transmitir a nuestros hijos:

- **Espacio y tiempo:** Si queremos transmitir una emoción que resulta importante para uno mismo, es aconsejable buscar la situación y el momento adecuados para hacerlo, por ejemplo, cuando la otra persona esté tranquila y receptiva, y no haya prisas ni interrupciones.

- **¿Cómo expresar la emoción?**: Es aconsejable acompañarse de la expresión del rostro, los gestos, el tono de voz y las palabras adecuadas.

Cuando hablamos de la inteligencia emocional solemos solaparla con la inteligencia verbal o comunicativa; por ese motivo, como te comentaba antes, las líneas 1 y 3 se cruzan en esta parada. Sin embargo, expresarnos con inteligencia emocional nos ayuda a dar un paso más allá, puesto que tendremos en cuenta no solo nuestros sentimientos sino también cómo nos hacen sentir los demás y cómo los hacemos sentirse nosotros en un momento de interacción y comunicación. Esta inteligencia nos puede ayudar a detectar o a elaborar hipótesis sobre las causas de determinado comportamiento. Por ejemplo, si alguien nos habla con crudeza y nos trata mal sin motivo aparente, quizá sea debido a que siente celos o envidia de nosotros.

En la crianza, para que nuestros hijos sean más inteligentes emocionalmente, lo primero que debemos tener en cuenta es que ellos nos observan todo el tiempo. Somos su modelo y ejemplo, por ese motivo la forma en que expresemos nuestras emociones será determinante para que ellos expresen las suyas.

Un día, hablando con un padre en la consulta, me dijo: «Marcos es un niño muy reservado, me cuesta mucho saber lo que piensa y lo que siente. No sé si está contento, si está triste o si le preocupa algo. ¡Es igual que su madre!». A veces, queremos que nuestros hijos se abran y nos transmitan sus sentimientos, pero no nos damos cuenta de que nosotros somos los primeros que no lo hacemos. Y es que muchos adultos arrastramos las consecuencias de no haber recibido una buena educación emocional en nuestra infancia. Años atrás, apenas se hablaba de las emociones y había una tendencia más o menos generalizada a que las relaciones entre padres e hijos fuesen más distantes y menos sentimentales. Esa misma tendencia se apreciaba en los colegios, cuando un niño iba mal en sus estudios se solía etiquetar como «mal estudiante», «vago», «bala perdida»… Y no se solía ir más allá, no se indagaba sobre si aquel niño tenía alguna preocupación o algún problema fuera del ámbito académico. Los propios teóricos de la psicología han ignorado la vertiente emocional durante años. Así pues, es probable que muchos de nosotros hayamos aprendido a convivir con nuestras emociones gracias a nuestra experiencia y, muy probablemente, sigamos aprendiendo todavía. Conozco el caso de padres que reconocen estar ejercitando su propia inteligencia emocional a la vez que tratan de enseñársela a sus hijos. Por este y otros motivos, ser un modelo de inteligencia emocional no es fácil, pero nunca es tarde para aprender, y desde la madurez y la experiencia podemos esforzarnos por marcar algunas pautas y ponerlas en práctica.

En ese sentido, es aconsejable que verbalicemos nuestras emociones en casa:

✓ «Estoy triste porque mi amiga Aurora se muda de ciudad. La voy a echar mucho de menos».

✓ «Las compañeras del trabajo han aparecido en mi despacho con una tarta. ¡Menuda sorpresa me he llevado!».

✓ «Estoy enfadadísimo, una moto acaba cruzar por un charco a toda pastilla, justo cuando yo pasaba por allí, y me ha dejado perdido».

Por otro lado, debemos tener en cuenta que si hay emociones y reacciones que preferimos que nuestros hijos no aprendan, será mejor que no las verbalicemos o expresemos. Las emociones también se aprenden por observación. Los miedos es un claro ejemplo de ello. De hecho, conozco varios casos de padres que tienen un miedo irracional a volar en avión, y a base de repetirlo han trasladado ese mismo temor a sus hijos. O, si somos personas que solemos disgustarnos en casa por circunstancias concretas y gritamos, e incluso damos un portazo, no debe sorprendernos que nuestros hijos se enfaden por algo similar y reaccionen de forma parecida. En ese caso, sería una gran incongruencia que los regañáramos por tener dicha reacción. Sería más aconsejable tomar nota y tratar, en la medida de lo posible, de no estallar de esa manera, y, si lo hacemos, pedir disculpas dejando claro que eso no ha estado bien por nuestra parte.

Aquí quizá surge una pregunta: ¿es aconsejable que nuestros hijos nos vean llorar? En principio, la respuesta es que sí. Los padres somos humanos, tenemos sentimientos, nos ponemos tristes y también lloramos. Y no pasa nada por ello. Ese es el mensaje que estaremos dando si derramamos algunas lágrimas delante de nuestros pequeños. Es normal querer proteger a nuestros hijos de cosas tristes que ocurren, pero, si nos ven llorar, se darán cuenta de que hacerlo está permitido y de que, cuando eso ocurre la familia está ahí para apoyarse, para darse cariño. Normalizar las emociones debe ser un reto por parte de los padres a la hora de establecer patrones de crianza saludables y será fundamental para potenciar la inteligencia emocional. En el caso del llanto, los hijos no solamente aprenderán que llorar es una reacción válida e incluso beneficiosa, sino que aprenderán a reaccionar ante el llanto de los demás. No es una novedad que tengamos dificultades para responder a la tristeza de los que nos rodean, por ejemplo, cuando una vecina se pone a llorar de repente en la escalera al preguntarle qué tal va todo, o cuando un amigo ha sufrido una gran pérdida; en general, cuesta encontrar las palabras adecuadas y elegir los gestos que reconfortarán a la otra persona. De hecho, algunas veces incluso podemos quedarnos sin palabras y hay quien evita interactuar con una persona que está pasando por un mal momento, porque no sabe cómo gestionar la situación. Todo resulta más fácil si estos conocimientos se adquieren desde la infancia, y que nuestros hijos aprendan a reaccionar a nuestra tristeza o nuestras lágrimas es una buena forma de empezar. Además, se darán cuenta de que las emociones las sentimos todos, y cuando les suceda a ellos, las normalizarán. Que sepan que estar triste es normal en un momento dado, los ayudará a pedir ayuda y a sobrellevar esa sensación de la mejor manera posible.

Si lloramos ante nuestros hijos se producen todos estos beneficios que hemos comentado anteriormente, pero eso no evita que ellos puedan preocuparse o sentirse confundidos, por eso es necesario acompañar nuestra tristeza de algún tipo de explicación que los tranquilice:

✓ «Me he emocionado, pero enseguida estaré bien. Muchas gracias por tu abrazo, me ayuda mucho».
✓ «Me he puesto triste, pero llorar me ha ayudado a sentirme mucho mejor. Y tú también».

Si son ellos los que lloran, haremos bien en reconfortarlos y dejar que se expresen cuanto precisen:

✓ «Llora todo lo que necesites. Entiendo que te sientas así».
✓ «Llorar es bueno y te ayudará a sentirte mejor».

Completamente desaconsejable sería, por el contrario, reñir o corregir a nuestros hijos cuando muestran sus emociones. Existen frases muy desafortunadas que, probablemente sin ser conscientes de ello, ponen piedras al desarrollo emocional de nuestros hijos:

✗ «No llores».
✗ «Los niños no lloran», «Lloras como una niña». (Además, estas fórmulas en concreto añaden una fuerte carga sexista y estereotipada.)
✗ «¡Silencio! ¡He dicho que te calles!».
✗ «No seas miedica».

Con estas verbalizaciones no solamente estamos coartando la libertad de expresión de nuestros hijos, sino que les estamos transmitiendo el mensaje de que sentir ese tipo de emociones no es bueno, animándolos a esconderlas y guardarlas, lo cual no favorece su bienestar emocional, sino todo lo contrario.

Es necesario advertir que no todos tenemos la misma facilidad para expresar las emociones, porque todas las personas somos diferentes. Por ese motivo, en ningún caso hay que forzar a un niño a expresarse. Podemos animarlo y tratar de ayudarle, pero siempre desde el respeto absoluto. Por fortuna, no hay una única forma de expresar las emociones, y nuestro hijo podrá utilizar las que se adapten a sus posibilidades. No solamente existe el gesto y la palabra, también se pueden expresar emociones a través del arte. Por ejemplo, a través del dibujo y la pintura, la escultura, la música o la escritura. O a través del deporte.

También existe una fórmula, muy apreciada en psicología y validada por los terapeutas, que es **escribir un diario** y tiene grandes beneficios, como por ejemplo:

- Ayuda a reorganizar las ideas y los pensamientos.
- Sirve como desahogo, para expresar las emociones y regularlas.
- Favorece el autoconocimiento y la autoestima, ya que ayuda a aceptarse a uno mismo.
- Promueve el bienestar emocional.
- Ayuda a resolver problemas y a tomar decisiones.

Por lo tanto, puede ser muy buena idea animar a nuestros hijos a que escriban un pequeño diario o a que redacten algún suceso que hayan vivido con una gran intensidad. Cuanto más expresen sus sentimientos, más fomentarán su inteligencia emocional y mejor se sentirán.

Se trata de que, como madre y/o padre, encuentres cuál es el mejor camino para ti y para tu familia a la hora de expresar las emociones. Por vuestra forma de ser y sentir es probable que haya una fórmula mejor que otra. Antes mencionaba, entre otros ejemplos, el arte, la música o el deporte... He conocido a familias que descubrieron que pintando sus emociones en grandes cartulinas, las expresaban de una forma artística y realmente beneficiosa para ellas. ¡Busca tu dirección!

LA GESTIÓN EMOCIONAL

> La persona inteligente emocionalmente tiene habilidades en cuatro áreas: identificar emociones, entender emociones, expresar emociones y regular emociones.
>
> JOHN MAYER

Conocernos a nosotros mismos, identificar y reconocer nuestras emociones y expresarlas de una forma adecuada y proporcionada es ya un primer gran paso para comenzar a regularlas y gestionarlas. Es más, ese estadio inicial se considera por muchos especialistas necesario y fundamental para poder llevar a cabo una buena regulación.

Una correcta gestión y regulación de las emociones determinará en gran medida nuestro éxito en el ámbito familiar, social, académico y laboral. No es ningún secreto que, cuando tenemos alguna preocupación o problema, la emoción que sentimos puede ser tan intensa que nos bloquea en todos los ámbitos. Por ejemplo, si estamos muy tristes o enfadados es difícil concentrarnos en el trabajo y resulta complicado enfrentarnos a retos como un examen o una exposición en público. El tiempo siempre será nuestro aliado a la hora de suavizar las emociones intensas que en un momento dado actúan como obstáculo. En ese sentido, hay una frase muy bonita y muy certera que dice: «Las heridas se cosen con las agujas del reloj».

Así es, el tiempo lo cura todo. Hoy podemos sentir el corazón desbocado en el pecho por algo que nos ha sucedido, pero, por suerte, mañana el corazón recuperará el ritmo tranquilo y veremos las cosas de otra manera. El problema es que ese tiempo quizá se prolongue más de lo deseado, o puede suceder que no dispongamos de todo el tiempo que necesitamos para volver a la normalidad, ya que debemos enfrentarnos a situaciones importantes que no admiten espera. Entonces nos preguntamos: ¿podemos dejar de estar únicamente a merced del tiempo y ayudar a que una emoción desbordante se suavice? Sería algo así como intentar calmar un mar agitado por la tormenta, en lugar de esperar a que pase el temporal.

Esas pequeñas acciones para ayudar a que las emociones nos acompañen favorablemente en nuestro día a día, para suavizarlas, para que el tiempo sea más breve... tendrían que ver con la gestión y la regulación emocional. Transmitir a nuestros hijos ese poder, los ayudará a tener más herramientas para sentirse mejor.

Existen algunos trucos o formas de regular nuestras emociones cuando estas disparan la ansiedad. ¡Aunque, cuidado! No se trata de evitar la emoción, eliminarla, acallarla o quitarle importancia. Tampoco se trata de dominarla o controlarla, como hacía el domador de un circo con las fieras. Tenemos que escuchar al cuerpo, mirar de frente a esa emoción y hablarle, comprendernos a nosotros mismos y, si tenemos algún problema, ocuparnos de él. Pero todo esto siempre lo haremos mejor si conseguimos una intensidad moderada de una emoción que supone una avalancha para nuestro organismo.

Estrategias para regular una emoción

1. Relajarse
Consiste en bajar el nivel de activación o, lo que es lo mismo, reducir la ansiedad y la tensión, si en ese momento nos están invadiendo. Yo recomiendo elegir ejercicios basados en la técnica de la respiración diafragmática o de la relajación muscular. Hoy en día existen muchos ejercicios relajantes pensados para que los realicen los niños, son divertidos y efectivos. En el apartado dedicado a la práctica, te mostraré algunos de ellos para que puedas realizarlos en casa.

Daniel Goleman defiende que los ejercicios de respiración profunda tienen efectos muy beneficiosos en los niños. Según este autor, cinco minutos de respiración al día mejoran la atención y la regulación emocional en los más pequeños.

2. Reconducir la emoción

Se trata de buscar otros caminos para canalizar las emociones cuando son muy intensas. Por ejemplo, cuando estamos enfadados podemos tratar de tranquilizarnos, pero también practicar algún deporte para liberar tensión. Si son nuestros hijos los que sienten enfado, podemos invitarles a jugar al pilla-pilla o disputar un partido de tenis.

Asimismo, es aconsejable llorar si se tiene ganas, derramar todas las lágrimas que tenemos almacenadas sin que se quede ninguna dentro. Si nuestro hijo llora, es aconsejable abrazarlo y decirle que llore todo lo que necesite. También debemos animarlo a que verbalice lo que siente, ya sea a través de la palabra oral o escrita. Aquí nos valdría cualquier tipo de expresión de las emociones que hemos visto en el apartado anterior.

3. Quitar el foco de atención de la preocupación

A veces las preocupaciones nos invaden en el momento menos oportuno, algunas de ellas pueden estar presentes durante todo el día y permanecer incluso durante una buena temporada.

Estas preocupaciones pueden desencadenar emociones de alta intensidad que percibimos como desagradables.

En ocasiones necesitamos reducir la ansiedad que nos produce un pensamiento, para poder centrarnos en otras cosas importantes. Una forma de evitar que una preocupación nos gobierne por completo es tratar de desplazar el foco de atención a otro lado. Para ello, podemos intentar sustituir esos pensamientos por otros más agradables, emplear alguna técnica de distracción o desarrollar una actividad que requiera de todos nuestros recursos cognitivos. Seguro que muchos recordamos en alguna ocasión haber intentado distraer a un niño pequeño con algún juguete o una actividad divertida para que se le pase un enfado.

Con esto lo que pretendemos no es enterrar esa preocupación, sino limitar el tiempo dedicado a pensar en ella. Se trata de decir: «Ya pensaré en esto más tarde y trataré de buscar una solución»; y buscar un hueco a lo largo del día para reflexionar sobre ello sin prisa.

En el caso de nuestros hijos, si tienen una preocupación y deben ir al colegio, podemos ayudarlos a que localicen la atención en otra cosa y ofrecerles hablar más tarde sobre lo que les preocupa, para tratar de resolverlo juntos.

4. Entrenar el pensamiento positivo

Cuando hablamos de emociones es de vital importancia observar si nuestro diálogo interno suele tener carácter positivo y optimista o si, por el contrario, es negativo y pesimista. Si tendemos a enfocarnos con posibilidad, eso siempre nos ayudará a que canalicemos mejor lo que nos ocurre por dentro. Por ejemplo, si cuando vivimos algún contratiempo nos decimos: «Esto es un desastre. Es imposible que se solucione»; no sentiremos lo mismo que si nos decimos: «Vamos a ver, tranquilízate, seguro que tiene solución».

En la línea 4 profundizaremos en el pensamiento positivo. Sin duda, es importante ser consciente del tipo de pensamiento que ronda por nuestra cabeza y saber qué podemos entrenar para ser más positivos.

5. Dejar pasar la emoción

Como he mencionado unas líneas más arriba, el tiempo lo pone todo en su sitio y, en ocasiones, es aconsejable esperar a que la intensidad de la emoción baje o incluso pase. Esto es aplicable, sobre todo, en la emoción del enfado, cuando un volcán bulle en nuestro interior y tenemos ganas de estallar. ¿Cuántas veces habremos oído decir que es mejor no reaccionar en caliente y que contemos hasta diez antes de actuar? Si reaccionamos cuando estamos en el momento de mayor auge de esa emoción, podemos tener un comportamiento desproporcionado, incluso hiriente y, más tarde, arrepentirnos.

En ocasiones no es fácil dejar pasar tiempo, pero es del todo aconsejable. Si tenemos que llamar a alguien o mantener una entrevista, escribir un correo electrónico o tomar una decisión, siempre será mejor hacerlo desde la calma, ya que una emoción fuerte que nos altera puede llevarnos a cometer errores que después quizá sean difíciles de solucionar.

6. Buscar la causa

Después de un episodio en el que nos ha invadido una emoción, resulta muy útil analizar la situación para completar el proceso de autoconocimiento; así será mucho más sencillo regularla, e incluso evitarla, la próxima vez que ocurra algo parecido. Y en el caso de nuestros hijos, será útil que los acompañemos en este análisis y reflexión.

Si, por ejemplo, nuestro hijo le da malas contestaciones a uno de sus mejores amigos y detectamos que es por envidia, trataremos de que él mismo se dé cuenta de que esa emoción lo está llevando a tener actitudes poco adecuadas. Quizá no sea tan fácil evitar una emoción como la envidia, incluso puede ser normal sentirla. El problema viene cuando esa emoción nos lleva a la acción, a tener un comportamiento poco adecuado hacia la persona que nos produce envidia o a desear que las cosas le salgan mal. En ambos casos, las consecuencias no solo son negativas para el otro, sino para nosotros mismos, ya que tanto los actos como los deseos inadecuados no hacen que nos sintamos a gusto y pueden dañar nuestra autoestima.

Cuando se habla de buscar la causa, lo más importante es ser sincero y honesto con uno mismo; el autoengaño no es un buen camino para tratar de evolucionar y seguir mejorando como persona. Es mucho mejor emplear la autocrítica y pensar en soluciones que nos ayuden a cambiar reacciones y sensaciones que no deseamos.

Otros aspectos de la gestión emocional

Dentro de la regulación emocional, también es destacable el papel que desempeña la automatización. En ese sentido, se trata de que enfoquemos nuestras emociones hacia las metas que queremos alcanzar, en lugar de centrarnos en los obstáculos o complicaciones. Evidentemente, si nos acompañamos de un sentimiento positivo y optimista será más fácil que alcancemos nuestros propósitos.

Cuando nos enfocamos en las metas, siempre será importante que las dividamos en pequeños retos para que sea más sencillo ir logrando los objetivos, hasta conseguir el definitivo. Eso debemos tenerlo muy en cuenta con nuestros hijos. Cuando queramos acompañarlos para que alcancen una meta, no debemos pretender que lleguen a esta directamente, será imprescindible ir marcando los diferentes peldaños que deberán subir para acercarse paulatinamente a la parte más alta. Y cada peldaño será un éxito.

En definitiva, la inteligencia emocional, que comprende en su globalidad la identificación, la expresión y la gestión de las emociones, debe incorporarse a las enseñanzas que transmitimos a nuestras hijas y a nuestros hijos para que sean más hábiles emocionalmente y, por tanto, más felices.

A partir de este trayecto, hablaré más en concreto de algunas emociones que aparecen a menudo en la vida de los niños: los miedos, la tristeza, la ira, las rabietas y los celos entre hermanos.

LOS MIEDOS EN LA INFANCIA

> No es más valiente el que no tiene miedo,
> sino el que sabe conquistarlo.
>
> NELSON MANDELA

Paco llegó a mi consulta con un cuadro de ansiedad, debido a la situación que estaba viviendo con su hijo Raúl, de siete años, en los últimos meses. Según comentaba, todo empezó cuando Raúl leyó un libro protagonizado por unos niños que habían perdido a su padre en un accidente. Desde entonces, Raúl comenzó a mostrarse receloso con el tema de la muerte y a preocuparse con la idea de que a su padre pudiera pasarle algo. Lo que comenzó como una anécdota, había desencadenado un fuerte miedo a separarse de su padre, y el niño llevaba a cabo conductas de comprobación y necesitaba estar con él el mayor tiempo posible. Esto conllevaba que Raúl rechazara realizar cualquier actividad que implicara alejarse de su padre; y para Paco, que tuviera que quedarse en las actividades extraescolares y en los cumpleaños donde pudiera verlo el niño; que, al llegar al trabajo por la tarde, tuviera que llamar a casa para que Raúl comprobara que había llegado bien; que tuviera que explicar con todo detalle los pasos que iba a dar mientras estuviera separado de su hijo; que no pudiera salir a pasear o a tomar algo con sus amigos... En definitiva, el padre estaba verdaderamente agobiado por la situación, contaba con pesar que un día se le olvidó llamar inmediatamente a casa para decir que había llegado a su destino tras un viaje de trabajo y que Raúl padeció una crisis de ansiedad. Lo último que quería Paco era que su hijo lo pasara mal, pero, por otro lado, se sentía prisionero y atado y, a su vez, ese sentimiento lo hacía sentirse culpable y mal padre.

El miedo es una emoción que surge como respuesta a un estímulo que se interpreta como una amenaza, ya sea real o imaginaria. Esta respuesta produce un cambio en el organismo que consiste en la aceleración del corazón y la respiración, la dilatación de la pupila, el aumento del estado de alerta… En definitiva, conlleva una preparación del cuerpo para ser más efectivo ante una posible huida o enfrentamiento a la amenaza.

Pongamos, por ejemplo, el caso de un hombre primitivo que se encuentra cara a cara con un león hambriento; ante este estímulo, el hombre reaccionará con un miedo, en este caso imprescindible, que le agitará el cuerpo con el fin de protegerlo, ya sea mediante la huida o el ataque. El problema es cuando el miedo aparece ante una amenaza que no es tan real o incluso fantástica.

En la infancia, el miedo es una emoción muy común, y, en la mayoría de los casos, consiste en **miedos evolutivos** que tienen la función de ayudarnos a adaptarnos mejor a aquello que nos rodea, protegiéndonos de los posibles peligros. Como, por ejemplo, evitar animales potencialmente peligrosos, rehuir a los extraños o procurar no hacernos daño. En general, el miedo resulta adecuado cuando es proporcionado, y disminuye una vez que el estímulo que lo ha provocado desaparece; pero no es bueno si el miedo es exageradamente intenso y perdura a lo largo del tiempo. Es, como afirma Cristophe André (2005), el miedo dejaría de ser adaptativo y útil si se activa de forma desmesurada cuando no hay peligro y sigue manifestándose de manera prolongada aunque el estímulo no esté presente.

Además, en la infancia encontramos una particularidad que no suele darse en la edad adulta, que es el miedo a seres fantásticos que no existen, como las brujas, los fantasmas o los monstruos. Los niños disponen de lo que se llama «pensamiento mágico», e igual que creen en el ratoncito Pérez y los Reyes Magos, también creen en seres que se consideran terribles.

Los miedos en la infancia deben considerarse como un proceso natural del desarrollo. Normalmente, estos temores serán de poca intensidad y pasajeros, pudiéndose agravar o prolongar cuando el niño vive ciertos periodos de estrés o preocupaciones en otras áreas de su vida que le produzcan inseguridad a nivel general. Estas reacciones en principio también deben considerarse como algo normal, a no ser que persistan notablemente, en cuyo caso será adecuado consultar con un especialista. Los padres deberemos acompañar desde el cariño y tratar de entender las razones que provocan algunos miedos repentinos, buscando posibles causas, si es que las hay. Por ejemplo, un niño que comienza a tener pesadillas y a despertarse atemorizado en mitad de la noche puede estar sufriendo algún tipo de estrés durante el día o padeciendo algún tipo de preocupación.

Los miedos más frecuentes en la infancia

Miedo a la oscuridad

En muchos casos, irse a dormir significa separarse de los padres y quedarse solo, a esto se suma la sensación que produce la oscuridad. No poder ver lo que hay alrededor enciende la imaginación de los más pequeños y puede dar lugar a que aparezcan supuestos monstruos debajo de la cama o a que teman la visita de ladrones.

¿Cómo podemos ayudarlos a superar este miedo? En contra de lo que algunos teóricos defienden desde ciertas perspectivas, la presencia y el acompañamiento de los padres no solo no son contraproducentes, sino muy beneficiosos. Si no reaccionamos con nuestra presencia, comprensión y cariño a las demandas de nuestros hijos cuando tienen miedo, estos sentirán desamparo y desprotección, fraguarán una mayor inseguridad y consolidarán ese temor, en lugar de superarlo. Si, en cambio, nuestros hijos saben que cuentan con nosotros incondicionalmente, estarán más tranquilos y se sentirán seguros. Reforzaremos su autoestima y ellos mismos irán soltando nuestra mano gradualmente.

Estas son algunas cosas que podemos hacer para acompañar a nuestros hijos:

- Permanecer con ellos hasta que se queden dormidos.
- Permitirles tener una lucecita encendida y acompañarse de objetos de seguridad, como peluches.
- Acudir a su reclamo, cuando se despierten a media noche, con cariño y sin reproches.
- Dormir con ellos en las etapas en las que manifiesten tener más miedo.
- Evitar que se activen más de lo necesario a la hora de ir a la cama; por contra, llevar a cabo unas rutinas que los tranquilicen, como leer un cuento o contarse cómo ha ido el día.

- Evitar estímulos que potencialmente puedan desencadenar miedo en nuestros hijos, como ciertas historias o películas.

Los terrores nocturnos y **las pesadillas** pueden producirse, en algunas ocasiones, junto con el miedo a la oscuridad. ¿Cómo actuar ante estos casos? Aunque quizá se confundan con las pesadillas, los **terrores nocturnos** suponen una interrupción del sueño que resulta mucho más intensa y llamativa, sobre todo porque veremos a nuestro hijo aterrorizado en mitad de la noche. Cuando tenga un terror nocturno, quizá grite angustiado, sude, se le acelere el ritmo respiratorio y el cardiaco, se siente en la cama temblando... y, al cabo de un rato, se tranquilice y siga durmiendo.

Suelen ocurrir a las 2-3 horas de que el niño se ha acostado y no representan ningún tipo de problema médico. Cuando nuestro hijo padezca un terror nocturno, probablemente comprobaremos que nuestros esfuerzos para calmarlo no obtienen ningún resultado. Lo mejor es tratar de no despertarlos y esperar pacientemente a que se tranquilicen, vigilando que no se hagan daño. Normalmente, al cabo de unos minutos volverán a dormirse plácidamente y al día siguiente ni siquiera recordarán nada. Este tipo de episodios nocturnos suelen darse de forma esporádica y se relacionan con etapas de mayor estrés del niño o con un estado de excesivo cansancio, superándose por sí solos, sin necesidad de acudir a ningún especialista.

Las **pesadillas**, en cambio, suelen acontecer en la segunda mitad de la noche y se relacionan con sueños aterradores que quizá provoquen que la persona se despierte. El niño o la niña puede gritar, llorar y tener muchas dificultades para seguir durmiendo. En este caso es aconsejable que los padres acudamos de inmediato a tratar de tranquilizarlos, transmitiéndoles que estamos a su lado y que nada malo va a suceder, haciendo hincapié en que solo ha sido una pesadilla y que no es real. Podemos dejar una luz encendida, abrazarlo hasta que se duerma o incluso pasar la noche con él. En las rachas en las que los niños tengan más miedos, inseguridades y pesadillas, puede resultar útil que duerman con sus padres o con uno de los dos. En relación con esto último, precisamente hace unos años mi hija pequeña comenzó a despertarse por la noche entre gritos, tenía pesadillas. Su padre o yo acudíamos en su rescate y nos quedábamos abrazados a ella hasta que se tranquilizaba y volvía a dormirse. Así estuvimos alrededor de una semana. Por un lado, era doloroso verla sufrir de ese modo, y, por otro, para qué te voy a engañar, estábamos agotados. Ella había dormido con nosotros hasta los dos años y medio, edad en la que por sí misma decidió dejar la lactancia e irse a dormir a su habitación. En aquel momento tenía seis años y hasta entonces no había sufrido pesadillas. Tras aquella semana de despertares diarios, decidimos que lo mejor era que volviera a dormir con nosotros hasta que pasara la mala racha. Durmiendo con sus padres no se despertaba gritando, simplemente estiraba el brazo y, en cuanto comprobaba que estábamos junto a ella, seguía durmiendo plácidamente. Al cabo de unos quince días, aproximadamente, nos dijo que quería volver a dormir en su habitación y así lo hizo, sin miedos ni pesadillas. Este fue el camino que nosotros elegimos para sobrellevar esta situación y creo que fue un acierto. Pero este no es el único camino, seguramente tú podrás encontrar el tuyo. Asegúrate de que el respeto y el amor estén muy presentes y que esa ruta sea la más afín a ti y a los tuyos.

Miedo a separarse de los padres

Aparece cuando el niño se separa de sus cuidadores, especialmente de su cuidador principal, que en la mayoría de los casos suele ser la madre.

Este miedo es muy común entre los dos y los seis años, aunque puede extenderse algunos años más. Para ayudar a que el niño o la niña deje de padecerlo, los padres podemos colaborar procurando lo siguiente:

- Favorecer que se convierta poco a poco en autónomo e independiente, evitando la sobreprotección.
- Respetar, con comprensión y cariño, su miedo a la separación, proponiendo pequeños retos sobre los que ir avanzando poco a poco: que se quede con otros familiares, comenzar por breves espacios de tiempo…
- Cuando vamos a separarnos de nuestros hijos, despedirnos siempre y decirles que regresaremos a buscarlos. Esto es importante, ya que un gran error que se puede cometer cuando, por ejemplo, llevamos a nuestros hijos por primera vez al colegio o a un jardín de infancia es esperar a que esté distraído para irnos (en algunos casos esto incluso puede ser una reco-

mendación del educador); sin embargo, con esta estrategia lo único que conseguiremos es que, cuando se den cuenta de que no estamos, se sientan abandonados y se desesperen. Lo más recomendable es acercarse a ellos, mirarlos a los ojos, despedirse y decirles que en un tiempo determinado iremos a buscarlos. En ese sentido, también es importante respetar los periodos de adaptación para que los niños permanezcan en los centros durante más tiempo de forma progresiva.

Poco a poco, el niño o la niña adquirirá seguridad y le resultará más sencillo separarse de los padres, sobre todo cuando se dé cuenta de que no lo pasa tan mal en su ausencia y que, transcurrido un tiempo, siempre regresan.

Cuando ya son un poco más mayores, en algunos casos este miedo puede transformarse en **miedo a dormir fuera de casa**. Nos encontramos, entonces, con niños y niñas que evitan las fiestas de pijamas, no quieren ir a viajes que impliquen pasar la noche fuera ni ir de campamentos en verano. Este tipo de temor es más probable que lo desarrollen niños con padres excesivamente protectores que, sin darse cuenta, han fomentado la inseguridad en sus hijos. En ese caso, es recomendable que los padres analicemos nuestra forma de educar y hagamos autocrítica si de verdad observamos que de alguna manera estamos ayudando a instalar ciertos temores e inseguridades en la vida de nuestros hijos. Deshacer esa dinámica no es sencillo, pero sí que podemos cambiar de actitud y comenzar a transmitirles seguridad, confiando en ellos, dejándolos y animándolos a que se enfrenten a nuevos retos de forma paulatina, sin, en ningún caso, forzar una situación que no desean.

Este tipo de temor también podría venir condicionado en el caso de que el niño todavía no domine la micción nocturna y tema que sus amigos o compañeros descubran que sigue necesitando el uso de pañal. Conozco situaciones en las que los padres han hablado de forma respetuosa y discreta con monitores u otros padres, y han podido facilitar que sus hijos disfruten de experiencias que realmente deseaban.

El caso que introduce este trayecto precisamente habla de un niño que padece miedo a separarse de su padre. El problema es que la intensidad es tan grande que incluso le provoca una crisis de ansiedad y limita tanto su vida como la de su padre. Cuando un miedo se prolonga a lo largo del tiempo y condiciona el día a día, deja de ser adaptativo y suele ser recomendable acudir a un especialista.

Miedos relacionados con la salud
Este tipo de miedos incluiría tanto el miedo a **caer y a hacerse daño** como a acudir a la **consulta de profesionales de la salud**, como pediatras, oftalmólogos o dentistas.

En cuanto al miedo a hacerse daño, los padres debemos adoptar una actitud equilibrada, en la que, por un lado, dejemos a nuestros hijos el suficiente espacio para investigar y explorar lo que los rodea, y, por el otro, prestemos la atención necesaria para que no sufran ningún daño, sobre todo en edades tempranas. Porque tampoco es adecuado el otro extremo, cuando dejamos a los niños que tengan conductas peligrosas o temerarias. Lo ideal es que acompañemos a nuestros hijos en su justa medida, sin fomentar sus miedos, para que poco a poco vayan cogiendo confianza en sí mismos.

Con relación al miedo a acudir a la consulta de profesionales sanitarios, hay que tener en cuenta que el médico es un extraño que suele desarrollar una actividad que no resulta agradable para los niños. Además, la bata blanca y los instrumentos que suele utilizar un profesional de la salud resultan extraños y crean inseguridad. Y, por otra parte, a casi nadie le gusta que lo desnuden y lo comiencen a examinar, y los niños no son una excepción. La vacunas que reciben en los primeros meses de vida tampoco ayudan, resultan dolorosas y hacen que vean a los sanitarios como al enemigo. Con el paso del tiempo, el miedo a ir al médico se suavizará, sobre todo cuando este deje de ser un desconocido y nuestro hijo perciba que, en realidad, lo que sucede en la consulta no es tan terrible. Antes de ir al médico es aconsejable contarles a los niños lo que allí va a suceder, que les quitarán la ropa, los pesarán y medirán, les pondrán un palito en la boca… En el caso de que toque vacuna, es recomendable decir la verdad, avisar a los niños y decirles que seguramente les dolerá un poco, pero que ese dolor no es demasiado fuerte y que pasa rápido.

Miedos relacionados con el colegio
Los miedos que tienen lugar en el entorno escolar pueden deberse a la dificultad de relacionarse con algún compañero o con un profesor, o a los exámenes, las notas, los deberes, que le pregunten en

clase, tener que salir a hacer un ejercicio a la pizarra, leer en voz alta...

En ocasiones, algunos padres comentan que es como si sus hijos tuvieran dos vidas distintas, ya que no expresan ni cuentan nada de lo que les sucede en el colegio. En esos casos, a menudo nos encontramos con progenitores que ignoran buena parte de esa parcela de las vidas de sus hijos. Hemos hablado de este tema en la línea de la «Comunicación», pero, en cualquier caso, es del todo aconsejable que nos las ingeniemos para estar al corriente de lo que ocurre en el colegio cuando nosotros no podemos ver a nuestros hijos. Debemos saber si se relacionan bien, si tienen problemas con algún compañero o con algún docente, si tienen amigos o si sienten angustia ante ciertas actividades o propuestas; solo así podremos ayudarlos si nos necesitan.

Miedo a los animales

Suele ser común que los niños pequeños reaccionen con miedo ante la presencia de un animal; por ejemplo, un perro o un gato que se crucen por la calle. Esto puede crearles malestar o llevarlos a cambiar de acera para evitar cruzarse con él o a rechazar ir a casa de un amigo porque tiene una mascota.

En ese sentido, los padres debemos transmitir tranquilidad ante la presencia de animales, aunque también cautela, puesto que un animal desconocido puede reaccionar de formas imprevisibles. Es recomendable ayudar a los niños a que entiendan que, generalmente, los animales de la calle no son peligrosos, ya que cuando un perro puede hacer daño es obligatorio que su dueño lo lleve atado y con bozal. Además, se aconseja que los niños aprendan a interpretar algunos signos que ayuden a distinguir si cierto animal puede ser agresivo o, por el contrario, pacífico. Por ejemplo, si un perro mueve la colita y baja las orejas significa que es amigable, si en cambio ladra y gruñe, o permanece en postura tensa, es mejor no acercarse a él. Si quieren acariciar a un perro, es preferible que primero pregunten a su dueño si pueden hacerlo.

Miedo al agua o a nadar

Algunos niños se muestran reacios a meterse en el agua y a aprender a nadar. En algunos casos, esto se debe a algún episodio anterior desagradable que han vivido en primera persona o como espectadores. De cualquier forma, hay que respetar el ritmo del niño y no obligarlo a bañarse. Lo ideal es plantearle pequeños retos para que cada vez pueda meterse un poco más: primero los pies, luego hasta las rodillas, el siguiente día hasta la cintura… siempre que él quiera, siguiendo su compás y sin forzarlo a ir a más si no lo desea o no se siente preparado.

Otra idea es apuntar al niño a natación (si él está de acuerdo) para que coja seguridad en el agua, sabiendo que se defiende bien en ese medio.

Definir y clasificar el miedo infantil

Siguiendo con los temores de los más pequeños, el psicólogo Francisco Javier Méndez definía el miedo infantil de la siguiente forma:

> El miedo constituye un primitivo sistema de alarma que ayuda al niño a evitar situaciones potencialmente peligrosas. Es una emoción que se experimenta a lo largo de la vida, aunque las situaciones temidas varían con la edad. El desarrollo biológico, psicológico y social, propio de las diferentes etapas evolutivas (infancia, adolescencia, etc.), explica la remisión de unos miedos y la aparición de otros nuevos para adaptarse a las cambiantes demandas del medio.

Se podría hablar, entonces, de una evolución de los miedos según la edad. Algunos teóricos defienden la siguiente clasificación:

EDAD	SURGEN	DISMINUYEN	SE MANTIENEN	CRECEN
0-2 años	• Ruidos fuertes • Extraños • Separarse de los padres • Hacerse daño • Animales • Oscuridad			
3-5 años	• Personas disfrazadas	• Extraños	• Ruidos fuertes • Separarse de los padres • Animales • Oscuridad	• Hacerse daño
6-8 años	• Seres imaginarios • Tormentas • Soledad • Ir al colegio	• Ruidos fuertes • Personas disfrazadas	• Separarse de los padres • Hacerse daño • Animales • Oscuridad	
9-12 años	• Aspecto físico • Relaciones sociales • Muerte	• Separarse de los padres • Oscuridad • Seres imaginarios • Soledad	• Animales • Hacerse daño • Tormentas	• Ir al colegio
13-18 años		• Tormentas	• Animales • Hacerse daño	• Ir al colegio • Aspecto físico • Relaciones sociales • Muerte

Por supuesto, las clasificaciones deben tomarse siempre con cautela, pues son orientativas. Pero ¿cuáles son los factores que explican el origen y la persistencia de los miedos infantiles, una vez que el niño ha crecido? Seguramente, muchos padres nos hacemos esta pregunta cuando pasa el tiempo y nuestros hijos siguen teniendo un tipo de miedo que consideramos que ya debería estar superado. En primer lugar, y como te comentaba, siempre hay que tener en cuenta que cada niño es un mundo y que, aunque las tablas pueden servir como guía, nunca deben ser determinantes a la hora de catalogar alguna circunstancia como problema o incluso como una patología. Ante la duda, siempre es mejor acudir a un buen psicólogo. Las causas de que un miedo permanezca pueden ser muy diversas. Según Francisco Javier Méndez (2001) se explicaría a partir de cuatro factores:

Preparatoriedad: Predisposición a aprender ciertas asociaciones entre estímulos para garantizar la supervivencia. Por ejemplo, la oscuridad se asocia a algo peligroso, seguramente porque nuestros antepasados no disponían de las herramientas que tenemos hoy en día para ver en la penumbra y eso suponía un riesgo de cara a depredadores.

Vulnerabilidad biológica: Cuando somos propensos a padecer reacciones psicofisiológicas de defensa que se disparan muy rápido, con mucha intensidad y tardan demasiado en normalizarse. En este sentido, también influiría el estado general del organismo; si, por ejemplo, estamos enfermos y con las defensas bajas o tenemos algún dolor o malestar físico.

Vulnerabilidad psicológica: Cuando carecemos de estrategias y recursos para enfrentarnos a circunstancias estresantes y amenazantes.

Historia personal: Hace referencia a otras vivencias parecidas y a cómo las hemos llevado a cabo. Por ejemplo, si ante una situación de miedo he evitado enfrentarme a él, es más probable que cuando se repita esa situación, yo vuelva a huir. O si un día tuve miedo al cruzarme con un perro por la calle y cambié de acera y eso resultó para mí una buena solución, es probable que, cuando vuelva a cruzarme con un perro, haga lo mismo.

Además, los especialistas apuntan a que los miedos podrían iniciarse y mantenerse debido a:

Experiencias negativas: Una experiencia traumática puede provocar que un miedo se enquiste en el tiempo y cueste más de la cuenta superarse. Si, por ejemplo, a un niño le muerde un perro (o presencia un episodio en el que un perro muerde a alguien o incluso tiene conductas agresivas), será lógico que ese miedo sea más difícil de superar que en el caso de un niño que solamente haya tenido experiencias positivas con animales.

Observación: Si familiares o amigos muestran tener algún tipo de miedo, este puede aprenderse por observación y mantenerse por lo mismo. Por ejemplo, si el padre muestra tener miedo a ir en ascensor, este temor puede transmitirse a sus hijos.

Transmisión del miedo: Hay miedos que también se pueden transmitir con relatos de historias orales, escritas o a través de películas. Según la personalidad del niño, este será más o menos susceptible a que el miedo se apodere de él. Esto sucede cuando, por ejemplo, un niño no puede dormir después de ver una película de terror. Como padres, tenemos que ser conscientes y responsables de no ofrecer a nuestros hijos estímulos para los que todavía no están preparados.

Posibles ventajas a corto plazo asociadas al miedo: Cuando uno no se enfrenta a un miedo, a corto plazo siente un alivio que puede llevarlo a evitar enfrentarse a ese temor. El problema es que así nunca nos olvidamos de ese miedo, lo mantenemos a lo largo del tiempo. Por ejemplo, un niño tiene miedo de bañarse en el mar, pero cuando va a la playa le gustaría divertirse en el agua con sus amigos. Meterse al agua le da auténtico pavor y prefiere quedarse en la orilla, donde se encuentra tranquilo, y sabe que entrar en el agua le va a costar mucho. Pues bien, precisamente esa tranquilidad de la orilla es la que hace que siga sin atreverse a dar un paso más allá. El problema es que, si no hacemos un esfuerzo por vencer un miedo y nos quedamos siempre en una zona de confort, quizá permanezcamos en esa orilla durante muchos años.

Consejos generales para ayudar a los niños a superar sus miedos:

- Mostrar empatía, comprensión, paciencia y cariño.
- Acompañarlos, «darles la mano» hasta que lo necesiten.
- Como educadores, buscar el equilibrio. No es recomendable ni ser muy protectores ni ser excesivamente permisivos.
- Respetar el ritmo del niño y no forzarlo a hacer algo que no desee.
- Evitar juzgar los miedos del niño. Frases como «Esto es una tontería», «No seas miedica» o «Sé valiente por una vez» no son recomendables.
- Plantear pequeños retos para perder un poco de miedo cada día.

- En caso de que el miedo sea muy intenso y prolongado en el tiempo, acudir a un especialista.

En definitiva...

En conclusión, todos somos diferentes y un miedo puede mantenerse más allá de los hitos evolutivos que marcan los especialistas, debido a las diferencias genéticas y ambientales que existen. Los padres debemos acompañar a nuestros hijos en la superación de sus miedos con comprensión, cariño, respeto y paciencia, ayudándoles a enfrentarse a pequeños retos cada día (al final de esta línea te dejo algunas actividades donde muestro cómo se puede plantear una actividad de este tipo) y contando con la ayuda de especialistas cuando el miedo sea demasiado intenso e influya en el día a día del niño. Esto último es importante. Por ejemplo, una señora puede tener fobia a las serpientes y verdadero pánico a encontrarse con una. Pero esta señora vive en la ciudad y no le gusta ir al campo ni siquiera en vacaciones, porque prefiere la playa. ¿Será necesario e imprescindible tratar su miedo a las serpientes? Probablemente la respuesta sea que no. Ella puede convivir con ese miedo porque no le afecta en su vida cotidiana. La cosa cambiaría si esta misma señora trabajara en un zoo en el que tuviera que acercarse a los reptiles o viviera en una zona de campo donde fuera más probable encontrarse con una serpiente, esto podría condicionar su vida y tener consecuencias negativas, como perder el trabajo o evitar salir de casa, y producirle síntomas desagradables, como ansiedad o pesadillas.

IRA Y RABIETAS

> Quiéreme cuando menos lo merezca,
> porque es cuando más lo necesito.
>
> R. L. STEVENSON

Mercedes acudió a mi consulta debido a los graves problemas de conducta que, según ella, tenía su hijo Juan de siete años de edad.

Mercedes decía estar muy preocupada, ya que consideraba que se le estaba yendo de las manos la educación de Juan. Según su relato, el niño tenía cada vez más a menudo lo que ella describía como «ataques de ira», generalmente desencadenados por prohibiciones del tipo: «¡Deja de jugar a los videojuegos!» o «¡Apaga la televisión y ponte a estudiar ahora mismo!», ante las cuales la reacción del niño consistía en gritar, dar portazos y tirar cosas al suelo.

Pero la gota que colmó el vaso fue el último episodio de ira de Juan, en el que el niño acabó pegando a su madre dos fuertes patadas en la espinilla.

—¿Cómo manejaste esta situación? —le pregunté.

—Me puse a gritar mucho —contestó—. Le pegué en el culo y lo castigué en su habitación. No puedo permitir que me agreda.

Algo a tener en cuenta es que Mercedes llevaba dos años separada del padre de Juan. Al niño le había costado aceptar la nueva situación y, según la madre, comenzó a «portarse mal» coincidiendo con la separación. La situación se había agravado desde que el padre vivía con su nueva pareja y un hijo de esta. Mercedes contaba que apenas tenía comunicación con el padre, puesto que su relación no era buena; además, este no se implicaba lo suficiente en la educación de Juan, a quien había plantado en varias ocasiones desde que había iniciado aquella convivencia.

El enfado es una emoción básica, una alteración de nuestro estado de ánimo que aparece ante un estímulo que interpretamos como injusto, hiriente, frustrante u ofensivo. Se trata de una emoción muy fuerte que, si no sabemos gestionarla a tiempo, puede desencadenar conductas inapropiadas como gritos, golpes, palabras hirientes…

Si conocemos bien la emoción del enfado y la identificamos, seremos capaces de apagar la «chispa» que se ha prendido, antes de que se declare un «incendio». Y es que, cuando hablamos del enfado, es muy útil la metáfora del fuego.

Pensamientos de agua, pensamientos de leña

Pongamos, por ejemplo, que a Rebeca le ha molestado que su amiga Leticia haya quedado con otra niña para sentarse juntas cuando vayan de excursión. En ese momento se ha encendido la chispa del enfado en Rebeca, convirtiéndose en una llama que ha prendido en su interior y que puede seguir dos caminos: crecer o extinguirse. Para que la llama se apague, Rebeca debería tener una actitud empática y quitar importancia a lo sucedido con pensamientos del tipo:

- «No pasa nada, así yo aprovecho para ir con mi amiga María».
- «El otro día Leticia fue conmigo, es normal que también quiera ir con otras».
- «Aunque vayamos separadas en el autobús, podremos estar juntas durante la excursión».

A este tipo de pensamientos los llamo **pensamientos de agua** porque ayudan a apagar la llama. Incluso si no pensamos nada y simplemente dejamos pasar esa emoción, también contribuiremos a apagarla.

El otro camino consistiría en avivar el fuego, y eso lo conseguiríamos con pensamientos del tipo:

- «Dice que es mi mejor amiga y ahora me deja sola».
- «Traidora, mala amiga…».
- «Es mala. Ya no quiero saber nada más de ella».

A estos los llamo **pensamientos de leña** porque alimentan el fuego y, cuando se desata el incendio, es muy difícil apagarlo.

Si Rebeca sigue el camino de los pensamientos de agua es probable que se lo pase genial en la excursión, se divierta con Leticia y con sus otras amigas. Pero si, por el contrario, sigue el camino de los pensamientos de leña, la chispa se convertirá en llama y seguramente en incendio. Estará enfurruñada durante toda la excursión y, cuando su amiga Leticia se acerque a ella, posiblemente le hará algún desprecio o la tratará mal; lo cual traerá un disgusto para las dos.

Por lo tanto, cuando comienza la primera chispa del enfado, es aconsejable tratar de detectarla para, en la medida de lo posible, impedir que se desate un incendio. Cualquier situación o conflicto, aunque nuestro enfado esté más que justificado, se resolverá mejor desde la frialdad de la calma que desde el calor de la agitación. No se trata de no enfadarse (en muchas ocasiones, estar disgustado será lo adecuado), sino de gestionarlo para no estallar. Según la rueda de las emociones de Robert Plutchik, la emoción del enfado podría nombrarse según su intensidad, de menos a más, de tres formas: enfado, ira y furia. Basándonos en la metáfora del fuego, esto se traduciría en:

- Enfado. Se ha encendido la chispa.
- Ira. El fuego crece peligrosamente. Llegados a este punto, es

más difícil apagarlo, pero todavía estamos a tiempo si nos esforzamos y nos lo proponemos.

- Furia. Se ha desatado un incendio. Apagarlo es muy difícil y, con total seguridad, ocasionará algún daño.

En efecto, el enfado, sobre todo cuando se convierte en ira y furia, es una emoción difícil de gestionar y se convierte en algo ingobernable que parece tener vida propia. Por ese motivo es tan importante detectarlo al inicio y ponerle freno, de ahí la gran importancia que tiene el autoconocimiento y la identificación a la hora de regular las emociones. Y si esto ya es en sí un reto muy complicado para los adultos, imagínate para un niño, a ellos les costará más todavía. Como padres, podemos intentar emplear los pensamientos de agua y que nuestros hijos también los adquieran y utilicen. No hay que olvidar que los hijos aprenden de nosotros a través de la **observación** y que ellos analizan cómo reaccionamos a las diferentes situaciones de la vida. Si ven que, ante una situación que nos molesta, reaccionamos con gritos e incluso perdemos los papeles, creerán que esa es una respuesta válida. Si, en cambio, enfocamos esa situación con calma y viéndola con perspectiva, ellos aprenderán de nosotros y muy posiblemente imiten esta estrategia cuando les suceda algo parecido. En este caso, lo que podemos hacer es aprovechar las situaciones difíciles para verbalizar en voz alta los pensamientos de agua.

Imagínate, por ejemplo, que estás en la calle con tu hijo esperando a un amigo que quiere verte porque necesita tu ayuda. Hace frío y comienza a llover, la otra persona se retrasa y la llamas, pero no coge el teléfono. Miras el reloj. Te estás enfadando porque el retraso comienza a ser importante. Te parece una falta de respeto y tienes ganas de llamarle de todo. ¿Cómo frenarlo? Puedes verbalizar delante de tu hijo:

- «Vaya, parece que se retrasa. Quizá le haya sucedido algo».
- «Bueno, no importa, vámonos. Ya llamará para explicar qué ha pasado».
- «Si no tiene una razón convincente, le diré que me ha molestado que me haya hecho esperar tanto y que no haya avisado. Me va a costar volver a quedar con él».

Si hubiésemos seguido otro camino («Menudo sinvergüenza», «Este se cree que mi tiempo no vale nada», «Encima que es él quien necesitaba un favor», «Como no tenga una buena explicación, se va a enterar»…), seguramente habríamos vivido una situación desagradable e incluso nos hubiéramos enemistado con la otra persona. Y es que no se trata de evitar decirle que estamos molestos y que nos ha parecido mal la espera. Se trata de que primero le demos la opción de explicarse y después expresemos nuestro malestar de una forma calmada. Y si decidimos que no vamos a volver a quedar, estamos en nuestro derecho. Pero por lo menos no habremos propiciado una discusión subida de tono que no lleva a ningún lugar.

Que nuestros hijos observen las reacciones de calma ante las dificultades y lo que vivimos de forma injusta es un buen modo de comenzar a adquirir inteligencia emocional ante el enfado. Otra cosa que podemos hacer como padres, cuando todavía son más pequeños, es ser «la lluvia» que apague su chispa cuando vemos que se están enfadando. Poco a poco, aprenderán a crear sus propios pensamientos de agua.

Para eso es útil que sepamos que los niños más pequeños se suelen enfadar cuando:

- Tienen hambre.
- Están muy cansados.
- Se les niega algún juguete o se les impide desempeñar alguna actividad que desean hacer.
- Se les niega o se les retira la televisión o los videojuegos.
- No quieren ir a dormir.
- Se les castiga impidiéndoles hacer algo.

Ideas para que el enfado no vaya a más

Teniendo en cuenta estas indicaciones generales, y sabiendo qué cosas en concreto son las que molestan a nuestros hijos, identificando las señales que suelen preceder a rabietas, enfados o reacciones de ira, podemos tratar de que el enfado no vaya a más. ¡Cuidado, no se trata de darles lo que piden para evitar que se enfaden! Se trata de ponernos en su lugar y de manejar la situación desde la calma para facilitar que ellos mismos aprendan a autorregularse.

¿Cómo podemos ser **«lluvia»** para nuestros hijos cuando se prende la chispa del enfado? De varias maneras:

- Manteniendo un tono de voz suave, aunque ellos alcen la suya.
- Dando importancia a las cosas que son importantes para ellos, aunque no lo sean para nosotros.
- Procurando empatizar con ellos. Comprenderlos.
- Tratándolos con respeto y cariño.
- Buscando juntos el origen de su enfado.
- Mostrando apoyo incondicional.
- Verbalizando «frases de agua»: «Vamos a solucionarlo», «Cuéntame qué es lo que te ha molestado», «¿Puedo hacer algo para que te sientas mejor?», «Comprendo que te moleste»…
- Evitando «frases de leña» del tipo: «He dicho que dejes de gritar», «Siempre igual, estoy harto»…

Con el paso del tiempo, y gracias al autoconocimiento y al aprendizaje emocional, nuestros hijos serán capaces de detectar la primera chispa y poner en práctica los pensamientos de agua. Por lo tanto, identificarán, expresarán y regularán esa y otras emociones.

Puede suceder que, aunque tratemos de ser «lluvia», no consigamos que la chispa se apague y que se desencadene un enfado más grande, llegando a la ira. Sobre todo en niños más pequeños, puede ser que tengan lo que comúnmente se llama una **rabieta**. ¿Cómo podemos acompañar esta emoción? Hace unos años, sobre todo en el caso de los psicólogos que seguían corrientes conductistas, era común que los especialistas recomendaran ignorar la rabieta o, lo que es lo mismo, retirar nuestra atención del niño cuando estuviera gritando, pataleando e incluso golpeando cosas. Hoy en día se barajan tendencias que, a mi modo de ver, son mucho más acertadas porque hablan de acompañar esa emoción desde el cariño, la calma y la comprensión.

¿Cómo podemos, entonces, acompañar un enfado que ha desencadenado en una rabieta?

- Con nuestra presencia, estando allí para lo bueno y para lo malo.
- Transmitiendo cariño.

- Manteniendo la calma. Sin alzar la voz, ni juzgar.
- Aceptando esa emoción. Dejando espacio para que exprese lo que siente.
- Dejando que se explique y reaccione como surja.
- Mostrando empatía.
- Cuidando de que no se hagan daño durante la rabieta.
- Dando espacio y el tiempo necesario para que esa emoción desaparezca de forma natural.
- Si valoramos que puede ser bien recibido por parte de nuestro hijo: abrazarlo, acariciarlo…
- No reaccionar retándolo para demostrar quién manda. Y, desde luego, sin pegarle, ni en ese momento ni en ningún otro.

Durante el enfado no es recomendable hacer razonar a nuestro hijo sobre lo que está sucediendo, más que nada porque en ese momento lo más probable es que no pueda pensar ni entender lo que tratamos de decirle. Lo mejor es que esperemos a que el episodio pase y, cuando se haya tranquilizado nuestro hijo o nuestra hija, hablar con él o con ella:

- Tratando de hallar el origen del enfado.
- Buscando alterativas para que la próxima vez evite llegar a una intensidad tan elevada de la emoción y encuentre otras formas de expresarla.
- Valorar si como padres hemos hecho algo inadecuado y tratar de mejorar cada día.
- Dejar siempre claro el mensaje de que, aunque se enfade, lo queremos sin condiciones.

¿Y si somos nosotros los que explotamos delante de nuestros hijos?

No somos perfectos, sentimos las emociones y, aunque muchos de nosotros tratamos de expresarlas de la mejor forma posible y de regularlas, puede suceder que nos desborden, que bajemos la guardia o que nos dejemos llevar por las circunstancias. Quizá vivamos una situación en la que perdamos los papeles delante de nuestros hijos, como una discusión en el coche con otro conductor, o una disputa verbal por un aparcamiento, por una maniobra extraña o por un pequeño choque entre vehículos. Siempre me ha llamado la atención el hecho de que haya personas que, cuando se suben al coche, se permitan la licencia de hacer cosas que en otras circunstancias no harían: «Gritar como si les fuese la vida en ello», «Insultar al de enfrente», «Hacerle entender a otro conductor con gestos que está loco o regalarle una peineta»... Y muchas veces los pequeños de la casa presencian esas acciones. ¿Os imagináis cómo puede llegar a impresionarles vernos en un estado así, tan desconocido para ellos?

Otras veces quizá suceda que, cuando nuestros hijos se enfadan, en lugar de apaciguarlos nos pongamos a su nivel y entremos en una lucha de poder para demostrar quién manda. Precisamente esto es lo que le ha sucedido a Mercedes, la madre del caso descrito al inicio de este trayecto.

¿Y si Mercedes hubiera reaccionado siendo «lluvia» cuando su hijo Juan comenzó a mostrar síntomas de enfado? Debió identificar las situaciones y las señales que llevaban a su hijo a los «ataques de ira» y frenarlo antes de llegar a ese extremo. Empatizando y manteniendo la calma. Seguramente, si en las otras ocasiones hubiera buscado el origen y tratado de entender a su hijo, este no hubiera llegado al extremo de darle patadas en la espinilla. En este caso, Juan grita y Mercedes grita más. Y se ha llegado al extremo de que Juan le ha dado una patada a su madre y ella le ha respondido pegándole. ¿Es esa la solución? Dejando a un lado que es intolerable y que bajo ningún concepto debemos golpear a nuestros hijos, ¿qué le está transmitiendo Mercedes a Juan? La respuesta es simple, le está trasladando el mensaje de que pegar es válido, de que agredir puede ser una forma de reaccionar o de solucionar las cosas; y ese no es un mensaje adecuado para nuestros hijos. Además de otras consecuencias negativas, pegar a los hijos puede hacer que se sientan humillados y que nos guarden rencor. Analizando la situación, parece bastante probable que Juan tiene pensamientos y sentimientos relacionados con la separación y la ausencia de su padre; los «ataques de ira» que describe Mercedes no son más que el resultado de una mala gestión de una situación que le preocupa, le agobia y le hace sufrir. Por tanto, Mercedes no debería convertirse en otra «enemiga», sino en la aliada de su hijo. En el pilar en el que apoyarse, en el hombro en el que llorar. Recupero ahora la frase del principio: «Quiéreme cuando menos lo merezca, porque es cuando más lo necesito». Muy a menudo, cuando los niños reaccionan con ira, es posible que se deba a algún tipo de carencia y nos necesiten a su lado más que nunca, necesiten que les demos cariño y les brindemos nuestro apoyo. Juan expresa esta carencia a través de una conducta poco adecuada.

Si en lugar de reaccionar por encima de él, con gritos y hasta respondiendo al golpe, Mercedes hubiese esperado a que Juan se tranquilizara, mostrando empatía, hablando y analizando, y además lo hubiese hecho así desde episodios anteriores, seguramente no se hubiese llegado al extremo de la patada. Debería haber dicho, por ejemplo: «Cariño, sé que estás pasando por una mala racha. Es normal que te cueste aceptar que tu padre y yo nos hayamos separado. Pero quiero que sepas que yo siempre estaré aquí y que te quiero más que a nada en este mundo...».

También puede pasar que estemos estresados por el trabajo, que tengamos otros problemas y que lo paguemos con quien menos lo merece. ¿Te suena? En alguna ocasión he estado desbordada de trabajo y me he mostrado impaciente ante una demanda de los niños. En estos casos podemos perder la serenidad enseguida, enfadarnos injustamente y levantar la voz. En realidad, nuestros hijos no tienen ninguna responsabilidad directa sobre nuestra emoción y, sin embargo, lo expresamos de forma no justificada con ellos. Si somos conscientes de que nos sucede esto más a menudo de lo que quisiéramos, ¿cómo lo podemos remediar? Para empezar, siendo conscientes de ello. Los niños corren por la casa, hacen travesuras, les cuesta obedecer porque siempre tienen otras cosas mejores que hacer, se resisten a bañarse, a ordenar... Ríen, lloran, tardan demasiado en comer, retrasan la hora de irse a la cama, no se duermen. Son niños que se comportan como niños. Y, aunque hay días que sentimos que no podemos más y soltamos un alarido que hace temblar las paredes, debemos tener en cuenta que de esa emoción no son responsables nuestros hijos sino otros motivos: el cansancio, el estrés y las mil cosas en la cabeza. Y eso precisamente es lo que tenemos que decirles a nuestros hijos: «Lo siento mucho. Antes he alzado la voz cuando en realidad no te lo mereces. Estos días tengo mucho estrés en el trabajo y por eso pierdo la paciencia con facilidad. Intentaré que no me vuelva a suceder. Espero que me perdones. Te quiero mucho».

En conclusión, enfadarse es normal, es sano y hasta positivo porque el enfado puede ayudarnos a luchar por algo que no nos parece justo. No enfadarse nunca, que todo nos dé igual y que nos conformemos con cualquier cosa es una forma de vida pasiva y una actitud poco adecuada, ya que así no somos asertivos, no luchamos por nuestros derechos y se pueden aprovechar de nosotros. La cuestión no es no enfadarse, la cuestión es cómo expresar el enfado y dejar, o no, que este nos afecte demasiado, se apodere de nosotros y nos gobierne. Y eso es precisamente lo que debemos transmitir a nuestros hijos con nuestro ejemplo, guía y acompañamiento.

LA TRISTEZA EN LOS NIÑOS

> Pasa tristeza, bailemos juntos la canción de la melancolía, pero después vete para que pueda curar mis heridas.

Desde hacía unos meses, más o menos desde que había comenzado el curso, Marco se mostraba triste y callado. Casi nunca quería salir de casa y antes de ir al cole se quejaba a menudo de dolor de tripa. Algunas veces se enfadaba sin motivo aparente y tenía reacciones y contestaciones poco propias de él. En casa le preguntaban qué le sucedía, pero él siempre contestaba lo mismo: «No me pasa nada». Sus padres estaban desconcertados, no sabían por qué su hijo se sentía tan triste.

Me entrevisté con Marco. Indagando en los cambios que habían acontecido en su vida, me encontré con un sentimiento muy parecido al abandono, algo que le estaba ocasionando una enorme tristeza. Arturo, su mejor amigo, su otra mitad en el colegio, en las excursiones y en los cumpleaños, se había ido a pasar un año entero a Inglaterra. Los padres comentaron que Marco jamás había mostrado ningún sentimiento relacionado con la partida de su amigo y que, en su momento, eso les había parecido extraño. Pero que, finalmente, llegaron a la conclusión de que su hijo no había sufrido por la ausencia de su amigo. La realidad era todo lo contrario. Marco estaba enfadado con su amigo, se sentía traicionado, abandonado y debajo de todo esto se escondía una tristeza que no era capaz de expresar. Así fue como sucedió exactamente en la consulta, Marco comenzó con un discurso de este tipo:

—No necesito a Arturo para nada. De hecho, mejor que se haya ido, ya comenzaba a hacerse muy pesado aguantarlo.

Pero, tras tocar las teclas oportunas, acabó llorando. Y lo hizo desconsoladamente.

—No entiendo por qué se ha tenido que ir. Por qué me ha dejado solo. Siento que este curso solo pueden pasarme cosas malas. Mi mejor amigo me abandona y me deja solo y ahora nadie quiere estar conmigo.

La tristeza es una emoción básica que sentimos tanto los adultos como los niños: pérdidas, disgustos y vivencias. Los más pequeños también sufren los imprevistos de la vida y es necesario que conozcan y entiendan la emoción de la tristeza, para aprender a gestionarla.

La tristeza, además de inevitable, es necesaria, por eso no debemos negarla ni tratar de huir de ella a toda costa. Muchas veces, esta emoción nos ayuda a superar ciertas dificultades, y alerta a los que nos rodean de que podemos necesitar ayuda, apoyo y cariño. Los niños también sienten tristeza y es por eso que en su caso todavía debemos prestar más atención porque para ellos es una emoción difícil de regular. Negar esa emoción, procurar que se distraigan y pasen inmediatamente a la alegría no es la solución. Además, rechazándola podemos estar negando de modo inconsciente nuestra ayuda y nuestro apoyo cuando seguramente más nos necesitan.

Algo muy importante a tener en cuenta en el caso de los más pequeños es que, en ocasiones, manifiestan la tristeza de una forma que a los adultos puede despistarnos.

Estas son algunas de las formas en las que los niños pueden expresar tristeza:

- Llanto
- Apatía
- Inactividad
- Problemas para dormir

Pero también:

- Irritabilidad
- Ansiedad

- Cambios bruscos en el estado de ánimo
- Excesiva agitación

Cuando los niños reaccionan a la tristeza con síntomas de irritabilidad, como gritos o enfados, que consideramos injustificados, algunos padres se enfadan con ellos e incluso los castigan, pero lo que necesitan en ese momento es justo lo contrario: comprensión y acompañamiento.

La tristeza suele ser una emoción que, en general, no nos gusta presenciar. Cuando alguien expresa su tristeza podemos sentirnos incómodos, sobre todo porque no sabemos cómo reaccionar, cómo consolar y acertar con las palabras que debemos pronunciar. En el caso de los más pequeños, no solo nos disgusta observar la tristeza, sino que incluso tenemos demasiadas ganas de ahuyentarla y sustituirla por la alegría. Solemos pensar que los niños deben sentirse siempre felices y contentos. Eso nos lleva a verbalizar frases que no acompañan esa emoción de forma respetuosa y que incluso juzgan su forma de sentir, por lo que es mejor evitarlas:

✗ «No pasa nada».
✗ «No es para tanto».
✗ «Vamos, sonríe».

En cambio podemos acompañar la tristeza, comprendiendo y empatizando, con las siguientes frases:

✓ «Vaya, menudo disgusto».
✓ «Entiendo que te sientas así».
✓ «Sé que, para ti, esto es algo importante».

Y es que tenemos muy arraigada una tendencia a disimular la tristeza o a pedirles a los niños que no la expresen, que dejen de llorar rápido y sonrían. Como si, por el hecho de plantar una sonrisa en la cara, la causa de la tristeza desapareciera. Este «disimulo» y propensión de algunos niños a ocultar que están tristes puede deberse a las reacciones de risitas o burlas por parte de los demás: «Es un llorón»; a la forma en que los juzgan: «Menuda tontería»; o incluso a riñas, chantajes o amenazas de castigo: «Hasta que no dejes de llorar, no podrás… ».

Este tipo de respuestas por parte de los padres pueden provocar que nuestros hijos aprendan a no expresar la tristeza (y probablemente otras emociones) y que, cuando tengan problemas, no confíen en nosotros y permanezcan en silencio. Por eso es importante evitarlas a toda costa.

Algunos motivos que pueden desencadenar la tristeza en los niños pueden ser:

- Una discusión con un buen amigo
- Sentir que no encaja en el colegio
- Cambio de escuela
- Mudanza
- La pérdida de un ser querido
- La separación de los padres

En el caso de Marco, nos encontramos con un niño que siente la ausencia de un amigo. En un primer momento sus padres no detectan que eso haya podido desencadenar tristeza en su hijo, ya que no lo verbaliza. Sin embargo, ese sentimiento está allí y se manifiesta de distintas formas a lo largo de varios meses. Al principio Marco expresó enfado, pero en el fondo de esa reacción se encontraba la tristeza. Hay que tener en cuenta que muchas veces los niños expresan su tristeza con conductas compatibles con el enfado, y eso despista a los padres.

Como te comentaba antes, la tristeza es una emoción normal. Debemos dejarla entrar, estar con ella el tiempo que necesite, charlar y después invitarla a irse. Sin embargo, a veces la tristeza se resiste a marcharse y es entonces cuando los padres debemos estar más atentos. ¿Cuándo debe preocuparnos la tristeza de nuestros hijos? Por ejemplo:

- Cuando la tristeza dura más tiempo de lo deseado
- Cuando el niño llora demasiado a menudo o está muy irritable
- Cuando le cuesta conciliar el sueño durante un periodo de tiempo considerable
- Cuando tiene el estómago cerrado y le cuesta comer

Si estas observaciones se perciben durante varias semanas o más, hay que prestar especial atención y es recomendable recurrir a un experto.

En definitiva, la tristeza es un sentimiento que aparece en la vida de cualquier ser humano. Se trata de una emoción que debe ser normalizada, aceptada y acompañada para que pueda regularse de una forma adecuada. Cuando tu hijo esté triste, déjalo expresarse, empatiza con él y acompáñalo.

LOS CELOS INFANTILES

> Los celos son molestos para los demás,
> pero un tormento para uno mismo.
>
> WILLIAM PENN

Camila tenía cuatro años y, de la noche a la mañana, se había convertido en la hermana mayor. Desde que había llegado su hermanita Claudia, algunos cambios acontecieron en su vida. El primero fue que tuvo que pasarse a dormir a su habitación, porque su lugar en el dormitorio de sus padres lo ocupaba Claudia. El segundo fue que apenas pasaba tiempo con su madre, ahora esta se dedicaba casi en exclusiva a su hermana y ya no jugaba con ella, ni le leía cuentos por las noches. Camila sentía que ya no la querían tanto y comenzó a llevar a cabo algunos comportamientos atípicos, como pintar las paredes del pasillo con rotulador o tirar todos los juguetes de su habitación al suelo. Ante estas conductas, sus padres la reñían y se enfadaban con ella: «Pórtate bien, deja de comportarte como un bebé y ayuda en casa».

Pero, al contrario de lo deseado, Camila comenzó a ser menos autónoma, exigiendo que la vistieran, que le dieran la comida, regresando al uso del chupete y volviendo a mojar la cama por la noche.

Los celos son una emoción que surge cuando sentimos que el amor que nos profesa un ser querido corre peligro por la presencia de una tercera persona. Es un estado que se vive como competencia y en el que uno siente que debe luchar por un cariño que está convencido que puede perder. Se puede dar en parejas, entre amigos, entre hermanos y también entre padres e hijos.

En el caso de las familias, ese sentimiento puede aparecer cuando los hijos sienten celos por el amor de sus padres. Una situación muy típica en la que surgen los celos de los más pequeños de la casa es con la llegada de un hermanito, cuando dejan de ser «los reyes de la casa» y la atención que antes recibían en exclusiva pasa a ser compartida.

La emoción de los celos puede ser expresada con llamadas constantes de atención o con conductas despreciativas hacia la persona que consideran responsable de la pérdida de amor que ellos sienten o interpretan, ocasionando resentimiento e incluso rechazo. En este caso, los celos pueden ir acompañados de un incremento de los miedos, la tristeza y la ansiedad, o de un descenso de la autoestima.

Algunas **formas de manifestar los celos** por parte de los más pequeños pueden ser:

- Rechazo o incluso algún tipo de agresión verbal o física a su hermano. El niño que siente celos puede verbalizar que no quiere a su hermano y que estaba mucho mejor sin él. Puede insultarlo e incluso pegarle cuando sus padres no miran.
- Burlarse de su hermano, ridiculizarlo o dejarlo en evidencia. Esta reacción puede darse ante los amigos del hermano como un acto de represalia.
- Llamadas de atención para captar el interés de los padres. En ocasiones, son conductas inadecuadas, como romper algún objeto de la casa, o consisten en una exhibición de lo que sabe hacer, lo bien que toca la flauta o cómo ha dibujado un elefante.

Hay que tener en cuenta que los celos son una emoción normal, sobre todo cuando los enmarcamos dentro de la etapa evolutiva en que se encuentran nuestros hijos. Desde los dos añitos hasta los cinco, aproximadamente, suele ser el momento en el que surgen los celos, coincidiendo con la llegada de un hermanito, y esa reacción emocional quizá sea una forma de reclamar a los padres los cuidados que todavía necesitan. A veces cometemos el error de hacer mayores a los niños de repente, incluso dándoles responsabilidades poco propias para la edad, y eso no es justo para ellos. En general, los celos serán temporales y se irán pasando a medida que vayan aceptando la situación y su nuevo rol de hermano mayor.

En algunas ocasiones se pueden dar regresiones en las que el hermano mayor deja de hacer algunas cosas que ya había conseguido llevar a cabo por sí mismo, como por ejemplo comer solo, dormirse sin la compañía de un adulto o pasar la noche sin mojar la cama. Todo eso puede deberse a la imitación del hermano pequeño, aunque casi siempre se debe más bien a la ansiedad o difícil gestión de la situación. Algunos padres pueden interpretar estas conductas como desafiantes, hechas a propósito y enfadarse con sus hijos, e incluso castigarlos, reforzando así la idea equivocada de que ya no los quieren y de que el hermano pequeño ha llegado para fastidiarlo todo.

Eso es precisamente lo que ocurre en el caso de Camila. Por un lado, se dan conductas que se podrían considerar llamadas de atención, como pintar las paredes o tirar los juguetes. En ese sentido, hay que tener en cuenta que si los niños se comportan de determinada forma para captar nuestro interés, eso es precisamente lo que necesitan: nuestro interés, atención y cariño. Y eso es justamente lo que les debemos dar.

Por otro lado, Camila vuelve a necesitar ayuda para vestirse, comer… Es probable que la niña sienta malestar e inseguridad, por eso necesita empatía, cariño, paciencia y la presencia de los padres.

Además, muchas veces resulta positivo preparar la llegada del hermanito. Por ejemplo, en el caso de Camila, sus padres deberían haber hecho el cambio de habitación unos meses antes para que ella no lo relacionara con la llegada de Claudia. Otra fórmula es ingeniárselas para estar todos en la habitación o repartirse los progenitores, de modo que Camila no hubiera deducido que su hermana pequeña era quien la echaba del dormitorio de los padres.

¿Cómo podemos evitar los celos entre hermanos?

- Preparar al hermano mayor antes del nacimiento y prevenir posibles situaciones y dificultades que puedan surgir.
- Implicarlo en los preparativos para que se sienta partícipe y viva la llegada con ilusión.
- Tratar de que la llegada de un hermanito no cambie bruscamente la vida del hermano mayor.
- Buscar momentos para estar a solas con cada uno de nuestros hijos y dedicarles toda nuestra atención.
- No establecer trato de preferencia con ninguno de los hijos. Tampoco hay que tratarlos por igual. Nuestros hijos no son iguales y, por lo tanto, necesitarán cosas diferentes, pero de ninguna manera debemos transmitir preferencias entre unos y otros.

- No establecer comparaciones entre los hermanos.
- Ser comprensivo y empático. Hablar con nuestros hijos y expresar que entendemos que puedan sentir celos.
- Recalcar nuestro amor incondicional para que no tengan dudas.
- Valorar los aspectos positivos de nuestros hijos y dejar de lado los negativos.
- Mantener la calma ante los celos de nuestros hijos y aprovechar para transmitirles seguridad y aumentar su autoestima.
- Cuando amigos y familiares visiten al bebé recién nacido, procurar que el hijo mayor no se sienta desplazado.

En resumen, es normal sentir celos, el problema es cuando estos nos llevan a una acción poco deseable. Para evitar lo segundo, permitamos que nuestros hijos sientan celos y que los verbalicen mostrándonos comprensivos y empáticos, solo así podremos hablar con ellos de ese tema y hacerles entender que nuestro amor no se divide sino que se multiplica.

CLAVES PARA EDUCAR CON INTELIGENCIA EMOCIONAL

✓ Las emociones son algo omnipresente en la vida de los hijos (y de todas las personas). Si quieres que sean felices es importante que potencies en ellos una buena inteligencia emocional.

✓ A grandes rasgos, la inteligencia emocional incluye la identificación, la expresión y la regulación de las emociones.

✓ Identificar significa reconocer las emociones en uno mismo y en los demás y aprender a nombrarlas. Enseñarle esto a tu hijo será un primer paso para que sea más inteligente emocionalmente.

✓ Anima a tu hijo a que exprese las emociones, ya que así estas se canalizan y comienzan a regularse por sí mismas. Se trata de que aprenda a poner palabras y gestos a aquello que siente. Los que lo rodeamos podremos atender sus necesidades y empatizar.

✓ Existen estrategias que puedes enseñar a tu hijo para que aprenda a regular sus emociones: técnicas de relajación o de distracción, o buscar la causa son algunos ejemplos.

✓ El miedo es una emoción básica y adaptativa que nos protege de peligros. Generalmente, en la infancia se dan los miedos evolutivos, lo que significa que aparecen y desaparecen dependiendo de la edad. Empatiza, comprende y acompaña a tu hijo en sus temores hasta que se pasen.

✓ Cuando un miedo es demasiado intenso o persiste en el tiempo y limita el día a día de tu hijo, es aconsejable recurrir a un especialista.

✓ Todos sentimos enfado, por lo que si detectas la primera chispa de esta emoción en tu hijo, trata de que se tranquilice antes de que vaya a más. A medida que pase el tiempo, él mismo podrá detectar el «primer chispazo» y regular esta emoción.

✓ Los niños también se ponen tristes y necesitan llorar. Permite que tu hijo sienta tristeza, que llore cuanto precise. Empatiza, acompaña y apoya con afecto y calidez.

✓ La llegada de un hermanito puede provocar los celos del hermano mayor. Si eso ocurre, muestra comprensión y empatía. Habla con tu hijo para que entienda que tu amor es incondicional y trata de reservar siempre momentos para compartir con él.

La hora del cuento: La bruja de la buhardilla

Jana y su familia se mudaron a una casona grande y muy antigua que había pertenecido a los abuelos. La casa tenía dos plantas y un sinfín de habitaciones, y, aunque llevaba casi dos semanas viviendo allí, Jana aún solía perderse por los pasillos.

Una tarde, mientras Jana jugaba en su habitación, oyó un crujido que provenía del techo. ¡Qué raro! ¿Quién hacía ese ruido? Jana salió de su habitación y recorrió el pasadizo hasta que se topó con una puerta que nunca había abierto. Aquella no era una puerta como las demás, estaba carcomida por el paso del tiempo y en su cerrojo descansaba una llave de hierro con una telaraña. Jana sopló sobre la llave y la giró, y detrás de la puerta descubrió una escalera de madera que ascendía. La niña subió peldaño a peldaño con el corazón a punto de salirse del pecho. Una vez arriba, descubrió una buhardilla repleta de muebles viejos y polvorientos; allí las telarañas lo invadían todo. Por una diminuta ventana con el cristal roto entraba un modesto rayo de luz que no lograba suavizar el ambiente tétrico. A pesar de la penumbra, Jana acertó a ver una gran olla negra y varios utensilios de cocina. De pronto, un fuerte estruendo resonó en sus oídos. Sin detenerse a comprobar lo que había sucedido, Jana desfiló escaleras abajo y cerró aquel portón dando tres vueltas con la llave.

Una vez en su habitación, Jana no podía quitarse de la cabeza lo que había ocurrido. Además, se dio cuenta de algo escalofriante: aquel caldero y los cucharones eran la pista definitiva de que en la buhardilla vivía una bruja.

Aquella noche, cuando todos dormían, Jana comenzó a gritar atemorizada.

—¿Qué ocurre? —preguntó su padre, que se había despertado con los gritos.

—Hay una bruja en la buhardilla. ¡Y me quiere comer! —aseguró Jana.

—Las brujas no existen. Y mucho menos en esta casa —contestó el padre.

—Pero yo la he oído y he visto sus cosas.

—Imaginaciones; vamos, a dormir.

—¿Puedes dejar la luz del pasillo encendida?

—Está bien...

Al día siguiente, Jana oyó de nuevo los crujidos y se imaginó a la bruja haciendo de las suyas. Y aquella noche sucedió exactamente lo mismo que la anterior. Solo que esta vez acudieron a su llamada tanto su padre como su madre.

—¿Qué ocurre, chiquitina? —preguntó su madre.

—Hay una bruja en la buhardilla —susurró temblando.

—Otra vez esa historia —dijo el padre—. Ya te he dicho que aquí no hay brujas.

—Yo estoy segura de que sí. Además, hace mucho ruido.

—Si de verdad crees que hay una bruja, entiendo que te sientas así y que no puedas dormir —dijo su madre—. Vamos a hacer una cosa, yo me quedo a dormir contigo y mañana subimos juntas a la buhardilla y comprobamos qué es lo que hace tanto ruido.

Dicho y hecho, al día siguiente, después del desayuno, Jana y su madre subieron a la buhardilla. A Jana el corazón le iba a mil y agarraba con fuerza la mano de su madre.

—Mira, el caldero —señaló Jana.

—Esa es la vieja olla de tu abuela —dijo su madre—. Aquí cocinaba las mejores albóndigas del mundo.

De repente, se oyó un buen batacazo. Algo se había caído al suelo.

—¡Mamá, la bruja! —dijo Jana tapándose los ojos con las manos.

—¡Espera, vamos a ver qué ha ocurrido! Creo que se ha caído una vieja escoba... —dijo su madre.

—¿Una escoba? ¡Ay, qué miedo!

—¡Ajá, te pillé! ¡Jana, mira a quién tenemos aquí!

Jana se quitó las manos de sus ojos y se acercó a su madre. En un rincón, un gato rayado de ojos verdes las miraba asustado.

Reflexión

Uno de los miedos más típicos de la infancia es el que tiene que ver con seres fantásticos como brujas, monstruos y fantasmas. Este es un temor completamente normal y adaptativo; es decir, que con el paso del tiempo, desaparece.

Algunos padres cometen el error de quitar importancia a este tipo de miedos, e incluso se ríen de sus hijos. Precisamente la reacción del padre en el primer episodio de despertar nocturno es la de restar importancia a lo que verbaliza su hija Jana, además que al día siguiente ni siquiera se interesa por este tema, y eso no ayuda a que la niña supere sus temores.

El papel de los padres es el de acompañar, comprender, empatizar y fomentar que expresen sus temores. Se trata de explicarles con calma la diferencia entre el mundo real y el mundo imaginario y acompañar esta explicación, si es necesario, con pruebas de realidad. En el cuento ese papel lo ha desempeñado la madre de Jana, mostrándose cercana y paciente, y dándole apoyo y presencia. Además, al día siguiente acompaña a su hija para que esta se dé cuenta de que, en realidad, todo está en su imaginación.

Cuestiones para pensar

- Recuerda cuando eras niña, o niño, ¿en alguna ocasión tuviste miedo a algún ser fantástico? ¿Qué hubieras necesitado de los que te rodean?
- ¿Cómo sueles reaccionar tú (o cómo reaccionarías) cuando tu hijo expresa un temor de este tipo? ¿Crees que ese es el camino correcto? ¿Por qué?
- ¿A qué miedos de tus hijos te has enfrentado? ¿Cómo has actuado en cada momento? ¿Fue una buena opción? ¿En qué podrías mejorar?

Actividades para realizar juntos: educar la inteligencia emocional

Identificación de las emociones

1. Identificar emociones alrededor

Objetivo: Aprender a identificar las emociones en otras personas o personajes.

Materiales:

- Revistas o libros con imágenes
- La televisión

Funcionamiento: Después de hacer un repaso sobre las emociones básicas, jugamos a identificar emociones con diferentes estrategias.

- Hojear una revista y tratar de identificar la emoción de las personas que aparecen fotografiadas entre sus páginas. También se puede hacer con un libro ilustrado.
- Mirar una película identificando las emociones que van sintiendo los protagonistas en cada momento.
- Observar a la gente que nos rodea. Podemos sentarnos en un banco y tratar de averiguar cómo se sienten las personas que se cruzan en nuestro camino.

Expresión de las emociones

2. Escribir un diario

Objetivo: Expresar las emociones a través de la escritura de un diario.

Materiales:

- Un cuaderno
- Bolígrafo o/y pinturas

Funcionamiento: Se elige alguna vivencia que haya tenido impacto en las últimas semanas y se trata de plasmar en las hojas del cuaderno.

Algunas ideas a la hora de escribir el diario son:

- Anotar la fecha en que se escribe y la del día que se describe.
- No se trata de escribir todo lo que sucedió aquel día sino de centrarse en el conflicto o la situación relevante.

- Intentar responder a las siguientes preguntas en el relato:
  - ¿Dónde sucedió?
  - ¿Con quién estabas?
  - ¿Qué ocurrió?
  - ¿Cómo te sentiste?
  - ¿Te molestó algo en concreto?
  - ¿Cómo lo solucionaste o cómo puedes solucionarlo si aún no está resuelto?
- Elegir un rato de los fines de semana para pensar en lo sucedido durante los días anteriores y hacer este ejercicio con las vivencias más destacables.

Gestión emocional

3. Ejercicios de respiración profunda

Objetivo: Regular las emociones más intensas a través de ejercicios de respiración.

A) El peluche sube a la cima

Materiales:

- Un peluche
- Una colchoneta (opcional)

Funcionamiento: El niño se tumba sobre la cama, en el sofá o en una colchoneta y coloca su peluche favorito sobre su tripa. Su tripa será una montaña que su muñeco subirá. Deberá inspirar profundamente y expirar, a la vez que observa que su peluche sube y baja.

Cuando el niño esté listo, se le dice:

- «Toma aire durante tres segundos. Tu peluche sube a la montaña».
- «¡Observa cómo va subiendo! ¡Cuidado, que no se caiga!».
- «Déjalo arriba por lo menos dos segundos. Le gusta contemplar las vistas desde lo más alto».
- «Llega la hora de bajar de la montaña. Suelta aire lentamente. Que no se caiga».

Se repite este ejercicio durante tres o cinco minutos.

B) La vela resiste al viento

Materiales:

- Una vela
- Un encendedor o cerilla (lo usa el adulto)

Funcionamiento: Se enciende la vela y le pedimos al niño que se siente delante de ella. Debe inspirar profundamente durante varios segundos y, al soltar el aire frente a la vela, tratar por todos los medios de no apagar la llama. Se pretende con esto que la espiración sea muy lenta y meditada.

C) Soy un elefante

Funcionamiento: En este ejercicio el niño se convertirá en un elefante y aprenderá a inspirar por la nariz y a espirar por la boca. Para empezar, se le pide al niño que se ponga de pie con las piernas ligeramente abiertas y que junte los brazos como si fuesen la trompa de un elefante.

- «Toma aire por la nariz mientras vas elevando los dos brazos. Recuerda que son la trompa de un elefante».
- «Quédate dos segundos con la trompa arriba y con el pulmón lleno de aire».
- «Ahora, baja los brazos (la trompa del elefante) mientras sueltas el aire por la boca. Trata de barritar como si fueses un auténtico elefante de la sabana africana».

El miedo

4. La técnica de la escalera
Objetivo: Superar un miedo de forma paulatina, gracias a la consecución de pequeños retos.

Materiales:

- Una hoja
- Bolígrafo

Funcionamiento:

1. Definir el miedo.
2. Ordenar pequeños retos de menor a mayor dificultad.
3. Ir subiendo peldaños a medida que el niño deja de sentir miedo.

Ejemplo de escalera para superar el miedo al agua:

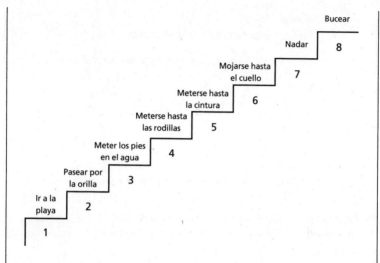

Bucear 8

Nadar 7

Mojarse hasta el cuello 6...

Meterse hasta la cintura

Meterse hasta las rodillas 5

Meter los pies en el agua 4

Pasear por la orilla 3

Ir a la playa 2

1

El enfado

5. La caja de la serenidad

Objetivo: Disponer de una serie de estrategias para gestionar el enfado y evitar que vaya a más.

Materiales:

- Una caja
- Materiales variados, dependiendo de los elementos que quieras que compongan la caja de la serenidad, como por ejemplo:
  - Un frasco de la calma creado a base de pegamento transparente, colorante y purpurinas.
  - Una bola antiestrés, que se puede crear con un globo relleno de arroz.
  - Música relajante.
  - Un cuento que tenga un efecto tranquilizador en el niño.
  - Técnica del semáforo: se crea un semáforo con cartulinas y se le cuentan al niño las instrucciones relacionadas con el semáforo. Cuando sienta mucha rabia, su semáforo está en rojo. Eso quiere decir que debe permanecer quieto (igual que los coches se detienen ante los discos rojos cuando están circulando) y no actuar en caliente. A medida que se vaya tranquilizando, su semáforo se pondrá en amarillo, y en ese momento puede pensar, reflexionar y valorar cuáles son las mejores formas de actuar sin dañar a nada ni a nadie.

Cuando el niño ya esté lo suficientemente tranquilo, su semáforo se pondrá en verde y entonces el niño puede reaccionar y actuar de una forma más adecuada y calmada.

o Técnicas de distracción: contar de tres en tres o contar hacia atrás.

o Dibujo realizado por el niño de un paisaje que le inspira calma.

o Mandalas para colorear.

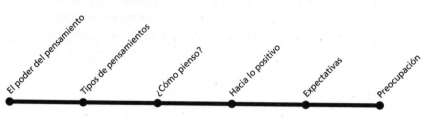

L4

El pensamiento positivo (y realista)

> La felicidad no está en lo que ocurre
> alrededor, sino en lo que sucede
> en nuestro interior.
>
> Anónimo

¿Eres de los que ven el vaso medio vacío o de los que lo ven medio lleno? No sé si a ti te pasará cuando viajas, pero a mí, sobre todo si viajo sola, me da por pensar. No importa si voy en coche, en tren o en avión, el traqueteo acompaña mis reflexiones y me invita a meditar. Precisamente el viaje de la crianza es un proceso que conlleva mucho vaivén de pensamientos, muchas dudas, incertidumbres y temores. En ese sentido, nuestra forma de pensar puede tender al negativismo: «No sé cómo educar a mi hijo», «Esto se me va de las manos», «Seguro que lo estoy haciendo mal», «No soy capaz»... O al positivismo: «Lo estoy haciendo bien, solo tengo que seguir aprendiendo», «Estando tranquila, todo irá mucho mejor», «Mi hijo es lo mejor que me ha pasado en la vida, quiero disfrutar cada momento». Lógicamente, si nos acompañan los pensamientos positivos, nuestro proceso de crianza será agradable y disfrutaremos más de cada trayecto. El razonamiento es una parte básica de nosotros mismos y, al igual que las emociones, es algo omnipresente en nuestra vida.

Cada vez se oye hablar más del pensamiento positivo, del optimismo y de cómo estos son algo fundamental para alcanzar no solo la tan anhelada felicidad sino también el equilibrio y la armonía. Pensar en positivo significa rodearnos de los pensamientos que nos ayudarán a enfrentarnos con éxito a las circunstancias externas que nos toca vivir.

Los beneficios que aporta emplear el pensamiento positivo son extraordinarios, por ese motivo es muy interesante, por un lado, detectar cuál es, en general, nuestra forma de pensar, y por otro lado, entrenar nuestro cerebro para pensar en positivo.

Los expertos aseguran que el cerebro tarda entre unos sesenta y noventa días en asimilar cualquier cambio o nuevo aprendizaje. Esto significa que, con el paso del tiempo y a medida que entrenemos esta habilidad, se crearán nuevas conexiones neuronales y nuevas rutas que harán que se instaure en nosotros una forma de pensar más positiva, que acabará utilizándose automáticamente. Y es que el mundo que nos rodea no es como es, por lo que es en sí mismo, sino por cómo lo pensamos, interpretamos y sentimos. Por lo tanto, serán nuestros pensamientos los que decidan cómo nos sentimos en cada momento, independientemente de las vivencias que hayamos tenido.

Los autores gestálticos Max Wertheimer (1880-1943), Wolfgang Köhler (1887-1967) y Kurt Koffka (1886-1941) fueron pioneros en afirmar que lo que el sujeto percibe no se corresponde necesariamente con la realidad. Hablaban de ciertas leyes que gobiernan la percepción y ponían en valor su principal axioma: «El todo es más que la suma de sus partes». A partir de los principios de la Gestalt se crearon multitud de ilusiones ópticas que resultan muy curiosas y atractivas para el observador.

Ilusión óptica basada en la ley de figura-fondo de la Gestalt.
¿Qué ves en primer lugar? ¿Percibes dos rostros de perfil de color blanco?
¿Percibes un jarrón negro? Las cosas son según cómo se miren.

Como terapeuta he utilizado las ilusiones ópticas para que mis pacientes comprendieran que en ocasiones lo percibido no se corresponde con la realidad. Este recurso resulta muy útil en casos graves de trastornos alimentarios en los que aparece una clara distorsión corporal, o en casos de esquizofrenia en los que los pacientes sufren alucinaciones. Sin embargo, esta estrategia también es reveladora para demostrar que las cosas dependen del prisma con que se miren. Nuestra forma de pensar nos llevará a interpretar de una manera o de otra lo que sucede a nuestro alrededor. Los mismos acontecimientos serán vividos y sentidos de diferentes modos.

¿Acaso no conoces a personas que aparentemente lo tienen todo y, sin embargo, parecen incapaces de ser felices y muestran una insatisfacción permanente? Y, por otro lado, ¿no es cierto que hay personas con dificultades en diferentes ámbitos de su vida pero son capaces de sonreír y de encontrar siempre el lado positivo de las cosas? Esta es una clara prueba de que el pensamiento tiene más poder en nuestra vida que las circunstancias.

Lógicamente, una o varias piedras en el camino, una situación complicada, una experiencia traumática o una pérdida dolorosa condicionarán negativamente nuestro bienestar. Pero la forma en que salgamos a flote, resurjamos de nuestras cenizas y consigamos sentirnos bien a pesar de la tormenta, dependerá en gran medida de nuestra forma de pensar, y eso nos otorga un gran poder sobre nuestras vidas que debemos aprovechar.

Desde edades bastante tempranas muchos niños y muchas niñas tienen formas muy marcadas de pensar, ya sea debido al aprendizaje por observación, a la genética o a otros motivos. En una ocasión, una madre con un hijo de nueve años me dijo: «Es muy negativo. Me da rabia que piense siempre en lo que le falta. Si tiene una colección casi completa de cromos, en lugar de pensar en todos los que ha conseguido, piensa en aquellos que aún no ha logrado. No sabe disfrutar del presente, ni de lo que tiene».

Cuando sucede algo así, es necesario hacer una revisión de los factores que pueden o han podido influir en la forma de pensar de nuestros hijos, buscar las causas y analizar si estamos colaborando de alguna forma para que tiendan a enfocarse en negativo.

Esta línea es un buen punto de partida tanto para detectar el pensamiento que tienden a utilizar nuestros hijos (y nosotros mismos) como para entrenar el optimismo; lo cual será de gran utilidad para alcanzar la plenitud y el bienestar. Viajaremos por el poder del pensamiento y conoceremos los distintos tipos de pensamientos distorsionados para ayudar a nuestros hijos a aprender a localizarlos y a combatirlos. Haremos también una parada especial en las expectativas y las preocupaciones, pues suelen estar muy vinculadas a los pensamientos, y en cómo estos influyen en nuestro bienestar.

EL PODER DEL PENSAMIENTO

Eres lo que piensas.

WAYNE W. DYER

El pensamiento es un proceso cognitivo con contenido verbal que, de forma consciente o inconsciente, está muy presente en nuestras vidas. Aquello que nos decimos a nosotros mismos tendrá una gran influencia en nuestro modo de sentir y también en nuestra forma de comportarnos.

Albert Ellis (1991) marcó el devenir de la psicología con su Modelo del ABC, en el que explicaba por qué, ante unos mismos hechos, las personas reaccionaban de una forma muy distinta, en función de sus cogniciones.

El modelo de Ellis se definiría de la siguiente forma:

A. Acontecimiento activador (*Activating event*)
Hace referencia a la situación, a aquello que ocurre a nuestro alrededor. Las cosas que nos pasan en nuestro día a día.

B. Sistema de creencias (*Belief System*)
Los pensamientos que se cruzan en nuestra cabeza ante la situación que vivimos o, lo que es lo mismo, la forma en la que interpretamos dicha situación. Dependiendo de la persona, un mismo acontecimiento será interpretado de diferente manera y dará lugar a diferentes consecuencias.

C. Consecuencias (*Consequences*)
¿Cómo reaccionamos a esa interpretación? Por un lado, sentiremos una emoción, y por otro, llevaremos a cabo una conducta.

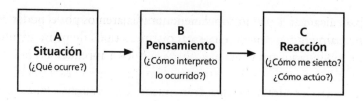

| A
Situación
(¿Qué ocurre?) | | B
Pensamiento
(¿Cómo interpreto
lo ocurrido?) | | C
Reacción
(¿Cómo me siento?
¿Cómo actúo?) |

Veamos unos ejemplos desde diferentes perspectivas.

Ejemplo 1

Un grupo de cinco amigos está charlando en el parque.

Desde la perspectiva de Manuel
A. Situación
Manuel bromea con algo y todos se ríen.
B. Pensamiento
«Soy patético. Todos se ríen de mí. Mejor me callo para no seguir haciendo el ridículo».
C. Reacción
Conducta: Manuel se calla, no abre la boca en lo que queda de tarde.
Emoción: Se siente triste y frustrado.

Desde la perspectiva de Juana
A. Situación
Juana bromea con algo y todos se ríen.
B. Pensamiento
«Soy molona, todos se divierten conmigo. A ver si se me ocurren otras cosas graciosas que decir».
C. Reacción
Conducta: Juana sigue bromeando y riéndose junto a sus amigos.
Emoción: Se siente alegre y jovial.

Como ves, la situación es prácticamente la misma, pero Manuel y Juana la viven de formas muy distintas y eso, a su vez, conlleva una reacción también diferente. Manuel hace una interpretación negativa de las risas, mientras que Juana la hace positiva. Lo más probable es que Manuel evite bromear en otras ocasiones para pasar desapercibido, potenciando así un sentimiento de inseguridad y una baja autoestima. Mientras que Juana seguirá participando de las conversaciones, activando y mejorando sus habilidades sociales, tratando de divertirse con sus amigos.

Ejemplo 2

La profesora habla con Irene y con Toni sobre su trabajo de sociales.

Desde la perspectiva de Irene
A. Situación
La profesora les dice que le ha gustado mucho su trabajo, aunque tendrían que haber desarrollado un poco más la parte del Imperio romano.

B. Pensamiento
«Definitivamente, me tiene manía. El trabajo está perfecto y ella siempre tiene que encontrar alguna pega».

C. Reacción
Conducta: Irene se queja a la profesora. No cree que sea verdad que su trabajo esté incompleto.

Emoción: Está enfadada y siente que ha sido injusto el comentario de la profesora.

Desde la perspectiva de Toni
A. Situación
La profesora les dice que le ha gustado mucho su trabajo, aunque tendrían que haber desarrollado un poco más la parte del Imperio romano.

B. Pensamiento
«Bien, parece que hemos hecho un buen trabajo. Solo tenemos que tomar nota para mejorar la próxima vez. Seguro que obtenemos grandes resultados».

C. Reacción
Conducta: Toni sonríe, le dice a la profesora que lo tendrá en cuenta para la próxima vez y le da las gracias.

Emoción: Se siente satisfecho con su trabajo y es positivo de cara al siguiente.

Este segundo ejemplo representa una situación que probablemente todos habremos vivido alguna vez en nuestra época de escolarización. Tanto Irene como Toni han recibido el mismo comentario por parte de la profesora; sin embargo, Irene hace una interpretación negativa y Toni, positiva. Irene se queda con la parte mala de la valoración, ignorando que la profesora les ha dicho que le ha gustado mucho el trabajo, a esta visión sesgada se suma que piense que la profesora le tiene manía; con esta actitud Irene perderá el tiempo estando enfadada, y no aprenderá nada de cara a los siguientes trabajos, ya que según su interpretación, haga lo que haga la profesora, siempre pondrá pegas a sus trabajos. En cambio, Toni es capaz de focalizarse en lo positivo: «El trabajo le ha gustado mucho»; y toma la crítica como una oportunidad para mejorar. Esto se traduce en una emoción de malestar por parte de Irene que puede desencadenar en desmotivación para trabajos futuros y en una emoción de bienestar en el caso de Toni que lo motivará para los próximos retos escolares.

En definitiva, ante un mismo hecho, hay diferentes interpretaciones. El pensamiento influye en la forma de sentir y en el comportamiento de una persona, y no lo que ocurre. Ese es el gran poder que tiene el pensamiento y por ese motivo muchos expertos defienden la importancia de entrenarlo para que se tiña de optimismo y nos haga la vida más fácil y agradable. Además, según Ellis, a este entramado se sumarían las expectativas y creencias previas que tiene cada uno y que predisponen de alguna forma a cómo nos enfrentamos a las diferentes situaciones. Imaginemos, por ejemplo, que las creencias previas de Irene eran: «A ver qué nos dice hoy la profesora, seguro que nos saca un "pero", como siempre»; mientras que las de Toni eran: «El trabajo está muy bien. Yo creo que la valoración será positiva». Lógicamente, estas expectativas o creencias influyen en el pensamiento y en la reacción posterior. Supongamos que Toni hubiera tenido una expectativa previa de «El trabajo está perfecto. Seguro que hemos sacado un diez»; en ese caso seguramente no hubiera encajado tan bien el comentario de la profesora o, por lo menos, le hubiera costado un poco más aceptar que había algo que se podía mejorar. Hablaré de las expectativas en uno de los trayectos de esta línea.

Supongamos ahora que estos mismos pensamientos fuesen verbalizados en casa, antes de acudir al colegio. ¿Cómo podemos los padres conversar con nuestros hijos para encauzar de alguna forma ese tipo de pensamientos? Vamos a suponer que la profesora es objetiva y que eso de que le tiene manía es una percepción de la niña, y así se lo hace saber esta a su madre:

> IRENE: Hoy nos van a dar la nota del trabajo de sociales.
>
> MADRE: ¿Y cómo crees que te habrá ido?
>
> IRENE: El trabajo está perfecto, aunque, como la profesora me tiene manía, seguro que le pone algún «pero».
>
> MADRE: ¿Por qué crees que la profesora te tiene manía?
>
> IRENE: Porque siempre me baja la nota por tonterías.
>
> MADRE: ¿No sacaste un diez en el último examen de sociales?
>
> IRENE: Bueno, sí...
>
> MADRE: Es mejor no anticiparse. Pero, si hay algún fallo, quizá puedas tomar nota para mejorar.

En este caso la madre, intuyendo una cognición negativa, cuestiona los pensamientos de su hija, para lo cual acude a hechos reales y le sugiere que no se precipite antes de tiempo. En cambio, se podría dar el caso de un progenitor que refuerce la idea de que la profesora le tiene manía: «Bien pudiera ser, esa profesora no me gusta ni un pelo».

Todo lo mencionado anteriormente se relaciona también con un concepto muy empleado en psicología. Me refiero al **«locus de control»**, introducido por Julian Rotter (1975), y hace referencia al control que consideramos que tenemos sobre las cosas que nos suceden. El locus de control puede ser **«interno»** o **«externo»**.

Las personas con un locus de control interno consideran que su destino depende de sí mismas, de sus acciones, de su esfuerzo, de la forma en la que se enfrentan a su día a día. Según esto, el éxito se debe a su trabajo y el fracaso, a una falta de este. Para ellas el devenir de la vida depende de sus fortalezas o déficits; en consecuencia, tomarán una actitud activa, estarán motivados, se harán responsables de sus actos y tratarán de mejorar aquellos aspectos en los que flaquean.

En cambio, las personas con un locus de control externo consideran que lo que les sucede se debe al karma o a la suerte, ya sean buenos o malos. Eso significa que culpan a las fuerzas externas de los avatares de su vida. Estas personas piensan que no pueden cambiar las cosas y que tanto sus éxitos como sus fracasos no se deben a ellos mismos, sino a otras causas. Por lo tanto, tienen una actitud pasiva y desmotivada, ya que creen que, hagan lo que hagan, el resultado será el mismo.

En el ejemplo anterior del trabajo de sociales, por un lado nos encontramos con Irene, que presenta un locus de control externo en lo que se refiere a la parte negativa de la valoración, ya que considera que la pega que pone la profesora no se debe a ella, sino a la manía que esta le tiene. Y, por el otro, nos encontramos con Toni, quien se responsabiliza de la valoración del trabajo tanto en la parte más positiva como en la más negativa.

En alguna ocasión, mi hijo mayor me ha expresado que considera que es un chico con mala suerte. Reconozco que me preocupa que ese pensamiento ronde por su cabeza y trato de hacerle entender que la buena o la mala suerte no existe como tal, que lógicamente en ocasiones ocurren imprevistos, algunos desafortunados. Pero que dentro de nosotros habita un poder que determina en gran medida lo que sucede a nuestro alrededor.

Nuestra función como padres es promover que nuestros hijos tengan un locus de control interno y que piensen en positivo; de esta forma, se esforzarán, estarán motivados y les resultará mucho más fácil ser felices.

TIPOS DE PENSAMIENTOS ERRÓNEOS O DISTORSIONADOS

> No existe nada bueno ni malo,
> es el pensamiento humano el
> que lo hace parecer así.
> WILLIAM SHAKESPEARE

Después de haber recorrido el trayecto anterior, no cabe duda de que el pensamiento tiene un gran poder sobre nuestras vidas. Aunque es algo que nos acompaña todo el tiempo, no resulta sencillo controlar lo que va y viene de nuestra cabeza, muchas veces incluso somos incapaces de detectar algunos pensamientos y ser conscientes de ellos. Estos pensamientos escurridizos que se cuelan en nuestra mente son los que llamamos **pensamientos automáticos**. Eso quiere decir que aparecen en nuestra cabeza sin que nosotros lo decidamos y aunque en ese momento estemos pensando en otra cosa. Generalmente, tratan de justificar algún tipo de situación y les otorgamos credibilidad, lo que significa que damos por válido el mensaje que nos están transmitiendo; cuando en realidad casi siempre son pensamientos tramposos y distorsionados.

Soy consciente de que trabajar con este tipo de pensamientos no es sencillo y que incluso a ti, como madre o padre, puede resultarte complicado. Desgraciadamente, la mayoría de nosotros no recibimos en su día una educación global en la que se nos enseñara autoestima, inteligencia emocional o cómo comprender nuestros pensamientos. Es por ello que, en buena parte de los casos, cuando somos padres y nos proponemos darles a nuestros hijos la mejor educación posible, debemos comenzar por conocernos a nosotros mismos y aprender lo que queremos transmitirles.

En el caso del pensamiento positivo, un primer paso será conocer los diferentes tipos de «pensamientos intrusos» que nos acechan y que nos arrastran hacia un pensar negativo. Cuando sepas identificar este tipo de pensamiento en ti mismo, serás capaz de enseñar a tus hijos a que también lo hagan. Y, sobre todo, les mostrarás el camino para pensar positivo gracias a tus verbalizaciones y a la forma en la que interactúas con él.

Para conocer las distorsiones más frecuentes del pensamiento existe una clasificación que, además, da ciertas pautas para reconocerlos. Esta es la que yo suelo utilizar en mis sesiones de terapia, e incluye doce tipos de pensamientos automáticos:

1. Pensamiento dicotómico

Hace referencia a la polarización de la forma de pensar. Si miramos bajo este prisma, las cosas son blancas o negras, correctas o incorrectas, verdad o mentira, buenas o malas. Se trata de tener una percepción de todo o nada. Eso significa que si utilizamos el pensamiento dicotómico no apreciaremos los grises, ni entenderemos que todo es relativo, ni que no hay verdades absolutas sino diferentes versiones de un mismo hecho. Si utilizamos este tipo de pensamiento, no nos damos cuenta de que, entre ambos extremos de un mismo continuo, existen los puntos intermedios.

- Ejemplo de pensamiento dicotómico: «Soy mala madre», «Todo lo que digo cae en saco roto».
- Ejemplo de pensamiento dicotómico en un niño: «No le caigo bien a nadie», «Todo me sale mal».

2. Lectura del pensamiento

Este tipo de distorsión se da cuando hacemos una lectura del pensamiento de los demás y lo damos por válido. Es decir, vemos a una persona pensativa y nosotros nos encargamos de poner palabras a lo que pasa por su cabeza y nos convencemos de que tenemos razón.

- Ejemplo de lectura de pensamiento: «Seguro que piensa que estoy horrible», «Está pensando que soy una estúpida».
- Ejemplo de lectura de pensamiento en un niño: «Seguro que piensa que soy un aburrido», «Está pensando que debería haber elegido a otra amiga para el autobús».

3. Adivinación del futuro

En este caso, la persona que emplea este tipo de distorsión se convierte en «adivina» y anticipa lo que va a suceder, cuando evidentemente no tiene ni la menor idea de si será así o no. Se trata, además, de una adivinación catastrofista, poniéndose siempre en la peor de las situaciones.

- Ejemplo de adivinación del futuro: «Si dejo que mi hijo vaya de campamentos, seguro que le pasa algo malo», «Si no estudio con mi hija, suspenderá».
- Ejemplo de adivinación del futuro en un niño: «Si voy a la fiesta de cumpleaños seguro que me quedaré aislada sin hablar con nadie», «Si mis padres van de viaje, seguro que tendrán un accidente».

4. Personalización

Como su nombre indica, esta distorsión consiste en asumir la responsabilidad de las dificultades y los problemas ajenos, cuando en realidad lo que ha sucedido no tiene nada que ver con nosotros.

- Ejemplo de personalización: «Está molesta por el comentario que he hecho antes», «Ha suspendido el examen porque habíamos discutido».

- Ejemplo de personalización en un niño: «Mi madre está triste por mi culpa», «Mis padres discuten porque me porto mal».

5. Externalización del éxito

Cuando algo nos sale bien, obtenemos algún logro o éxito, lo atribuimos a la buena suerte o a otros factores externos, quitándonos por completo el mérito.

- Ejemplo de externalización del éxito: «La exposición me ha salido fenomenal, he tenido suerte».
- Ejemplo de externalización del éxito en un niño: «He sacado buena nota porque me han tocado las preguntas que mejor me sabía», «He ganado la carrera porque no ha competido Claudia».

6. Sobregeneralización

Cuando nos ocurre algo negativo, concluimos que en un futuro nos va a volver a ocurrir lo mismo. En este caso se suele utilizar el «siempre» o el «nunca».

- Ejemplo de sobregeneralización: «Nunca está ahí cuando más lo necesito, a partir de ahora no voy a contar con él».
- Ejemplo de sobregeneralización en un niño: «Siempre me miente, no voy a escucharlo más», «Juan me ha traicionado, nunca podré encontrar a un buen amigo en el que confiar».

7. Minimizar lo positivo y magnificar lo negativo

Se resta importancia a las virtudes y a los talentos, llegando incluso a verlos desde el prisma negativo.

- Ejemplo de minimizar lo positivo: «Lo que hago no tiene ningún valor, es mi obligación».
- Ejemplo de minimizar lo positivo en un niño: «Sacar siempre buenas notas no tiene mérito; además, parezco un bicho raro».

Y, por el contrario, un pequeño defecto lo potenciamos al máximo.

- Ejemplo de magnificar lo negativo: «Soy un auténtico caos, mi vida es un desorden absoluto. No sirvo para ser madre».
- Ejemplo de magnificar lo negativo en un niño: «No tengo sentido del ritmo y siempre hago el ridículo. Soy lo peor».

8. Abstracción selectiva

Consiste en centrar la atención en un detalle negativo, en lugar de en todo lo bueno, que es mucho más importante.

- Ejemplo de abstracción selectiva: «Menuda fiesta increíble, me ha encantado todo: la música, la comida, los regalos... Solamente he echado en falta que hubiera algún globo». La persona con este tipo de distorsión, al recibir esta opinión desechará lo positivo y se fustigará por no haberse acordado de los globos.
- Ejemplo de abstracción selectiva en un niño: «Javi, has hecho un gran partido. Te he visto enérgico y concentrado, y además has hecho un remate impresionante. Para la próxima vez, solo procura pasar el balón al compañero que tenga mejor posición». Tras recibir este feedback del entrenador, Javi se sentirá mal por no haber prestado más atención a pasar el balón; dejando de lado todo lo positivo que le han dicho.

9. Etiquetación

Las etiquetas no dejan de ser un error de pensamiento y, cuando van dirigidas a uno mismo y en negativo, pueden hacer mucho daño. Se trata de tener en cuenta «un error, un defecto, un comportamiento...» para llamar así a la persona en general. Consiste, por tanto, en generalizar un acto de una persona asimilándolo a su forma de ser. Puede ser hacia uno mismo o hacia los demás.

- Ejemplo de etiquetación de otra persona: Alguien dice una mentira y desde entonces te refieres a él de la siguiente forma: «¡Es un mentiroso!».

- Ejemplo de etiquetación de uno mismo: Te caes tratando de saltar una tapia y piensas de ti mismo en los siguientes términos: «¡Soy un torpe patoso!».
- Ejemplo de etiquetación de un niño hacia sí mismo: «Soy un bocazas y siempre meto la pata. A partir de ahora, mejor me callo».

10. Catastrofismo

Con este pensamiento se espera que siempre suceda lo peor. Generalmente, son frases que comienzan por «Y si...» y suelen conllevar mucha preocupación y ansiedad, además de suponer un freno para realizar cosas que nos gustaría. Esta distorsión es parecida a la adivinación del futuro, aunque con un matiz todavía más catastrófico.

- Ejemplo de catastrofismo: «¿Y si el tren descarrila y acabamos malheridos?».
- Ejemplo de catastrofismo en niños: «¿Y si voy a las tirolinas y se rompe la cuerda de sujeción?».

11. Comparación

Compararse con los demás, sobre todo en aquello en lo que salimos perdiendo.

- Ejemplo de comparación: «Virginia es mucho mejor madre que yo. Siempre lleva de todo en el bolso y sabe cómo actuar en cada momento».
- Ejemplo de comparación en niños: «Laro sí que es un tipo interesante. Sabe un montón de cosas y todos quieren sentarse a su lado».

12. Debería

A veces nos exigimos demasiado y, si no cumplimos con nuestras expectativas, podemos sentirnos frustrados. Eso es lo que sucede con los «deberías» que surgen en esas frases que nos decimos a nosotros mismos y que comienzan por: «Debería...», «Tendría que...», «No debería...», «No tengo que...»...

- Ejemplo de «debería»: «Debería tener la cena lista siempre antes de las ocho».
- Ejemplo de «debería» en niños: «Debería ser el mejor en gimnasia rítmica».

Estos doce tipos de pensamientos se llaman «erróneos» o «distorsionados» porque no tienen un fundamento lógico y racional. Son cogniciones que vienen sesgadas por el subjetivismo y la tendencia que podemos tener, o no, a pensar en negativo.

Cuando nuestra mente se ve bombardeada por pensamientos automáticos como los anteriores, se desencadena en nuestro cuerpo una sensación de malestar, pesimismo y desazón. Esto no solamente propicia que nos invadan emociones desagradables, sino que también se resienta nuestra autoestima y, en consecuencia, que no logremos sentirnos plenos y felices.

Hay que tener en cuenta que los pensamientos pueden estar en nosotros, pero también en los demás. En el caso de los padres, será de gran ayuda si somos capaces de identificar pensamientos de este tipo en nuestros hijos y ayudarlos a cuestionarlos. Precisamente en el próximo trayecto haré hincapié en la detección de estos pensamientos, y en el trayecto que le sigue incidiré en las pautas para conseguir formas de pensar más adaptativas y realistas.

¿CÓMO SUELO PENSAR?

Como ves, este es un viaje en el que continuamente miramos hacia dentro. Y es que los viajes de este tipo no suelen ser completos si no se combinan con los internos: «¿Cómo siento?», «¿Cómo actúo?», «¿Cómo pienso?»…

Como te comentaba antes, la detección de los pensamientos automáticos no es una tarea sencilla. Sin embargo, ya hemos dado un primer paso con la clasificación y los ejemplos del anterior trayecto. Ahora que ya sabes qué tipos de pensamientos negativos existen, llamados también «erróneos» o «distorsionados» por algunos especialistas, puedes tratar de averiguar cuál es tu forma de pensar. Además de conocerte a ti mismo en ese sentido, te ayudará también a averiguar cuáles son los pensamientos que emplean tus hijos, ya que en algunas ocasiones se intuyen bien e incluso se verbalizan.

Se trata de un ejercicio en el que comenzaremos a prestar más atención a nuestro diálogo interno, a aquello que nos decimos a nosotros mismos. Detectar esos pensamientos es un paso imprescindible para comenzar a hacerles frente.

La chincheta escondida

¿No te pasa que a veces te sientes mal y no sabes muy bien por qué? Es como si te hubieras sentado encima de una chincheta, pero no fueras capaz de darte cuenta. Sientes que te duelen las nalgas, que hay algo que te molesta y que te impide concentrarte en otras cosas, pero no acabas de detectar que se debe a esa chincheta oculta bajo el cojín. Con los pensamientos puede suceder algo parecido. Podemos sentirnos tristes, agobiados o ansiosos, pero no somos capaces de detectar el pensamiento que nos está provocando esa emoción. Y si eso ya resulta difícil con algunos adultos, puedes imaginar que a los niños todavía les resulta más complicado.

Para facilitar la labor de identificar esos pensamientos que condicionan tu estado de ánimo, hazte las siguientes preguntas:

- «¿Qué ha pasado por mi cabeza justo antes de sentirme así?».
- «¿Hay algo que me preocupa?».
- «¿Cuáles son mis temores?».
- «¿Qué es lo peor que podría suceder?».

Registro de pensamientos

Otra opción es tratar de completar un registro como el siguiente:

SITUACIÓN Fecha y hora (¿Qué ocurre?)	PENSA-MIENTO (¿Qué pienso?)	EMOCIÓN (¿Qué siento?)	CONDUCTA (¿Cómo reacciono?)	SENTIMIENTO POSTERIOR (¿Me siento satisfecho con mi actuación?)

Este registro refleja el modelo ABC de Ellis que aparecía en el trayecto de «La inteligencia emocional». Llevar una anotación de este tipo nos ayuda a entendernos mejor. En este caso nos fijaremos en la columna de los pensamientos y trataremos de detectar después si alguno de ellos es distorsionado, y averiguar a qué tipo pertenece.

La lavadora que no se para

Otras veces sí que somos conscientes de esos pensamientos negativos, pero no podemos salir de ellos. Un pensamiento lleva a otro, que a su vez lleva a otro, que al mismo tiempo se dirige al de más allá... ¡Nuestra cabeza salta de un pensamiento a otro sin parar! Es como una lavadora en pleno centrifugado que cada vez coge más velocidad. Los pensamientos negativos nos invaden y hacen que nos sintamos desbordados.

Para detener una lavadora en pleno funcionamiento existen algunas estrategias psicológicas. Una de las más conocidas es la que se denomina **parada de pensamiento**. Esta técnica consiste en tomar conciencia de que nuestra cabeza está invadida de pensamientos que no ayudan a sentirnos bien y detenerlos. Se trata de dar una palmada y, si podemos hacerlo, decir en voz alta: «Para», «Basta», «Stop». También se recomienda, por ejemplo, llevar una goma en la muñeca y estirarla para que golpee nuestra piel a la vez que se pronuncia alguna de las palabras anteriores.

Después de eso se anotan algunos de los pensamientos que cruzaban por la cabeza, pero se dejan para más tarde. Ahora se trata de parar la lavadora, de dejar de pensar. Para eso se cambia de actividad o se aplica alguna técnica de distracción, como las que he mencionado en la parte práctica de la línea 3. Se trata de tomar el control, de decidir nosotros cuándo dedicar nuestro tiempo a esos pensamientos y de no dejarse llevar por ellos.

¿Cómo podemos saber el modo en que piensan nuestros hijos y si sus pensamientos son distorsionados?

Sin duda, nos encontramos ante un reto que no resulta sencillo, los niños —al igual que los adultos— no siempre dicen lo que piensan y muchas veces ni ellos mismos lo saben. Como padres, debemos activar bien nuestra intuición y todos nuestros sentidos. No solo las palabras hablan, también las acciones y las actitudes. Cuando detectemos incoherencias entre estas, podremos sospechar que lo verbalizado no se corresponde con los pensamientos. Sin embargo, hay que tener en cuenta que, cuanto más y mejor se cultive la comunicación abierta y fluida, más fácil resultará también este proceso. Me refiero a la comunicación basada en la escucha activa, de la que hablábamos, así como a la aceptación de los sentimientos de nuestros hijos, la empatía… Si ellos se sienten libres y practican la expresión de sentimientos y pensamientos, conseguiremos cazar al vuelo nuestros pensamientos automáticos negativos y también podremos «pillar» los de nuestros hijos si es que los verbalizan. Y es que las diferentes líneas de este mapa no son estancas sino que, cuando una mejora, lo hace la otra, es decir, interactúan y se influyen, por eso se cruzan los recorridos y dan lugar a diferentes caminos.

HACIA LO POSITIVO

Ahora que ya sabes cuáles son los diferentes tipos de pensamientos erróneos que existen y cómo detectarlos cuando se cruzan por tu cabeza a través de preguntas o registros, llega la hora de llevar a cabo lo que en psicología llamamos una «reestructuración cognitiva» o, lo que es lo mismo, transformar esos pensamientos negativos en otros alternativos que resulten más positivos y adaptativos. En el trayecto anterior hemos hablado de parar la lavadora, de anotar algunos pensamientos que se cruzaban por la cabeza y de dejarlos para más tarde. Ahora es el momento de recuperarlos, si dispones ya de un listado de pensamientos automáticos que suelen aparecer en tu cabeza, puedes comenzar a trabajar en ellos de la forma que se detalla a continuación.

Para comenzar a hacer tambalear los pensamientos negativos podemos emplear una serie de **preguntas** que servirán para evaluar la **validez** y la **utilidad** de estos:

Validez: ¿De verdad estos pensamientos reflejan la realidad?

En este caso se trata de que ejerzamos un poco la labor del detective, tratando de demostrar que aquello que pensamos es real.

- ¿Qué pruebas objetivas tengo de que lo que pienso es verdadero?
- ¿Qué me diría alguien que me aprecia y que posee un gran sentido común sobre este pensamiento?
- Si un amigo mío tuviera este pensamiento, ¿qué le diría yo?
- ¿Existen otras posibilidades, además de la que he pensado? ¿Cuáles son?
- ¿Es posible que me falte información y esté interpretando los hechos de una forma sesgada?

Utilidad: ¿De qué me sirve pensar esto?

A veces, simplemente hay que llegar a la conclusión de que, por más que pensemos las cosas y dejemos que en algunos casos «nos atormenten», estas no podrán cambiar.

- ¿Para qué sirve este pensamiento?
- ¿Este pensamiento me ayuda a cambiar lo sucedido?
- ¿Este pensamiento resulta útil para conseguir mis objetivos y/o solucionar mis problemas?
- ¿Este pensamiento me aporta algo positivo?
- ¿Esto que ahora parece tan terrible, durará para siempre?

Ten en cuenta que estas mismas preguntas las puedes emplear con tus hijos cuando percibas que un pensamiento negativo ronda por su cabeza. Además de estas cuestiones que pueden servirte para cuestionar los pensamientos negativos a nivel general, existen algunas estrategias para modificar los pensamientos negativos según su tipología. Para ello, te dejo algunas pautas y algunos ejemplos para aprender a transformarlos en pensamientos alternativos más adaptativos.

1. Pensamiento dicotómico

«Todo o nada».
Para buscar un pensamiento alternativo al dicotómico, debemos olvidarnos de los términos absolutos «siempre», «nunca», «todo», «nada»… y comenzar a ver las cosas en escalas de grises. En este caso resulta útil utilizar porcentajes.

- Pensamiento distorsionado: «Siempre estoy enfadada».
- Pensamiento alternativo: «Es cierto que el 75 % del tiempo estoy de mal humor, pero el 25 % restante sonrío, bromeo y me divierto».

2. Lectura del pensamiento

«Seguro que está pensado...».

En este caso se trata de tener claro que, cuando imaginamos lo que están pensando los demás, no es necesariamente real. Es mejor planteárselo como una hipótesis y tratar de comprobar si es verdad.

- Pensamiento distorsionado: «Seguro que piensa que soy una aburrida».
- Pensamiento alternativo: «Es posible que esté pensando que soy una aburrida, o tal vez no. Quizá tenga alguna preocupación y por eso está tan seria. Le preguntaré con cuidado».

3. Adivinación del futuro

«Si voy a la fiesta, seguro que...».

Al igual que en la lectura del pensamiento, tenemos que tratar el pensamiento sobre la adivinación del futuro como algo que puede pasar o que no. Es mejor pensar en términos de probabilidades y tener en cuenta que el futuro muchas veces está en nuestras manos, no en las del destino.

- Pensamiento distorsionado: «Si voy a la fiesta, seguro que me quedo sola y aislada».
- Pensamiento alternativo: «Si voy a la fiesta y no me esfuerzo por relacionarme, es probable que me quede sola, pero si me acerco a la gente y entablo conversación, es difícil que me quede aislada».

4. Personalización

«Lo que le ha sucedido es por mi culpa...».

Nadie es el ombligo del mundo, ni es tan importante como para que las cosas (buenas o malas) se deban a él. Se trata de una visión egocéntrica de la vida y, cuando lo enfocamos en negativo, además nos perjudica, ya que creemos que las cosas malas son responsabilidad nuestra. Para hacer tambalear este pensamiento podemos buscar pruebas de que esa responsabilidad es nuestra. En el caso de los niños se suele dar mucho esta distorsión de pensamiento, cuando ven a los padres preocupados suelen pensar que es por algo que han hecho y se culpabilizan por ello. En ese caso debemos estar atentos para quitarles esa carga de encima.

- Pensamiento distorsionado: «Seguro que sigue enfadado conmigo por lo del vaso de leche».
- Pensamiento alternativo: «Parece preocupado, pero no creo que sea porque antes se me ha caído el vaso de leche. Supongo que será por otra cosa».

5. Externalización del éxito

«Ha sido cuestión de suerte».

Dicen que la humildad es una gran virtud. Una persona humilde es la que tiene la capacidad de no hacer ostentación de sus cualidades y de ser consciente de las limitaciones y debilidades propias. Sin embargo, cuando hablamos con nosotros mismos, es importante que seamos sinceros y que nos demos los aplausos que nos merecemos, sin quitar importancia a aquello que conseguimos; ya que si nos quitamos mérito cuando de verdad lo tenemos, le estaríamos dando una buena bofetada a nuestra autoestima.

- Pensamiento distorsionado: «Esta vez los astros se han alineado y se me ha dado bien hablar en público».
- Pensamiento alternativo: «Me he visto bien hablando en público. Creo que puedo ser un buen comunicador si sigo practicando».

6. Sobregeneralización

«Sucede algo y creo que siempre sucederá…».

Esta tendencia a exagerar, y a creer que una experiencia mala se repetirá en el futuro produce muchos temores e inseguridades. Este pensamiento distorsionado, incluso se encuentra en la base de muchas fobias y miedos irracionales que acaban generalizándose a otros ámbitos.

- Pensamiento distorsionado: «Me ha mordido un perro, a partir de ahora todos me van a morder».
- Pensamiento alternativo: «Ese perro era muy rabioso y me mordió, pero el 90 % de los perros que van por la calle son pacíficos».

7. Minimizar lo positivo y magnificar lo negativo

«Qué desastre...».
A veces miramos con lupa lo negativo, y lo vemos tan grande que no somos capaces de ver lo positivo. Para conseguir el pensamiento alternativo seamos conscientes de esa lupa y quitémosla de delante de nuestros ojos.

- Pensamiento distorsionado: «No tengo sentido del ritmo y siempre hago el ridículo. Soy lo peor».
- Pensamiento alternativo: «Está claro que bailar no es lo mío, pero me divierto moviendo el esqueleto, que es lo que importa. Además, se me dan bien otras cosas, como patinar y dibujar».

8. Abstracción selectiva

«O sea, que lo he hecho mal...».
Si en la balanza lo positivo es más voluminoso y pesado que lo negativo, no usemos el inmenso peso de nuestro pensamiento para decantar la balanza hacia lo malo. Quedémonos con lo bueno y tomemos lo malo como una crítica constructiva.

- Pensamiento distorsionado: «Menuda fiesta increíble, me ha encantado todo: la música, la comida, los regalos... Solamente he echado en falta que hubiera algún globo». La persona con este tipo de distorsión, al recibir esta opinión, desechará lo positivo y se fustigará por no haberse acordado de los globos.
- Pensamiento alternativo: «Menuda fiesta increíble, me ha encantado todo: la música, la comida, los regalos... Solamente

he echado en falta que hubiera algún globo». La persona que recibe este comentario elabora un pensamiento alternativo en el que se pondrá contenta, agradecerá y valorará todo lo positivo. Y tomará nota para la próxima vez no olvidar globos, si es que considera que estaría bien que los hubiera, y así le dará a eso la importancia justa que tiene.

9. Etiquetación

«Yo soy...».

Lo malo de las etiquetas es que caen como una losa sobre una persona y después resulta muy difícil liberarse de ellas. Es mejor valorar las acciones puntuales en momentos concretos, no colgar una etiqueta con el verbo «ser», que denota continuidad e inmovilidad en el tiempo. Cuando nos etiquetamos a nosotros mismos, dañamos nuestra autoestima y asumimos que no somos capaces de cambiar ese aspecto.

- Pensamiento distorsionado: «Soy un torpe y un patoso monumental».
- Pensamiento alternativo: «Es verdad que me he caído, pero otras veces he conseguido moverme con habilidad y agilidad».

10. Catastrofismo

«Y si...».

Está claro que las cosas malas pueden suceder, pero no suelen ser tan probables como muchas veces creemos. Si hiciésemos caso siempre a este pensamiento no saldríamos de casa, no disfrutaríamos de la vida y nos perderíamos muchas cosas. No hay que confundir «ser prudente» con «ser exagerado y catastrofista».

- Pensamiento distorsionado: «¿Y si el tren descarrila y acabamos malheridos?».
- Pensamiento alternativo: «La probabilidad de que un tren descarrile es verdaderamente baja».

11. Comparación

«Ella es más...».
Evitar compararse con otras personas. Mirarse al espejo sin pensar en los demás.

- Pensamiento distorsionado: «Laro sí que es un tipo interesante. Sabe un montón de cosas y todos quieren estar a su lado».
- Pensamiento alternativo: «Yo me fijo en mí mismo y no me comparo. Tengo un montón de cosas buenas».

12. Debería

Los «debería», «tendría que», «no debería»... son imposiciones y obligaciones que pueden hacernos mucho daño. Es mejor sustituirlos por «me gustaría», «intentaré», «me esforzaré»...

- Pensamiento distorsionado: «Debería ser la mejor en gimnasia rítmica».
- Pensamiento alternativo: «Me gustaría mejorar en gimnasia rítmica y por eso me esforzaré».

Registro de pensamientos

En el trayecto anterior te he mostrado un ejemplo de registro para localizar los pensamientos, ahora se trata de crear uno nuevo a partir de esos pensamientos que has encontrado y transformarlos. Te dejo otro ejemplo a continuación:

Pensamiento erróneo	Tipo de pensamiento	Pensamiento alternativo
«¿Y si el tren descarrila y acabamos malheridos?».	Catastrofismo	«La probabilidad de que un tren descarrile es verdaderamente baja».

Como madre o como padre, ahora ya sabes que el pensamiento es muy importante y que tiene mucho poder, sabes que puede haber tendencias a la hora de pensar en positivo o en negativo, has descubierto que existen unos tipos de pensamiento distorsionados y que se pueden transformar para avanzar hacia lo positivo. Pero ¿cómo utilizar todo esto a la hora de educar a tus hijos? Parece obvio que no podemos convertirnos en psicólogos de la noche a la mañana y entrenar a nuestros hijos a ser los más positivos del planeta, pero podemos comenzar a llevar a cabo algunos pequeños cambios que, aunque no lo parezca, serán fundamentales para que día a día el pensamiento se transforme. Desde luego, y como veíamos al comienzo de esta línea, un primer paso en todo esto será hacer un trabajo personal en el que nos demos cuenta de cómo pensamos y qué tipo de pensamientos distorsionados empleamos con mayor frecuencia. Si somos capaces de mejorar ese aspecto, nuestros hijos aprenderán de nosotros por observación y a partir de la forma en que interactuemos con ellos.

Veamos los siguientes ejemplos:

Debería

NIÑA: «Tengo que quedar entre los tres finalistas del campeonato de ajedrez».

MADRE: «Quizá te estés exigiendo demasiado. Sé que te gustaría quedar entre los tres primeros, pero es mejor tomarlo como un reto que como una obligación».

Etiquetación

NIÑO: «Soy un mal amigo».

PADRE: «Es cierto que antes has tenido un comportamiento poco acertado con tu amigo Carlos, pero hasta ahora siempre lo has ayudado en todo lo que has podido».

Pensamiento dicotómico

NIÑA: «Todo me sale mal».

PADRE: «¿Todo? Te doy la razón en que el cohete ha quedado un poco regular. Pero, que yo recuerde, tus dibujos parecen calcados de lo preciosos que son, cuando te pones a contar chis-

---

tes eres más graciosa que un humorista del club de la comedia, preparas un bizcocho que ni el de la abuela... ¿sigo?».

Adivinación del futuro
NIÑO: «Si me baño en la piscina se darán cuenta de que no sé nadar y se reirán de mí».
MADRE: «¿Cómo puedes estar tan segura? No saber nadar es algo normal a tu edad, cada uno aprende a su ritmo».

En definitiva, el pensamiento es algo que ejerce un gran poder en nuestras vidas y por eso es necesario tenerlo en cuenta en todas las facetas, y la crianza no es una excepción. Es importante cultivar nuestro pensamiento positivo como padres y facilitar que nuestros hijos también lo hagan. Solo así avanzaremos en el camino hacia el bienestar y la anhelada felicidad para toda la familia.

LAS EXPECTATIVAS

Según la RAE, una «expectativa» es la esperanza de realizar o conseguir algo. En ese sentido, no debemos confundir el pensamiento positivo con unas expectativas excesivamente optimistas, desajustadas e irreales, ya que estas, lejos de producir bienestar, conllevarán decepción y frustración. Pensamiento positivo no significa autoengañarse y dejar de lado las cosas negativas, significa potenciar al máximo lo positivo, esforzarse de forma optimista por lo que queremos conseguir, pero siendo realistas y conscientes de nuestras limitaciones. No solo porque creamos que algo saldrá bien, ocurrirá. Debemos acompañarlo con nuestra actitud y capacidad de crítica.

Centrándonos ahora en las expectativas, ten en cuenta que se trata de una creencia (idea, pensamiento) del futuro que puede ser más o menos realista. Según cómo sea su resultado, dará lugar a una emoción u otra. Cuando una perspectiva no se ajusta a la realidad, provoca malestar y nos aleja de la felicidad. Por ejemplo, si tenemos muchas expectativas de ganar una plaza en una oposición y finalmente no la conseguimos, probablemente causará decepción, enfado y frustración, y esto repercutirá negativamente en nuestra autoestima. Si, en cambio, teníamos unas expectativa ajustadas y finalmente logramos la plaza, se producirá sorpresa y alegría y tendremos ganas de celebrarlo.

No solo se tienen expectativas sobre acontecimientos y hacia uno mismo, también las tenemos sobre otras personas. Cuando esperamos que alguien actúe de una forma determinada y no lo hace, en función de si el cambio es para bien o para mal, nos sentiremos sorprendidos gratamente o, por el contrario, decepcionados. Por ejemplo, si esperamos que un amigo nos llame después de realizar el examen de la oposición y no lo hace, nos sentiremos contrariados. Si, en cambio, no esperábamos su llamada y la recibimos, sentiremos sorpresa y alegría.

Sin duda, las expectativas son algo importante a tener en cuenta y debemos procurar que sean ajustadas y realistas para que jueguen a nuestro favor. Según el psicólogo Richard Lazarus, la felicidad de una persona no puede predecirse bien sin tener en cuenta sus expectativas. Este autor defiende que se desarrollan unas expectativas favorables o desfavorables que guían una autoevaluación positiva o negativa del bienestar.

Pero también existen aquellas expectativas de la gente que nos rodea y que recaen sobre nuestros hombros. En función de si cumplimos esas expectativas o no, estas personas se sentirán orgullosas de nosotros o desengañadas. Ante esto, quizá deberíamos preguntarnos si llevamos la vida que realmente queremos, o si estamos cabalgando en la dirección que los demás han trazado.

Para relacionar la importancia de las expectativas con la crianza de los hijos, he dividido este trayecto en tres asientos diferentes del vagón. Te invito a sentarte en cada uno de ellos y a reflexionar.

Primer asiento: Expectativas sobre la crianza

Cuando uno emprende un viaje, generalmente se crea unas expectativas. Puede pensar diferentes cosas con relación a cómo será ese itinerario: placentero, duro, corto, largo, entretenido, aburrido, agotador, relajado… En el viaje de la crianza ocurre lo mismo, según lo que hayamos vivido a nuestro alrededor o los mensajes que hayamos recibido al respecto (condicionado siempre por nuestra forma de pensar), vamos a crear unas expectativas u otras respecto a cómo será nuestra vida como padres. Y en función de si estas se ajustan a la realidad o no, desencadenarán en una emoción u otra.

Mirando hacia atrás en el tiempo, soy consciente de aquellas veces en las que unas expectativas desajustadas me jugaron malas pasadas. Algunas tienen que ver con la crianza y otras, con diferentes aspectos de mi vida.

En los preparativos, en el apartado de «Así comenzó mi viaje» te he hablado ya de alguna de ellas. Por ejemplo, cuando me creé la expectativa de que, después de mi primer alumbramiento, pondría al bebé sobre mi pecho para que escuchara mi corazón y para darle calor, y lo que me encontré fue con que se lo llevaron a neonatos, le pusieron una vía y solo podía verlo unas pocas veces al día. Es increíble tocar ese botón en mi cerebro, pues siempre que recupero aquel recuerdo, como ahora mismo, se me llenan los ojos de lágrimas. Entonces también lloré y lloré mientras lo contemplaba dormir tras el cristal de la incubadora.

La siguiente expectativa en no cumplirse fue la idea que me había formado de que tener un bebé en casa sería algo idílico, momentos mágicos de lactancia, paseos con mi bebé bajo los rayos del sol y muchas risas; cuando en realidad me encontré con que no fui capaz de que mi hijo cogiera el pecho y lloraba más de lo que había imaginado.

La tercera fue con aquella cuenta atrás que me marqué, cuando me dijeron que a los tres meses los bebés ya no reclamaban comida durante la noche y dormían del tirón, y yo quise creérmelo, elaborando una vez más una idea falsa e irreal.

Aquellas tres expectativas causaron en mí decepción, frustración, cansancio... Y luego les siguieron otras que también me provocaron malestar. Aunque, por otro lado, con la experiencia aprendí a liberarme de muchas de ellas, como cuando nacieron mi segundo y mi tercer hijo, pues con ellos jamás puse un cronómetro ni para que durmiesen del tirón ni para otra cosa, y verdaderamente fue más llevadero y agradable.

Existen otras expectativas ligadas a la crianza que he detectado en algunos padres, como la creencia de que con la llegada del hijo podrán llevar una vida parecida a la anterior. Por ejemplo, seguir entrenando el mismo número de horas, salir a tomar algo con los amigos tantas veces como antes, ir al cine todas las semanas, descansar el número de horas que se necesitan, leer, relajarse al llegar a casa… Este tipo de creencia conlleva crispación y, en ocasiones, discusiones de pareja. Algunos padres y algunas madres se adaptan rápido y de forma natural a las circunstancias; otros, sin embargo, arrastran esa expectativa durante años y pueden incluso sentirse prisioneros de la situación. Conozco a parejas en las que uno de los dos se sacrifica por completo, en un acto de generosidad, para que el otro pueda seguir llevando a cabo su vida habitual. El problema de esto último es que se suelen crear desequilibrios, además de una situación injusta. El agotamiento por parte del que renuncia a su parcela puede finalmente acabar en discusiones más fuertes, reproches y hasta en un síndrome de *burnout* parental (o síndrome del padre o madre quemado).

Por supuesto, debemos procurar disponer de nuestros ratos, coordinarnos con nuestra pareja y/o con la familia. Ser padres no consiste, ni mucho menos, en renunciar a todo, te hablaré de ello con más detalle en la línea 8 dedicada al «Yo». Pero, con la paternidad, lógicamente, la vida cambia y cuanto antes se modifiquen las expectativas y se cambien por unas más realistas, antes nos sentiremos mejor y más adaptados a nuestra nueva condición familiar.

Segundo asiento: expectativas de los hijos

De la misma forma que los adultos tenemos expectativas sobre nuestro futuro, desde edades bien tempranas nuestros hijos también elaboran sus propias creencias. Los padres podemos acompañarlos y ayudarlos a reajustarlas, evitando así que «el porrazo», es decir la decepción, no sea tan fuerte. Se trata de que mantengamos sus pies cerca del suelo sin quitarles la ilusión y las ganas de soñar y esforzarse.

Ejemplos de expectativas desajustadas en nuestros hijos y posibles respuestas:

HIJA: ¡Hoy, en la competición de patinaje, haré unas piruetas increíbles y todos van a alucinar. Mi ejecución será perfecta!.

MADRE: Estoy segura de que te esforzarás para que te salgan lo mejor posible, y eso es lo importante, el esfuerzo. No pasa nada si finalmente no sale todo tan perfecto.

HIJO: Papá, estoy segurísimo de que mis amigos me están preparando una fiesta sorpresa para mi cumple.

> PADRE: Eso sería fantástico, pero es mejor que no lo pienses ni esperes. Primero porque entonces no sería una sorpresa, y segundo porque, si te equivocas, entonces te vas a llevar una gran desilusión.

Tercer asiento: expectativas de los padres sobre sus hijos

Otro tipo de expectativas que podemos encontrarnos en el proceso de crianza son las que ejercemos los padres sobre los hijos. En ocasiones, muchas veces sin darnos cuenta, nuestras expectativas presionan a nuestros hijos, y si son demasiado elevadas pueden ocasionar en ellos ansiedad, miedo y frustración, y provocar una baja autoestima. Por otra parte, quizá tengamos expectativas centradas en un futuro y eso influye en las elecciones que hagan nuestros hijos, que actuarán de determinada forma para cumplir nuestras expectativas renunciando a sus propios deseos. Por ejemplo, si creamos la expectativa de que nuestra hija debe ser una de las mejores del equipo de baloncesto y meter muchas canastas en los partidos, y así se lo verbalizamos, y a la hora de la verdad ella no cumple con esos deseos, se sentirá fracasada, triste y decepcionada con ella misma, y eso bajará su autoestima.

Otro ejemplo es el de unos padres que le repiten constantemente a su hijo que debe convertirse en ingeniero para seguir la tradición familiar y porque es una de las mejores profesiones que existen. Aquel hijo puede no estar muy convencido de si le apetece o no estudiar ingeniería, pero las claras expectativas de sus padres pueden no dejarle demasiadas opciones. Un hijo que sufre una presión de este tipo tiene dos salidas. La primera es seguir los deseos de sus padres ignorando los suyos, algo que quizá desemboque en frustración e infelicidad laboral. Y la segunda es desafiar los planes que tienen sus padres para él y decidir seguir otro camino, en cuyo caso pueden generarse reproches, decepción en los padres y culpabilidad respecto a sí mismo. Y ninguna de esas dos opciones es buena para nuestro hijo, por ello es muy recomendable evitar este tipo de expectativas, por más que creamos que lo estamos haciendo por su bien.

En definitiva, es importante que seamos conscientes de que si existen unas expectativas y si no son realistas, se convertirán en piedras en el camino. Debemos saber que, a veces, sin darnos cuenta, esas piedras las colocamos los padres en el camino de nuestros hijos. Es necesario que seamos cuidadosos con lo que esperamos de la crianza y con lo que esperamos de nuestros hijos. Un viaje es algo impredecible y, en muchos casos, precisamente eso es lo más maravilloso.

LA PREOCUPACIÓN

Otra forma de pensamiento negativo es la preocupación, sobre todo cuando aparece de forma constante y repetitiva. La palabra «preocupación» deriva del verbo «preocupar» que significa «ocuparse de algo, antes de que ocurra», por lo menos en nuestra cabeza. Por su parte, el psicólogo Thomas Borkovec (1983) define el concepto «preocupación» como «una cadena de pensamientos e imágenes con carga afectiva negativa y relativamente incontrolables». Y es que este tipo de pensamientos captan la atención de los especialistas, ya que suelen asociarse al malestar, la inquietud y la ansiedad. En ocasiones, las personas dejamos que las preocupaciones gobiernen nuestra vida, hasta el punto de que nos impiden llevar a cabo cualquier actividad. «No estoy para fiestas, tengo demasiadas preocupaciones en la cabeza», solemos decir entonces.

Existen diferentes tipos de preocupaciones, algunas son realistas y otras no. También nos encontramos con preocupaciones relativas al pasado, y pensar en ellas no cambiará nada. Las hay que tienen solución, pero también las hay que no tienen remedio; estas últimas, con mayor razón, no tienen ninguna utilidad y no aportan nada bueno a nuestra vida. Y muchas de las preocupaciones se caracterizan por anticiparse a algo que en ese momento no podemos solucionar, por más vueltas que le demos. Pero, si de verdad tiene solución, entonces es mejor ocuparse de ello y resolverlo, aplicar aquello de «Yo no me preocupo, yo me ocupo».

Es verdad que cierto nivel de preocupación puede ayudar a solucionar algo que exija una reflexión o a evitar un hecho no deseable. En este caso, se trata de buscar el equilibrio para después pasar a la acción. Pero entrar en bucle y dejar que este tipo de pensamientos nos invadan no es, en absoluto, beneficioso para nuestro bienestar. Además, si somos de esas personas que se preocupan por casi todo y durante mucho tiempo, debemos esforzarnos para tomar las riendas de nuestros pensamientos.

Preocupaciones excesivas sobre nuestros hijos

El hecho de que alguien se preocupe por ti reconforta. Cuando un ser querido transmite preocupación por nuestro bienestar físico y emocional, sentimos que nos quiere, que nos valora y aprecia. Como veíamos antes, la preocupación en un grado proporcionado, tanto en intensidad como en el tiempo que ocupa en nuestra cabeza, puede resultar positiva. También en lo que respecta a demostrar a los demás que nos importan. En ese mismo sentido, cuando los padres transmitimos a nuestros hijos que nos preocupamos por ellos, demostramos afecto y cariño.

El problema es cuando aparece el desasosiego, la intranquilidad y el malestar, y nos encontramos ante padres hiperpreocupados por los hijos. Esto, si además lo transmiten, supone algunos inconvenientes:

- Sufren, muchas veces, innecesariamente.
- Crean inseguridades y temores en sus hijos.
- Pueden caer en la hiperprotección.
- No suelen dejar que sus hijos experimenten, por miedo a que les suceda algo.
- Son excesivamente evitativos y pueden mantener a sus hijos en una burbuja.
- Favorecen, muchas veces sin darse cuenta, la dependencia en sus hijos.
- Los hijos observan y aprenden a preocuparse.

Las preocupaciones de nuestros hijos

La primera cosa que debes tener en cuenta es que, si los padres expresamos las preocupaciones de forma excesiva y permanente delante de nuestros hijos, ellos aprenden a preocuparse por observación. Por lo tanto, es aconsejable que no transmitamos de forma abierta, sin filtro y sin mesura nuestras preocupaciones en su presencia.

Por otro lado, tanto en la vida de los niños como en la de los adultos están presentes las preocupaciones. La calidad de estas dependerá de la forma de ser de cada persona, de su entorno y de sus experiencias. En cualquier caso, la mejor forma de combatir las preocupaciones de nuestros hijos es a través de la expresión y la reflexión. Es decir, si cultivamos una comunicación abierta y fluida y conseguimos que se abran y sean capaces de expresar lo que les preocupa, podremos reflexionar sobre esos pensamientos y ayudarlos a que vean las cosas desde otra perspectiva y que no se preocupen innecesariamente o en exceso. Además, solo el hecho de que compartan el peso de su preocupación con nosotros hará que se sientan más ligeros y liberados.

Las preocupaciones son como piedras que llevamos en una mochila. Cuando las expresamos y compartimos, repartimos el peso entre las personas que nos quieren y se hace todo mucho más llevadero.

CLAVES PARA ENTRENAR EL PENSAMIENTO POSITIVO

✓ El pensamiento influye en el sentir y en el comportamiento de una persona más que lo que ocurre, ya que tras un mismo hecho puede haber diferentes interpretaciones.

✓ Los padres podemos cuestionar los pensamientos erróneos de nuestro hijo invitándolo a reflexionar, cuestionando sus pensamientos mediante ejemplos reales y sugiriéndole que no se precipite antes de tiempo.

✓ Existen pensamientos automáticos, también llamados «erróneos», «distorsionados» o «negativos».

✓ Para conocer las distorsiones más frecuentes del pensamiento existe una clasificación que, además, da ciertas pautas para reconocerlos. Hablamos de doce tipos: dicotómico, lectura del pensamiento, adivinación del futuro, personalización, externalización del éxito, sobregeneralización, minimizar lo positivo y maximizar lo negativo, abstracción selectiva, etiquetación, catastrofismo, comparación y «debería».

✓ Un primer paso para entrenar el pensamiento positivo es detectar cómo suelen pensar nuestros hijos.

✓ Existen ciertas estrategias para transformar los pensamientos negativos en otros alternativos que resulten más positivos y adaptativos.

✓ Algo que no debe confundirse con el pensamiento positivo son las expectativas desajustadas e irreales, ya que estas, lejos de producir bienestar, conllevan decepción y frustración. Es importante ajustar las expectativas, propias y de los hijos, para que sean realistas.

✓ Otra forma de pensamiento negativo es la preocupación, sobre todo cuando esta aparece de forma constante y repetitiva. Ser conscientes de las preocupaciones de nuestros hijos nos permitirá ayudarlos a mantenerlas a raya.

La hora del cuento: Los árboles Luz y Bruna

Zaida tenía un bonito jardín y se desvivía para que este creciera sano, hermoso y fuerte.

Un día de primavera decidió plantar dos semillas muy especiales. Preparó la tierra, la regó y dejó que el sol la calentara. A los pocos días brotaron dos hojas relucientes, a una la llamó Luz y a la otra Bruna.

Zaida estaba feliz con sus nuevos árboles, pero se dio cuenta de que, así como las hojas de Luz estaban llenas de vida y relucían al sol con un verde intenso, las de Bruna tenían un aspecto poco saludable, estaban un poco decaídas y con un verde apagado. Tenía que encontrar la forma de que Bruna mejorara. Y así fue como Zaida compró nuevos abonos, colocó espejos estratégicamente para que el sol calentara a Bruna durante más tiempo y mimó cada nuevo brote que salía. Con tantos cuidados, Bruna comenzó a crecer, pero no como a Zaida le hubiera gustado. Para empezar, los tallos se llenaron de espinas y, estos, en lugar de avanzar hacia arriba, lo hicieron anárquicamente: a la izquierda, a la derecha, arriba, abajo...

Cuando los tallos de Bruna ya habían invadido buena parte del jardín, Zaida podó meticulosamente las ramas, no sin llevarse más de un arañazo a causa de las espinas. Por la noche se fue a dormir agotada, pero le era imposible conciliar el sueño. No podía dejar de pensar en Bruna. Además, a la mañana siguiente comprobó con terror que sus ramas habían crecido todavía más, incluso saliendo de los muros que cercaban el jardín. Descubrió incluso que había nacido en ellas un extraño fruto negro que olía muy mal. Su olor era tan fuerte que los vecinos evitaban pasar por delante de su casa, y estaban asustados. Aquel árbol había crecido demasiado y se acercaba peligrosamente a sus viviendas. Así fue como Bruna se había convertido en una pesadilla para Zaida, quien ya no podía pensar en otra cosa que no fueran las espinas, las ramas que lo invadían todo, los frutos apestosos y el rechazo que aquello suponía para el vecindario. Zaida tenía un nudo en el estómago y su corazón galopaba desbocado. La situación se le había ido de las manos, y no sabía cómo encauzarla. Hasta que decidió pedir ayuda a un jardinero muy sabio.

—Este tipo de árboles son muy traicioneros. Después de plantarlos exigen toda tu atención y si se la das, estás perdida. Pues precisamente eso es lo que los alimenta y los hace cada vez más grandes y fuertes.

—¿Qué puedo hacer? Ya no sé pensar en otra cosa.

—Veo que hay un árbol justo al lado. ¿Por qué no intentas que crezca y así te olvidas del otro?

A Zaida le dio un vuelco el corazón. Había estado tan pendiente de Bruna que se había olvidado por completo de Luz. Allí seguía Luz, pero era muy pequeño. Apenas había crecido y, además, las ramas enredaderas de Bruna lo habían invadido por todas partes, aprisionándolo.

—Este tipo de planta —siguió diciendo el jardinero— solo trae ventajas. Crece hacia el cielo y en verano da una de las mejores sombras que puedas imaginar. Su fruto es sabroso y tiene un aroma extraordinario que atraerá a las personas que más te importan. Al principio cuesta un poco que crezca, pero en cuanto le des un poco de mimos y atención, comenzará a ganar centímetros y entonces no habrá quien lo pare.

—Y ¿qué pasa con Bruna?

—Si te ocupas de Luz como se merece, Bruna no debe preocuparte. En cuanto dejes de hacerle caso y Luz comience a crecer, se hará tan pequeña que pronto olvidarás que un día existió.

Reflexión

Los pensamientos son como plantas o árboles que sembramos en nuestro jardín. Si los regamos prestándoles atención, prosperan, crecen, se empoderan y adquieren mucha fuerza. El problema es que muchos tenemos la tendencia o la mala costumbre de alimentar los pensamientos negativos, sin ser conscientes de que eso les da una fortaleza y una inercia que después resulta muy difícil de detener. En cambio, lo positivo puede pasar inadvertido, y si no cultivamos este tipo de pensamientos, se convierten en invisibles y son eclipsados por completo por los negativos, que sí alimentamos.

Cuando nos ocupamos de los pensamientos negativos estos adquieren unas dimensiones extraordinarias, pueden gobernar todas las facetas de nuestra vida y provocar el rechazo de quienes nos rodean. Ya que, por ejemplo, los amigos suelen responder de buena gana para apoyarnos cuando tenemos un bajón o pasamos por un mal momento, pero el pesimismo continuo arrasa con todo, porque al final cansa y provoca el distanciamiento.

Es interesante que, de vez en cuando, los padres demos un vistazo al jardín de nuestros hijos, y les enseñemos a cuidar los árboles de luz y a evitar que presten atención a los brunos.

Cuestiones para pensar

- ¿Detectas en tu jardín un árbol parecido a Bruna y otro parecido a Luz? ¿Cuál crees que predomina?
- Si predomina Bruna, ¿eres consciente de cómo ayudas a que este árbol crezca rápido y fuerte? ¿Qué puedes hacer para que deje de crecer?
- ¿Cómo puedes conseguir que sea Luz el que crezca sano y resistente?
- ¿Por qué crees que Bruna aleja a las personas que nos rodean, y Luz las atrae?
- ¿Reconoces a Bruna o/y a Luz en personas que conoces? ¿Cómo te hacen sentir las personas en las que predomina Luz? ¿Y en las que predomina Bruna?

Actividades para realizar juntos: fomentar el pensamiento positivo

Entrenar el pensamiento positivo

1. Diario de gratitud

Objetivo: Entrenar el pensamiento positivo centrándonos en lo bueno que nos da la vida y agradeciéndolo.

Materiales:

- Cuaderno
- Bolígrafo
- Pinturas y otros materiales decorativos.

Funcionamiento: Se le propone al niño escribir un diario en el que anotará todas aquellas cosas buenas que hay en su vida y por las que se siente agradecido. Se puede utilizar también para escribir, al final del día, acerca de lo positivo que le ha sucedido durante la jornada. No se trata de la redacción de una experiencia, sino más bien de enumerar. Esto nunca debe convertirse en una tarea u obligación, sino en una actividad que el más pequeño realiza con gusto. En momentos de bajón y negativismo, puede leer su diario de gratitud para recordar las cosas maravillosas que lo rodean.

Ejemplos de anotaciones de gratitud:

- «El sabor del pan con chocolate».
- «La brisa del mar cuando paseo por la playa».
- «Los abrazos de mamá y papá».

2. El frasco de las palabras bonitas

Objetivo: Entrenar el pensamiento positivo pensando, leyendo y escuchando palabras bonitas.

Materiales:

- Un frasco
- Papeles de colores
- Tijeras
- Bolígrafo

Funcionamiento: Se trata de que el niño piense y escriba palabras bonitas. Pueden ser palabras que lo lleven a recuerdos, a comidas que le encantan o a situaciones en las que se divierte mucho. Después de escribirlas se recortan individualmente creando papelitos que se introducen en el frasco. Una vez que el frasco está listo, se trata de ir sacando papelitos y verbalizar todo aquello que conlleva o suscita cada palabra.

Ejemplos de palabras bonitas:

Amigos / Fiesta / Excursión / Helado / Abrazo / Reír / Guitarra / Patines / Vacaciones

Ejemplo de verbalización:

«Cada vez que mamá me da un **abrazo** siento que estoy en el mejor lugar del mundo. Calentito y blandito, allí nada malo puede suceder».

3. Sí, pero...

Objetivo: Entrenar el pensamiento positivo buscando el lado positivo de las cosas.

Funcionamiento: Se plantean diferentes imprevistos o situaciones que en principio pueden parecer negativas y se le pide al niño que busque el lado bueno.

Ejemplos:

a) Imprevisto: «Íbamos a ir de excursión y se ha puesto a diluviar».

El lado bueno: «Sí, pero después podemos salir a saltar en todos los charcos y a buscar caracoles».

b) Imprevisto: «Se ha roto la televisión y no puedo ver mi programa favorito».

El lado bueno: «Sí, pero nos hemos puesto a jugar toda la familia a un juego de mesa y hemos pasado un rato muy divertido».

c) Imprevisto: «Carmela no me ha invitado a su fiesta de disfraces».

El lado bueno: «Sí, pero los niños de la comunidad han venido a buscarte para jugar y entre todos habéis improvisado una merienda que ha sido como una fiesta».

Stop pensamientos negativos

4. El detective

Objetivo: Detener los pensamientos automáticos y negativos a partir de una técnica de distracción.

Funcionamiento: Se le dice al niño que debe convertirse en un auténtico detective observando todos los detalles de la habitación en la que se encuentra o, si está en la calle, de aquello que lo rodea. Se trata de fijarse en todos los elementos como si se encontrara en una escena del crimen. De esta forma, el niño se entretiene y deja de pensar en aquello que gobernaba su cabeza.

EL CONECTOR DEL AMOR

O, lo que es lo mismo, el lugar al que puedes regresar cuando sientes que te has perdido o que te has confundido de camino. Es aquí donde confluyen todas las líneas, un lugar de conexión con los hijos, de encuentro con uno mismo y con los objetivos reales de la crianza. ¿Recuerdas la famosa frase de «todos los caminos conducen a Roma»? Voy a recuperarla aquí, pero con un matiz diferente: «Todos los caminos conducen al amor». Aunque el significado es muy distinto, curiosamente las letras son las mismas. Y añado una variante más: «El amor impregna todos los caminos». Y es que en los momentos de agotamiento, dudas e incertidumbre, no hay que olvidar que la clave principal está en el AMOR.

Con relación a la crianza y a nuestros hijos, esto significa:

Educarlos...
Tratarlos...
Hablarles...
... con amor.

Los especialistas aseguran que, si bien el afecto es importante en todo el proceso de crianza, es del todo imprescindible en los primeros cinco años de vida. En ese momento el cerebro de nuestros hijos se desarrolla a gran velocidad y los padres, entre otras cosas, somos su mayor referente. El afecto aumenta la cercanía con los hijos, la conexión y la confianza, y esa relación estrecha es la que permitirá que la crianza sea más exitosa. Existen estudios que abalan la idea de que los padres cariñosos y dados a expresar amor a sus hijos promueven que se produzcan cambios positivos en su cerebro y mejoren áreas como la capacidad de adaptación, la inteligencia emocional, las habilidades sociales, la capacidad de aprendizaje, la atención o la memoria.

Sin duda, es mejor que el amor sobre que no que falte. Por eso, las dosis de amor a los hijos deben ser generosas. Precisamente, en muchas ocasiones los niños expresan un déficit de amor con llamadas de atención a través de conductas consideradas por los adultos como poco adecuadas. Si un niño tiene el amor necesario, para empezar evitamos que se den este tipo de actitudes. También pueden reaccionar buscando constantemente nuestra aprobación, o tratando de agradarnos a cada instante, o mostrándose inseguros y temerosos. Y es que, aunque no existe una misma forma de ser buena madre o buen padre, puesto que los caminos pueden ser muy diversos, hay algo de lo que estoy segura: para ser buen padre y buena madre tienes que dar amor genuino, del bueno e incondicional, a tus hijos.

¿QUÉ ES DAR AMOR?

Por supuesto, las muestras de cariño son importantes, pero no suficientes. El amor se demuestra día a día y no solo con besos y abrazos, que, si bien son fundamentales, no completan en absoluto el acto de amor que significa ser padres.

Por lo tanto, dar amor incluye, entre otras cosas:

✓ Dar besos, abrazos y achuchones cada día.
✓ Verbalizar lo mucho que los queremos.
✓ Estar ahí, accesibles para nuestros hijos.
✓ Darles protección.
✓ Emplear la escucha activa.
✓ Activar nuestra empatía.
✓ Velar por cubrir sus necesidades básicas y secundarias.
✓ Cuidarlos física y emocionalmente.
✓ Acompañarlos en el camino.
✓ Establecer límites y reglas que les harán bien.
✓ Fomentar su autonomía.
✓ Aprender a soltar para que sean independientes.
✓ Disculparse cuando nos equivocamos.
✓ Leerles un cuento o una novela por capítulos.
✓ Jugar juntos.
✓ Compartir tiempo con ellos.

Ten muy en cuenta que precisamente cuando más necesitan todo este amor es cuando quizá menos se te ocurre dárselo, a causa de una actitud que no te ha gustado. Regreso a la acertada frase: «Quiéreme cuando menos lo merezco, porque es cuando más lo necesito». El acto de amor generoso y verdadero llega cuando el niño comete un error, se equivoca o lleva a cabo una acción poco acertada, y nosotros estamos allí para recordarle que lo queremos incondicionalmente y que juntos trataremos de mejorar las cosas.

Llegados a este punto, es importante destacar que no hay que confundir el amor con:

✗ Darle todo lo que quiere.
✗ Colmarlo de regalos.
✗ Decirle que lo hace todo bien o que es el mejor en casi todo.
✗ No decirle que no.
✗ No poner límites y reglas.
✗ Ceder en todo (o casi todo).
✗ Hacérselo todo (o casi todo) cuando puede desempeñar una actividad por sí solo.
✗ Quitarle las piedras del camino.
✗ Hacer lo posible para que no llore o no se enfade.

Ni que decir tiene que ser excesivamente permisivo es mucho más cómodo que esforzarse en educar correctamente a nuestros hijos, ya que eso implica más tiempo, desgaste de energía y, en ocasiones, discusiones.

Con mi hijo adolescente suelo pactar ciertas cosas como, por ejemplo, el tiempo de uso de videojuegos. Aunque él haya participado en la decisión, llegado el momento suele pedirme seguir jugando. Dependiendo de las circunstancias, puedo ceder y permitir que juegue un poco más, pero cuando le digo que ya ha jugado bastante y que prolongarlo no sería bueno para él, desde luego no es lo más cómodo para mí. Esa es una situación que suele generar conflicto, él se queja, en ocasiones se enfada y puede sentirse frustrado. Es mi amor por él lo que me lleva a tomar esa decisión y a mantenerme firme. No sería amor concienciado, por el contrario, permitir que su instinto lo lleve a jugar ocho horas seguidas con un aparato electrónico. Y ¿sabes qué? Más tarde mi hijo reflexiona y me lo agradece. Y no solo con el tema de los videojuegos, también con otros:

- «Mamá, me doy cuenta de que los videojuegos no son tan buenos para mí, estoy contento de que me ayudes a controlarlo».
- «Verdaderamente, desde que no tengo el ordenador en mi habitación puedo concentrarme mucho mejor con los estudios».
- «Gracias por preocuparte por mí».
- «Tengo suerte de tener unos padres como vosotros».

Él comprende que es el amor lo que me mueve, no el fastidiarle o hacer que se sienta mal. Los niños suelen frustrarse o enfadarse con los padres cuando no les permitimos llevar a cabo algo que desean y, sin embargo, te aseguro que si les dejas hacer todo lo que quieran, algún día te lo reprocharán. Podría llenar una cesta entera de los reproches que he escuchado de los adultos en ese sentido:

- «Mis padres pasaban de mí. No estaban pendientes y no me animaban a esforzarme en los estudios».
- «De niña no me lavaba los dientes, por eso tengo tantas caries. Supongo que es porque nadie me habló de su importancia ni me recordaba que debía lavarlos».
- «Mis padres me enchufaban en la televisión horas y horas, así no tenían que ocuparse de mí».

Los niños no son capaces de llegar a ciertas conclusiones cuando aún tienen una corta edad, pero cuando sean mayores se acordarán de las cosas y, entonces, serán capaces de valorar y juzgar nuestra actitud e implicación como padres. Y solamente si sus días han estado impregnados de amor del bueno, harán una valoración positiva. O ¿acaso no tienes más o menos claro lo que hoy reprocharías a tus padres y las cosas por las que les estás agradecido?

«NO SOY UNA PERSONA CARIÑOSA, ¿CÓMO PUEDO DAR AMOR A MIS HIJOS?»

Existe una creencia errónea por parte de algunos padres, que aseguran que dar «demasiado amor» a los hijos les crea debilidad, dependencia y temores; cuando, en realidad, gran cantidad de estudios e investigaciones han demostrado todo lo contrario:

> El amor incondicional de los padres da seguridad, fortaleza, autonomía e independencia en los hijos.

Por ello, debemos esforzarnos en ser más afectivos, aun cuando nuestra naturaleza suponga un obstáculo. No se trata de forzar las cosas ni de contar los besos y los abrazos, pero sí debemos practicar tanto la expresión como la recepción del amor para integrarlo poco a poco en nuestro día a día como padres. Es preciso buscar, encontrar y recorrer tu propio camino en lo que al amor se refiere. Antes he compartido un listado bastante extenso de lo que significa dar amor y, como ves, se empieza con lo que menos dificultades plantee y luego se avanza un poco más cada día.

Si eres una persona a la que le cuesta dar y recibir amor, puede deberse a que en tu infancia no obtuviste la dosis de afecto necesaria, y merece mucho la pena romper ese ciclo para que tu hijo no tenga esa misma carencia. El amor tiene la particularidad de que cuanto más se recibe, más lleno se siente uno para repartirlo a su alrededor. Y, sin duda, sembrar amor solo puede traer cosas buenas.

Para comenzar a practicar la acción de dar y recibir amor, puedes seguir unas rutinas diarias. En mi caso, he incorporado unas dosis de cariño que ya son una costumbre:

- Ir a despertar a mis hijos y aprovechar para abrazarlos en la cama y darles besos.
- Darles un beso en la mano antes de entrar en el colegio con el fin de que se lo guarden para cuando más lo necesiten.
- Contarnos cómo ha ido la mañana con todo lujo de detalles.
- Comer juntos y conversar.

- Leer juntos.
- Besarnos y darnos arrumacos antes de apagar la luz.

Más todo aquello que surge de forma espontánea en cualquier momento o lugar. Por ejemplo, hay una cosa que adoro y que trato de hacer muy a menudo, que es meterme en la cama con mis hijos justo antes de que se duerman. Eso crea un momento de intimidad muy propicio para contarse cosas y para fortalecer el vínculo de cariño y confianza. Es un rato en el que se establece un clima sereno y sin prisas, que favorece a su vez que los niños se abran con nosotros y nos cuenten sus preocupaciones (si las hay) o las aventuras que han vivido durante ese día.

En conclusión, aunque lógicamente la crianza es mucho más que el afecto genuino y real que profesamos por nuestros hijos, el amor incuestionable e inmensurable debe ser uno de los ingredientes principales. No olvides que, cuando te pierdas en el camino, puedes hallar las respuestas allí donde bombea tu corazón.

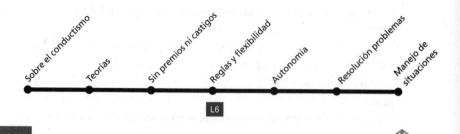

Sobre el conductismo

Teorías

Sin premios ni castigos

Reglas y flexibilidad

Autonomía

Resolución problemas

Manejo de situaciones

L6

L5

M

Educar la conducta

> Donde el lenguaje se detiene,
> lo que sigue hablando es la conducta.
>
> FRANÇOISE DOLTO

Portarse bien, portarse mal. Es muy bueno, es un trasto...

La conducta, nuestras acciones o nuestra forma de comportarnos nos hace valiosos o nos deja en evidencia ante los ojos de los demás. Los humanos vivimos situaciones, las interpretamos, sentimos emociones y **actuamos.** Y no siempre el orden es este mismo, sino que muchas veces todos estos factores cambian de posición, interactúan y se influyen los unos a los otros.

La conducta es, por tanto, una de las principales líneas en nuestro mapa. A muchos padres este aspecto es uno de los que más les preocupa de sus hijos e hijas. Seguramente es porque se trata de una de las manifestaciones más visibles que podemos percibir en ellos. Las acciones, al fin y al cabo, aportan mucha información sobre los pensamientos y las emociones. Aunque, cuidado, porque, como habrás oído decir, «el humano es el único ser de este planeta que es capaz de pensar una cosa, decir otra y hacer todo lo contrario». Y, en el caso de los niños, esto puede darse todavía más porque, por su falta de experiencia, muchas veces aún no son capaces de coordinar el pensar, el sentir y el actuar.

Es un error educar la conducta sin atender al pensamiento y a la emoción. Si lo único que nos importa es que nuestros hijos hagan lo que queremos o lo que nosotros consideramos adecuado, dejando de lado lo que piensan y sienten, lo único que conseguiremos es que hagan lo que les decimos para agradarnos, para conseguir algún objetivo o para evitar alguna consecuencia. De esta forma, llevaremos a cabo una educación superficial en la que no interioricen los principios y valores que se consideran importantes. Esto puede provocar que nuestros hijos actúen de una forma delante de nosotros, pero que cuando no los miremos lo hagan de otra.

Una frase típica que describe a unos padres que no tienen en cuenta los sentimientos, los pensamientos y las inquietudes de sus hijos, es: «Lo haces y punto. Porque lo digo yo».

Estos padres obvian que **es tan necesario educar la conducta de nuestros hijos como razonarles el porqué**, sin dejar de lado la emoción y los pensamientos que todo ello les produce.

Por eso, aunque en esta línea hablaremos sobre todo de la conducta, no debemos olvidar que los pensamientos y las emociones siguen ahí. La conducta es uno de los principales trayectos de este mapa, pero, como ves, está ubicada en la línea 5. Como te decía al principio de este viaje, puedes hacerlo a tu medida, alterando el orden o saltándote trayectos y paradas, según te convenga. Sin embargo, te propongo viajar antes por otras líneas que considero imprescindibles, prioritarias y que, sin duda, estarán presentes en toda comprensión y educación de la conducta de nuestros hijos.

En este trayecto, quizá más que en ningún otro, consideres que es complicado encontrar tu camino. Ni siquiera resulta fácil para nosotros, los profesionales. En los últimos años ha habido muchos avances teóricos, investigaciones científicas y cambios de perspectiva. Unos son cuestionados por otros, recibimos mensajes contradictorios y no sabemos con cuáles quedarnos. Voy a tratar de darte mi visión más personal, mi opinión, y decirte con total sinceridad en el punto en el que estoy y cómo he llegado hasta ahí como profesional y como madre.

En los primeros trayectos de esta línea viajaremos haciendo parada en el conductismo, en las teorías del apego, en la crianza respetuosa, en la disciplina positiva y en el lugar donde todo ello se cuestiona. Será un itinerario donde compartiré contigo cómo ha ido evolucionando mi forma de pensar y de educar a lo largo de este tiempo.

Más tarde, te hablaré de las normas, de fomentar la autonomía, la resolución de conflictos y el manejo de situaciones.

¿Cuál es tu camino? Busca tu voz interior, deshecha lo incuestionable y toma de cada lado lo que más os convenga a ti y a tu familia, dentro del amor y el respeto. Eclecticismo y flexibilidad son las máximas de este libro, que toman mayor fuerza si cabe en esta línea.

SOBRE EL CONDUCTISMO

Recompensas, premios, castigos, ignorar ciertas actitudes… Cuando hablamos de este tipo de consecuencias, aplicadas a la educación de los hijos, estamos hablando del conductismo.

El conductismo ha sido durante años una escuela de la psicología muy defendida y seguida por docentes y profesionales. Mientras cursaba la licenciatura en la universidad, se impartían numerosas asignaturas que trataban de los principios que nacieron de la mano de Pavlov, Thorndike o Skinner, autores que presumían de unas teorías probadas científicamente y que defendían el papel de los antecedentes y las consecuencias como determinantes directos de toda conducta. Aquellos experimentos comenzaron con perros, gatos, palomas y ratas de laboratorio, y fueron cuestionados por emplear el maltrato animal. Te sonará, por ejemplo, lo de la salivación de los perros de Pavlov asociada a un metrónomo y las descargas eléctricas en pequeñas ratas cada vez que presionaban una palanca. De estos ensayos nacieron patrones de conducta que más tarde fueron reconocidos como válidos para los humanos. Uno de los experimentos más sonados y criticados, siguiendo los descubrimientos de Pavlov, fue el que realizaron John B. Watson y Rosalie Rayner (1920), quienes idearon un experimento en el que condicionaron la respuesta del miedo en un niño de 9 meses sano e impasible llamado Albert. Esto sería hoy completamente impensable por razones éticas obvias.

Con el paso de los años, los principios conductistas basados en «premios y castigos» adquirieron especial relevancia en la educación de los hijos. Muchos especialistas los consideraron válidos, pero no concebían su extremo más radical, que implicaba la eliminación total del pensamiento y las cogniciones. Así nacían las «terapias cognitivo-conductuales», es decir, que estudiaban la forma de actuar y la forma de pensar. Cuando me licencié, hace más de veinte años, dichas terapias se revelaban como las más rápidas y efectivas, y muchos psicólogos nos especializamos en sus técnicas más importantes para ser aplicadas también a la crianza y la educación.

Como he mencionado antes, la parte conductista empleada en educación se basaba sobre todo en premios y castigos. Si bien en mi época de estudiante, el empleo del castigo se ponía en entredicho por considerarse menos efectivo y en algunas de sus variantes totalmente inaceptable, el uso de recompensas y el refuerzo positivo eran estrategias que gozaban de popularidad y muchas veces era elegidas como uno de los caminos indiscutibles a seguir. Los especialistas que, además, trabajábamos desde el cognitivismo y que, como en mi caso, ampliábamos nuestro abanico de intervención a las emociones, podíamos planear un programa de refuerzo positivo como una economía de fichas, atendiendo paralelamente las necesidades de los niños, comprendiendo sus emociones y su forma de pensar.

El conductismo se imponía y lo hacía, en algunos casos, de forma desmedida y, bajo mi punto de vista, irracional, llegándose a aplicar incluso para supuestamente «enseñar a dormir a los bebés» (si has leído la introducción de este libro ya conoces mi experiencia al respecto y sabes qué opino de ese tema). Y desde el conductismo más radical, aquel con el que nunca he comulgado, se empleaban premios y castigos para modificar la conducta de los niños, sin atender a sus demandas ni a sus necesidades… Olvidándose de la escucha, de sus pensamientos y su modo de sentir. El conductismo decidía causar «malestar» al niño para evitar que repitiera una conducta. Nos decía que si un niño tenía una rabieta debíamos ignorarlo, hacer como si no existiera, dejarle llorar hasta que, por agotamiento, se callara. Nos decía que si el niño se portaba mal debíamos aplicar «el tiempo fuera» o, lo que es lo mismo, usar el rincón de pensar; lo que hace años llamábamos «el cara a la pared». Y que con todo esto, sin duda, se lograría cambiar su «mala conducta». Ahora, muchos sabemos que eso, y permíteme esta comparación, solo servía para esconder el polvo debajo de la alfombra. Un polvo que, por cierto, al cabo del tiempo acabaría rebosando por todos lados.

Llegados a este punto, veo razonable que nos detengamos en los aspectos teóricos más relevantes del conductismo. Muchos padres mencionan estas teorías, pero no todos saben verdaderamente de lo que hablan. Creo que es importante tener un conocimiento mínimo para poder reflexionar acerca de por qué no nos gusta o si hay alguna cuestión que nos parece razonable. Y también para ser conscientes de que hay aspectos en estas teorías que son absolutamente inaceptables cuando hablamos de educación. Ten en cuenta que voy a hacer una descripción informativa de los principios conductistas y que, aunque te ponga ejemplos para ilustrarlos, en ningún caso significa que los asimile como válidos o afines a mi trabajo. Solamente en algunos puntos haré incisos y valoraciones personales. Más adelante, en otro trayecto, sí que te hablaré de lo que he recogido e incorporado actualmente en mi mapa de crianza.

Según los conductistas, existen dos tipos de procedimientos; por un lado, los procedimientos de reforzamiento, y por otro, los procedimientos de castigo.

Los procedimientos de reforzamiento

Son los que aumentan la probabilidad de que una conducta se repita cuando, más tarde, nos encontramos en una situación idéntica o parecida. Es decir, es un procedimiento que nos promete que fomentará una conducta que deseamos que se mantenga.

Según esto, existen dos tipos de reforzamiento:

1. Reforzamiento en el que se da algo «bueno»
Ante una conducta deseada por parte del niño o la niña se le da algo bueno, es decir, un refuerzo positivo que hará que esa conducta se repita. Algunos ejemplos de este tipo de reforzamiento son:

- Manuel ha ordenado su habitación (conducta) y su madre le ha dejado ver la televisión un rato (se le da algo «bueno»). Se ha empleado un refuerzo positivo basado en permitir una actividad agradable, según los conductistas es más probable que Manuel ordene su habitación al día siguiente.
- Teresa ha cocinado un bizcocho para sorprender a su madre (conducta). Al verlo su madre, la ha abrazado muy fuerte, ha sonreído y ha exclamado: «¡Pero qué sorpresa tan bonita! ¡Si es que eres una niña increíble!»

(se le da algo «bueno»). Se ha empleado un refuerzo positivo verbal basado en una alabanza y muestra de cariño, según los conductistas es más probable que en el futuro Teresa realice actividades de este tipo para sorprender.

- La hija dice: «Mamá, he estudiado mucho y he sacado un nueve y medio en lengua» (conducta); y contesta su madre: «¡Yuhuuu! ¡Te lo mereces! ¡Chócala!» (se le da algo «bueno»). Se ha empleado un refuerzo positivo verbal basado en una alabanza, según los conductistas es más probable que la niña siga estudiando para sacar buenos resultados.

Este tipo de reforzamiento es el que gozaba de mayor popularidad hace unos años. Hemos oído infinidad de veces que a los niños hay que darles **refuerzo positivo** cuando realizan acciones que consideramos adecuadas. No solo hay que darles una piruleta, regalarles un fin de semana juntos, ir al parque… sino también **halagos**: decirles que lo están haciendo bien, felicitarlos por sus logros… y otra cosa muy importante, **la atención**. ¿Has oído alguna vez aquello de «Lo hace para llamar la atención»? La atención es un gran reforzador (recompensa o premio) y, aconsejados por algunos especialistas, muchos padres la han retirado para tratar de eliminar una conducta. Según estas teorías, cuando a una conducta se le retira un reforzador, a medida que pasa el tiempo esa conducta acaba desapareciendo, llevándose a cabo lo que se denomina un **proceso de extinción**. Para los conductistas, los padres suelen reforzar comportamientos inadecuados sin darse cuenta y eso ocurre precisamente con la atención.

Imaginemos, por ejemplo, la llegada de un hermanito. El bebé recibe muchas visitas, halagos y regalos, y el hermano mayor se siente un poco desplazado, tiene celos. Eso hace que comience a comportarse de una forma que los padres consideran como inadecuada ante los invitados: tira cosas al suelo, solicita constantemente entre lloriqueos su madre para que lo coja en brazos, lanza un balón contra la ventana… Según los conductistas, si queremos evitar estos comportamientos en un futuro, debemos retirar la atención hacia el niño, hacer como si no existiera cuando lleva a cabo este tipo de conductas. Debemos evitar incluso las riñas, pues eso es un tipo de atención. En mi opinión, ese ha sido (entre muchos otros) uno de los grandes errores del conductismo. Si un niño pide atención, aunque el camino para conseguirla no nos guste, es que necesita atención. Y si, ante la llegada de un hermanito, nuestro hijo mayor tiene conductas de este tipo, debemos tomar nota y buscar la forma de acompañar ese sentimiento precisamente con lo que necesita: nuestra atención.

La aplicación de la extinción, en concreto con la retirada de atención, en la educación de los hijos se hizo muy popular en bebés con el archiconocido «método para enseñar a dormir»: dejar de atender al bebé cuando llora, para que deje de llorar en sucesivas ocasiones; considerándose la atención un poderoso reforzador del llanto. No me detendré más en esto porque he hablado alto y claro sobre mi rotundo rechazo ante esta práctica en el inicio del libro. Pero te hago una referencia aquí también, para que veas la relación directa de este método con las teorías conductistas.

A día de hoy, el uso del refuerzo positivo lo siguen defendiendo muchos especialistas, lo utilizan familias y colegios. Sin embargo, las nuevas tendencias hablan de que esta estrategia es contraproducente. En el siguiente trayecto ahondaré más en esta cuestión.

2. Reforzamiento en el que se quita algo «malo»

Ante una conducta determinada, se le quita algo malo al niño, es decir, se elimina un obstáculo o malestar. Quitando aquello desagradable se aliviará al niño de tal forma que será más probable que esa conducta se repita. Algunos ejemplos de este tipo de reforzamiento son:

- Diego, un bebé de siete meses, llora (conducta) porque tiene muchísimo calor. Su madre intuye lo que le ocurre y le quita el jersey (se le quita algo «malo»). Según los conductistas, la próxima vez que Diego tenga calor llorará para hacerle entender a su madre que le quite el jersey (no olvidemos que el llanto es una forma de comunicación en los bebés para expresar alguna necesidad).

- Sofía y su madre han acudido a una conferencia, pero Sofía está verdaderamente aburrida y no para de bostezar (conducta); finalmente, su madre decide abandonar la sala antes de que finalice (se le quita algo «malo», en este caso un estímulo que le aburre). Según los conductistas es más probable que Sofía bostece y resople la próxima vez que algo le aburra para que su madre «detenga» esa situación.

Por poner otro ejemplo, este supuesto se daría también cuando les evitamos a nuestros hijos unas circunstancias o consecuencias que ellos no desean. Imaginemos el caso de un niño que, cada vez que tiene que tomar una medicina (importante para su salud), llora desconsoladamente y su madre, desbordada por la situación, acaba tirando la toalla y permite que no la tome, probablemente convenciéndose de que no es necesario y de que ya se curará de forma natural. Según los conductistas, la próxima vez que la madre intente darle la medicación, el niño llorará todavía con más tesón y a la madre le resultará aún más complicado convencerlo de que la tome. Quizá este ejemplo pueda parecerte irreal, pero he conocido varios casos de niños que no tomaban su medicación e incluso dejaban de ir a las revisiones médicas o a urgencias (en casos de gravedad) porque eso no les gustaba, y sus padres no sabían cómo enfrentarse a la situación. Y ahora quizá te preguntes: ¿Hay que darles el medicamento a la fuerza? ¿Hay que forzarlos a ir al médico aunque sea a rastras? Obviamente, existen formas más respetuosas para manejar este tipo de situaciones. En el trayecto de «Manejo de situaciones» veremos cómo podemos actuar en estos casos. Aunque lo que está claro es que eliminar drásticamente del camino de nuestros hijos aquello que rechazan o no les gusta tampoco es la solución. A veces, lo más fácil para algunos padres es ceder a las demandas de los hijos, pero tenemos la responsabilidad de procurar lo mejor para ellos y su educación, aunque en ocasiones eso signifique contradecirlos, más esfuerzo por encontrar una vía respetuosa y, desde luego, un camino más cansado para nosotros.

Los procedimientos de castigo

Según los conductistas, son los que disminuyen la probabilidad de que una conducta se repita cuando posteriormente se da una situación igual o parecida. Es decir, se trata de un procedimiento utilizado para que una conducta no deseada se reduzca o desaparezca. Según esto, existen dos tipos de castigo:

1. Castigo en el que se da algo «malo»
Ante una conducta determinada, se le da algo «malo» al niño. Es decir, según los conductistas, imponiendo algo desagradable es más probable que una acción no deseada no se repita. Algunos ejemplos de este tipo de castigo son:

- Francisco juega al balón en casa y tira un jarrón (conducta) que acaba roto en mil pedazos, su madre le pega una bofetada (se le da algo «malo»). En este caso se ha empleado un castigo físico y, según los conductistas, es más probable que Francisco evite romper algo la próxima vez.
- Lorena eructa en la mesa en presencia de los invitados, y su padre le grita: «Me avergüenzo de ti como hija. No me das ninguna satisfacción» (se le da algo «malo»). En este caso se ha empleado un castigo verbal con gritos y humillación y, según los conductistas, es más probable que Lorena evite realizar esa conducta en otra ocasión.

Desde mi punto de vista, hay toda una serie de castigos que no solamente NO EDUCAN, tal y como se ha demostrado, sino que además son inaceptables y deben ser evitados. Doy a continuación algunos ejemplos de este tipo de castigos:

- Pegar
- Humillar
- Insultar
- Abuso de poder
- Ignorar

Si eres de los que emplean alguno de los castigos mencionados anteriormente, sin ánimo de entrar a valorar si todos son igual de graves o no (porque hay miles de matices y grados de intensidad que se deberían tener en cuenta para hacer una valoración de este tipo), debes saber que el daño, el sufrimiento y el malestar a los hijos no son educativos. No funcionan como vehículo para desempeñar un proceso de crianza exitoso. Eso significa que, si los empleas, ni educas ni respetas.

Si has pegado (o pegas) a tu hijo, si lo humillas con tus palabras o lo ignoras, no seré yo quien te diga «No pasa nada». Sí que pasa. Este no es un camino que se pueda elegir. En este mapa no hay cabida para ese tipo de actos. No importa que, según tu opinión personal, pienses que así se educa; hay un millón de razones para creer que no es verdad, entre ellas la evidencia científica. Me reitero en que el daño ni educa ni aporta nada bueno. Incluso Skinner (conductista radical) hablaba de los inconvenientes del castigo en la educación de los niños, aconsejando la elección del refuerzo positivo. Así que, si le pegas o lo humillas, no te autoconvenzas diciéndote que es para educarlo, y, desde luego, no te justifiques ante los demás ni ante ti mismo, expresando que es por su bien. No acudas a aquellas frases carentes de sentido de «A mí me educaron a base de tortas y no he salido tan mal» o «Es mejor una bofetada a tiempo que…». Eso quedó ya en otra época, en la que se primaba el autoritarismo en casa, en la que los niños tenían miedo de sus padres e incluso en la que muchas veces el enemigo se encontraba bajo el mismo techo. Los tiempos han cambiado y afortunadamente el maltrato físico y psicológico ya no puede emplearse con la pareja, con los empleados, con los alumnos o con los hijos. Soy consciente de que la palabra «maltrato» nos lleva a un campo sumamente delicado, y que es difícil establecer la línea o el límite entre lo que significa ese concepto y dar un cachete o gritar en momentos puntuales a los hijos. Es más, quizá estés pensando que a veces gritas en casa o que incluso en alguna ocasión le has pegado un cachete a tu hijo y que no por ello consideras que lo maltrates. La cuestión aquí no es entrar a juzgar o a etiquetar la situación familiar que solo uno mismo conoce, pues eso queda para la conciencia de cada persona, sino dar una pauta respetuosa y responsable en la que aceptamos que hay procedimientos que debemos desechar, que no deben formar parte de nuestro equipaje en el viaje de la crianza.

¿Para qué vamos a utilizar algo que no solamente no es educativo, sino que además nos cuestiona como padres y madres? ¿No es mejor rodearnos de herramientas y estrategias que, además de útiles, sean respetuosas?

Es más, si tiendes a emplear este tipo de acciones no deseables y eres consciente de ello, te invito a ahondar más en el autoconocimiento. Quizá puedas indagar y preguntarte por qué lo haces, seguramente la causa no es el hecho de que tu hijo se comporte como tú no quieres, lo más probable es que el motivo seas tú. Posiblemente tu carácter tienda a la impulsividad, tengas tus propios problemas, estés cansado y te falte la paciencia, quizá no hayas podido reprimir el nerviosismo y, más que aplicar un castigo físico a conciencia como «método para educar» (en cuyo caso tampoco sería aceptable), lo que ha ocurrido es que no has podido controlarte. Quizá has dado un cachete como consecuencia de tu enfado, de tu mal día, de tus carencias… Dicho de paso, muchas veces, a algunos padres les resulta más «cómodo» y rápido pegar una torta para acabar con una situación de conflicto en unos segundos que dedicarse a educar de otras formas que conllevan más esfuerzo y dedicación (pero te aseguro que con la torta no acabas con el problema, más bien diría que estás creando uno mucho mayor). Con una torta no solamente dañas a tu hijo físicamente, sino también emocionalmente, y así lo único que le enseñas es que la violencia y la agresividad es un posible camino para solucionar algo. El niño puede interpretar que la violencia tiene cabida dentro del núcleo familiar y, desde luego, aumenta la probabilidad de que ese niño pegue a sus compañeros del colegio o acabe, por ejemplo, siendo un abusón. Por otro lado, no olvides que un hijo no es una propiedad y que uno no puede hacer lo que le venga en gana vulnerando sus derechos. Además, pegar o no pegar a los hijos, maltratarlos o no, por fortuna ya no es una elección (y mucho menos un derecho) de los padres en nuestro país. Los tribunales expresan con claridad que el llamado «derecho de corrección» no ampara el castigo físico ni el uso de la violencia sobre los menores. Si no puedes evitar tener este tipo de comportamientos, es recomendable que te pongas en manos de un especialista para que te ayude a solucionar esta dificultad y a buscar alternativas.

Cabe destacar que, cuando hablamos de castigos inaceptables, casi siempre dirigimos nuestro pensamiento al castigo físico, pero, tal y como he mencionado anteriormente, no hay que olvidar que el maltrato psicológico (humillaciones, burlas, abandono) es igual de perjudicial para nuestros hijos.

Estas son las posibles consecuencias negativas que tiene aplicar un castigo físico y psíquico a los hijos:

- Provoca resentimiento, rechazo y hasta odio respecto a los padres.
- Daña gravemente su autoestima.
- Produce sentimientos de soledad, tristeza, abandono e incomprensión.
- Provoca miedo hacia los padres, no respeto. Mientras que en la infancia los hijos parecen «controlados» ante la amenaza de un azote, en la adolescencia su miedo se convierte en rabia y puede desencadenar incontrolables problemas de conducta.
- Distancia emocionalmente a padres e hijos.
- Desencadena la agresividad del niño tanto dentro como fuera de casa.
- Hace que los hijos se comporten bien para evitar el castigo, pero, cuando no se sientan observados harán aquello que saben que no gusta a sus padres.

2. Castigo en el que se quita algo «bueno»
Ante una conducta determinada, se le quita algo bueno al niño. Es decir, según los conductistas, retirando algo agradable es más probable que una acción no deseada no se repita. Estos son algunos ejemplos de este tipo de castigo:

- Aysha ha contestado mal a la profesora (conducta) y se ha quedado sin salir al recreo (se le quita algo «bueno»). En este caso se ha empleado como castigo la retirada de algo que la niña desea, salir al recreo, y según los conductistas es más probable que Aysha no conteste mal a la profesora en un futuro.
- Manuel ha hecho novillos y no ha acudido al colegio el lunes por la mañana (conducta), y sus padres lo han castigado sin ir a la excursión de final de curso (se le quita algo «bueno»). En este caso se ha utilizado como castigo la retirada de algo que el niño desea, la excursión, y según los conductistas es más probable que Manuel no vuelva a faltar al colegio.

Forman parte de este tipo de castigo, por ejemplo:

- «Te quedas sin videojuegos».
- «Te quedas sin salir».
- «Te quedas sin helado».
- «Te quedas sin parque».
- «Te quedas sin cariño».

Este tipo de castigo es el que, probablemente, sigue estando aún bastante vigente en la educación de algunas familias y centros escolares. Sin embargo, al igual que ocurre con el tema de los refuerzos, las nuevas tendencias defienden una educación lejos de los castigos (aunque estos no formen parte de los que anteriormente hemos colocado en la lista de inaceptables). En el próximo trayecto hablaré con más detalle de este tema y de las alternativas que tenemos.

Quiero reiterar que el propio Skinner (1953, 1971), uno de los padres del conductismo, animaba a educar a base de refuerzo positivo, desaconsejando el uso de castigos continuados. Según este autor, no son una forma fiable de que se reduzca la respuesta no deseada, pues es posible que el castigo propicie, además, problemas emocionales, y aunque en un principio eliminen la conducta inadecuada, finalmente no impiden que esta vuelva a aparecer en el futuro.

Por otro lado, considero que la retirada de atención, cariño y amor, como consecuencia de una conducta que consideremos inadecuada, no debe ser una opción. Es como si le dijéramos a nuestro hijo: «Te has portado mal y por eso no te abrazo, por eso no te hablo, por eso parece que no te quiero... Así te castigo, así aprendes lo que no debes hacer». Castigar con la indiferencia provoca mucho sufrimiento, confusión, incertidumbre e inseguridades que repercuten en una baja autoestima. Los niños necesitan atención, incluso más cuando han actuado de forma inapropiada. La indiferencia es un desprecio que debemos evitar a toda costa en la crianza de los hijos.

Como he intentado transmitir a lo largo de este libro, el amor incondicional necesita estar presente siempre. Los niños no deben pensar que nuestro amor depende de sus actos, o puede variar en función de estos. Al contrario, deben saber y tener claro que nuestro afecto siempre estará ahí, inamovible, disponible para ellos, pase lo que pase. Otra cosa distinta es disgustarse de forma natural a causa de un comportamiento y mostrar ese disgusto como expresión de una emoción real (no como castigo). De esto hablaré también en el próximo trayecto.

Después de leer esta aproximación teórica sobre el castigo, voy a referirme ahora al castigo de «quitar algo bueno», dependiendo del tipo de crianza que practiques, puedes estar pensando:

a) «Yo no castigo a mis hijos ni pienso hacerlo. Existen alternativas más respetuosas y eficaces». Si has encontrado este camino y te funciona, te aplaudo. En el siguiente trayecto, precisamente, hablaré de alternativas y de cómo se puede educar sin castigos.

b) «Ups, yo utilizo el castigo. ¿Soy el peor padre del mundo?». Como he dicho antes, el castigo en el que se da algo «malo» y que he catalogado como «inaceptable» no tiene cabida en este mapa, ni siquiera para debatir sobre él. De la misma forma que la mayoría no nos planteamos pegarle un puñetazo al vecino porque hace demasiado ruido, o insultar a un transeúnte porque cruza demasiado despacio el paso de cebra, tampoco debe tener cabida en ningún caso el castigo físico y psíquico. A partir de ahora, cuando hable de «castigo» me referiré a los castigos que significan «quitar algo bueno» o, lo que es lo mismo, aquellos que privan a los niños de algo gratificante. Y no porque me parezca que esta sea una elección válida, sino porque soy consciente de que es una estrategia muy empleada todavía y considero necesario hablar con más detalle de sus inconvenientes y que reflexionemos sobre ello.

Hecha esta aclaración, si utilizas este castigo como método educativo puede ser por varios motivos. Quizá sea porque no conoces otros métodos y no sabes cómo puedes educar sin emplearlo; o bien porque, a pesar de que conoces las alternativas, consideras que para ti y los tuyos esta estrategia es la que mejor os funciona. Voy a plantear ahora unas cuestiones: ¿Se puede privar a un niño de algo que desea como consecuencia de una acción que consideramos inadecuada? ¿Se puede hacer desde el cariño, sin gritos, razonando la decisión (una decisión que es meditada), buscando siempre que sea proporcionada? Posiblemente, esto no se aleja tanto de la educación con consecuencias. Porque las nuevas tendencias, al menos en las que yo creo, sí que hablan de consecuencias que navegan entre la lógica y la coherencia. Quizá la palabra «castigo» y la motivación de que este «duela» al niño es el matiz del que debemos huir. Te invito a seguir leyendo en el próximo trayecto, donde hablaré con más detalle de este y otros temas.

Con todos estos principios del conductismo, sobre todo basándose en el reforzamiento positivo, llegó la técnica de la **economía de fichas**. Quizá no la conoces por ese nombre, también se suele llamar «tabla de puntos» o «tabla de pegatinas». La crearon Teodoro Ayllon y Nathan Azrin en 1968, y consiste en programar una serie de tareas o retos, como lavarse los dientes o recoger y poner la mesa, y cada vez que el niño los realiza correctamente, consigue una ficha o pegatina. Las pegatinas acumuladas se pueden intercambiar más tarde por premios pactados de antemano. Por ejemplo, tres pegatinas a cambio de una chocolatina, cinco pegatinas a cambio de poder ver la televisión treinta minutos…

Durante algunos años, cuando el conductismo gozaba de mayor popularidad y de mejor reputación, esta técnica adquirió mucha fama. La aplicaban los padres y los docentes en los colegios, y la recomendaban muchos profesionales afines a esta escuela de la psicología. Cuántas veces no habré oído en la universidad, por boca de grandes profesionales, alabanzas a los beneficios de potenciar lo positivo con refuerzos materiales, pero, sobre todo, verbales. Yo misma programé en el pasado decenas de economías de fichas con familias, apoyándome en lo que creía firmemente: el poder del refuerzo positivo. En mi caso, siempre acompañado de conversación, reflexión y cariño con los niños; porque quizá también es necesario aclarar que aplicar refuerzos no significa convertirse en una fría máquina expendedora de chocolates y patatas fritas. Existen muchos padres que utilizan las recompensas, pero que también son buenos conversadores, cariñosos y empáticos.

Sin embargo, poco a poco comencé a descubrir titulares desde otras perspectivas que defendían «las ventajas de educar sin premios ni castigos». Me llamó la atención, en concreto, esa primera parte de «educar sin premios»; en definitiva, llegaban nuevas teorías que hacían temblar las bases de lo aprendido en más de seis años de universidad. En un primer momento apareció la resistencia: «¿Cómo no va a ser positivo educar con refuerzos?». Comencé a leer sobre aquellas corrientes, ¡y qué interesante lo que decían! Acudí nuevamente a la flexibilidad y al eclecticismo. Cuestionar lo aprendido, reflexionar, evolucionar e incorporar nuevas rutas. Esto me ha pasado y me seguirá pasando como profesional y como madre. Y también te puede pasar a ti. No importa que utilices refuerzos y castigos, puedes seguir leyendo y, por supuesto, cambiar.

Acerca de los dos principios conductistas

Para acabar este trayecto, te dejo un cuadro-resumen de los principios conductistas mencionados:

PROCEDIMIENTOS DE REFORZAMIENTO (Aumento de la probabilidad de que se repita una conducta)	a) Reforzamiento en el que se da algo «bueno».	*Se da*: alabanzas, cariños, ánimos, dulces, planes especiales, juguetes, objetos...	**Proceso de extinción:** Ante la retirada repetida del reforzador, la conducta se extingue, desaparece.
	b) Reforzamiento en el que se quita algo «malo».	*Se quita*: aburrimiento, algo molesto, algo doloroso, algo que da miedo, algo que produce ansiedad, rechazo...	
PROCEDIMIENTOS DE CASTIGO (Disminución de la probabilidad de que se repita una conducta)	a) Castigo en el que se da algo «malo».	*Se da*: un cachete, una burla, un insulto, una humillación...	Se consideran del todo inaceptables.
	b) Castigo en el que se quita algo «bueno».	*Se quita*: una excursión, un postre, la televisión, un juego, un juguete, ir al parque, la atención...	

NAVEGANDO ENTRE TEORÍAS

Cuando me especialicé en terapia cognitivo-conductual, de sus principios y técnicas deseché los que no me convencieron y en su lugar incorporé otros más afines a mi forma de entender la educación de los hijos y mi propia maternidad. Una técnica que hice propia y que me acompaña desde el inicio es el uso de los cuentos y los materiales creados alrededor de ellos para trabajar las emociones. Si bien las técnicas estrictamente conductistas nunca fueron de mi elección, he de reconocer que el uso del refuerzo positivo formaba parte de mi «manual de terapeuta», aunque sin dejar de lado las emociones, la comunicación, el afecto y las necesidades de los más pequeños. Esto es importante porque, a veces, da la sensación de que si un padre utiliza premios y castigos, ya se presupone que es autoritario y distante, y que no se preocupa ni por escuchar ni por las emociones de sus hijos. Y eso en absoluto tiene por qué ser así.

El uso de reforzadores positivos gozaba hace unos años de gran popularidad y parecía comúnmente aceptado por la gran mayoría de especialistas, docentes y padres. Desde el primer momento, me uní a los detractores del uso de castigos y de la retirada de atención, pero he de reconocer que jamás pensé que algunas tendencias evolucionarían hacía la eliminación del refuerzo positivo. Así que comencé a acercarme a las voces que defendían una educación sin premios ni castigos. Necesitaba conocer sus argumentos, contrastar y cuestionar aquello en lo que creía desde hacía mucho tiempo.

En un primer momento me encontré con las **teorías del apego**, basadas en el amor y la creación de un fuerte vínculo entre los hijos y por lo menos un cuidador principal. Se trata de un vínculo que fomentará el desarrollo emocional y social del más pequeño. Las primeras teorías fueron conceptualizadas por autores como John Bowlby (1907-1990), y más tarde fueron enriquecidas por otros especialistas. En este sentido, las psicólogas María José Ortiz Barón y Sagrario Yárnoz Yaben (1993) han escrito: «El apego es el lazo afectivo que se establece entre el niño y una figura específica, que une a ambos en el espacio, perdura en el tiempo, se expresa en la tendencia estable a mantener la proximidad y cuya vertiente subjetiva es la sensación de seguridad».

Los principios más importantes de la teoría del apego de Bowlby establecen lo siguiente:

1. El niño tiene una necesidad innata de apego con su principal cuidador. Los comportamientos del bebé como la sonrisa o el llanto, van encaminados a que se produzca esa proximidad y unión con el cuidador principal, que generalmente es la madre. No obstante, no se descarta que puedan aparecer otras figuras de apego.

2. En sus primeros años de vida, el bebé necesita ser atendido de forma permanente, sobre todo, por su principal cuidador. Según Bowlby, si este vínculo se rompe durante los primeros dos años, se produce lo que se denomina la privación materna (en el caso de que sea la madre su figura de apego), y eso puede provocar consecuencias negativas a largo plazo.
3. La separación del cuidador principal genera ansiedad. Esta ansiedad, según Bowlby, transcurre en tres etapas: protesta, desesperación y desapego.
4. El vínculo del niño con la figura de apego favorece el desarrollo cognitivo. Se va creando un modelo interno que con el paso del tiempo acaba formando parte de la personalidad del niño.

Como ves esta teoría dista mucho de las teorías conductistas que hablaban de no emplear el refuerzo con el llanto del niño y de extinguirlo con la retirada de atención, o de no atenderlo porque se malacostumbra. Sin duda, el vínculo y el amor tenían que ser una bandera en la relación con mis hijos tal y como yo lo sentía y creía. Y ni que decir tiene que cuando descubrí estas teorías se abrió un nuevo horizonte ante mis ojos. El amor, el afecto, aquello que de forma natural brotaba dentro de mí, se reflejaba en tendencias con fundamento teórico. Y qué bien me vino cuando decidí practicar colecho con mi primer hijo, cuando me asaltaron todas aquellas dudas y temores, cuando constaté que el contacto con el cuidador es una gran necesidad en el bebé que hay que cubrir y que el llanto debe ser atendido y jamás ignorado.

Sin embargo, estas teorías también tuvieron algunas críticas. La más evidente vino al cuestionarse si, durante los primeros años de vida, la figura principal de apego (casi siempre la madre) debía dedicarse exclusivamente a cuidar a su hijo. Esta pregunta era pertinente, en primer lugar, porque no todas las madres tienen una situación familiar, laboral y económica que permita este tipo de organización, y por otro lado, porque esa dedicación exclusiva podía conllevar agotamiento y estrés, en cuyo caso tampoco resultaría beneficioso para el bebé. Por ello, se comenzó a hablar de una «red de adultos» que en un momento dado pudieran sustituir a la madre. Se establecía así una concepción un poco más relajada que permitía excepciones. En los primeros años de vida del bebé es fundamental que haya una figura de apego que cubra las necesidades, pero no en exclusiva.

Pueden aparecer otras figuras estables que sustituyan a la madre cuando sea necesario.

En una línea bastante afín a la crianza del apego, descubrí la **crianza respetuosa**, basada en el respeto, la empatía, la igualdad de derechos y, cómo no, el amor. Entre sus principios más importantes se encuentran:

1. Los niños tienen derechos y su opinión debe ser escuchada y respetada.
2. Los niños aprenden aquello que deben y no deben hacer, sin necesidad de castigos, sanciones o imposiciones.
3. Los padres activan la empatía y la escucha activa para atender a las necesidades de sus hijos de una forma genuina.

Este estilo de crianza tiene muchos seguidores en la actualidad, pero también tiene detractores que consideran que se trata de un modelo excesivamente permisivo.

Como ves, en todas las teorías y tendencias nos encontramos con unas personas que defienden y otras que cuestionan. Quizá a ti te pase como a mí, hay cosas con las que sí estoy de acuerdo y otras con las que no tanto. Y me gusta ir incorporando a mi equipaje todo aquello que quiero tener a mano en mi viaje de crianza.

Relacionado con la concepción de que los niños tienen los mismos derechos que el adulto y con el tema de la permisividad, nos encontramos con que algunos padres que defienden la libertad y el derecho a decidir de sus hijos optan por no marcarles límites y por no negarles o impedirles hacer lo que desean (aclaro aquí que esto no sucede necesariamente vinculado con las teorías del apego y la crianza respetuosa). Una de las principales críticas a esta práctica es precisamente que «los niños necesitan ciertos límites» por parte de sus progenitores, porque además la libertad de uno acaba donde empieza la libertad del otro. He de reconocer que la palabra «límites» no me gusta a la hora de hablar de crianza. Más bien prefiero hablar de «directrices», «guías» o «acompañamiento activo» en el que el adulto orienta al niño en su crecimiento. Ante este aluvión de críticas, algunos padres afines a esta práctica aseguran que educan a sus hijos para ser respetuosos con los demás y para convivir en armonía y que les enseñan a entender que sus actos tienen consecuencias.

Personalmente, estoy de acuerdo en dar importancia al apego, al amor incondicional y al respeto, y en potenciar la necesidad exploradora del niño, pero considero que el hecho de que el poder de decisión y la total libertad se encuentre a disposición del niño, conlleva ciertos riesgos. Porque este avión lo debemos pilotar los padres, esa es nuestra responsabilidad y también el derecho de nuestros hijos. Y sí, es recomendable ser amables, pero también firmes y tener las cosas claras en cuanto a los «límites».

Recuerdo una anécdota en la que una amiga que regentaba una tienda de zapatos del centro de la ciudad me comentaba indignada que una clienta había ido a comprar con su hijo de dos años. El niño entró en el escaparate y descolocó el calzado, y, además, comenzó a jugar con el cristal: le daba manotazos, lengüetazos y hasta patadas. La madre se excusaba con la dependienta diciéndole que el niño necesitaba explorar y que, si quería jugar en el escaparate y con el cristal, ella no podía impedírselo, que el niño era libre y tomaba sus decisiones. En ese momento recuerdo que pensé: «No, esto no es adecuado». La dueña de un local no tiene por qué sufrir situaciones de este tipo y el deber de los padres es impedir que su hijo entre en un escaparate, ensucie o incluso rompa un cristal, haciéndole entender con cariño y con firmeza el motivo por el cual esto es así, aunque se enfade y llore. Un niño de dos años (y más mayor tampoco) no es lo suficientemente maduro como para decidir libremente qué hacer. Necesita un sendero que debe ser marcado por los padres. Y el «no te salgas de este sendero» para hacer según qué cosas debe existir. Sobre todo porque en el mundo, ahí fuera, sí que existe la negativa y hay que saber encajarla desde edades tempranas para que no provoque frustraciones. Y también porque, muchas veces, dejar que un niño haga lo que quiera puede influir, molestar o perjudicar (como en el caso de la tienda de zapatos) a aquellos que nos rodean y ahí tiene que haber una pauta clara: hay que respetar a los demás.

Creo que estas ideas, bien ejecutadas, pueden ser una buena opción, pero llevadas al extremo suponen un problema; sin olvidar que todos los niños y todas las familias son diferentes y que lo que sirve a unos, no tiene por qué funcionar igual con los demás. Probablemente, muchas familias hayan conseguido los resultados deseados y vivir una crianza plena y armoniosa siguiendo estos principios (sigo refiriéndome a la libertad y la capacidad de decisión, vinculada a la permisividad), pero sé a ciencia cierta que otras se han visto sobrepasadas por una situación que no han sabido manejar y que han necesitado ayuda para encauzar aquel estilo de crianza que habían elegido en un principio. Quizá muchos no supieron dar libertad y guiar al mismo tiempo, o quizá su familia no estaba hecha para eso. Por ello, insisto, todos somos diferentes y no existe un único camino válido, y, aunque existiera, todos lo recorreríamos de distinta manera. Conócete a ti mismo, conoce a tu hijo y busca tu camino.

Esta tendencia relacionada con la creencia de dar libertad al niño, para hacer y decidir, llevada al extremo, desembocó a veces en dificultades de este estilo:

- Niños y niñas que podían decidir qué comer (o no comer), cuándo dormir (o no dormir) y no tener rutinas de ningún tipo (lógicamente, no hay que forzar a los niños, se trata de encontrar un punto medio con sentido común y respeto).
- Padres y madres que no contradecían en nada a sus hijos, que habían desterrado la palabra «no» de su vocabulario (el «no» justificado, coherente y razonado debe existir).
- Padres y madres que no toleraban el llanto y que hacían todo para que sus hijos dejaran de llorar (no me refiero aquí a cubrir las necesidades del niño, sino a darle una chocolatina antes de comer o a comprarle un juguete para que no llore, por ejemplo).
- Niños y niñas que podían hacer lo que quisieran en todo momento, sin que nadie les dijera nada, aunque eso significara molestar a los demás (el respeto a los demás y las normas de convivencia son importantes y deben prevalecer a la hora de educar a nuestros hijos).

Así pues, si nos fijamos en los extremos, por un lado nos encontramos con las críticas que apuntan a la desnaturalización del sistema educacional basado en los premios y castigos. Se trata de unas estrategias que muchos identifican como propias de los modelos de crianza autoritarios, ya muy desfasados. Y, por otro lado, con las críticas que se dirigen a los modelos de crianza considerados demasiado permisivos y, por algunos, incluso negligentes. Críticas siempre las hay y las habrá en todas las direcciones, pero debemos tener claro que ningún extremo suele ser bueno. No lo es un modelo autoritario y tampoco lo es un modelo permisivo. En algún lugar tiene que estar aquel punto medio que encaje con nuestra forma de sentir y de pensar. Que sea equilibrado y adecuado para nuestros hijos y para nosotros mismos. Me identifico con la idea del respeto, el amor, el apego, la empatía, la conversación, la escucha... y lo llevé a la práctica cuando nació mi primer hijo. En aquel momento transité de unas ideas de tinte más bien conductista a otras que consideré mucho más lógicas y saludables para mi bebé y para mí. Pero, como ya te he comentado, había un punto en el que no lograba encajar. Precisamente, es ese en el que los padres delegan el poder de decisión al hijo (sobre todo, en casos extremos), porque yo sí que creo en las normas, en las consecuencias lógicas y en que los padres deben ser los que piensan, deciden y actúan por el bien de sus hijos, por supuesto, escuchándolos y teniéndolos en cuenta.

Cabe decir que hay padres excesivamente permisivos o autoritarios, o que se encuentran en un punto intermedio, pues no están «adscritos» o no son afines a ningún modelo en concreto, por lo menos conscientemente. ¿Se puede educar sin seguir ningún modelo de educación? Desde luego, muchos padres lo llevan a cabo. No todos los padres y madres leen, investigan, indagan... Los hay que educan por intuición, de oídas, por observación, por ensayo y error, porque es lo que ellos vivieron o porque es lo contrario de lo que vivieron... Sin ir más lejos, cuando éramos niños, nuestros padres no disponían de tanta información ni medios para formarse como en la actualidad. Y podíamos encontrarnos con formas de educar que, por fortuna, hoy en día serían impensables. Haciendo memoria y viajando a mi infancia, recuerdo todavía con el corazón encogido que había niños a los que sus padres atizaban con crudeza, niñas y niños que de vez en cuando llegaban al colegio con caminar lento y extraño, y se sentaban muy despacio en su silla no sin dibujar una clara expresión de dolor en el rostro. Muchos sabíamos que eso era porque les pegaban en casa haciendo uso del cinturón y, aunque daba mucha pena, nadie se planteaba dar un paso al frente. Teníamos interiorizado que, estuviese bien o mal, los padres podían hacer aquello. Igual que cuando la maestra daba un fuerte golpe de regla en las yemas de los dedos o castigaba a alguien a permanecer de rodillas. Cuando lo recuerdo se me ponen los pelos de punta, y eso no era lo peor que podía suceder. Y también recuerdo a aquellos niños que con poco más de diez años vagaban por las calles hasta altas horas de la noche. Niños que fumaban, bebían e incluso delinquían porque sus padres, ausentes, no se preocupaban por ellos. Autoritarismo *versus* permisivismo en estado puro, en unos tiempos no tan lejanos. Hoy, por fortuna, las cosas han cambiado para los niños, y esperemos que sigan evolucionando para garantizar su protección y bienestar.

En el caso de los padres que educan a sus hijos sin seguir ningún modelo concreto, eso puede suponer un inconveniente. Viajan sin mapa y, en ocasiones, se pierden. Pero, sobre todo, puede suceder que caigan en incoherencias y que los niños no sepan qué esperar. Si a veces imponemos castigos desorbitados y otras «pasamos» de nuestros hijos, lógicamente no estaremos llevando a cabo una crianza ni razonable ni respetuosa. No se trata de seguir una teoría concreta y aplicarla al pie de la letra, lo deseable es que tengamos un plan, huyendo de los extremos y siendo flexibles. Debemos definir nuestra ruta, nuestra forma de educar, sabiendo conscientemente hacia dónde vamos y por qué nos dirigimos hacia allí.

Por otro lado, hoy sabemos que tanto una crianza autoritaria como la permisiva tienen inconvenientes. En cuanto a los inconvenientes del modelo estrictamente autoritario, los he descrito en el trayecto anterior, cuando he hablado del uso indiscriminado de castigos. Quiero matizar que no hay que confundir «autoritario» con «autoridad».

En cuanto al patrón excesivamente permisivo, los posibles riesgos e inconvenientes que algunos expertos señalan son estos:

- Mayor riesgo de que los niños manifiesten problemas de conducta: Si siempre se les ha permitido hacer lo que han querido, en algunos casos se puede llegar a un punto en el que sus deseos y conductas no correspondan con lo que se considera adecuado y alteren lo que entendemos como una convivencia armoniosa y apacible.
- Mayor riesgo de que los niños tengan dificultades académicas: Cuando no se marca una rutina de estudio para realizar las tareas requeridas en el centro escolar, es fácil que un niño que aún no ha adquirido responsabilidad, acabe desarrollando dificultades para alcanzar los objetivos escolares que se le exigen. Se trata de pactar con el niño un tiempo de trabajo, con el fin de que adquiera el hábito por su propio bien.

- Baja tolerancia a la frustración cuando se encuentren con obstáculos que surgen fuera de casa: Si en casa siempre lo han tenido todo y no se han encontrado con impedimentos de ningún tipo, cuando salgan fuera y encuentren negativas, obstáculos o problemas, si no han desarrollado el aprendizaje de enfrentarse a ellos, difícilmente sabrán aceptarlos, pudiendo aparecer un gran sentimiento de frustración.
- Falta de responsabilidad e implicación en las tareas del hogar: Cuando los niños no han adquirido rutinas para ayudar en casa, difícilmente adquirirán el hábito y la responsabilidad no solo de echar una mano, sino de colaborar con sus cosas.
- Falta de habilidades para manejar conflictos fuera de casa: Lógicamente, un niño que no aprende a enfrentarse a situaciones complicadas o que no le gustan, porque sus padres se las han evitado, cuando estas aparezcan inevitablemente fuera de casa, tendrá más dificultades para gestionarlas.
- Falta de habilidades sociales: Si no se ha enseñado a aceptar el «no», a ceder, a negociar, a no conseguir siempre lo que quiere, a sufrir consecuencias… cuando interactúe con el resto del mundo y se den circunstancias que no le gustan, no sabrá cómo actuar.
- Adolescencia complicada: Porque todo lo que se siembra (y no se siembra) se recoge en la adolescencia.

En resumen, cuando fui madre me encontré ante situaciones reales que viví en primera persona y que me invitaron a cuestionar mis ideas previas, a investigar y a conocer otras voces que comenzaban a emerger en ese momento. Así diseñé y definí mi propio camino a seguir. Se podría decir que mi estilo de crianza y mi convicción como profesional en ese momento incluía a grandes rasgos:

- Amor
- Respeto
- Comunicación
- Acompañamiento
- Empatía
- Directrices (mi forma de llamar a los límites)
- Amabilidad

- Consecuencias naturales, lógicas, razonadas y consensuadas
- Refuerzo positivo (este es el punto que aún estaba pendiente de evolucionar)

ES POSIBLE EDUCAR SIN PREMIOS NI CASTIGOS

Hace unos años, coincidiendo con la llegada de mi primer hijo, tenía claro que el castigo, propiamente dicho, no formaría parte de mi estilo de crianza; en su lugar, adopté las consecuencias (hablaré de ellas en este mismo trayecto). Sin embargo, por aquel entonces creía firmemente en los beneficios del refuerzo positivo. Más tarde comencé a leer opiniones que cuestionaban su uso y seguí replanteándome la metodología que empleaba. En este apartado hablaré de las alternativas a los premios y castigos y de cómo ha ido evolucionando mi forma de entender la crianza a lo largo de estos años, hasta llegar a lo que pienso en la actualidad.

Para introducir este tema, voy a compartir contigo una conversación de dos madres a la salida del colegio:

—Hola, Carmina, ¿cómo va todo? ¿Cómo vas con aquello que me contaste de Álvaro?

—Bueno, me sigue resultando muy difícil conseguir que colabore un poco en casa y asuma sus responsabilidades. Ya no sé qué hacer.

—Vaya, reconozco que con Ana todo es muy sencillo. Es una niña tan responsable...

—¡Qué suerte! Yo estoy desbordada por la situación. Una vecina me ha dicho que ella utilizó una economía de fichas y que le funcionó genial con la niña. Creo que voy a probarlo a ver qué tal.

—Uf, pero eso es conductismo.

—Ah, no tenía ni idea. ¿Qué quieres decir?

—El conductismo no es respetuoso con los hijos.

—Bueno, ella dice que es como un juego. No me ha parecido tan malo. Dice que hacen una tabla con retos y que van pegando pegatinas.

—Sí, sé perfectamente cómo funciona. Es el mismo método que se utiliza para adiestrar a las mascotas. Así los hijos solo obedecen para conseguir premios. Y si además se incluyen castigos...

—¿Castigos? Yo alguna vez tengo que castigar a Álvaro. Por ejemplo, ayer por la tarde cortó el pelo de todas las muñecas de su hermana y lo dejé sin dibujos animados.

—Yo no comulgo con los castigos y te aseguro que están muy desaconsejados por muchos expertos.

—¿Tú nunca has utilizado el castigo con Ana?

—Nunca. Jamás le haría eso a mi hija.

—¿De verdad te parece tan malo lo de las pegatinas?

—Los niños no son perritos a los que domesticar con golosinas o consecuencias negativas.

—Entonces, ¿qué puedo hacer? ¡Estoy perdida!

—No lo sé, Veronica. Pero huye de todo eso si quieres ser una madre que respeta a sus hijos.

Seguramente, al leer esta conversación entre las dos madres, te habrás sentido más cerca de alguna. Quizá piensas como Verónica, y todo lo que se relacione con el uso de premios y castigos te cause un gran rechazo, pues no se ajusta a tus principios. O puede que, como le sucede a Carmina, no comprendas que sea tan negativo programar una economía de fichas ni castigar a tus hijos de vez en cuando, retirándoles algo que desean.

Hoy en día, un buen número de madres y padres han asociado todo lo relacionado con el conductismo con una mala práctica y cuando se cruza esta palabra en su cabeza aparece un piloto rojo de alarma, pues les parece algo negativo e incluso irrespetuoso para la crianza de los hijos. Sin embargo, yo opino que existe un lugar en el que los padres pueden reforzar a sus hijos y dejar que reciban algunas consecuencias naturales y lógicas de sus actos, y seguir siendo respetuosos. Como en todo, hay matices, grises y combinaciones. Yo te propongo elegir de cada tendencia, de cada opinión y de cada teoría lo que consideres que es mejor para tu familia. Ser respetuoso, en el sentido amplio de la palabra, significa también aceptar y respetar que otros padres empleen un camino diferente en la crianza de sus hijos —mientras los quieran y los respeten, los escuchen y los acompañen— y comprender que ese camino también puede ser válido. Aunque piensen diferente y hagan las cosas de otra manera.

Y es que hay momentos en los que es mejor olvidarse de la palabra «conductismo» y de sus principios basados en premios y castigos. Porque eso nos hace entrar en un bucle y creo que ahora es mejor hablar de lo que sucede en el mundo real y de las **consecuencias** naturales de nuestros actos, que por supuesto ya existían antes de que un señor con bata blanca comenzara a hacer experimentos con animales en su laboratorio.

El devenir de la vida está repleto de consecuencias, positivas y negativas, que vienen condicionadas por nuestras conductas:

- Si hacemos el vago en el trabajo y no cumplimos con las expectativas (conducta), es probable que nos echen (consecuencia).
- Si traicionamos la confianza de un amigo (conducta), es probable que se enfade y que deje de hablarnos (consecuencia).
- Si insulto a los niños de clase (conducta), es probable que ya no quieran estar conmigo y me dejen solo (consecuencia).

No importa cómo lo interpretes o cómo quieras llamarlo, todas esas consecuencias negativas o desagradables están vinculadas a una conducta. Se trata de consecuencias que nos van a alertar de que quizá es mejor no repetir la misma actuación en un futuro.

Y lo mismo sucede con las consecuencias positivas:

- Nos vamos a hacer una excursión. Hemos andado mucho y hemos llegado a la cima (conducta). Antes de volver a casa nos vamos a tomar un helado porque nos lo hemos merecido (consecuencia). ¡Y qué bien sabe ese helado!
- Como hemos apoyado mucho a un buen amigo durante un momento difícil (conducta), nos regala una cesta por Navidad en agradecimiento (consecuencia). ¡Qué majo!
- Después de un año de mucho trabajo (conducta), nos regalamos unas merecidas vacaciones en la costa (consecuencia).

En esos casos, hablamos de conductas que desencadenan una serie de consecuencias positivas, lógicas y naturales. Por lo tanto, nadie está libre de encontrarse con consecuencias en la vida, es más, quizá incluso te estás dando cuenta de que tú mismo empleas esos razonamientos en tu día a día, ya sea en la acción o en el pensamiento: «Hoy he trabajado mucho, me voy al cine», «Llevo una semana sin saltarme la dieta, voy a darme un homenaje», «Siempre tengo que llamarla yo, y no pienso hacerlo más», «Se ha esforzado mucho este trimestre, lo llevaremos a la nieve», «Lleva toda la vida trabajando, se merece este reconocimiento», «Ha cometido un delito imperdonable, se merece ir a la cárcel»…

¿Te suena? ¿Te reconoces en alguno de esos casos? ¿Te parecen mal estas formas de pensar y actuar? ¿Te parecen razonables? Como ves, son situaciones lógicas que suceden de una forma natural y normal en nuestro día a día. ¿Adónde quiero llegar?

Incorporar las consecuencias en la crianza de los hijos no solamente es algo natural, sino necesario. Porque es una preparación para la vida, porque nuestros actos tienen consecuencias y debemos asumirlas. Y en el caso de los niños, ocurre lo mismo, deben aprender que sus acciones conllevan algo que puede gustarles o no.

Vamos a centrarnos ahora en las consecuencias negativas.

¿Cuál es la diferencia entre «castigo» y «consecuencia»? Para empezar, habría que diferenciar entre «consecuencias naturales» y «consecuencias coherentes». Las **consecuencias naturales** son las que aparecen irremediablemente y de forma natural tras un hecho. Por ejemplo, si no te pones protección solar y pasas un tiempo bajo el sol, seguramente te vas a quemar. Si vas de excursión con zapatos incómodos, se rozarán los pies y acabarás dolorido. Muchas veces, los padres tratamos de evitar que nuestros hijos se encuentren con estas consecuencias negativas: «Ponte el abrigo o pasarás frío», «Come algo antes de salir de casa o tendrás hambre»… Sin embargo, a menudo los niños necesitan vivir y experimentar por sí mismos esas consecuencias.

Recuerdo, por ejemplo, cuando mi hija se empeñó en llevar un juego de mesa bastante grande en la mochila para ir a una excursión, le dije que yo no me lo llevaría, que el juego añadiría peso a la mochila y que seguramente no tendría tiempo de utilizarlo. A pesar de mis palabras, ella insistió y, finalmente, se lo llevó. Cuando regresó, me dijo que el juego le había molestado toda la excursión, que se abrió la caja y se vació en la mochila y que no tuvo oportunidad de jugar. De este modo, recibió una consecuencia de su decisión, una consecuencia que, sin duda, caló más en ella que si hubiera hecho caso a mis palabras.

No obstante, algunos defenderían la opción de omitir la opinión que le transmití a mi hija sobre llevar el juego a la excursión, y dirían que ella tendría que descubrir las consecuencias por sí misma, sin interferencias, sin un Pepito Grillo advirtiéndola de lo que puede suceder.

Creo que, en la medida de lo posible, cuando no se trate de cosas muy relevantes que puedan suponer un error grave y trascendental, debemos dejar que nuestros hijos decidan, se equivoquen y reciban las consecuencias naturales de sus acciones.

Por otro lado, las **consecuencias lógicas y coherentes** son aquellas que sí tramitamos los adultos, pero que tienen una serie de características que las diferencian de los castigos:

- Están directamente relacionadas con la conducta.
- Son pactadas y consensuadas entre padres e hijos, y estos últimos deben comprender el motivo de la consecuencia.
- Son respetuosas con los niños y proporcionadas con la conducta.
- Indicamos las consecuencias con firmeza, pero sin enfadarnos. Mantenemos la calma, escuchamos y razonamos.

Supongamos, por ejemplo, que nuestro hijo ha decidido pasar la tarde de un sábado haciendo trabajos manuales y sacar todo tipo de materiales: pinturas, cartulinas, pegamento, purpurina... Nosotros, por supuesto, lo animamos a ello, nada mejor que se lancen a crear y dejen volar su imaginación, pero previamente pactamos que después deberá recogerlo todo, y es probable que esté de acuerdo. Dependiendo de su edad, lo ayudaremos un poco, pero la consecuencia lógica es que se implique en recoger lo que ha utilizado.

Este ejemplo resulta interesante porque, en ocasiones, nos encontramos con que los niños, sobre todo los más pequeños, son un poco «veleta» a la hora de decidir qué hacer. Primero sacan un puzle, pero a los pocos minutos lo dejan; después, las piezas de Lego porque tienen ganas de construir, pero eso tampoco les convence y entonces sacan la plastilina... Esto es algo totalmente normal, pero los padres debemos guiarlos para que se responsabilicen de ordenar lo que deciden utilizar. Resulta positivo que adquieran la costumbre de recoger lo que han usado antes de sacar otro juego. Ordenar lo desordenado es una consecuencia lógica y coherente.

Voy a hablar también de la expresión de nuestros sentimientos en estos casos, aunque suponga una consecuencia desagradable para nuestros hijos. Porque, ante todo, debemos ser sinceros y dejar que nuestras emociones fluyan, siempre y cuando se haga de forma asertiva y respetuosa. Por ejemplo:

—Mamá, te noto seria. ¿Estás enfadada conmigo?

—Un poco sí, antes me ha molestado que mientras te estaba hablando te hayas ido de la cocina dejándome con la palabra en la boca. He sentido que no te interesaba lo que te decía y para mí era importante.

En cambio, **un castigo** consiste en aplicar una consecuencia negativa, también por parte de los adultos, pero esta vez completamente arbitraria. Se trata de una acción que nada tiene que ver con la conducta. En este caso, lo que se hace es provocar malestar, sufrimiento, frustración o angustia al niño como consecuencia de una de sus acciones. Como sabes, los especialistas advierten que provocar malestar no educa. Ya te he hablado antes de los inconvenientes del castigo.

Un ejemplo de castigo arbitrario es prohibir que nuestro hijo vea la televisión porque nos enteramos de que le ha contestado mal al profesor en el colegio. Como ves, no tiene nada que ver una cosa con la otra. Una consecuencia lógica, en cambio, sería barajar la posibilidad, junto con nuestro hijo, de que le pida disculpas al profesor si, una vez analizada la situación, se considera que es de justicia.

Otro ejemplo de castigo arbitrario sería dejar a nuestro hijo sin ir al parque debido a que ha dibujado con rotulador en una pared de casa. Como ves, aquí tampoco tiene nada que ver la consecuencia con la conducta. Distinto sería que el niño se encargara de pintar nuevamente la pared con brocha y pintura, pero no siempre tenemos esa posibilidad, ya sea por la edad del niño o porque no disponemos de lo necesario. En casos así, es mejor reflexionar con los niños.

Cuando mi hija tenía tres años, cogió un rotulador rojo y comenzó a dibujar garabatos en el pasillo. Ella estaba feliz con su «obra de arte» y a mí casi se me saltaban las lágrimas. Ella estaba tan emocionada enseñándome su obra y era tan chiquitita que, a pesar del disgusto que yo tenía, solo pude decirle cariñosamente que no se pintaba en la pared, que lo mejor era utilizar papel. Luego me enteré de que en el colegio, ese mismo día, estuvieron pintando un mural. Habían pegado en la pared una gran hoja de papel continuo para que los niños crearan libremente. Esa era la explicación. Me di cuenta de lo incongruentes que podemos llegar a ser los adultos, muchas veces sin ser conscientes de ello. En el colegio pintaban en la pared y yo le decía en casa que eso no se hacía.

Además, con el castigo suele suceder que los padres se enfadan. Estallan en un momento de furia y, sin pensarlo, imponen un castigo que suele ser desproporcionado, con el fin de que sus hijos se vean afectados por dicha decisión. A menudo, cuando pasa el enfado, esos castigos desorbitados se perdonan y no se cumplen. En conclusión, se emplea una estrategia precipitada, mal pensada, que no cumple con el objetivo de educar.

Parece claro que el camino que los especialistas recomiendan seguir consiste en sustituir castigos por consecuencias naturales y lógicas, ya que nuestro objetivo debe ser que los niños aprendan reflexionando, y no sometiéndose. Algunas voces incluso defienden la presencia únicamente de las consecuencias naturales. Personalmente, soy partidaria de emplear también las consecuencias lógicas y coherentes, tal y como las he descrito más arriba.

¿Qué ocurre con los refuerzos positivos?

Como comentaba antes, hace unos años, cuando estudié la carrera y el máster y comencé a trabajar como terapeuta, el uso del refuerzo positivo gozaba de gran popularidad y era aceptado por muchos profesionales, familias y docentes como estrategia de elección a la hora de educar a los niños. Se hablaba de potenciar las conductas adecuadas de los niños con buenas palabras, un plan divertido, un juguete, una comida rica… Y surgían así técnicas más planificadas, como la economía de fichas o de pegatinas.

Más tarde, surgieron cada vez más voces que alertaban de que el uso de refuerzos podía no ser tan positivo como se pensaba. En un principio, me costó asimilar que pudiesen tener inconvenientes, pero me interesé por estas opiniones y resultó que sus explicaciones, lejos de parecerme descabelladas, tenían mucho sentido. En concreto, estas son algunas de las reflexiones que me parecen interesantes y que cuestionan el uso del refuerzo positivo:

- Si se utilizan los premios para educar, los niños realizan la conducta deseada para conseguir esa recompensa, no porque hayan interiorizado un aprendizaje o unos valores. En otras palabras, si se utilizan las recompensas conseguimos que los niños actúen con una motivación extrínseca —en lugar de con una motivación intrínseca— para lograr el premio prometido.

- Generalmente, la conducta desaparece una vez que se retiran los premios.
- Los niños quizá esperen recibir siempre algo a cambio de una buena conducta y, si no lo obtienen, podrían sentirse frustrados.
- Los niños que esperan recibir una recompensa pueden ejecutar las conductas rápido y peor con tal de conseguir antes el premio.
- El afecto nunca debe ser una moneda de cambio. Besos, abrazos y palabras de cariño no pueden asociarse a recompensa premeditada si se lleva a cabo una conducta, sino que deben estar siempre disponibles.

En definitiva, «hacer para recibir algo» puede provocar decepción, frustración y desdicha si no se obtiene el resultado esperado. Y esa base la sientan los sistemas de educación conductistas basados en recompensas. El bienestar y la felicidad no puede depender del exterior ni de las consecuencias. Ese es el error. La motivación debe ser intrínseca, no extrínseca.

Por ejemplo, si Marina estudia mucho para sacar buenas notas en los exámenes porque así sus padres estarán contentos y orgullosos, y hasta incluso puede que le hagan algún regalo, la motivación está fuera, es extrínseca. Y si algo sale mal y sus padres no reaccionan como ella espera, se sentirá desdichada y frustrada, y su autoestima se dañará.

En cambio, si Marina estudia mucho para aprender, porque en un futuro quiere ser una buena profesional y aplicar todos sus conocimientos con eficacia y dedicación, estamos ante una motivación intrínseca. Y es muy difícil que eso acabe en frustración o desdicha, porque Marina no piensa en las puntuaciones, ni en lo que dirán los demás, ni en si recibirá algo a cambio. Ella está dirigida a un objetivo mucho más profundo y verdadero.

Y lo mismo sucede con otras conductas que esperan reacciones externas. Por ejemplo, cuando una amiga está pasando por un mal momento y yo estoy muy pendiente de ella, le mando mensajes, la llamo, le hago recados, e incluso le preparo algún táper, pero necesito a cambio sentirme reconocida y que me lo agradezcan mucho, que me digan lo buena amiga que soy, y cuanto más, mejor (motivación extrínseca). Si no me basta con saber que he ayudado, que soy buena persona por actuar así y que ella se siente mejor gracias a mí (motivación intrínseca); si no tenemos suficiente con eso y no recibimos del exterior lo que esperamos de nuestra amiga, nos sentiremos decepcionados. Es mucho mejor depender de uno mismo que ser esclavo de las reacciones de los demás.

Es justo decir que muchos padres que utilizan el refuerzo positivo también razonan con los hijos y les explican el porqué de las cosas, son comunicativos y afectuosos, y se esfuerzan por empatizar con ellos.

Como ves, existe una buena lista de reflexiones que apuntan a que es mejor evitar el refuerzo positivo a la hora de educar a los niños. Todas ellas son muy razonables y coherentes. Y esto ha llevado, a su vez, a unas visiones que defienden la retirada del halago y las alabanzas, según las cuales los niños no deben depender de un reconocimiento social sino que deben sentirse bien consigo mismos sin esperar ese reconocimiento externo. Y, aunque comprendo esta lógica, ahí es donde vuelvo a chocar contra un muro. Estando de acuerdo con estos principios, siendo consciente de que hay que evitar el «Si haces esto, consigues esto», o «No vayas por ahí, o te encontrarás con esto», no me veo capaz de renunciar a aquello que surge sin más, de forma inconsciente, sin ningún tipo de propósito, en nuestro día a día. Y me doy cuenta de que esto me sucede porque no puedo evitar algo que brota en mí de forma tan natural: «Has hecho un trabajo estupendo», «Qué orgullosa estoy de ti», «Has dicho algo muy gracioso e ingenioso y yo me río con ganas», «¿Qué te parece si nos vamos a tomar un chocolate con churros? Nos lo hemos merecido»... Y porque pienso que, ante todo, somos seres sociales y no es malo querer compartir con las personas que queremos nuestros logros y sentirnos reconocidos. Podemos buscar la satisfacción dentro y encontrarla también fuera, por qué no, allí donde se encuentre lo sincero y lo genuino, y siendo lo suficientemente maduros como para encajar una respuesta que no esperamos o que no condicione nuestro bienestar.

¿Dónde queda entonces el uso del refuerzo positivo en mi caja de herramientas particular? Pues en aquel **refuerzo espontáneo, natural, genuino**. El que surge directamente del corazón, sin condiciones y sin expectativas. El que nace del amor, de la alegría y del orgullo. El que no tiene intención, ni está pensado para modificar la conducta. Quizá es que tengamos que llamarlo de otra forma o directamente no llamarlo, solamente dejarnos llevar por el instinto y la necesidad de hablarles bonito a nuestros hijos, tal y como surja.

Finalmente, y después de estar navegando entre diferentes ideas, principios y teorías, hoy en día mi forma de entender la crianza de los hijos se acerca mucho a **la disciplina positiva**, donde he hallado estrategias y he reafirmado algunas creencias. Es una filosofía de la educación creada en la segunda década del siglo XX por Alfred Adler y Rudolf Dreikurs y que ha sido desarrollada luego por diferentes especialistas y profesionales. Entre estos destacan Jane Nelsen y Lynn Lott, que a partir de los años ochenta hablaron de sus grandes beneficios a la hora de educar. Esta teoría surgió como una alternativa eficaz y respetuosa al autoritarismo y a la permisividad.

Las principales aportaciones de la disciplina positiva son estas:

- Educar con **amabilidad** y **firmeza**, siendo respetuosos con nuestros hijos.
- Promover una **disciplina** a base de respeto y afecto, no de castigos. El niño ganará confianza, mejorará sus habilidades y aumentará su autoestima.
- El autoritarismo y el castigo perjudican el vínculo entre padres e hijos y crean desconexión, lo cual no favorece el cambio intrínseco y duradero del comportamiento. Para **educar a largo plazo** y que sea efectivo es mejor basarse en el respeto y el afecto.
- Eliminar estrategias que no sean respetuosas y que van en contra de la dignidad, los derechos y las necesidades del niño.
- Reforzar el sentimiento de **pertenencia** y de valía dentro del grupo familiar con aceptación, comprensión, cariño y respeto.
- Fomentar que los niños **descubran sus capacidades** confiando en ellos para mejorar su autoestima y fomentar su autonomía.

Como ves, son unos principios basados en el amor, el sentido común y el respeto. Se trata de una filosofía que, hoy en día, me parece equilibrada y acertada. Las normas que se establecen aportarán la seguridad necesaria para favorecer su desarrollo.

No sabemos cómo van a evolucionar las diferentes teorías ni cómo nos sorprenderán los teóricos en un futuro. De la misma forma que ha habido cambios hasta ahora, los seguirá habiendo. Y los padres seguiremos aprendiendo, cuestionando nuestras estrategias, corrigiendo si hace falta y adaptándonos a nuestros hijos y a aquellas situaciones que nos toque vivir.

No quisiera acabar este apartado sin decir que, a raíz de tantas teorías y preocupación por la crianza de los hijos, han nacido otras corrientes que hablan de la «hiperpaternidad» y de que ser padres se ha convertido en una «profesión imposible». Estos teóricos no defienden en absoluto el autoritarismo, pero se preguntan si el papel de los padres empáticos a tiempo completo puede ser también contraproducente, pues, según estos especialistas, los niños necesitan también encontrarse con dificultades y conflictos en el seno familiar, como parte de su aprendizaje.

En cuanto a la «hiperpaternidad», hay quienes apuntan que seguir las nuevas tendencias tiene el riesgo de que nos convirtamos en lo que denominan «padres helicóptero», es decir, padres cuya vida gira siempre alrededor de los hijos o padres excesivamente protectores. Y que eso, a su vez, quizá impida siempre el conflicto, los problemas y las situaciones difíciles de los hijos, lo cual tampoco sería bueno.

Como ves, la polémica está servida. Y es que siempre, en todas las teorías, nos encontraremos con voces a favor y con voces en contra. Por eso debemos buscar el punto medio, aplicar el sentido común y ser flexibles. Recoger de cada teoría aquello que encaja con nosotros y nuestra familia. Debemos, por tanto, seguir reflexionando sobre este gran viaje que supone encontrar el propio camino en la crianza de los hijos.

REGLAS Y NORMAS CON FLEXIBILIDAD

Es evidente que las nuevas tendencias nos llevan a evitar tanto los reforzadores pensados expresamente para modificar la conducta como los castigos punitivos, y a centrarnos en las consecuencias lógicas y naturales.

Por otro lado, muchos especialistas tienen claro que los niños necesitan límites, reglas, normas y directrices. Es más, la ausencia de límites en la crianza del niño podría conllevar una serie de inconvenientes como:

- Confusión o desorientación porque no sabe qué es lo que debe, o no, hacer.
- Sensación de desatención y que se sienta poco valioso y querido; ya que puede interpretar que a sus padres no les importa su educación.
- Sentimiento de inseguridad y desprotección, porque una regla bien formulada da confianza en uno mismo.
- Dificultades de convivencia y de habilidades sociales fuera del hogar, ya que en otros ambientes sí que encontrará reglas y límites que deberá cumplir para convivir.
- Baja tolerancia a la frustración, cuando fuera de casa reciba negativas y no consiga lo que desea.
- Dificultades para gestionar las emociones, sobre todo el enfado.
- Adolescencia complicada que podría desencadenar problemas graves de conducta.

Como sabes, todos somos diferentes, cada familia es un mundo y no existen reglas universales, pero casi siempre los límites son fundamentales y deben establecerse con amabilidad y firmeza, ya que marcar un límite no significa enfadarse, alzar la voz, ni ser irrespetuoso. Los padres tenemos la obligación de decir «no» cuando creemos que así debe ser, teniendo siempre claro que establecer una serie de normas no es una cuestión de quién manda, sino de marcar pautas por y para el bien de nuestros hijos, y que es la responsabilidad y el amor lo que nos lleva a trazar un camino. Las reglas deben formar parte de la crianza, y, sin embargo, algunos padres no saben ni por dónde empezar porque desconocen cómo hacerlo sin recurrir a castigos, órdenes o gritos. Por tanto, ahora la cuestión es: **¿Cómo establecemos reglas y normas en la práctica, sin caer en el autoritarismo?**

A la hora de establecer límites, vamos a recordar aquellos ingredientes que no deben faltar o, dicho de otra forma, lo que debe formar parte de nuestro equipaje.

Amor	Calma
Valores	Sentido común
Empatía	Flexibilidad
Respeto	Equilibrio
Paciencia	Coherencia
Implicación	

Teniendo esto claro, veamos unos **principios básicos a la hora de establecer un límite, regla o norma:**

1. **Claridad.** Para que no haya dudas ni confusión, las reglas deben estar claras y bien definidas. Y eso significa, en primer lugar, que los padres tengamos bien delimitadas qué normas queremos que se cumplan en casa, ya que, si ni nosotros mismos las tenemos identificadas, difícilmente podremos transmitírselas a nuestros hijos. Será muy importante que ambos progenitores estemos de acuerdo con esas reglas.
2. **Elegir el momento adecuado.** Para hablar de reglas, es mejor encontrar un espacio de calma y tranquilidad en el que nuestro hijo esté receptivo.
3. **Comunicación.** Una vez que tengamos claras las reglas, debemos transmitírselas a nuestros hijos de una forma amable y paulatina, explicando el porqué, asegurándonos de que lo han comprendido y de que no tienen dudas. Lo ideal es que no se transmita una regla «cerrada», como una decisión ya tomada, sino que se proponga como algo pendiente de hablar en familia. En ese sentido, también es importante cuidar la forma en que les hablamos, el tono de voz, la postura y el contacto visual.
4. **Reflexión y pactos.** Una vez comunicada la regla, reflexionamos en familia sobre ella. Se trata de que los niños formen parte de la norma y la hagan suya. Que expresen su opinión y que se establezcan pactos si el niño tiene necesidad de ello. Lo ideal es que finalmente estén de acuerdo con esa regla y que comprendan por qué es importante seguirla.
5. **Anticipar consecuencias.** Transmitir que, cuando una regla no se cumpla, habrá consecuencias. No se trata de amenazar, sino de informar. Las consecuencias serán lógicas y proporcionadas y estarán directamente relacionadas con la conducta.
   Por ejemplo, si una regla es que al llegar a casa se meten las botas en el zapatero y se cuelga la chaqueta en el perchero, y en lugar de eso lo deja todo esparcido por el salón, la consecuencia lógica es que lo recoja.
6. **Priorizar.** Muchas veces, comenzamos a transmitir reglas, una tras otra, y eso a un niño, sobre todo si es pequeño, lo puede llegar a saturar de tal forma que al final ya no sabe qué

es lo que tiene que hacer. Por eso, es importante priorizar y dosificar. Lo mismo sucede con las indicaciones: si damos muchas a la vez, el niño se abrumará.

> ✗ «¿Qué te parece si ordenas la habitación, te lavas los dientes, te pones el pijama y después te metes en la cama y leemos un cuento?».
> «Perdona, mami, ¿qué era lo primero?».
> ✓ «Primero toca ordenar la habitación. ¿Qué tal si te pones ahora?».
> «¡Oído cocina, mami!».

7. **Coherencia.** Si establecemos una norma, nosotros somos los primeros que debemos cumplirla dando ejemplo. Solo siendo coherentes conseguiremos que nuestros hijos se impliquen e interioricen las reglas. Si, por ejemplo, una norma es llevar los platos al lavavajillas después de comer, será incongruente que uno de los dos progenitores no lo haga.

8. **Estabilidad.** Algo primordial es que seamos consistentes a la hora de imponer una norma. Podría causarle mucha confusión a un niño si un día les pedimos algo y al siguiente todo lo contrario.

9. **Centrarse en las soluciones.** A veces nos empeñamos en las consecuencias, pero lo que la situación pide es buscar una solución.

10. **Reconocimiento.** Reconocer no significa dar premios, ni siquiera halagar o regalar los oídos. En este caso, me refiero a verbalizar que apreciamos el esfuerzo realizado y expresar de forma sincera lo que sentimos: «Estoy muy contenta por cómo has llevado a cabo esta actividad».

Algo que no quisiera pasar por alto al hablar de las reglas y las normas es la importancia de la **flexibilidad**. La flexibilidad es una gran virtud y un valor importante, no solo para cultivarlo en uno mismo sino también para transmitirlo a nuestros hijos, por ese motivo esta parada conecta con la línea 6, destinada a los valores. Es muy posible que las reglas vayan evolucionando y cambiando, dependiendo de la edad y las necesidades de cada niño. Quizá comencemos a aplicar una norma y nos demos cuenta de que está desajustada. No pasa nada por modificarla, adaptarla y mejorarla, al contrario. Además, habrá reglas que desaparezcan y otras que surjan de una nueva necesidad. O quizá nuestro hijo exprese que, aunque en un primer momento le pareció bien la norma, ahora se le hace cuesta arriba, en cuyo caso le escucharemos y buscaremos la mejor forma de readaptarla juntos. Una regla debe ser flexible y elástica, podemos saltárnosla en función de las circunstancias.

El uso y abuso del «no»

El «no» y la negativa deben formar parte de nuestro repertorio a la hora de educar a los hijos. Los niños tienen que aprender que no todo vale, que hay cosas que no se deben (ni se pueden) hacer y, sobre todo, tienen que aprender de forma calmada a encajar esos «no».

Sin embargo, si abusamos de esta palabra, desaprovecharemos su efecto y significado y perderemos una herramienta útil, ya que los niños se habituarán y dejarán de considerarla importante. Algunos padres han incorporado, de forma excesiva en su modo de comunicarse y de interactuar con los hijos, las frases que comienzan por «No». Este tipo de estructura es una fórmula de prohibición y acabamos convirtiéndonos en «policías» que no hacemos más que prohibir, vocablo que según la RAE significa: «Imponer (quien tiene autoridad para ello) que no se haga cierta cosa». Y la crianza no debe convertirse en eso.

Para observar el abuso del «no» por parte de algunos padres, solamente hay que prestar un poco de atención a las familias que tenemos alrededor:

- «NO corras».
- «NO te ensucies».
- «NO grites».
- «NO te subas ahí».

¿Te suena? ¿Oyes frases así a menudo? ¿Las usas? Pero ¿cómo podemos evitar esto? Para empezar, es aconsejable tratar de estructurar estas frases de una manera que no comiencen con un «no», aunque ese «no» quede camuflado en el medio, entre el resto de las palabras. Una manera de reformular las frases anteriores podría ser:

- «Si corres con el suelo mojado, te puedes caer».
- «Trata de coger el bocadillo con las dos manos para no mancharte».
- «Baja un poquito el tono de voz para no molestar».
- «Si te caes desde ahí arriba, te harás mucho daño».

Además, si te fijas, estas nuevas fórmulas incluyen una explicación o razonamiento sobre por qué es mejor no adoptar cierta conducta. Una vez que consigamos limitar el «no» con esta estrategia, podremos utilizarlo de forma más efectiva e incluso impactante cuando tratemos, por ejemplo, de advertir de un peligro, en cuyo caso pronunciaremos un «no» rotundo. Por ejemplo, si el niño va a cruzar una calle sin mirar o hace amago de subirse a la barandilla de un balcón, decir «no» de forma contundente tendrá el efecto que buscamos.

Guía orientativa por edades

Cada niño y cada familia son diferentes y requieren o precisan unas normas determinadas. Aun así, he elaborado una pequeña guía general y orientativa de normas por edades, para favorecer rutinas y fomentar la autonomía en los niños:

De 0 a 2 años. Al final de esta etapa, los niños comienzan a tener cierta autonomía de movimientos. Es un momento de exploración, por eso los límites se centrarán sobre todo en prevenir que el niño se haga daño. Que no se suba a un sitio alto, que no toque los enchufes o que no se caiga por una escalera, por ejemplo.

De 3 a 5 años. Los niños ya son más independientes, pero aún no perciben claramente el peligro. Seguimos estableciendo límites relacionados con su seguridad, por ejemplo, cuando usan los columpios del parque, procurando que no se alejen demasiado de nosotros o a la hora de cruzar la calle. Podemos comenzar a pedirles que colaboren en recoger sus juguetes o sus zapatos, y llevando la ropa sucia a la cesta.

De 6 a 7 años. Se comienzan a interiorizar más las normas de convivencia y la forma adecuada y respetuosa de interactuar con los demás. Los niños saben que no es adecuado gritar o molestar y aprenden a gestionar sus impulsos. Pueden asumir tareas como ordenar su habitación, doblar la ropa o juntar calcetines limpios, y poner la mesa.

De 8 años en adelante. Los niños pueden tener asignadas tareas con las que colaboren en casa. En muchos casos, los límites se centran más en el consumo de televisión y nuevas tecnologías, y en horarios de salidas, que irán evolucionando a medida que se hagan mayores.

Un ejemplo en la práctica

He redactado un ejemplo práctico sobre cómo establecer una nueva regla, que quizá te resulte útil:

Isabel y Felipe son los padres de Jana, de diez años. Una noche, mientras la niña duerme, Isabel le comenta a Felipe que cree que deberían establecer un límite claro del uso de la tablet. Sin apenas darse cuenta, Jana ha pasado a utilizarla prácticamente a diario. Acaba los deberes y sistemáticamente se pone a jugar y ni siquiera tienen el control del tiempo que pasa haciéndolo. Los padres están de acuerdo en que deben establecer una regla para este uso y limitarlo.

Al día siguiente, Isabel, Felipe y Jana se sientan a hablar de este tema.

—Nos hemos dado cuenta de que cada vez pasas más tiempo jugando a la tablet y nos preocupa que eso no sea bueno para ti —dice Isabel.

—Tampoco juego tanto… —asegura Jana.

—El problema es que no tenemos un plan. Y eso hace que se nos vaya un poco de las manos. Creemos que deberíamos poner un horario. ¿Qué te parece?

—Está bien. Es verdad que últimamente me paso un poco… —reconoce Jana.

—¿Qué te parecería razonable a ti? —pregunta Fernando.

—¿Cuatro días a la semana? —propone Jana.

—Mejor tres. Podemos incluir el miércoles y después el fin de semana —dice Isabel.

—Vale, pero si algún día hay un evento especial, ¿podré jugar? —pregunta Jana.

—Sí, claro. Podemos hacer un cambio de día dentro de la misma semana. Ahora solo nos falta definir el tiempo —dice Fernando.

—¿Una hora? —propone Jana.

—Bien, eso me parece razonable. Sin embargo, me refiero sobre todo a los miércoles, creo que también hay que tener en cuenta que antes de jugar hayas acabado las tareas del colegio y que no haya examen al día siguiente —explica Isabel.

—Sí, claro. Entonces, si un miércoles no puedo jugar por deberes o exámenes, ¿podré hacerlo en su lugar otro día? —quiere aclarar Jana.

—Eso es —confirma Isabel.

—Pues me parece bien esta regla —dice Jana.

—Estupendo. Mañana empezaremos a ponerla en práctica —concluye Fernando.

Para acabar con este trayecto, creo que es necesario reflexionar sobre el tema de la **felicidad de los niños,** puesto que para algunos padres el establecimiento de reglas y normas quizá suponga un impedimento para que sus hijos se sientan bien.

La mayoría de las madres y los padres estamos de acuerdo en que queremos que nuestros hijos y nuestras hijas sean felices. Niños felices, adolescentes felices y adultos felices. Queremos que sean dichosos en todas las etapas de su vida. La felicidad es uno de los objetivos más deseados del ser humano y no es de extrañar que anhelemos con todas nuestras fuerzas que nuestros hijos la alcancen. ¿Podemos los padres influir en que nuestros hijos sean más o menos felices? Hoy en día, parece evidente que la respuesta es afirmativa. Por un lado, los estudios concluyen que los padres transmitimos genéticamente a nuestros hijos una predisposición a ser más o menos felices, y, por otro, que hay un alto porcentaje de «la capacidad para ser feliz» que viene condicionado por el ambiente, por lo que nos rodea, por las experiencias que vivimos y por la educación que recibimos. Por lo tanto, las madres y los padres tenemos un papel fundamental a la hora de comenzar a sembrar semillas de felicidad en nuestros hijos, pero es importante que sepamos cómo hacerlo. Las directrices, las reglas, las dificultades y las frustraciones deben formar parte de todo este proceso.

Algunos padres están empeñados en que sus hijos sean niños felices, pero no eligen la forma adecuada para conseguirlo. Hablo de padres que no solo los colman de atenciones y evitan cualquier disgusto, sino que también eliminan todos los obstáculos si está en su mano. En este hipotético caso suele darse este **patrón**:

- Dar a los hijos todo lo que piden.
- No establecer ni reglas ni límites, y, muchas veces, tampoco horarios ni rutinas.
- No permitir que tengan una rabieta, dando enseguida aquello que desean.
- No dejar llorar, porque eso significa estar triste, y consideran que la tristeza no deben sentirla los niños.
- No dar un «no» por respuesta.
- Solucionar sus problemas, quitar las piedras de su camino.
- Hacer creer a sus hijos que son fantásticos en todo. Incluso que son los mejores.
- Organizar fiestas de cumpleaños asombrosas. Colmarlo de juguetes o ropa que no necesita.

¿Ayuda este patrón a que los hijos sean felices?

La realidad es que si actuamos así, sin ser conscientes de ello, estaremos empujando con total seguridad en el sentido contrario. En sus primeros años, la vida de nuestros hijos se centra básicamente en nosotros, los padres, y en familiares cercanos. Sin embargo, a medida que crecen, van ampliando su red social, interactúan en diferentes ambientes y no siempre los padres estaremos allí para solucionar sus pequeños conflictos o cumplir sus deseos. **Los padres tenemos la obligación de preparar a nuestros hijos para la vida sin nosotros** y eso supone que aprendan, entre otras cosas, que no todo se puede tener, que existen otros niños como ellos que tienen los mismos derechos, que a veces surgen dificultades a las que deberán hacer frente, que sus actos tienen consecuencias, que existen unas normas y que hay emociones menos agradables que deben experimentar y aprender a gestionar.

Si no tratamos de transmitir todo esto, haremos que nuestros hijos tengan baja tolerancia a la frustración e inconscientemente les estaremos poniendo la zancadilla para que se desarrollen como personas plenas y felices.

Como padres, debemos procurar un desarrollo integral con

nuestro acompañamiento y con el desempeño de un estilo de crianza sensato y equilibrado, y eso incluye establecer normas y acompañarlos en sus primeros disgustos, conflictos y sentimientos menos agradables, porque forman parte de la vida y encajarlos y adaptarse será crucial para su bienestar.

LA AUTONOMÍA

Fomentar la autonomía en los hijos e hijas supone un gran reto para la mayoría de los padres, ya que, a menudo, encontrar el equilibrio justo resulta complicado. Favorecer que los niños adquieran autonomía significa dejar que hagan por sí mismos aquello para lo que sí están preparados, sin ser padres que se lo hacen todo ni excedernos en exigirles demasiado.

En ese sentido, una buena regla es: «Si lo puede hacer él, no lo hagas tú». Si, por ejemplo, una niña de cinco años ya puede vestirse sola, se recomienda que no sean los padres quienes la vistan. Por el contrario, si una niña de tres años aún no es capaz de hacerlo, los padres no deben exigírselo, ni presionarla; deben brindarle su ayuda sin prisa, hasta que esté preparada.

¿Cómo podemos saber si están preparados para llevar a cabo ciertas actividades o responsabilidades por sí mismos? Para empezar, debemos observar a nuestro hijo, tantear, comenzar ayudándolo e ir retirando paulatinamente nuestro apoyo hasta que pueda realizar la actividad cómodamente sin ayuda. Aunque, frenaremos ese proceso o lo pospondremos si vemos que nuestro hijo está lejos de poder adquirir ese aprendizaje. En ese sentido, dos famosos autores hicieron aportaciones que resultan de gran utilidad.

Por un lado, Jean Piaget (1896-1980) se interesó por el proceso evolutivo de la cognición. Observó a sus hijas y sacó conclusiones a través de una metodología cualitativa. Este autor hablaba de la madurez biológica, lo cual significa que los cambios biológicos son programados genéticamente. Una de las aportaciones más interesantes de Piaget fue la teoría de los estadios del desarrollo, los cuales dan muchas pistas sobre qué podemos esperar de los niños según el estadio en el que se encuentran y su edad; siempre teniendo en cuenta que se trata de una clasificación general sobre la que puede haber excepciones. Según este autor, existen diferencias reales en función de la edad y el crecimiento de los niños, y estas pueden observarse de una forma sistemática basándonos en sus cuatro **estadios del desarrollo**: sensoriomotor (0-2 años), preoperacional (2 a 7 años), operaciones concretas (7 a 11 años) y operaciones formales (a partir de 11 años). Por ejemplo, generalmente un niño de tres años todavía no es capaz de comprender la perspectiva de los demás y, por lo tanto, aún no estará preparado para empatizar, así que pedirle que se ponga en el lugar de los demás sería demandar algo para lo que no está preparado. Si te interesa conocer más sobre la teoría de los estadios del desarrollo puedes investigar a este autor y profundizar en su epistemología genética.

Otro autor que hizo una gran aportación fue el psicólogo Lev S. Vygotsky (1896-1934) con su archiconocido concepto de **Zona de Desarrollo Próximo (ZDP)**, que consiste en la distancia que existe entre la zona de desarrollo real (lo que el niño puede hacer solo) y la zona de desarrollo potencial (lo que el niño puede hacer con ayuda).

Es decir, existen hitos, en momentos determinados, que los niños solamente pueden alcanzar si interactúan con personas de alrededor, las cuales ejercen como guía o facilitador. Por ejemplo, imaginemos a un niño de siete años que ya sabe sumar solo y que también conoce las tablas de multiplicar (sumar y las tablas, por lo tanto, se encuentran dentro de su zona de desarrollo real). El nuevo reto es hacer multiplicaciones de una y de dos cifras, que el niño por sí solo no puede aprender, pero con ayuda (zona de desarrollo próximo) y teniendo unos conocimientos previos logrará hacer multiplicaciones (zona de desarrollo potencial). Pongamos ahora el caso de un niño de cuatro años al que queremos enseñar a multiplicar, pero aún no sabe sumar, ni conoce las tablas de multiplicar, y además su nivel madurativo no es el adecuado. El niño no dispone de los conocimientos imprescindibles en la zona de desarrollo real, así que, por más que lo ayudemos, difícilmente podremos enseñarle. Por tanto, multiplicar no se encuentra todavía dentro de su zona de desarrollo potencial.

Así pues, cuando se trata de fomentar la autonomía de nuestros hijos y procurar que se enfrenten a nuevos retos, debemos tener en cuenta varios aspectos con relación a los niños:

- Tienen que estar biológicamente preparados para ello.
- Deben tener una buena predisposición y estar abiertos al aprendizaje.
- Deben disponer de los conocimientos previos necesarios.

Y con relación a los padres:

- Establecer retos progresivos, lógicos y razonables.
- Dar apoyos y retirarlos paulatinamente hasta que los niños puedan llevar a cabo la actividad por sí solos.
- Ser respetuosos y comprensivos con los ritmos, motivaciones y necesidades de cada niño.
- Entender que puede haber bloqueos y/o regresiones.
- Evitar presionar.
- Evitar hacer por ellos algo que pueden hacer.
- Evitar compararlos con otros niños.

Respecto a esto último, debemos tener muy en cuenta que no todos los niños son iguales y que cada uno tiene su ritmo y este debe respetarse. Debemos evitar la comparación porque hace mucho daño, tanto a los niños como a los padres. Sobre todo, cuando los niños tienen una edad temprana, se suele dar por parte de algunos padres una especie de exhibición de aquello que sus hijos son capaces de hacer, y esto puede llevar a otras familias a la preocupación, a precipitarse o a presionar a sus hijos innecesariamente. Por ello debemos permanecer alerta, sobre todo, a frases de este tipo:

- «Ya camina».
- «Ya habla, parece una cotorra».
- «Le estoy quitando el pañal a Juan».

- «Se viste y come solo».
- «Margarita ya lee».

Este tipo de afirmaciones puede llevar a algunos padres a preguntarse si su hijo está padeciendo algún tipo de dificultad en su desarrollo, o provocar que se precipiten o exijan a sus hijos que hagan algo para lo que aún no se sienten preparados. Cada niño es un mundo y todos tienen ritmos diferentes, a veces pueden pasar meses y hasta un año de diferencia entre los hitos que alcanzan niños y niñas de la misma edad, y eso no significa ni menos inteligencia, ni baja capacidad, ni que exista alguna dificultad real. Solamente un especialista está capacitado para explorar a un niño en su totalidad, determinar si existe algún tipo de demora y si se debe intervenir al respecto. Has de saber que las prisas no son buenas compañeras en este viaje, sino al contrario, ya que quizá lleven a un bloqueo en el proceso natural de adquisición e incluso a consecuencias negativas que acaban desembocando en una dificultad.

Un claro ejemplo es la **retirada del pañal**. Recuerdo que siempre surgía esta cuestión cuando mis hijos cumplían los dos años. Amigas y conocidas me comentaban, incluso antes de que sus hijos tuvieran esa edad, que estaban comenzando con la famosa «operación pañal». Pero no solo eso, lo más llamativo era que en la mayoría de los jardines de infancia, en el aula de dos años, empezaban este proceso independientemente del mes en el que los niños cumplían años y de otros factores que hubiera sido importante analizar. En mi caso, yo tenía una idea clara y firme y decidí esperar a más adelante porque ni a mi hijo ni a mí nos corría ninguna prisa. Pero éramos la excepción, y no me extraña. Cuando eres madre o padre, sobre todo en el caso de los primerizos, hay mucha incertidumbre y te dejas llevar por la opinión de la mayoría o por los consejos de quienes consideras que tienen más conocimientos y experiencia que tú. En el caso de los jardines de infancia, no dudo de las buenas intenciones de este «reto», de cara a facilitar el proceso a las familias, pero yo sigo pensando que esto es un error. ¿Por qué?

Primero, porque al niño no se le quita el pañal como parte de una decisión del adulto. El control de esfínteres es un proceso natural que el niño adquiere cuando está preparado, no depende de una edad o de una estación del año.

Segundo, porque aunque es factible que en algunos casos todo vaya viento en popa, existe una probabilidad bastante elevada de que el proceso no avance de la forma esperada. A esta edad es posible que algunos niños estén preparados para decir adiós al pañal diurno, pero ¿qué ocurre con el nocturno? Muchos necesitan esperar a alcanzar mayor nivel de maduración, y una consecuencia de esto puede ser que, luego, el pañal nocturno cueste más de retirar que si se hubiera esperado al momento adecuado.

Por otro lado, aunque a esta edad algunos niños quizá estén preparados para dejar el pañal diurno, otros muchos no lo están. Sobre todo, en este último caso, no estamos siendo respetuosos con el ritmo del niño, ni con su proceso madurativo. Le estamos pidiendo algo para lo que no está listo. Si el niño no «consigue este reto» que impone el adulto, quizá se resienta su autoestima, tenga rechazo ante el tema del pañal y, por tanto, llegue a un bloqueo.

Mi experiencia como profesional me dice que muchas dificultades posteriores, relacionadas con el control de esfínteres, vienen condicionadas por la precipitación a la hora de proponer al niño «quitar el pañal» cuando no estaba listo.

Y mi vivencia como madre me reafirma en que es mejor esperar al momento adecuado, que, en general (y, por supuesto, con excepciones), será aproximadamente a los tres años. Soy consciente de que una dificultad añadida a la que se enfrentan las familias es que, si sus hijos van a cursar primero de infantil, algunos centros o maestros recomiendan que comiencen el curso sin pañal y eso puede hacer que se precipiten o no se realice el proceso con calma. Por ello, debemos hablar con las personas responsables del centro y buscar soluciones si consideramos que nuestro hijo aún no está preparado. En el caso de mis hijos, todo fluyó de forma natural. Los tres iniciaron el proceso después de haber cumplido los tres años. Al encontrarse en su momento adecuado, todo resultó sencillo y el control diurno prácticamente se produjo en paralelo al control nocturno.

Cuando son más pequeños, la autonomía va ligada a aspectos fisiológicos o habilidades motrices, como el ya mencionado control de esfínteres, caminar, vestirse solo, comer solo, enjabonarse, lavarse los dientes… Más tarde, y de forma progresiva, la autonomía se centrará en que los niños desempeñen algunas funciones por su cuenta o adquieran responsabilidades en tareas domésticas. Esto se relaciona con las normas que mencionábamos en el trayecto anterior, ya que algunas pueden ir dirigidas a que lleven a cabo este tipo de actividades: regar una planta, cuidar a una mascota, estirar la cama, doblar la ropa… Asimismo, a medida que crezcan, comenzarán a ir solos al colegio, coger el autobús, ir a comprar algo o salir con los amigos. Es ahí donde volveremos a encontrarnos con ciertos dilemas. ¿Cuándo puede ir solo al colegio? ¿Es peligroso? ¿Le dejo salir con sus amigos? La respuesta dependerá lógicamente de las circunstancias concretas de cada uno, pero si algo queda claro es que debemos aprender a «soltar». Tenemos que confiar en nuestros hijos y, de forma responsable y respetuosa, dejarles comenzar a caminar solos.

En relación con esto, recuerdo una anécdota con mi hijo mayor. Fue el verano en que cumplía nueve años. Se acercó sigiloso a la cocina y nos dijo:

—¿Puedo ir a comprar el pan yo solo? Ya soy mayor.

La primera respuesta fue que no. ¿Cómo iba a salir nuestro chiquitín solo a la calle? Pero él insistía cada mañana. Le hacía una ilusión terrible ir a comprar. Así que su padre y yo nos lo replanteamos. En aquel momento estábamos veraneando en un pueblo pequeño, desde la ventana podíamos ver todo el camino hasta la panadería, que estaba realmente cerca. Solamente lo perderíamos de vista cuando estuviera dentro. Finalmente, aceptamos. Comenzar a «soltar» no era fácil para mí, pero él parecía necesitarlo tanto… Anotamos lo que tenía que comprar, le dimos el dinero, le dijimos que tuviera cuidado y se fue. Yo me situé en el balcón y su padre bajó al portal para observarlo a pie de calle. Puede parecerte una exageración, pero no sabes los nervios que pasé desde aquel balcón (los minutos se hicieron eternos) y no imaginas la emoción al verlo salir de la panadería con la barra de pan, los cruasanes y aquella sonrisa tan grande. Lo que menos importaba era si había comprado el pan indicado, si se había fijado bien en la vuelta o si había guardado la fila como se espera. Lo que importaba era que él comenzara de alguna forma a cuidar de sí mismo y dar un pasito más en la vida.

Ahora él tiene trece años. Va al colegio por su cuenta, a veces va a hacer algunos recados y ya ha comenzado a quedar alguna tarde con amigos. Y aunque sigo con el corazón encogido cuando pienso si estará bien, me siento orgullosa de él y del hombrecito en el que se está convirtiendo.

RESOLUCIÓN DE PROBLEMAS Y TOMA DE DECISIONES

Las dificultades están presentes en la vida de los adultos y, aunque nos gustaría que la de nuestros hijos fuera un camino de rosas, la realidad es que la infancia no está exenta de conflictos. Y eso, en parte, es positivo. Es importante que los niños comiencen a aprender a enfrentarse a sus problemas desde edades tempranas, como preparatorio para todo aquello a lo que tendrán que enfrentarse en un futuro.

A los padres, y me incluyo, nos gustaría quitarles todas las piedras del camino. Pero debemos dejar que, en la medida de lo posible, se encarguen ellos mismos de solucionarlo.

En ese sentido, he vivido alguna situación en la que quería correr al colegio o llamar a otros padres para tratar de arreglar algún conflicto que surgía en la vida de mis hijos. Pero al mencionar la idea, ellos me decían: «Mamá, ya lo soluciono yo». Y, aunque me costara, yo lo respetaba. Entonces conversábamos con relación a cómo pensaba hacerlo y reflexionábamos sobre por qué algunas personas se comportan de una forma u otra. Por tanto, el hecho de que ellos se enfrenten a sus propios problemas tiene ventajas como:

- Mejora su pensamiento crítico y capacidad de reflexión.
- Fomenta la empatía tratando de entender la perspectiva de los otros.
- Trabaja sus habilidades sociales y aprende a comunicarse de una forma asertiva.
- Pone en práctica la toma de decisiones.
- Aprende a enfrentarse a los problemas de cara, no a evitarlos.

Algo a tener en cuenta es que si se entrena previamente la asertividad del niño (algo de lo que hemos hablado en la línea de la «Comunicación»), dispondrá de una buena herramienta para hacer frente a sus problemas, pues una persona asertiva ni se muestra sumisa ni irrespetuosa, velará por sus derechos y no dejará que se cometan injusticias. Su pensamiento y su forma de actuar irán de la mano y afrontarán las situaciones con dignidad.

Cinco pasos para resolver un problema

Dicho esto, debes saber que existen unos sencillos pasos que recomendamos los psicólogos para solucionar problemas y que también pueden enseñarse a los niños, a partir de cierta edad. Esta técnica la idearon Thomas J. D'Zurilla y Marvin R. Goldfried como vía para llegar a una solución factible, y resulta de gran utilidad, además de ser un aprendizaje muy interesante. Según estos autores, esta estrategia consta de cinco pasos:

1. **Normalizar la presencia de conflicto.** Los problemas surgen de una manera natural en nuestro día a día. Forman parte de la vida y debemos normalizarlos. Se trata de relativizar y conseguir enfrentarnos al problema en cuestión con tranquilidad, sin pensar que somos unos seres desgraciados a los que la suerte ha dejado de sonreír. Una vez que hemos hecho esta reflexión, será más sencillo comenzar a manejar el conflicto.

2. **Definición y formulación del problema.** ¿Qué ocurre? ¿Con qué dificultad nos encontramos? ¿Qué nos preocupa? ¿Cómo nos influye? ¿Cómo hace que nos sintamos? ¿Qué objetivo nos gustaría alcanzar? ¿A qué personas implica? ¿En qué momento me encuentro con este problema?... En esta fase tratamos de definir el problema con exactitud y cuantificar la importancia que tiene para nosotros, respondiendo a todas estas preguntas.

3. **Lluvia de ideas para generar posibles alternativas.** Este paso es el que más gusta a los niños. Se trata de ser creativo y de pensar en todas las posibles soluciones al problema. Cuantas más opciones, mejor, no importa que sean descabelladas o estrambóticas. Así, no solamente nos enfrentamos al problema con sentido del humor, sino que lo relativizamos.

4. **Toma de decisiones.** Aquí se trata de quedarnos con las alternativas que consideramos más adecuadas. Se descartarán las menos factibles y alocadas y haremos un listado con las alternativas finalistas. En este punto, lo ideal es que nos quedemos con tres o cuatro, como mucho, para no liarnos demasiado. Una vez que tengamos claras las candidatas, se trata de hacer un análisis de cada una y anotar sus pros y contras, sin olvidar qué sentiríamos si lleváramos a cabo cada una de ellas; imagi-

nando qué podría pasar si se elige cualquiera de esas alternativas. Teniendo en cuenta todo esto, se elige una.

5. **Puesta en práctica.** ¡Ya tenemos una solución! Pero ahora toca ponerla en práctica y para ello debemos planificarlo bien. ¿Cuándo, cómo, dónde, con quién... se llevará a cabo esta acción?

Otros cinco pasos si el conflicto se da en el hogar

Los pasos anteriores suelen utilizarse para solucionar un problema ajeno a la familia. Pero ¿cómo podemos llevar a cabo una resolución de un conflicto en el hogar? Los pasos serán parecidos, aunque con algún matiz, puesto que en este caso ambas partes están presentes y forman parte de la búsqueda de la solución:

1. **Definición y formulación del problema.** Se busca una definición objetiva y consensuada, en la que todas las partes estén de acuerdo. A veces puede resultar difícil, sobre todo si no se percibe desde la misma perspectiva. Por ejemplo:

   Hɪᴊᴏ: El problema es que, según tú, todo lo hago mal, solamente te fijas en lo malo.

   Madre: El problema es que haces lo que te da la gana, no te responsabilizas y tu cuarto siempre es un caos.

   Definición objetiva y consensuada: El problema es que madre e hijo discuten a menudo y ven las cosas de diferente manera. El hijo se queja de que no valoran lo bueno, la madre expresa que el hijo no se hace cargo de sus responsabilidades.

2. **Expresión de sentimientos y definir necesidades.** Todos deben expresar cómo les hace sentir el problema y verbalizar lo que necesitan que cambie.

3. **Lluvia de ideas para generar posibles alternativas.** Al igual que he mencionado anteriormente, se trata de buscar muchas alternativas, no importa lo alocadas que puedan parecer. Precisamente, si surge un momento de complicidad y risa, allanaremos el terreno para llegar a una solución buena para todos.

4. **Toma de decisiones.** Anotamos las alternativas finalistas y elegimos la que tenga más votos de todas las partes. Se trata de una elección democrática en la que todos ceden en algo y, a la vez, salen ganando.

5. Puesta en práctica. Una vez que se ha seleccionado la alternativa democráticamente, se pone en práctica.

Como ves, es una técnica sencilla y hasta divertida. Te animo a que la pongáis en práctica en familia. Descubrirás que resulta muy útil para solucionar esos conflictos que no sabías cómo abordar.

MANEJO DE SITUACIONES

Esta línea ya va llegando a su fin. Sin embargo, antes de bajarnos de este tren, creo que pueden resultarte de utilidad ciertas reflexiones con unas pequeñas píldoras acerca de distintas situaciones con las que te puedes encontrar a lo largo del proceso de crianza y que no he mencionado en ninguna otra parte de este libro.

Las comidas

La comida es un momento en el que generalmente las familias se reúnen. Después de pasar la mañana separados, es una oportunidad para que todos compartan cómo ha ido. Sin embargo, en ocasiones, si los niños no se muestran receptivos a la hora de ingerir los alimentos propuestos, algunos padres se inquietan y se produce un momento de tensión, de nerviosismo y de alzar la voz. Esto, además de no ser respetuoso, es un mal camino para facilitar una relación saludable de nuestros hijos con los alimentos. Algunos padres me cuentan verdaderas odiseas para que sus hijos coman: uso de la tablet, preparación de gran variedad de platos, darles la comida cuando el niño ya es capaz de hacerlo solo…

¿Qué podemos hacer, entonces, cuando nuestro hijo rechaza comer lo que tiene en el plato? Las respuestas son varias:

- No obligar a comer. Uno de los grandes errores que cometen algunos padres es obligar a comer, con lo que consiguen que el niño coma a regañadientes cuatro cucharadas más, pero a largo plazo esto produce rechazo y tensión frente al plato de comida, lo cual no será beneficioso para él.
- Procurar un ambiente tranquilo y relajado. Es recomendable que la hora de comer se convierta en un momento bonito y relajado que aprovechamos para compartir.

- Comer juntos. Los padres somos el modelo y es importante que nuestros hijos observen cómo nos comportamos en la mesa. A veces podemos estar tentados de dar de comer antes a los niños, para después hacerlo nosotros de forma más relajada, y esto, en ocasiones, incluso puede venir condicionado por el horario, porque quizá los padres llegamos a casa tarde y es posible que los niños necesiten comer a una hora más temprana. En ese caso, es recomendable que por lo menos la cena o las comidas del fin de semana tratemos de sentarnos juntos a la mesa.
- Introducir alimentos nuevos de forma paulatina. A algunos niños les cuesta incorporar en la dieta alimentos como las verduras. Para que empiece a familiarizarse con los guisantes o la zanahoria, podemos comenzar a ponerlo en un plato central en la mesa e invitarlo a probar.
- Dar ejemplo. Si queremos que nuestros hijos adquieran patrones de alimentación saludables, los padres debemos dar ejemplo, es decir, llevar a cabo una dieta equilibrada y ser conscientes de que nosotros también tenemos preferencias. En ocasiones, me he encontrado con casos en los que los padres obligaban a comer de todo a sus hijos, pero la madre decía tener una gran repulsión por el plátano y otros alimentos que evitaba. Merece la pena que nos pongamos en el lugar de nuestros hijos. ¿Te imaginas que te obligaran a comer algo que detestas?
- Explicar por qué es necesario llevar una dieta equilibrada. Razonar y dar información siempre es beneficioso. En ese sentido, tengo la experiencia de mi hijo mediano, que en un momento dado comenzó a comer alimentos que antes rechazaba y lo argumentó diciendo: «No es que me guste, pero es bueno para mí».
- Evitar premios y castigos. Antes ya hemos visto por qué el uso de premios y castigos no es aconsejable en la crianza. Y relacionarlos con la comida, obviamente no es buena idea. Por contra, comer debe ser un acto natural que muchas veces estará relacionado con ritmos y etapas, y sus preferencias alimentarias irán evolucionando y cambiando.
- Creatividad. La creatividad siempre será una gran aliada. Existen muchas ideas de «cocina ingeniosa y divertida» que

ayuda a los padres a preparar platos más atractivos para los hijos. Claro que no siempre tendremos tiempo para ello, pero podemos aprovechar que queremos introducir algún alimento nuevo coincidiendo con el fin de semana y dejar volar nuestra imaginación, por ejemplo, con unas albóndigas con nariz de zanahoria y orejas de alubias.

- Cocinar juntos. Cuando los niños participan de la cocina, generalmente tienen ganas de probar lo que han cocinado. Podemos implicar a nuestros hijos en que nos ayuden a preparar algo, batir los huevos o echar la salsa. Si esto, además, lo unimos a la «cocina ingeniosa y divertida» de la que hablábamos antes, todavía será más efectivo.

Los medicamentos

Todos los niños se ponen enfermos alguna vez, tienen fiebre o están acatarrados, y los padres nos vemos en la obligación de darles un medicamento. El conflicto surge porque muchos niños rechazan de forma sistemática tomar la dosis que nos marca el pediatra y eso conlleva mucha tensión y preocupación. Los medicamentos pueden tener un sabor y una textura que no les agrada y, como además están enfermos, pueden sentirse más sensibles e irritables. Por tanto, podemos encontrarnos con que los niños, sobre todo los más pequeños, cierren la boca, se pongan las manos delante, griten, lloren…

Recuerdo cuando mis hijos pasaron por esa etapa. Los tres eran reacios a tomarse la medicación y eso hacía que lo pasásemos mal. Yo no quería forzarlos, así que inventaba las mil y una estrategias para dárselo. Hacerlo directamente con la jeringuilla les daba arcadas y resultaba un proceso doloroso para todos. Con mi hijo mayor iba un poco más perdida, así que introducía el medicamento en un yogur o en una natilla y trataba de dárselo mientras veía dibujos animados o leíamos un cuento; pero el sabor cambiaba y resultaba complicado que se lo acabara. También probé el formato supositorio, a decir verdad esto lo toleraba mucho mejor, pero era menos rápido y menos efectivo a la hora de bajar la fiebre.

Coincidiendo con mi segundo hijo, traté de ajustar un poco más la estrategia y, aunque era un proceso que suponía más tiempo y esfuerzo, a largo plazo resultó ser muy efectivo. Estos son los pasos que procuré llevar a cabo:

- Juego simbólico. Hablaré con más detalle de este tipo de juego en la línea de las herramientas, pero debes saber que es un aprendizaje y una práctica muy importante para la vida real. En relación con el tema del medicamento, antes de que se dé esta situación, podemos jugar con nuestro hijo a médicos y a papás y a mamás, tratando de que el niño simule darle la medicación a sus muñecos, por ejemplo.
- Activar la empatía. Los niños no comprenden la necesidad de tomar aquello que les disgusta tanto y es normal que pongan pegas. Yo me ponía en su lugar y lo verbalizaba: «Sé que te encuentras mal y que, encima, este medicamento no es nada apetitoso. Pero necesitamos que lo tomes para que te cures y te sientas mejor».
- Anticipar. Un rato antes, avisar al niño de que tomará la medicación. Así no lo cogemos por sorpresa y se va preparando mentalmente.
- ¿Cómo lo hacemos? Implicar al niño para que decida la forma en que va a ingerir el medicamento. Que elija cómo prefiere hacerlo: a pequeños sorbos, de golpe, con un yogur… Dejar que sienta cierto control de la situación.
- Cariño, calma y comprensión. Ante todo y durante todo el proceso, no perder los nervios, ni alzar la voz, y ser paciente y comprensivo.

Hermanos

Seguramente, alguna vez has oído decir «Yo trato a mis hijos por igual», como si fuese algo absolutamente lógico y justo. Creo que, antes de ser madre, sin entrar a meditarlo mucho, esta frase me parecía natural. Sin embargo, cuando comencé a enfrentarme a la crianza de mis hijos, me di cuenta de que esto no era exactamente así. Yo a mis hijos no los trataba (ni los trato) de la misma forma, y no me refiero a preferencias o a consentir más a unos que a otros, me refiero a atender sus necesidades específicas o a potenciar lo que les hará brillar más todavía. Y en ocasiones, ellos mismos me decían: «Mamá, ¿por qué yo tengo que hacer estos ejercicios todos los días y mis hermanos no?» o «Mamá, ¿por qué él no y yo sí?». Y yo les contestaba: «Porque sois diferentes y necesitáis cosas diferentes. No te compares con tu hermano, yo no lo hago».

Es evidente que hay cosas que son iguales para todos, pero apreciar la diferencia y adaptarnos a los hijos es también una responsabilidad de los padres. Por ese motivo, el camino que elijas para uno, generalmente será distinto para el otro.

Algunas sugerencias a la hora de interactuar con los hijos, cuando hay más de uno, son:

- Evitar la comparación y las etiquetas.
- No fomentar la competitividad entre hermanos.
- Reservar un tiempo exclusivo para cada uno.
- Hacer sentir especial a cada uno por lo que es.
- Tratar de que sean ellos mismos los que solucionen sus conflictos.
- Si hay que intervenir, gestionar los conflictos con objetividad e imparcialidad; hallando una solución que sea aceptable para todos.
- Permitirles expresar sus emociones reales respecto a los hermanos.
- Entender que los celos entre hermanos son una emoción natural, empatizando y acompañando.
- Evitar hablar mal del uno delante del otro. No juzgar sus comportamientos.
- No mostrar nunca favoritismos ni preferencias.

La muerte

Algo que suele preocupar a los padres es cómo manejar el tema de la muerte con sus hijos. Muchos pequeños se enfrentan con la pérdida ya sea de un familiar cercano, como un abuelo, o de un conocido. O bien de una mascota. Cuando eso sucede, a algunos padres les surge la duda y la inquietud sobre cómo pueden enfocar esta situación con los más pequeños, para que desarrollen un proceso de duelo saludable.

Lo primero que debes tener en cuenta es que, dependiendo de la edad, los niños entenderán el concepto de «muerte» de diferente manera. Una primera pauta, válida para todas las edades, es que se deben evitar frases del tipo: «Está en el cielo», «Se ha quedado dormido», «Siempre estará con nosotros»… Sobre todo en el caso de los más pequeños, entenderán estas frases de forma literal y eso creará confusión, incluso miedos y temores.

Generalmente, los niños de dos a seis años no comprenden que la muerte es algo irreversible. En esta franja es común que pregunten a menudo cuándo volverá la persona fallecida, y los padres debemos dar mensajes claros, sencillos y cariñosos, diciéndoles que no regresará, pero que podemos recordarlo siempre que queramos. Es posible que, hacia el final de esta etapa, necesiten explicaciones sobre el ciclo de la vida, y la naturaleza de la vida y la muerte.

Entre los seis y los nueve años los niños comienzan a comprender que la muerte es irreversible, algo definitivo e inamovible. Empiezan a entender que, de forma natural, todos nacemos y morimos, pero todavía les cuesta creer que algún día serán ellos los que mueran. A esta edad pueden personalizar la muerte, poniéndole cara y dibujándola en su cabeza. Ante un caso de pérdida, debemos dar mensajes claros y veraces. Los padres debemos procurar que los niños expresen sus sentimientos para que elaboren el duelo adecuadamente. En un momento así, algunos niños pueden responsabilizarse del fallecimiento, por eso es importante que quede claro que nadie tiene la culpa de lo que ha sucedido.

A partir de los nueve años, no solamente se tiene clara la irreversibilidad de la muerte, sino que ya comprenden plenamente la inevitabilidad. Eso supone que se dan cuenta de que sus seres más queridos pueden morir, y también ellos mismos. A esta edad comienzan los miedos asociados a los viajes o separaciones de los padres, creyendo que les puede suceder algo y que no los volverán a ver. Si han vivido la pérdida de un ser querido a causa de una enfermedad, quizá teman que, si enferman, ellos también pueden morir. Será muy conveniente, en este caso, aclarar que solo algunas enfermedades graves pueden conducir a la muerte y que eso no tiene nada que ver con un catarro o un dolor de tripa.

En definitiva, y para establecer unas pautas generales, se recomienda:

- Elaborar una explicación adecuada a la edad con un mensaje claro, sencillo y veraz.
- Evitar frases que pueden crear confusión como «Se ha ido al cielo».
- Potenciar la expresión de sentimientos y emociones activando la empatía y la escucha activa, para que se desarrolle correctamente el proceso de duelo.

La separación de los padres

Las tasas de separación son elevadas y son muchas las familias que, a diario, se encuentran con las circunstancias de tener que comunicar a sus hijos y llevar de la mejor manera posible este cambio en la estructura familiar. ¿Cómo podemos acompañar a los niños en este proceso?

Para empezar, es conveniente tener en cuenta que, al igual que sucedía en el caso de la muerte, la separación no influirá de la misma forma a un niño de dos años que a uno de diez. De hecho, algunos especialistas apuntan a que las edades en que se encaja peor la ruptura conyugal es entre los cinco y los doce años, momento en el que los niños suelen ser tener mayor apego con ambos progenitores, a la vez que se reconocen aún como seres dependientes.

En ese sentido, el desarrollo del proceso de separación y la relación que mantengan los padres serán determinantes para el bienestar del niño. Por eso, en la medida de lo posible, ambos progenitores deben remar en la misma dirección con tal de que sus hijos apenas sufran el impacto de este cambio tan importante en sus vidas. ¿Recuerdas el Equipo C, del que te hablaba al principio de este viaje? Lo ideal sería que este perdurara a lo largo del tiempo, por el bien de los hijos.

En cuanto a los posibles efectos de la separación de los padres en los niños, lógicamente dependerá de cada caso y de cada circunstancia, pero es esperable que los niños menores de cuatro años experimenten alguna regresión, por ejemplo, en el control de esfínteres. En el caso de los mayores de cinco años, se pueden dar dificultades para dormir, miedos e inseguridades. Es posible que se muestren enfadados o disconformes con la situación, que rechacen a una o ambas figuras parentales o que se creen su propia versión del porqué se ha producido la separación; entre otras cosas, pueden sentirse responsables.

A partir de los nueve años son capaces de comprender la situación de una forma más madura. Aunque eso no quita que puedan externalizar su malestar con tristeza, inseguridades, impulsividad, un descenso del rendimiento académico o conflictos con los iguales.

Como pautas generales a la hora de manejar la separación, en situaciones en que esto sea posible, los especialistas recomiendan:

- Hablar con los hijos de la separación de forma abierta y sincera. No darles falsas esperanzas, sobre todo si ya está claro que se trata de una decisión definitiva.
- Reforzar el mensaje de que, aunque papá y mamá se hayan separado, hay algo que nunca va a cambiar, y es el amor incondicional que sienten por ellos. Aclarar que los hijos nunca perderán a sus padres.
- Evitar hablar mal del otro progenitor en presencia de los hijos. Estos no deben usarse como paño de lágrimas, ni como desahogo personal. Tampoco debemos ponerlos en contra del otro.
- Nunca utilizar a los hijos para hacer daño a la expareja. No los emplearemos como mensajeros ni como confidentes de las penas y frustraciones que hayan podido desencadenar la ruptura.
- Procurar una custodia que sea beneficiosa, pensando única y exclusivamente en el bienestar de los hijos.
- Intentar mantener una comunicación fluida con el otro progenitor, así como una relación cordial por el bien de los hijos.
- Tratar de mantener unido al Equipo C, siguiendo un modelo de crianza conjunto, coherente, cómplice y compatible.
- Organizar planes conjuntos en fechas señaladas como Navidad, cumpleaños u otras celebraciones.

Las mentiras

Según la RAE, mentir consiste en decir deliberadamente lo contrario de lo que se sabe, se cree o se piensa que es verdad con el fin de engañar a alguien. En el caso de los niños y las niñas, se entiende que todos en algún momento dicen alguna mentira. Sin ir más lejos, en sus primeros años de vida suelen confundir la realidad y la fantasía, y es común que expresen con total convencimiento algo que no se corresponde con la realidad. A medida que crecen, la línea que separa el mundo real y el mundo imaginario se va definiendo cada vez más y los niños empiezan a mentir de forma intencionada. Debido a las diferencias individuales, algunos pueden tender más a la mentira que otros, y muchas veces los padres quizá muestren preocupación respecto a este tema. En mi caso particular, recuerdo que, cuando eran más pequeños, mis hijos mayores en general eran muy sinceros y, sin embargo, la menor era capaz de mirarme a los ojos y mentirme con total normalidad. Afortunadamente, el paso de los años y los valores que instauramos desde el hogar han hecho que esto cambie. Los investigadores no se ponen de acuerdo a la hora de definir la edad en la que los niños distinguen entre la verdad y la mentira, pero resulta evidente que se trata de un rasgo que evoluciona a lo largo del tiempo y que va adquiriendo matices, puesto que no todo es blanco o negro.

En general, los niños y las niñas mienten por los siguientes motivos:

- Cuando son más pequeños, por no distinguir claramente entre realidad o fantasía.
- Por imitación, ya sea de sus iguales o de familiares.
- Para recibir la aprobación o para agradar a las personas que los rodean.
- Para evitar consecuencias negativas, como castigos o la decepción de sus padres.
- Por diversión, ya que en ocasiones lo viven como un juego.
- Por impulsividad.
- Por proteger un secreto o su intimidad.
- Por no compartir algo que no les apetece.
- Por no herir a otra persona o para evitar un conflicto.

¿Cómo reaccionaremos los padres? Todo dependerá de la situación y de la naturaleza de la mentira; sin embargo, podemos seguir una serie de pautas:

- Activar la empatía y emplear la escucha activa para entender el motivo por el que nuestro hijo nos ha mentido.
- Favorecer la expresión de sentimientos relacionados con la mentira.
- Reflexionar juntos sobre el tipo de mentira y las inquietudes que la han motivado.
- No juzgar.
- Reflexionar juntos sobre las consecuencias de la mentira y pensar en posibles alternativas, si las hubiera.
- Reflexionar sobre si hemos podido influir de alguna forma en que nuestro hijo nos mienta. Por ejemplo, si siempre que nos

dice una mala nota nos enfadamos, estarán tentados de mentirnos en otra ocasión para evitarlo. O si hemos mentido en su presencia, les habremos dado un ejemplo que después reproducirán.

- No castigar cuando nuestro hijo miente; es preferible buscar una consecuencia lógica, si se considera adecuado.

Para transmitir el valor de la sinceridad, en primer lugar, debemos dar ejemplo. Lógicamente, si nuestros hijos nos sorprenden diciendo alguna mentira, se sentirán confundidos y traicionados, y no estaremos transmitiendo un mensaje sólido y real. Y en segundo lugar, debemos ser coherentes, ya que en ocasiones puede suceder que les digamos a los niños que no se debe mentir nunca y que, sin embargo, les indiquemos la excusa que tienen que dar en determinados casos. Por ejemplo, cuando les pregunten en el colegio por qué no han ido a clase el día anterior y, por los motivos que sea, nosotros no queramos que se sepa la verdad.

Todo esto y para acabar, me lleva a la siguiente reflexión: ¿Debemos ser absolutamente intransigentes con la mentira de nuestros hijos? ¿Acaso nosotros decimos siempre la verdad? ¿No está un niño en su derecho de reservarse algunas cosas que no quiere compartir? Por supuesto, debemos transmitir a nuestros hijos el valor de la sinceridad. Pero muchas veces la verdad es dolorosa e innecesaria, y surge aquello que llamamos «mentira piadosa». Pienso que saber discernir o reflexionar sobre los motivos que llevan a no decir la verdad ante una pregunta directa forma parte también del proceso de crianza que, como siempre, ha de contemplar los matices de grises. Afortunadamente, los hijos van aprendiendo también el arte de cuándo es necesario decir la verdad y cuándo esta puede hacer daño o crear un conflicto; la base de todo esto será el diálogo, la reflexión y los valores que estén recibiendo desde el hogar. Por ejemplo, una vez una amiga le regaló a mi hija un juego de cartas que había comprado en otra ciudad, enseguida le preguntó si le gustaba y si le hacía ilusión. Resultó que mi hija ya tenía ese juego repetido, pero en lugar de decirle eso, le agradeció mucho el regalo y le contestó que le encantaba. Entendió que, si lo había comprado en otra ciudad, no se podía cambiar y que decirle que lo tenía repetido podía disgustar a su amiga. Eso le había dicho su sentido común y sus ganas de no molestar a nadie. ¿Estuvo mal mentir en ese caso? Probablemente, se podía haber respondido de otras formas, pero si aquello estaba hecho pensando en la otra persona, no perjudicaba a nadie y era producto de unos buenos sentimientos, no podía estar mal. Y así se lo hice saber. Mi hija le había contestado algo que no se correspondía con la realidad para no hacer daño. Y yo entiendo que eso fue una decisión acertada, porque de nada hubiera servido la sinceridad en este caso y ella solamente evitó dañar a alguien. Decir la verdad sin filtros, y en todas las circunstancias, puede herir y crear conflictos innecesarios.

Por otro lado, en alguna ocasión, en concreto mi hijo mediano, no me ha querido contar algo relacionado con sus amigos porque era un secreto de la pandilla que no se podía revelar. A mí me enorgullece que sea firme y fiel a su palabra y que haya expresado con total naturalidad que eso no lo iba a contar porque así lo había prometido. Me alegra que, ante mi pregunta, no haya caído en la tentación de revelar el secreto ni de decir otra cosa faltando a la verdad. Creo que llegar a ese punto de sinceridad, en el que ellos nos confiesan que algo no se puede contar y que nosotros lo aceptemos como su derecho (siempre que no intuyamos que algo grave pueda suceder), forma parte del respeto y de una relación saludable entre padres e hijos.

«Mi hijo pega»

A los padres que se encuentran en esta situación les preocupa el hecho de que su hijo pegue o agreda a otros niños. En general, se preguntan por qué sucede esto y qué pueden hacer para evitar que estos episodios se repitan.

El hecho de que algunos niños «agredan» a otros comienza siendo algo evolutivo. Cuando tienen entre uno y dos años, los más pequeños se encuentran en un momento de plena investigación y experimentación, y, en algunos casos, eso puede incluir tirar del pelo al niño que tienen delante, meterle el dedo en el ojo o empujarlo. Es en ese momento cuando los padres disponemos de una gran oportunidad para reaccionar educando y transmitiendo un mensaje claro. Tanto si sucede en edades tempranas o más avanzadas, ¿cómo podemos actuar los padres si presenciamos que nuestro hijo le pega a otro niño? En el momento:

- Manteniendo la calma y sin alterarse, acercarse a los niños. Preguntarle al niño agredido cómo se encuentra, indicarle a nuestro hijo que lo que ha hecho no está bien.

Más tarde, en casa, cuando estemos tranquilos:

- Reflexionar sobre por qué no está bien agredir a otros niños.
- Hacerle entender que la violencia no es un camino.
- Intentar encontrar el motivo que lo ha llevado a hacer eso.
- Buscar la emoción que ha acompañado o desencadenado el hecho de pegar a otro niño.
- Fomentar el valor de la empatía. Animar a nuestro hijo a que se ponga en el lugar del otro niño.
- Reflexionar sobre las consecuencias que puede tener que agreda a otro niño.
- Buscar alternativas y soluciones para que no se vuelva a repetir.
- Buscar estrategias de control de impulsos para que el niño las aplique cuando sienta la tentación de pegar.
- Abrazarlo y decirle que lo quieres, porque probablemente lo necesite mucho.

¿Qué no debemos hacer? Sobre todo, no debemos:

✗ Reaccionar de forma impulsiva y airada.
✗ Gritarle.
✗ Humillarlo.
✗ Decirle que es malo.
✗ Pegarle.

Esto sirve también en situaciones en las que se den insultos, burlas o humillaciones. Es aconsejable, en cualquier caso, autoobservarnos y hacer autocrítica como padres. ¿Es posible que el comportamiento de nuestro hijo venga condicionado por alguna actitud nuestra? ¿Puede haber alguna situación de estrés o preocupación que lleve al niño a actuar así?

En casi todos los casos te propongo un manejo de la situación que incluye algo de lo que siempre debemos tener a mano en nuestro equipaje, olvidando las cosas que decidimos no llevar en este viaje.

CLAVES PARA EDUCAR LA CONDUCTA

✓ Es un error educar la conducta sin atender al pensamiento y a la emoción. De esta forma, llevaremos a cabo una educación superficial en la que no se interioricen los principios y valores.

✓ Estudios recientes han demostrado que tanto el castigo como el refuerzo positivo están desaconsejados como estrategia a la hora de educar a los hijos.

✓ En la educación de los hijos debe primar, entre otras cosas, el respeto, el afecto y el sentido común. Cualquier tipo de violencia, ya sea física o verbal, debe ser eliminada por completo.

✓ Educar sin premios ni castigos es posible, en su lugar hablaremos de consecuencias lógicas y naturales que siguen a las conductas.

✓ Muchos especialistas defienden que los niños necesitan límites, reglas, normas y directrices, que deben ser gestionadas desde la firmeza y la amabilidad.

✓ Favorecer que los niños adquieran autonomía significa dejar que hagan por sí mismos aquello para lo que sí están preparados, sin ser padres que se lo hacen todo, en un extremo, ni excedernos en exigirles demasiado, en el otro. En ese sentido, una buena regla es: «Si lo puede hacer él, no lo hagas tú».

✓ Es importante que los niños comiencen a aprender a enfrentarse a sus problemas desde edades tempranas, como fase preparatoria para abordar las dificultades con las que se encontrarán en el futuro. La técnica de resolución de problemas y toma de decisiones puede resultar de gran utilidad.

La hora del cuento: El castigo

La osa Pepa y la osita Melisa vivían en una casita a las afueras del bosque. Desde siempre, Melisa había sido una cría ejemplar: era responsable con sus estudios, colaboraba en casa y era tan amable que todos la apreciaban.

Un día, Pepa recibió una llamada de la zorra Lola, la panadera del bosque.

—Hola, Pepa, te llamo porque esta mañana, mientras estaba amasando el pan, he visto a través de la ventana a la osita Melisa con sus amigos. Al principio, he pensado que jugaban como de costumbre, pero me he dado cuenta de que estaban ensuciando de barro la ropa del tendal de la ardilla Lina.

—No puede ser, ¿estás segura de que Melisa también participaba en eso?

—Completamente. He visto como tocaba la ropa.

Después de hablar con la zorra Lola, la osa Pepa se quedó muy disgustada. ¿Cómo era posible que Melisa hubiera hecho aquella trastada? ¿Esos eran los valores que le estaba enseñando? Melisa tenía que entender que aquello no estaba bien, por eso Pepa decidió que debía imponerle un castigo que le doliera.

Como de costumbre, Melisa llegó a casa después del colegio.

—¡Hola, mamiii!

—Me has decepcionado. Lo que has hecho con la ropa de la ardilla Lina no puede volver a ocurrir.

—Pero, mami...

—No hay peros que valgan. Me has decepcionado. Sintiéndolo mucho, esta tarde no irás al cumpleaños del castorcillo Tito.

—Déjame explicarte...

—No quiero oírte. Vete a tu cuarto.

Tras castigar a Melisa, Pepa se sentía mal. Nunca antes había sido tan dura con su hija, pero debía aprender que lo que había hecho estaba mal. Un poco más tarde, llamó a la ardilla Lina para disculparse.

—Hola, Lina. Siento mucho lo que ha sucedido con la ropa limpia de tu tendal.

—Bueno, no pasa nada. Con los chiquillos ya se sabe.

—Quiero que sepas que he castigado a Melisa para que esto no se vuelva a repetir.

—¿Cómo que has castigado a Melisa? Pero si ella no ha tenido nada que ver. Al contrario, la encontré tratando de limpiar el barro de las prendas.

A Pepa se le hizo un nudo en la garganta. Había castigado a su hija y ni siquiera la había dejado explicarse. Corrió a su habitación. Melisa leía un libro, tenía los ojos rojos de tanto llorar.

—Lo siento mucho, hija. —La abrazó.

—No pasa nada, mami. Tú no sabías...

—Sí que pasa. Y no se volverá a repetir. Antes no te he dejado ni hablar, me he precipitado y he cometido un error terrible. Espero que me perdones.

Melisa asintió.

—Después hablaremos de esto con calma. Pero ahora corre, que aún estás a tiempo de ir al cumpleaños de Tito.

Reflexión

La historia nos habla de una madre que recibe el aviso de que su hija ha participado en una «gamberrada». Aunque le extraña que su pequeña haya hecho algo así, opta por imponerle un castigo sin ni siquiera escuchar su versión. En este caso, estamos ante un acto impulsivo de la madre, que actúa de forma autoritaria sin permitir a su hija ni opinar ni explicarse. Precisamente, esto es lo que hace que cometa un error. Si nada más llegar a casa, Pepa hubiera hablado con Melisa, se hubiera dado cuenta de que había un malentendido y en ningún caso se hubiera comportado de una forma tan injusta. Por otro lado, Pepa tiene la idea de que un «buen castigo» con algo que le importe de verdad puede hacer reflexionar a su hija. Por eso, impone un castigo punitivo que no guarda ninguna relación con la supuesta «mala conducta». No se da cuenta de que eso no educa y que lo único que puede provocar es alejarla emocionalmente de ella y crear sentimientos de rechazo e incomprensión. Si hubiese sido cierto que Melisa había actuado mal, quizá se podría haber buscado una consecuencia lógica y natural, como, por ejemplo, después de reflexionar, ir a ayudar a la ardilla Lina a hacer la colada.

En definitiva, Pepa no actúa de forma respetuosa con su hija, aunque, por suerte, es capaz de darse cuenta. Los padres nos equivocamos, pero podemos rectificar y pedir perdón.

Cuestiones para reflexionar

- ¿Cuál crees que es el primer error que comente la osa Pepa?
- ¿Cómo piensas que debería haber actuado?
- ¿Crees que hace bien pidiéndole perdón a su hija?
- ¿Crees que es muy grave que un niño haga travesuras? ¿Cómo podemos reaccionar ante estas?
- Imagina que fuera verdad que Melisa hubiera participado en la trastada:
    - ¿Crees que la mejor opción era castigarla de esta forma? ¿Qué alternativa se te ocurre?
    - ¿Piensas que la aplicación de un castigo «doloroso» es una buena forma de educar?
    - ¿Cómo se podría haber aplicado una consecuencia lógica? ¿Se te ocurre alguna diferente a la que se propone en la reflexión?

Actividades para realizar juntos: fomentar la armonía

Consecuencias lógicas y naturales

1. La lógica de la causa-efecto

Objetivo: Comprender las leyes de la causa-efecto y ver cómo se relacionan con las consecuencias lógicas y naturales de las conductas.

Materiales:

- Cuaderno
- Bolígrafo

Funcionamiento: Este ejercicio consiste en plantear sucesos y ver qué sucede después como consecuencia lógica.

a) Comenzar con causalidades sencillas como:

- Estar bajo la lluvia moja.
- Tocar el fuego quema.
- Los golpes producen dolor.
- Estar de pie mucho tiempo produce cansancio.
- Si no comes, te entra hambre.

b) Seguir con causalidades relacionadas con crianza, como:

- El esfuerzo suele traer satisfacción.
- Realizar actividades gratificantes me hace sentir bien.
- Hacer ejercicio me proporciona energía.
- Si insulto a otros niños, se alejan de mí.
- Si le alzo la voz a mi madre, se molesta.
- Si no ordeno mi habitación, todo se queda hecho un caos y no encuentro nada.

c) Pensar en nuevas causalidades relacionadas con aquello que queremos transmitir a nuestros hijos.

Reglas y normas

2. Nos respetamos y nos queremos

Objetivo: Elaborar un vistoso cartel juntos donde expresaremos las reglas que previamente se han aprobado en familia.

Materiales:

- Cartulina
- Bolígrafo

- Pinturas y otros materiales decorativos
- Celo o chinchetas

Funcionamiento: Esta actividad consiste en redactar de una forma positiva las reglas de la casa. Se puede acompañar con dibujos, colores y purpurina, y buscar un título bonito como el propuesto al inicio de la actividad: «Nos respetamos y nos queremos».

Resolución de problemas

3. ¿Quién tiene un problema?
Objetivo: Toma de contacto con los conflictos a través de historias de ficción.

Materiales:

- Cuentos o historias donde aparezca un conflicto o problema.

Funcionamiento: Elegimos alguna historia en la que sus protagonistas se enfrenten a algún tipo de conflicto o problema. Esta puede ser leída o narrada. Una vez que se ha expuesto la trama, se trata de que los niños detecten el problema, lo definan y reflexionen sobre las posibles alternativas que tiene el personaje, tratando de adivinar qué podría pasar en cada caso.

4. Soluciona un problema
Objetivo: Practicar la técnica de resolución de problemas a través de un ejemplo.

Materiales:

- Cuaderno
- Bolígrafo

Funcionamiento: Resolver el siguiente problema siguiendo algunos pasos planteados en el trayecto de la resolución de problemas.

«Juan tiene nueve años y precisa de pañal nocturno para dormir. En el colegio están organizando unos campamentos de tres días en un albergue, Juan está deseando ir, pero le preocupa el tema del pañal. Salvo con sus padres, nunca ha hablado con nadie de esto. ¿Cómo puede gestionar esta situación?».

1. Definición y formulación del problema.
2. Lluvia de ideas para generar posibles alternativas.
3. Toma de decisiones.

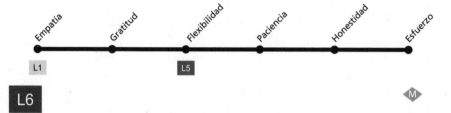

L1   L5   L6   Ⓜ

Valores que importan

Imagínate que al final de este viaje se encontrara un tesoro. Un cofre que hemos escondido en un lugar secreto, repleto de todas aquellas «joyas» que queremos transmitirles a nuestros hijos. Sin duda, yo lo llenaría, entre otras cosas, de todos los valores y fortalezas que los ayudarán a ser felices y buenas personas.

Esta es una línea más corta que las anteriores, aunque no por ello menos importante. Porque, si queremos que nuestros hijos sean felices, es necesario que cuiden no solamente de sí mismos sino también de lo que los rodea: su familia, sus amigos y las personas con las que se cruzan. Y también que convivan en armonía con nuestro planeta y todo lo que habita en él, empleando el mismo respeto que les hemos infundido desde la crianza.

La felicidad que nace en el interior y que se proyecta hacia fuera con importantes valores es una felicidad real que se vive y se retroalimenta, que se mantiene estable con el paso del tiempo. Por eso es tan importante que nuestros hijos interioricen aquellos valores esenciales, fortalezas que contribuyen a formar su personalidad y que consideramos imprescindibles para alcanzar el bienestar personal y social. Existen unas costumbres en nuestra sociedad que colaboran a mejorar la convivencia y a que las relaciones con los demás sean adecuadas y de calidad. Se llama **inteligencia social** y los valores que les enseñemos a nuestros hijos harán que sean más inteligentes a la hora de interactuar con otras personas.

Estos valores que deseamos que nuestros hijos adquieran, deberán formar parte de nuestro modelo educacional, y, como siempre, nuestro comportamiento y el ejemplo que les demos será crucial. No podemos exigirles que den las gracias si nosotros no las damos. No podemos pedirles que se pongan en el lugar de los demás si nosotros no somos capaces de hacerlo con ellos. No podemos demandarles sinceridad si nosotros no nos mostraros transparentes... Estos valores deben formar parte de cómo tratamos a nuestros hijos, pero también de cómo interactuamos con el mundo. Por ejemplo, he conocido a algunos padres que apuestan por una crianza respetuosa con sus hijos y, sin embargo, se comportan de forma irrespetuosa e intolerante con los progenitores que no piensan igual que ellos. Para inculcar valores a nuestros hijos es importante que los cultivemos en nosotros mismos. Solo así nuestra crianza será sincera y profunda.

Para ello, y aun sabiendo que no están todos, he hecho una selección de valores que considero imprescindibles para la educación de los niños. Para explicar cada valor he elegido una fábula (ya conoces mi debilidad por el uso de historias). Las fábulas son pequeñas narraciones tradicionales, generalmente protagonizadas por animales personificados, repletas de enseñanzas. Al final suele aparecer una moraleja que trata de transmitir un mensaje. En la línea 7, destinada a las herramientas, hablaré con más profundidad del gran poder terapéutico que tienen los cuentos. Los seis valores que he elegido son: la empatía, la gratitud, la flexibilidad, la paciencia, la honestidad y el esfuerzo.

EMPATÍA

El chimpancé y el pez

Cuentan que brincaba el chimpancé entre los árboles de la sabana cuando, de pronto, llegó a un río. Completamente sediento, el chimpancé saltó al suelo y se dirigió a la orilla. En ese momento vio a un pez meneándose dentro del agua, nunca jamás había visto un animal como aquel.

«¡Se está ahogando! ¡Voy a ayudarlo!», se dijo el simio. Entonces, sacó al pez del agua y lo sostuvo en sus manos. El pez comenzó a brincar vigorosamente, dando saltos en el aire.

«He hecho bien en rescatarlo. Está dando saltos de alegría», pensó el chimpancé. Sin embargo, tras varios saltos más, el pez se quedó inmóvil. Había muerto.

«¡Vaya!, he llegado demasiado tarde y no he podido salvarlo», concluyó finalmente el chimpancé.

Moraleja: Si queremos ayudar, es necesario antes conocer las necesidades de los demás.

Fábula tradicional africana

Quizá este, el de la empatía, es uno de los valores más preciados. Si, presumiblemente, los valores nos permitirán convivir armoniosamente en sociedad y con todo lo que nos rodea, pues la empatía, la capacidad para ponernos en la piel de los demás, será el valor definitivo para que instauremos en nuestro día a día otros valores también muy valiosos. La empatía es fundamental como valor para transmitirlo a nuestros hijos, pero también debe ser una cualidad en los padres, ya que necesitamos activarla a la hora de educar; por eso, esta parada conecta con la L1, destinada a la comunicación.

En general, las personas empáticas destacan por:

- Ser respetuosas. Ya que son capaces de entender, aceptar y respetar que los demás no piensen ni actúen igual que ellas.
- Ser asertivas. Tratan de no ofender a los demás porque entienden que pueden sentirse mal en función de cómo se les hable.
- Ser intuitivas. Sobre todo, respecto a los sentimientos de los otros, ya que tratan de comprender las emociones ajenas.
- Emplear la escucha activa. Son conscientes de lo importante que es sentirse escuchado, porque ellos también lo necesitan.
- Comprender la diversidad. La diversidad de formas de ser, opiniones, necesidades... Aunque algo no sea importante para uno mismo, puede serlo para otra persona.

Como ves, la empatía tiene grandes beneficios, y conseguir que nuestros hijos la activen y la desarrollen será un gran reto para los padres. Sin duda, para que un niño ponga en marcha la empatía, debe alcanzar cierto grado madurativo, pero como ocurre con otros valores, las semillitas de empatía deben ir plantándose desde edades muy tempranas. El primer paso siempre será mostrarles cómo lo hacemos nosotros, no solamente cuando la activamos en relación con ellos, sino en relación con el resto del mundo. A partir de ahí, existen diferentes estrategias que podemos emplear. Más adelante, propondré una actividad relacionada con la empatía; sin embargo, te puede servir esta idea e incorporarla como una buena costumbre. Se trata de invitarlos siempre a ponerse en los zapatos del otro, con frases del estilo: «¿Te imaginas que te hubiera sucedido a ti?», «¿Cómo te habrías sentido?». En general, con esta reflexión muchos niños intentan hacer el ejercicio de ponerse al otro lado. Con la práctica, poco a poco, se convertirán en más empáticos, lo cual es beneficioso para los demás y para uno mismo, fortaleciendo así la inteligencia emocional, la autoestima, el bienestar y las relaciones con las personas cercanas.

GRATITUD Y AMABILIDAD

El león y el ratón

Hace muchísimos años, en una lejana selva, un diminuto y distraído ratón cayó en las garras de un poderoso león. Aunque el roedor no era un bocado demasiado apetitoso, el felino pensó que era mejor eso que nada y decidió comérselo. Pero en el preciso instante en el que iba a hincarle el diente...

—¡León, no me comas! —le suplicó el ratón.

— Y ¿por qué iba a perdonarte la vida? —preguntó el león.

—Porque así estaré en deuda contigo. Quizá algún día pueda devolverte el favor —explicó el roedor.

—¡Ja, ja, ja! —se burló el león—. ¿Cómo puedes pensar que un ser tan insignificante como tú puede resultarme de utilidad?

Aunque el león no se tomó en serio la propuesta del ratón, su valentía le había conmovido y lo dejó marchar.

Tiempo después, el felino cayó en una trampa de cazadores. Una inmensa red lo apresaba y le impedía escapar. Casualmente, el ratón oyó los desesperados rugidos del león y acudió en su ayuda. Con sus poderosos dientes royó las cuerdas pacientemente hasta que consiguió liberar al majestuoso animal. El león se quedó sin palabras. ¡Qué equivocado había estado! No sabía cómo agradecerle al ratón que le hubiese salvado la vida.

Moraleja: No hay que menospreciar a los demás por insignificantes que parezcan, y ser agradecido con quienes te ayudan.

Fábula de ESOPO

Animar a los niños a dar las gracias, a saludar y a disculparse no solamente es una forma de enseñar buenos modales, sino que ayudará a los más pequeños a interactuar correctamente y a recibir también esos buenos deseos de parte de los demás. El cerebro del niño está programado para relacionarse, y la amabilidad y la gratitud serán unos buenos ingredientes a tener en cuenta para que esas relaciones se establezcan de forma sana y fluida. Además, en los últimos años, los especialistas destacan el enorme poder de la gratitud. Hablamos de agradecer todo aquello que poseemos y agradecer lo que los demás hacen por nosotros. La gratitud va más allá de pronunciar la palabra «gracias», se trata de un estado que inunda todo nuestro ser. Nos sentimos afortunados y una emoción de bienestar nos recorre porque valoramos lo que tenemos aquí y ahora, lo que nos han dado, sin echar de menos lo que nos falta.

Son muchos los estudios que han concluido que las personas que emplean la gratitud en su día a día, son más felices y tienen relaciones más saludables. La gratitud mejora la calidad del sueño, potencia la autoestima y aleja la tristeza, nos ayuda a centrarnos en el presente, favorece las relaciones interpersonales sanas y fortalece las emociones que nos aportan bienestar. Por ese motivo, la gratitud y la amabilidad son unos valores tan importantes para transmitirlos a nuestros hijos y a nuestras hijas.

FLEXIBILIDAD

El roble y la caña

Dicen que había un hermoso roble que se alzaba junto a la orilla de un río. Se trataba de un árbol formidable de gran tronco y resistentes ramas. Sus hojas resplandecían al sol y estaba tan orgulloso de su fortaleza que se creía invencible.

A pocos metros, en las aguas del río, habitaba una frágil caña que, apenas con una suave brisa, se balanceaba y se doblaba. El roble la contemplaba curioso y le decía:

—¿Cómo puedes vivir con semejante tallo fino y débil?

Pero a la caña no le importaba lo que el roble opinaba, y seguía dejándose llevar y bailando con el viento.

De pronto, un día, llegó una terrible tormenta con virulenta lluvia, rayos y viento huracanado. El roble se irguió seguro de su fuerza y miró a la caña de soslayo, ¿cómo iba ella a resistir semejante tempestad? Sin embargo, el viento enfurecido sopló con más virulencia todavía y, sin previo aviso, partió en dos el tronco del roble. Fue entonces cuando la caña, que seguía sujeta por sus raíces, le dijo:

—Mientras que tu rígido tronco finalmente es derribado por el viento, mi tallo frágil se dobla y baila a su compás.

Moraleja: No menosprecies al otro, porque quizá lo que crees que es su principal defecto, es en realidad su mayor virtud.

Fábula de Esopo

Al hablar de flexibilidad, quizá pienses en la capacidad de realizar ciertos movimientos con el cuerpo y las articulaciones, lo cual, sin duda, es una gran cualidad que conviene trabajar. No obstante, voy a referirme a otro tipo de flexibilidad que es, si cabe, todavía más importante: la flexibilidad mental que nos ayuda a evolucionar y a adaptarnos a las circunstancias que nos tocan vivir. Las personas flexibles son de mente abierta, entienden que no existe una única y sola verdad, ni un único y solo camino a seguir o para resolver conflictos. Aceptan que pueden aparecer imprevistos que no encajen con sus expectativas previas, y se amoldan.

En el otro extremo de esta línea nos encontraríamos con aquellas personas que no son flexibles, que manifiestan una excesiva rigidez. Se dice que algo es rígido cuando opone gran resistencia, cuando no se dobla ante las fuerzas exteriores que actúan sobre su superficie. Aun así, esta rigidez y firme determinación puede suponer, puntualmente, algo positivo en situaciones en las que uno no se deja influir y se niega a hacer lo que verdaderamente no quiere hacer. Esto sucede, por ejemplo, en el caso de un adolescente que aguanta la presión social para no fumar. Pero una actitud rígida generalizada supone un obstáculo para las relaciones sociales y para nuestro bienestar. Siempre es mejor conseguir que nuestros hijos sean firmes en sus convicciones, no por su rigidez, sino trabajando la autoestima, la asertividad y el pensamiento crítico.

La rigidez impide ver más allá del punto de vista propio y dificulta el desarrollo de la empatía. La persona con tendencia rígida suele pensar que siempre tiene la razón, raras veces acepta que se ha equivocado y, en consecuencia, difícilmente piden perdón. Por ese motivo, a la hora de discutir, suele ser intransigente con las razones y las opiniones de los demás, que considera incorrectas, y eso provoca problemas de relación y convivencia. Las personas rígidas se estancan, cierran los ojos a los cambios y se quedan con lo conocido, aunque sea mucho peor.

Por otro lado, ser una persona flexible (que no significa ser fácilmente influenciable o que cambia de opinión como el que cambia de zapatos) significa que abre su mente a nuevas teorías, que analiza y evalúa para quedarse con algo mejor si le convence. Los seres sensibles evolucionan, sienten curiosidad, experimentan e innovan.

Una de las conclusiones a las que he llegado a lo largo de estos años, criando a mis hijos, tratando a pacientes, enseñando a mis alumnos e interactuando con el mundo, es que la flexibilidad es la madre de la felicidad, o, por lo menos, una de ellas. Porque solamente una persona flexible que es capaz de convivir a pesar de las discrepancias, de adaptarse al mundo, de aceptar los obstáculos y tratar de superarlos, de seguir aprendiendo cada día, de cambiar de opinión y de moldear sus objetivos si es necesario, viajará rumbo al bienestar propio y al de quienes lo rodean. La flexibilidad se relaciona además con la resiliencia, la creatividad y la capacidad de tolerar la frustración.

Esta flexibilidad que será tan importante transmitir a nuestros hijos, deberá ser también empleada por nosotros a la hora de educarlos (por eso esta parada conecta con la línea 5, destinada a educar la conducta). Siendo flexibles seguiremos aprendiendo, corregiremos los errores y trataremos de buscar soluciones. Siendo flexibles no tomaremos las cosas, ni las teorías sobre educación, al pie de la letra. Diseñaremos nuestro propio camino de crianza siendo eclécticos, tomando de aquí y de allá lo que consideremos mejor, teniendo en cuenta nuestras particularidades y diferencias individuales y familiares.

Igual que se puede trabajar la elasticidad de los músculos, se puede trabajar la flexibilidad de la mente en uno mismo y en los niños a través de las siguientes ideas:

- Viajando y descubriendo otras culturas.
- Leyendo, conociendo las teorías de los filósofos.
- Ayudándolo a abrir los ojos a la diversidad.
- Estimulando su curiosidad.
- Buscando las diferentes perspectivas de las cosas.
- Resolviendo problemas de diversas maneras.

PACIENCIA

El mandarín impaciente

Cuenta esta historia que había un chino mandarín que vivía en un pequeño poblado del sur de China. Una mañana el mandarín recibió una carta que le comunicaba que pronto iba a convertirse en maestro. Aquella misma tarde pasó a visitarle el anciano más longevo del poblado, al saber que había sido nombrado maestro le dijo:

—Si quieres un consejo de este viejo, tè recomiendo que aunque te resulte difícil, desde ahora y en tu nueva función de maestro nunca pierdas la paciencia. Te aseguro que tus alumnos lo apreciarán y valorarán.

—Muchas gracias. Así lo haré —contestó el mandarín.

Desde entonces, todos los días, el anciano sabio pasaba a visitarlo y antes de irse siempre le daba aquel idéntico mensaje sobre la paciencia. Finalmente, una tarde, cansado de escuchar siempre lo mismo. El mandarín contestó de malas maneras:

—¿Te crees que tengo memoria de pez? ¡Ya estoy harto de que me lo repitas!

Ante estas palabras, el anciano le contestó muy calmado:

—Ya te advertí que era difícil no perder la paciencia. Tendré que seguir recordándotelo.

Moraleja: Escuchar los consejos que nos dan es sencillo, lo que es verdaderamente complicado es llevarlos a la práctica.

Fábula tradicional china

Vivimos en el momento del aquí y ahora. La sociedad actual nos arrastra como un torbellino y cultivar la paciencia resulta cada vez más difícil. El problema es que la impaciencia, tanto en uno mismo como en los demás, puede producirnos estrés, frustración e insatisfacción.

La paciencia es una gran aliada para el bienestar y para enfrentarnos al día a día, por ese motivo no cabe duda de que se trata de un gran valor que debemos transmitir a nuestros hijos. Pero los primeros que daremos ejemplo, mostrándola, somos los padres. Sin embargo, y por más que nos hayamos propuesto ser pacientes, hay días que resultan muy cuesta arriba. Se acumula el estrés del trabajo con el de casa e, irremediablemente, podemos acabar perdiendo los nervios con nuestros hijos, alzando la voz o diciendo algo que en realidad no pensamos. Es importante aprender a contener los impulsos, pero no nos engañemos, los padres no somos perfectos, y todos podemos equivocarnos en un momento dado. Quiero aclarar que me refiero a un momento de crispación esporádica y considerada «normal», que no vaya más allá; en ningún caso hablo de faltas de respeto u otro tipo de abusos que no deben ni pueden ser justificados. Hecha esta aclaración, ¿qué podemos hacer si se nos acaba la paciencia y se nos escapa algún alarido? Sin duda, aprovechar para seguir educando a nuestros hijos. Por un lado, haciendo el esfuerzo de volver a tranquilizarnos. Nuestros hijos observarán que, después de alterarnos, reconducimos la situación y somos capaces de regresar a un estado de calma. Y, por otro lado, disculpándonos. Nuestros hijos deben saber que también nos equivocamos y que pedimos perdón cuando debemos hacerlo. Podemos, en ese punto, explicarles cómo nos sentimos y por qué hemos llegado a tal extremo.

La paciencia, ser tolerante con los demás, saber esperar y ser perseverante a la hora de perseguir sus objetivos son grandes valores que podemos transmitir a nuestros hijos a partir de las siguientes sugerencias:

- **Aprendizaje observacional.** Los niños nos observan constantemente y nos toman como ejemplo a la hora de comportarse. Si mostramos paciencia en determinadas situaciones, como en la sala de espera del médico, en un atasco o en la cola de la panadería, ellos aprenderán también a tenerla.
- **Educar en la espera.** Algunos niños suelen pedir las cosas con insistencia y exigir que sus demandas sean atendidas lo antes posible. Es importante que los padres, si en ese momento nos estamos ocupando de otra cosa, les expliquemos que deben tener paciencia y saber esperar.
- **Diálogo y razonamiento.** Explicarles a nuestros hijos el motivo de por qué en algunas ocasiones es necesario tener paciencia, mantener la calma y saber esperar.
- **Mostrarse paciente ante los impulsos de nuestros hijos.** Cuando un niño actúa impulsivamente, es aconsejable enfrentarnos a esa situación desde la paciencia. Eso significa que, por más que él grite y se altere, nosotros permanecemos tranquilos. Además de favorecer que nuestro hijo se calme, él nos observará y aprenderá que tener paciencia y permanecer sereno es una buena forma de enfrentarse al nerviosismo de

quienes nos rodean. La paciencia y la calma es lluvia para los fuegos que nacen dentro de otras personas.

- **Plazos coherentes y realistas.** A veces nos equivocamos diciéndoles a nuestros hijos que algo durará cinco minutos, cuando en realidad será mucho más largo. O les aseguramos que les daremos lo que piden al cabo de diez minutos, pero esos diez minutos acaban siendo sesenta. En la medida de lo posible, debemos intentar ser realistas con los plazos que les damos y cumplirlos. Si lo hacemos de esta manera, cuando les pidamos que sean pacientes confiarán en nuestra palabra y no se crearán expectativas irreales que acabarán frustrándolos.

HONESTIDAD

Hermes y el leñador

Un leñador decidió tomarse un descanso y se acercó al río a beber. De pronto, le dio un golpe a su hacha sin querer y se le cayó al agua, siendo arrastrada por las fuertes corrientes. Ante aquella desgracia, el leñador se puso a llorar, pues sabía que sin hacha no podría cortar leña y, por lo tanto, tampoco llevar dinero a casa. Fue en ese momento cuando el dios Hermes emergió del agua.

—¿Por qué lloras, leñador? —preguntó Hermes.

—Mi hacha se ha caído al agua y ahora no puedo trabajar.

Hermes se lanzó al agua de cabeza, y al cabo de unos segundos apareció con una reluciente hacha de oro.

—Aquí la tienes —dijo Hermes.

—Gracias, pero esta no es mi hacha —contestó el leñador.

Hermes volvió a lanzarse al agua. Al cabo de unos segundos apareció con un hacha de maravillosa plata.

—Aquí la tienes —dijo Hermes.

—Gracias, pero esta tampoco es la mía —contestó el leñador.

Hermes se lanzó al agua por tercera vez y, tras varios segundos, apareció con un hacha vieja de madera y hierro.

—¡Esta es mi hacha! —dijo el leñador emocionado.

—Has sido muy honesto. Y por eso desearía que te quedaras también las hachas de plata y oro.

Más tarde, viendo lo que le había ocurrido a su compañero, otro leñador fue al río y lanzó su hacha al agua. Al aparecer Hermes con un hacha de oro le preguntó:

—¿Es esta tu hacha?

—¡Efectivamente, Hermes! —mintió el leñador.

—Esta no es tu hacha y lo sabes. Me temo que no voy a ayudarte a encontrar la tuya. Ahora te quedarás sin ninguna.

Moraleja: La honestidad siempre traerá cosas buenas a tu vida.

Fábula de ESOPO

Una persona que actúa con honestidad es aquella que lo hace desde la verdad y la justicia, sin anteponer en ningún caso sus intereses personales. Se trata de un valor que vive en el interior, pero que se proyecta hacia fuera con una actitud recta y honrada.

Una persona honesta es la que si observa que un billete se cae del bolso de una señora, corre a avisarla. Es la que cuando alguien se equivoca en su contra, por ejemplo contando los puntos obtenidos en un juego, le hace ver su error. Es la que jamás devolverá un producto a una tienda alegando que venía roto, cuando en realidad se le ha caído y se ha estropeado.

Las personas honestas se sienten mejor consigo mismas, tienen una mayor autoestima y son muy bien valoradas y queridas por los demás.

En ese sentido, mis hijos me han dado una lección en más de una ocasión. Recuerdo especialmente un día que iba por la calle con el mediano y la pequeña y nos encontramos una moneda de 2 euros en el suelo. Era un callejón poco concurrido y no había nadie alrededor. Solo se veían algunas personas a lo lejos.

—¡Mirad, dos euros! —dije mientras me agachaba a coger la moneda.

—¿Qué vas a hacer? —dijo el mediano.

—Bueno, es difícil devolvérsela a su dueño. Por no decir imposible. Y lo más probable es que ni siquiera se dé cuenta de que la ha perdido…

—Quizá deberíamos llevarla a la policía —dijo mi hija con seguridad.

—Verás, eso sería la opción ideal. Pero cuando se trata de una cantidad tan pequeña, no merece la pena —expliqué—. Es improbable que alguien vaya a reclamarla.

—Pero no es nuestra, mamá. No está bien que nos la quedemos —dejó clara su postura el mediano.

—Tenéis razón —reflexioné—. ¿Qué os parece si la dejamos aquí en este reborde? Si finalmente su dueño viene a buscarla, quizá la encuentre.

Para mí, aquellos dos euros eran una anécdota, una cantidad pequeña que no suponía nada, y, sin embargo, fui capaz de reaccionar a tiempo y darme cuenta de que mi forma de actuar iba a ser crucial para aquel valor tan importante que sí quería transmitir a mis hijos. En este caso, incluso puedo decir con orgullo que me sorprendieron los dos con unas ideas tan claras, limpias y honestas. Hasta tal punto que llegué a sentir vergüenza por haber pensado un instante en quedarme con aquella moneda. ¿Podemos hacer que nuestros hijos sean mejores personas que nosotros? Sin duda, sí.

ESFUERZO

La cigarra y la hormiga

Cuenta esta fábula que, en un caluroso verano, una incansable hormiga trabajaba largas horas recogiendo víveres para almacenar en su hormiguero. Una cigarra perezosa la observaba incrédula mientras remoloneaba y tomaba el sol sobre una roca.

—¿No te cansas de tanto trabajar? El verano es para disfrutar —le dijo, por fin, una mañana la cigarra a la hormiga.

—Me estoy preparando para el invierno. Quizá tú deberías hacer lo mismo —contestó la hormiga.

Pero la cigarra se rio de ella y siguió remoloneando, cantando y tomando el sol.

Hasta que un día, sin avisar, llegó un frío gélido y una lluvia en forma de nieve. La cigarra sintió hambre, pero al saltar en el prado se encontró con una capa helada que le impedía encontrar alimento alguno. Fue en ese momento cuando vio el hormiguero de aquella hormiga que tanto trabajaba en verano. Se acercó y llamó a la puerta:

—Ay, hormiga, hace un frío que pela y estoy hambrienta. ¿Puedes darme algo de comer?

—Cuando yo trabajaba y me preparaba para el invierno, tú cantabas y te reías de mí. Ahora, si quieres comer, tendrás que esforzarte el doble.

Y acto seguido la hormiga le cerró la puerta en las antenas. Y así fue como la cigarra aprendió aquella lección.

Moraleja: Tiene que haber tiempo para todo, para disfrutar y para trabajar. Todo esfuerzo tiene su merecida recompensa.

Fábula de Esopo

El valor del esfuerzo es una fortaleza muy interesante que debemos transmitir a nuestros hijos. Se trata de que no se rindan a la primera de cambio, de que si las cosas no salen correctamente desde un principio, sigan intentándolo con ilusión hasta que lo consigan. Este valor empezamos a transmitirlo cuando no caemos en la tentación de hacer las cosas por nuestros hijos si ellos son capaces de realizarlas solos, cuando dejamos que se enfrenten a nuevos retos y que los resuelvan con sus recursos. Se trata de fortalecer también la lucha, el tesón, el trabajo y la responsabilidad, algo que los ayudará a alcanzar el éxito, a ser adultos que perseguirán sus objetivos hasta conseguirlos.

Para que nuestros hijos se esfuercen, debemos lograr que se motiven y se enfrenten a los retos con ilusión y positivismo, tenemos que valorar el esfuerzo más que el resultado. Para ello, es importante que los retemos con tareas que puedan asumir, subiendo peldaño a peldaño, y que sean adecuadas a su edad, a sus capacidades y a sus intereses, ya que si les exigimos demasiado podemos encontrarnos con el efecto contrario: que nuestro hijo se frustre y rechace esforzarse porque ve imposible alcanzar la meta propuesta.

Hay que tener en cuenta que si no nos esforzamos por superarnos, de poco servirán las capacidades que tengamos o los dones diversos que hayamos heredado. Puedo tener una predisposición genética para convertirme en un gran músico, pero si no me formo ni me esfuerzo por desarrollarme en esa área, no sirve para nada. Si quiero triunfar en la música, debo practicar, realizar audiciones y pasar pruebas. Lo mismo sucede si soy la más veloz del colegio: si no entreno, no desarrollaré al máximo mi potencial. Para tener éxito en la vida debemos esforzarnos y ser positivos. Debemos apostar por aquello que creemos que más nos puede aportar y, a partir de ahí, trabajar para seguir mejorando. En definitiva, el esfuerzo será la base para cultivar aspectos que nos ayudarán a sentirnos realizados y que nos proporcionarán bienestar, felicidad y éxitos.

¿Qué introducirías en el cofre del tesoro?
¿Qué valor te gustaría añadir a tu viaje de crianza?

Compromiso, responsabilidad, perseverancia, lealtad, voluntad, respeto, prudencia, igualdad, tolerancia, bondad, generosidad, confianza... y existen muchos más valores. Estoy segura de que podrás encontrar fábulas para todos los que consideres imprescindibles en la educación de tus hijos. Y también razones de peso para que te decidas a incluirlos en el cofre que has diseñado para ellos.

Cabe decir que de la misma forma que existen valores que nos ayudarán a sentir bienestar, paz y a alcanzar la felicidad, existen en el otro extremo una serie de «antivalores», por llamarlos de alguna forma, que se cuelan dentro de nosotros sin que nos demos cuenta y llegan dispuestos a fastidiarnos y fastidiar a quienes nos rodean. Son antivalores que enturbian nuestra felicidad, que hacen que nos sintamos mal, que enfadan y alejan a los demás. Muchas veces, lo más difícil es detectarlos, pero cuando lo hacemos, debemos esforzarnos por gestionarlos de la mejor forma posible para que no nos arrastren. Como padres, podemos estar atentos a que este tipo de características no influyan negativamente en nuestros hijos. Me refiero al orgullo, el perfeccionismo, la soberbia, la avaricia, la pereza o la ambición, cuando son extremos y provocan consecuencias poco deseables.

Por tanto, los padres somos los encargados de que florezcan los valores más beneficiosos en nuestros hijos, tratando de evitar que fomenten los «antivalores» que entorpecen el bienestar. Rodearse de valores positivos es un gran paso para sentirse bien y acercarse a la tan anhelada felicidad.

CLAVES PARA TRANSMITIR VALORES QUE IMPORTAN

✓ Si queremos que nuestros hijos sean felices, es necesario que cuiden no solamente de sí mismos sino también de aquello que los rodea; para ello, serán fundamentales los valores.

✓ Valores importantes que debemos transmitir a nuestros hijos son, entre otros: empatía, gratitud y amabilidad, flexibilidad, paciencia, honestidad y esfuerzo.

✓ Existen muchos valores y, como padre, debes elegir los que quieres fomentar en tus hijos.

✓ Para transmitir valores es importante que demos ejemplo, demostrando cómo los ponemos en práctica.

✓ Igual que existen valores, también hay «antivalores» que debemos evitar en nuestros hijos cuando son extremos, ya que provocan consecuencias negativas.

La hora del cuento: El cofre del tesoro

Javier tenía muy claro cuáles eran los valores que quería transmitirle a su hija Inma. A menudo, recordaba como sus padres le explicaban que, para ser una gran persona, era necesario cultivar unas fortalezas que implicaran cuidar también de quienes lo rodeaban.

Una tarde, mientras Javier conversaba con Inma sobre esos valores, tuvieron una idea genial.

—Papá, estos valores de los que siempre me hablas parecen joyas.

—Es que lo son.

— Y ¿por qué no creamos un cofre del tesoro?

Javier e Inma buscaron una caja y la forraron con un papel bonito de estrellas, después escribieron bien grande en la tapa: EL COFRE DEL TESORO.

Con la caja preparada, ya solo tenían que llenarla de objetos que representaran los diferentes valores. Así, Inma y Javier introdujeron en el cofre un zapato de una muñeca que representaba la empatía, una goma de pelo que simbolizaba la flexibilidad, un lápiz que significaba esfuerzo, un cartel decorado con purpurina en el que ponía «gracias» para recordar que había que agradecer todo lo bueno, un reloj de arena que representaba la paciencia y un corazón de cartón rojo para no olvidar la honestidad.

Cuando el cofre estuvo repleto, a Inma se le ocurrió que, como todo buen tesoro, había que esconderlo en un lugar secreto. Y así fue como buscó el hueco perfecto en el armario de su habitación.

Pasaron varias semanas en las que Inma seguía intentando poner en práctica los valiosos tesoros que escondía el cofre. Hasta que, una tarde, Javier llegó del trabajo a la hora acostumbrada. Se medio recostó en el salón y se quedó pensativo mirando al techo.

—¡Mira, papá! ¡Ya sé hacer la voltereta! —exclamó Inma mientras hacía una pirueta en el suelo.

—Ah, sí... Muy bien —contestó Javier sin apenas mirarla.

—Papá, hoy ha venido al colegio un bombero y me he puesto su casco —explicó Inma.

—Ajá... qué bien —repuso Javier con el entrecejo fruncido.

—Papá, papá, ¿me preparas un bocadillo de jamón y queso para merendar?

—Sí, en un rato voy.

—Papá, ¿y si jugamos al tres en raya?

—¡Es que no me puedes dejar tranquilo ni un momento! ¡Me va a estallar la cabeza! —se quejó Javier alzando la voz.

A Inma se le paró el corazón. No esperaba aquella respuesta de su padre. Inmediatamente, se fue a su habitación y abrió el armario.

Cogió el cofre y miró todos aquellos tesoros. A continuación, cogió el reloj que representaba la paciencia y se dirigió a la cocina, retiró una pequeña tapa y comenzó a vaciar la arena que contenía en el cubo de la basura. En aquel momento entró Javier y vio lo que estaba ocurriendo.

—Pero ¿qué haces, Inma?

—Estos tesoros son falsos. No sirven para nada.

—Lo siento mucho. No debí perder la paciencia contigo. Precisamente, venía a disculparme.

Entonces, Inma se puso a llorar. Verdaderamente, le había dolido la reacción de su padre.

—Pensé que ya no me querías...

—Pues claro que te quiero, pequeña. Más que a nada en este mundo. —La abrazó su padre—. Es que hoy he tenido un día terrible en el trabajo y lo he pagado contigo. Lo lamento.

—Te entiendo, papá. Me pongo en tus zapatos.

—Por lo menos, no lo he estropeado todo.

—Pues claro que no.

—¿Sabes? Vamos a volver a llenar de arena este reloj. Yo quiero seguir recordando que la paciencia es una joya que tenemos que cuidar.

Y Javier e Inma arreglaron el reloj y lo volvieron a introducir en aquel cofre repleto de tesoros.

Reflexión

En general, los padres somos los principales encargados de transmitir valores a nuestros hijos. Sin embargo, no es suficiente con mencionarlos o leer cuentos sobre ellos; será fundamental que demos ejemplo mostrando que poseemos esos valores a través de nuestras actitudes.

Muchas veces, les pedimos cosas a nuestros hijos que nosotros no hacemos, y eso, además de no ser coherente, crea confusión y dificulta que el aprendizaje se produzca de forma significativa y que se interiorice. Si, por ejemplo, les decimos a nuestros hijos que deben ser empáticos, pero nosotros no lo somos ni con ellos ni con los demás, difícilmente instalarán ese valor en su repertorio de fortalezas. Por supuesto, podemos equivocarnos o flaquear, no somos perfectos y un mal día lo tiene cualquiera. Pero será bueno que asumamos nuestros errores ante nuestros hijos y tratemos de activar así su empatía.

En la historia de Inma y Javier, el padre llega a casa después de tener un día duro en el trabajo. Y, ante el reclamo de su hija, no consigue mantenerse sereno y le alza la voz. Inma se queda desconcertada, recuerda el cofre de los tesoros que ha creado con su padre y el que representa la paciencia. Algo no le encaja y se siente decepcionada. Por suerte, su padre reacciona a tiempo sincerándose con su hija y pidiéndole disculpas. A veces, un error puede suponer un mayor aprendizaje.

Cuestiones para pensar
- ¿Qué valores te gustaría transmitir a tu hijo?
- ¿Piensas que pones en práctica esos valores? Si es que no, ¿cómo crees que podrías mejorar ese aspecto?
- ¿Entiendes que Inma se haya sentido confusa y decepcionada por su padre? ¿Qué te ha parecido la forma de arreglar la situación de Javier? ¿Qué hubieras hecho tú?

Actividades para realizar juntos: fomentar valores

Empatía

1. Me pongo en el lugar de...
Objetivo: Activar la empatía tratando de ponerse en el lugar de otro miembro de la familia.

Materiales:

- Papel
- Bolígrafo
- Tijeras

Funcionamiento: Se preparan unas tarjetas y se anota el nombre de un miembro de la familia en cada una: madre, padre, hermano, abuelo... Después, se reparten.

Los participantes miran qué miembro les ha tocado representar y se «disfrazan» con su ropa y complementos. A continuación, se juega a que cada uno actúe y hable como cree que lo haría el personaje que le ha tocado, tratando de ponerse en su lugar.

Flexibilidad

2. Adivina, adivinanza...
Objetivo: fomentar la flexibilidad cognitiva a través de las adivinan-

zas, una estrategia que permite indagar sobre potenciales respuestas y también ayuda a reflexionar.

Materiales:

- Selección de adivinanzas (en la red encontrarás una gran variedad).

Funcionamiento: Se le propone al niño (o niños) diferentes adivinanzas y se le invita a que piense en voz alta las posibles soluciones.

Paciencia

3. Papiroflexia

Objetivo: trabajar la paciencia a través de una actividad que requiere minuciosidad y calma.

Materiales:

- Papeles
- Tijeras
- Instrucciones o tutoriales que pueden encontrarse en la red

Funcionamiento: Se preparan los materiales y se elaboran diferentes figuras de papel. Es recomendable comenzar por figuras sencillas e ir subiendo el nivel a medida que el niño domine la técnica.

Honestidad

4. Imagina cómo sigue la historia

Objetivo: trabajar la honestidad a través de una actividad que requiere imaginar cómo siguen diferentes situaciones.

Funcionamiento: El adulto le lee al niño el principio de la narración y el niño debe continuar con honestidad, tratando de activar a su vez la empatía.

Ejemplos de situaciones:

- Fui a comprar el pan y me di cuenta de que la panadera me devolvía más dinero del que debía. Entonces yo…
- A la hora del recreo observé que a un niño le quitaban el desayuno otros niños más mayores. Entonces yo…
- En la cola del supermercado, a la señora de delante se le cae un billete al sacar el monedero. Entonces yo…

Herramientas

> El hombre es un animal
> que hace herramientas.
>
> BENJAMIN FRANKLIN

El uso de herramientas significó un gran avance para nuestra especie. Sin duda, esta destreza contribuyó a que los homínidos fuesen mucho más efectivos en su labor de supervivencia, pues las herramientas los ayudarían en la caza, la defensa, la construcción de viviendas o la resolución de problemas. Durante mucho tiempo se creyó que el uso de herramientas era algo exclusivo del género *Homo*, debido a la capacidad cognitiva que esta actividad requiere; sin embargo, se ha descubierto que otros animales también las utilizan. El caso más evidente es el de los primates, que también las usan para solucionar problemas. Un claro ejemplo de ello es el experimento que realizó con chimpancés el psicólogo gestáltico Wolfgang Köhler (1926) durante la Primera Guerra Mundial en la isla de Tenerife, en la Casa Amarilla, que fue el primer centro de primatología.

Este estudio consistía en colocar unos plátanos colgados fuera del alcance de los simios, los cuales estaban encerrados en una jaula que disponía de palos y cajas repartidos por el espacio. En un primer momento, los chimpancés saltaban en vano para alcanzar los plátanos, hasta que por fin consiguieron alcanzar la fruta con un palo largo, uniendo dos palos o apilando las cajas. Köhler concluyó que los simios resolvían el problema por *insight*, es decir, por «perspicacia» o, lo que es lo mismo, mediante un aprendizaje que conlleva un descubrimiento. Los animales estudiaban la situación y, de forma repentina, encontraban la solución. Ese es el principal hallazgo de este experimento, pero también demostró la importancia del uso de las herramientas, ya que sin ellas aquellos chimpancés hubieran muerto de hambre.

Con el paso del tiempo, y hablo ahora de las personas, hemos ido construyendo herramientas cada vez más complejas y sofisticadas, hasta el punto de convertirlas en un elemento de vital importancia en nuestro día a día. Seguramente, al oír hablar de «útiles», a la mayoría nos siguen viniendo a la cabeza los que podemos encontrar en una caja de herramientas. Si queremos fabricar un mueble, además de los materiales y los conocimientos adecuados vamos a necesitar esos buenos útiles que nos ayuden a alcanzar nuestro objetivo: sierra, alicates, destornillador, lija, cinta métrica…

Sin embargo, a los psicólogos (y lo habrás oído mencionar en varias ocasiones, porque está muy de moda en los últimos tiempos) nos gusta referirnos a la palabra «herramienta», aplicada tanto a capacidades y habilidades psicológicas como a estrategias que nos pueden ayudar a conseguir un objetivo. En este trayecto te voy a hablar precisamente de las **herramientas utilizadas como vehículos que facilitan el camino.** No a todos nos gustan ni nos funcionan las mismas estrategias, por eso es importante que fabriquemos nuestra propia caja de herramientas, introduciendo en su interior los útiles que nos acompañarán en la crianza de nuestros hijos. Porque, para realizar este maravilloso viaje, debemos dotar nuestro equipaje de herramientas que nos resulten provechosas y que además hagan más llevadero nuestro periplo.

En este trayecto te voy a hablar de algunas de mis herramientas favoritas. Como ya habrás adivinado, mi herramienta estrella es el cuento. Pero mi caja también tiene un hueco para el juego, el cine y otras propuestas creativas. Todas estas herramientas tienen en común su carácter lúdico. Quiero destacar así que la crianza de los hijos es una suma de momentos únicos, bellos y mágicos para compartirlos con nuestros hijos. Por supuesto, hay momentos duros en los que el viaje es cuesta arriba, pero no olvidemos nunca que disfrutar y divertirse juntos es también educar. ¿O es que acaso este viaje no puede ser a su vez apasionante, divertido y ameno? Vamos a convertir este recorrido en una aventura maravillosa. Vamos a leer historias mágicas, a jugar a juegos inimaginables, a ver películas asombrosas y a crear cosas maravillosas.

EL CUENTO

Voy a iniciar este trayecto contándote mi historia, cómo comencé a interesarme por el uso de los cuentos en terapia y cómo me convertí en escritora de literatura infantil.

Cuando era niña, ya me gustaba escribir. Recorría mi pueblo, una pequeña localidad del Pirineo, acompañada por un cuaderno en el que redactaba cuentos, anécdotas y poesías. Escribía siempre que podía y hasta fui galardonada con varios premios de literatura; sin embargo, nunca se me ocurrió que ser escritora pudiera convertirse en una profesión. La escritura era una compañera, una necesidad, pero no se me pasó por la cabeza que pudiera ser un medio de vida. Al finalizar el COU había que elegir una carrera y yo me decanté, muy convencida, por la psicología. Estaba encantaba con la idea de poder ayudar a la gente y, además, se me daba bien escuchar. Me licencié en Psicología y posteriormente cursé un máster de especialización en Psicología clínica y de la salud. ¿Había dejado de escribir en todo ese tiempo? No, nunca. Seguía haciéndolo en mis ratos libres por necesidad y por placer, pero aún no se había producido el «clic», aún no había apretado el interruptor que haría que la psicología y la literatura se dieran la mano en mi vida para siempre.

Todo ocurrió cuando, tras acabar mi formación en el máster, decidí abrir mi propia consulta. Mi primer paciente se llamaba Marco y tenía ocho años, y el motivo de su visita era una gran ansiedad por separación. Sus padres estaban divorciados y la madre, que tenía la custodia, a menudo debía viajar durante varios días por cuestiones de trabajo. Cuando eso sucedía, Marco y su hermana se quedaban con la abuela, y entonces la ansiedad lo invadía: le dolía la tripa, le latía muy rápido el corazón, no podía dejar de pensar en su madre durante todo el día y apenas dormía. Después de una primera entrevista con la madre, concreté una cita con Marco. Yo estaba nerviosa e ilusionada a partes iguales. Hasta esa fecha había tratado con pacientes proporcionados por el máster, con la supervisión de los tutores y con el apoyo de los compañeros de profesión. Aquella era la primera vez que me enfrentaba sola a un caso, que además iba a ser remunerado. Marco llegó a la consulta con aire tímido. Entramos en mi despacho y nos sentamos alrededor de la mesa. Bromeé un poco con él para romper el hielo, siempre se me habían dado bien los niños. Pero Marco estaba bastante callado y serio, lógicamente, por la incertidumbre y por encontrarse frente a una desconocida. El caso es que comencé con la esperanza de que el niño se fuera soltando. Sin embargo, Marco permaneció con la mirada clavada en la mesa durante toda la sesión. Sus respuestas, en un leve hilo de voz, consistieron en monosílabos, y la única información que me dieron fue que yo no estaba haciendo bien mi trabajo, que no estaba consiguiendo mi propósito de llegar a aquel niño. Cuando se marchó, he de admitir que sentí que había fracasado. «Después de tantos años de formación y prácticas, llega mi primer paciente, un niño de ocho años, y yo no soy capaz de traspasar la barrera invisible», me dije. Recuerdo que los días que siguieron al encuentro con Marco mi cabeza era un hervidero de ideas y preguntas. ¿Qué había fallado? ¿Cómo había podido suceder? La respuesta era más que evidente: jamás debí sentar a un niño alrededor de una mesa y hacerle una entrevista tan formal. Pero necesitaba algo más. Y llegó el «clic». Abrí mi cuaderno y comencé a escribir la historia de «Marco diminuto», un pequeño que sufría cada vez que su madre debía viajar por trabajo. Un niño que recibió la visita de un duende mágico que le ofreció convertirse en diminuto para meterse en el bolsillo de su madre y estar siempre con ella. Un niño que se daría cuenta de que estar siempre con su madre, acompañarla a las reuniones y a los viajes, no era tan divertido y que, además, echaba de menos muchas otras cosas de su vida, como jugar al fútbol con sus amigos o las croquetas de la abuela.

Llegó mi segunda cita con Marco. Había preparado la alfombra con los cojines de colores y unas galletas de chocolate. Nos sentamos en el suelo y leí aquel cuento que había escrito para él. Entonces sucedió… la barrera invisible se esfumó y los ojos de Marco comenzaron a brillar. Aquel cuento se había convertido en la llave que necesitaba para acceder a él. Y así fue como comenzamos a hablar de lo que tanto le preocupaba. De sus miedos e inseguridades. Marco se había identificado con la historia, una historia que a su vez nos unió y ayudó a que un vínculo naciera entre ambos. Después del cuento hubo diálogo, comunicación y trabajo a partir de otras técnicas, procedimientos y estrategias. ¡Pero qué buena fue aquella llave en forma de cuento!

Desde entonces, comencé a escribir más cuentos para mis pequeños pacientes (y no tan pequeños) y también busqué otras historias ya escritas que pudieran servirme de ayuda. Paralelamente, investigué sobre el poder de los cuentos y cómo se empleaban en las terapias. Una de las primeras cosas que encontré y que me impactó fue este sorprendente fragmento del libro *El empleo de metáforas en psicoterapia* de George W. Burns:

> Era el año 1794 cuando un pequeño niño se sometió a una intervención quirúrgica para que le extirparan un tumor. Me estremece pensar qué ideas me hubieran pasado por la cabeza si situándome en el pasado, doscientos años atrás, y con solo nueve años de edad me hubiera tenido que enfrentar a la perspectiva del bisturí de un cirujano. Todavía no se habían descubierto los antibióticos. Louis Pasteur aún no había ilustrado a la comunidad médica sobre la necesidad de la esterilización, y las anestesias químicas para controlar el dolor no se descubrieron hasta un siglo y medio después. Todo lo que se podía ofrecer al niño era un CUENTO. Para ayudar a distraer su atención le explicaron una historia tan fascinante que posteriormente juró no haber sentido ningún tipo de molestia. ¿Es posible que un relato sea tan poderoso? ¿Puede prolongarse ese poder? Para ese niño, ciertamente así fue. Dieciocho años más tarde, ese mismo niño le entregó a un editor uno de sus propios cuentos. Ese muchacho se llamaba Jacob Grimm. ¿Cuál era su historia? *Blancanieves*. Al cabo de los años llegó a ser el autor de cuentos de hadas más famoso del mundo y sus relatos todavía hoy, transcurridos dos siglos, siguen contándose y transmitiendo de generación en generación.

Más tarde descubrí que el poder de los cuentos y la metáfora, como instrumentos curativos y de cambio, habían sido estudiados a lo largo de los años por muchos teóricos. Recojo a continuación un pequeño resumen de lo que encontré:

- Milton H. Erickson fue pionero en la materia, pues defendía que la metáfora y su lenguaje simbólico van dirigidos al inconsciente, de tal forma que consigue abrir la mente y permite el acceso a la misma, pudiendo integrar así nuevas ideas y soluciones, ya que el inconsciente, según Erickson y Rossi (1981), entiende más de símbolos que de conceptos.

El cuento, con su metáfora, accede al inconsciente, y una vez allí, deja unas semillas sin imposiciones. De lo sembrado, el individuo tomará lo que pueda ayudarlo. Para Bernardo Ortín y Trinidad Ballester (2013) los cuentos generan emociones y preguntas. Se introducen suavemente en las heridas del alma, susurrando nuevas posibilidades. La teoría del procesamiento cerebral de las emociones o de los comportamientos enmascaradores, de Frederic Pérez y Carme Timoneda (1999, 2000) explica la influencia de la emoción en el aprendizaje.

El lóbulo frontal desempeña un papel esencial en el procesamiento de estímulos que percibe la amígdala. En concreto, la encargada de esa comunicación con la amígdala es la corteza orbitofrontal (COF). Por sus características, el lenguaje metafórico puede burlar a la corteza dorsolateral, responsable del pensamiento lógico-racional, y entrar por la COF llegando a acceder al sistema límbico, donde puede producir un cambio emocional.

Por ese motivo, la comunicación indirecta a partir del cuento y de la metáfora se sustenta teóricamente como procedimiento de elección en psicoterapia, en el ámbito médico y educativo y en otros campos en los que se busque promover el cambio emocional, cognitivo y conductual.

Cuando se encuentra la historia perfecta para una persona concreta y en el momento adecuado, se abre una puerta que nos dejará acceder a ese individuo para ayudarlo.

Hoy en día, se podría decir que existen cuentos indicados para acompañar prácticamente cualquier materia, vivencia, dificultad o situación relacionadas con la infancia. Yo misma he escrito un buen número de títulos que resultan interesantes para la crianza; al final de este viaje, en el anexo, he elaborado una lista de esos cuentos por temas, para quien piense que pueden serle útiles. Los cuentos son herramientas válidas para la educación de los niños en las consultas de psicología y de pediatría, en los colegios y en las familias. No obstante, si bien un cuento resulta muy poderoso, no es una varita mágica que, solo por el hecho de leérselo a los niños, hará que desaparezca una dificultad o que se produzca una mejora. Un cuento ayuda, pero por sí solo no suele ser suficiente para que, por ejemplo, el miedo en un niño desaparezca o deje la competitividad a un lado. En el uso familiar resulta adecuado sobre todo para sembrar semillas que después habrá que regar y cuidar. También será útil para que los niños empaticen, para iniciar una conversación alrededor de un tema, para que se fortalezca el vínculo entre padres, madres, hijas e hijos, y, por supuesto, para disfrutar de un momento único y maravilloso.

En resumen, los cuentos resultan beneficiosos porque:

- Suscitan emociones.
- Pueden facilitar cambios emocionales, cognitivos y/o comportamentales.
- Pueden ayudar al niño a estar más receptivo al mensaje que se le quiere transmitir.
- Activan la motivación del pequeño por el tema tratado.
- Facilitan la empatía.
- Ayudan a la comprensión de un problema.
- Rompen el hielo a la hora de hablar de un tema determinado.
- Fortalecen el vínculo entre narrador y oyente.
- Proporcionan momentos únicos para compartirlos juntos.

Otro aspecto muy importante es la elección del cuento. Yo defiendo la idea de que existe un cuento perfecto para una persona concreta y en un momento determinado. Si somos capaces de encontrarlo, entonces ese cuento se convertirá en una llave:

- Si seleccionamos la historia adecuada y la utilizamos de la forma apropiada podemos tener acceso a emociones y vivencias que antes permanecían encerradas e inaccesibles.
- Con la lectura del cuento se crea un puente, se establece una conexión, se abre una puerta.
- Mientras la puerta permanece abierta podemos trabajar con esas vivencias o emociones. El trabajo lo llevaremos a cabo

siempre de una forma responsable, dentro de nuestras capacidades, formación y experiencia.

- Muchas veces, un cuento abre una puerta y el «receptor» hace un trabajo individual (y generalmente inconsciente) sobre la emoción con la que conecta.
- Después de leer un cuento, se puede o no trabajar sobre el tema en cuestión. Si se trabaja externamente, de alguna forma se dirige al niño, por eso debe hacerse de forma responsable, ya que ese estado en el que la puerta permanece abierta también puede condicionar negativamente, como por ejemplo si abrimos «la caja de los truenos» y no sabemos cerrarla adecuadamente. Si no estamos preparados para tratar ciertos temas, es mejor dejarlos en manos de profesionales.

En ocasiones, también puede suceder que creamos que hemos elegido el cuento correcto y, sin embargo, veamos que algo falla. Hay cuentos concretos que suelen ser una buena elección para un tema determinado, pero eso no quiere decir que un cuento que generalmente funciona, sea útil siempre. Todos somos diferentes y, por lo tanto, las consecuencias son impredecibles. El resultado depende de cada receptor, del momento concreto y de si ese receptor está dispuesto a dejarnos entrar. Si no quieren que abramos la puerta, hay que respetarlo. Además, los cuentos no actúan de forma mágica, ni sustituyen a los padres, ni al trabajo de un profesional. Se trata de una herramienta, un complemento que ayuda y que funciona muchísimo mejor si se comparte.

En resumen, ¿por qué un cuento puede no servirnos como terapia? Son varios los factores que contribuyen a ello:

- Es un cuento mal escogido.
- Es un mal momento.
- No hay buenas vibraciones entre el lector y el receptor.
- El receptor no está dispuesto a dejarnos entrar.
- Tenemos expectativas demasiado altas puestas en el cuento y, por lo tanto, llegamos a la conclusión de que: «El cuento no funciona».

A veces también sucede que creemos que un cuento no ha tenido ningún efecto y, en realidad, sí ha servido para plantar semillas.

Por otro lado, a la hora de trabajar con un cuento o simplemente leerlo por disfrute, se recomienda crear un momento mágico. Algunas ideas para ello son:

- Buscar un momento tranquilo en el que no haya ni prisas ni interrupciones.
- Buscar un momento en el que el niño o la niña esté receptivo y motivado para escuchar la historia.
- Elegir un sitio confortable y agradable.
- Crear una ambientación especial:
  - Procurar una luz cálida.
  - Se puede poner música ambiental.
  - Rodearse de objetos especiales.

Todo ello favorecerá que se produzca un vínculo especial y, sin duda, ayudará a que el cuento cumpla su función. Personalmente, he utilizado y sigo utilizando los cuentos en mis terapias tanto en niños como en adultos. En el caso de estos últimos, es increíble comprobar cómo se rompen al escuchar una historia que los remueve. Es como si su razón hubiera bajado la guardia por unos momentos para desatar la emoción, que fluye al ritmo de la historia sin las ataduras que nos impone el razonamiento. Esto viene avalado por la teoría que he citado antes de Pérez y Timoneda, el lenguaje metafórico entra directamente a la corteza orbitofrontal (COF) que forma parte del sistema límbico y que se ha relacionado directamente con los mecanismos del procesamiento emocional.

Con relación a los cuentos y a su poder incuestionable, hay una anécdota que quiero explicar. Hace unos años me invitaron a impartir una ponencia en el Congreso Nacional de Pediatría y que titulé «Recetando cuentos en pediatría». Hablaba del uso de los cuentos como terapia y recomendaba títulos concretos para tratar diferentes dificultades que podían surgir en la infancia. La ponencia tuvo lugar en Santander y acudieron aproximadamente ochocientos pediatras de todo el país. Creo que nunca había hablado para un público tan numeroso. La charla fluyó especialmente bien. Los médicos se mostraron muy interesados. Algunos tomaban notas, mientras que otros escuchaban con mucha atención. Hice un recorrido por todas las diapositivas que me había preparado y, poco a poco, llegó el final de mi presentación. Fue entonces cuando llegó la sorpresa. Para despedir mi exposición quise hacer algo especial y no se me ocurrió nada mejor que leer un cuento que había escrito para la ocasión y para el público asistente, los pediatras. Cuando anuncié lo que iba a hacer, vi cierta extrañeza en sus caras, no se lo esperaban. Y comencé a leer las líneas que había escrito, sin atreverme a levantar la mirada. ¿Qué estarían pensando? ¿Creerían que era una bobada eso de leerles un cuento? Lo que jamás imaginé fue lo que me encontré al finalizar la lectura y alzar la cabeza: emoción, ojos brillantes y muchos aplausos. Después se me acercaron algunos, todavía con lágrimas en los ojos, a felicitarme por mi intervención y por ese final que nos conectó a todos de una forma mágica. Hay quien, cuando me escribe, aún me dice: «Yo estuve en tu ponencia, y recordar aquel cuento que nos leíste todavía me eriza la piel».

Y es que los cuentos son pura magia.

EL JUEGO

> Los niños no juegan para aprender,
> pero aprenden porque juegan.
>
> JEAN PIAGET

El juego es la forma natural en la que los niños se relacionan con el resto del mundo, es decir, con su familia, sus amigos, sus compañeros y, en definitiva, su entorno, y, sin duda, es una de las formas más eficaces para aprender. El juego, además de diversión, aporta a los niños multitud de beneficios, porque favorece su desarrollo emocional, social, intelectual, artístico y físico. Cuando un niño juega, investiga, explora, crea, pone a prueba estrategias y aprende de sus propios errores. Además, los juegos tienen reglas que hay que seguir, y eso ayuda a una correcta gestión de las emociones, a aprender a perder y a retener ciertos impulsos, además de a tolerar la frustración. El juego es una estrategia que requiere actividad, como defendía el pedagogo Edgar Dale (1964) en su famoso cono de la experiencia. Cualquier aprendizaje que implique acción y experiencia directa desencadena un aprendizaje más profundo y duradero. La participación activa de un niño en un juego ayuda a potenciar su creatividad y, por lo tanto, a tomar decisiones y a encontrar alternativas y nuevas soluciones a los conflictos que puedan surgir. Todo ello fomentará la fortaleza de la **flexibilidad**, que, como te comenté en la línea de los valores, resulta fundamental para adaptarse y aceptar todo lo que acontece en nuestra vida. Asimismo, cuando los padres y los hijos juegan juntos, se crea un vínculo y se potencia una comunicación fluida entre ambos. El juego, ya sea libre, dirigido o simbólico, es una herramienta muy interesante a la hora de educar. Además, es muy beneficioso para los niños en cualquiera de sus variantes, por ese motivo debemos procurar que dispongan del tiempo y el espacio necesarios para llevarlo a cabo en su día a día.

A continuación veremos tres tipos de juego que resultan de gran interés para la crianza: simbólico, libre o espontáneo, y dirigido.

El juego simbólico

Es un juego en el que la niña o el niño interpreta escenas cotidianas imitando a los adultos, representando los roles que observa en casa y en sus ambientes más cercanos. Por ejemplo, jugar a papás y a mamás, jugar a la cocinita o a los médicos puede hacerse utilizando peluches o muñecas o interactuando con otros niños. Este juego supone un gran aprendizaje, ya que prepara al niño para el futuro. Aparte de que supone una gran oportunidad para ponerse en el lugar de los demás y potenciar así su empatía, también ayuda a mejorar su expresión verbal y sus habilidades comunicativas en general. ¿Es necesario dominar el lenguaje verbal para realizar el juego simbólico compartido? No, no es ni mucho menos imprescindible. El juego simbólico suele comenzar a los dos años y muchos niños que todavía no han arrancado a hablar, juegan con su particular forma de expresarse. También hay casos en que niños de diferentes hablas, juegan a papás y a mamás, y lo mejor de todo es que parecen entenderse a la perfección. En cualquier caso, este juego los ayudará a seguir perfeccionando su lenguaje. Además, cuando interactúan con otros niños de su edad, suelen organizar el juego marcándose objetivos e incluso estableciendo ciertas reglas informales. Por tanto, es muy beneficioso también para la socialización y para comenzar a comprender las principales normas de convivencia. En cuanto a que este tipo de juego prepara a los niños para el futuro, me viene a la memoria una ocasión en la que me encontré a mi hija jugando en su habitación a ser maestra; había colocado a todos sus peluches alineados y ella les enseñaba a sumar con una pequeña pizarra. En aquellos tiempos ella solía decirme que de mayor quería ser maestra, pues bien, había comenzado a practicar mediante el juego. No se me ocurre mejor forma de imaginar cómo sería una profesión que interpretándola de esta manera.

Por otro lado, a través del juego simbólico los padres pueden detectar preocupaciones o intuir vivencias de sus hijos. Cuando jugamos con nuestros hijos y sus muñecos a las familias o a representar escenas del recreo o el parque, podemos encontrarnos con que los niños se desinhiben durante el juego y nos proporcionan información muy valiosa, que si bien hay que tomarla con sumo cuidado, puede suponer en ocasiones pistas de cosas que quizá están sucediendo de verdad.

Si, por ejemplo, nuestro hijo interpreta mediante el juego a un niño que insulta y que pega, cabe la posibilidad de que probablemente haya algún niño en su entorno que se comporte así y que nuestro hijo haya tenido la oportunidad de observarlo o, en algunos casos, incluso lo haya podido sufrir.

Si nuestro hijo representa el papel de mamá o papá y alza la voz al dirigirse al personaje que hace de hijo para decirle «¡Ya te he dicho que te calles! ¡Vete de aquí!», una de tres, o lo ha observado en la televisión, o lo ha visto en la familia de alguno de sus amigos, o nos está imitando. Y en este último caso, eso nos puede hacer reflexionar sobre si es adecuada la forma en la que algunas veces nos dirigimos a nuestros hijos.

Para favorecer el juego simbólico en los más pequeños de la casa, podemos procurarles juguetes típicos para la interpretación de roles cercanos, como una cocinita, un maletín de médico, un kit de peluquería o una casita. Este tipo de juguetes no tienen por qué ser comprados, podemos aprovechar para fabricarlos juntos y así dar rienda suelta a la imaginación. No hace falta decir que estos juegos son beneficiosos tanto para los niños como para las niñas, ya que el juego no tiene género y debemos favorecer que todos los pequeños tengan acceso a este tipo de actividades.

El juego libre o espontáneo

Estamos en la época de los niños hiperestimulados. Hoy en día, parece que un niño siempre tiene que estar haciendo algo. Nos dicen que debemos motivarlos: idiomas, música, deporte, pintura...;

así que muchos realizan infinidad de actividades extraescolares y en casa siguen con sus tareas, ya sean las del colegio o las que les marcamos los padres. Por ello, también tienen que madrugar los fines de semana para acudir a las competiciones. En general, a algunos padres nos cuesta ver a los niños sin hacer nada. Parece que nos escama verlos tumbados en el sofá mirando al techo. Yo me reconozco en uno de esos padres que, pensando que es lo mejor para sus hijos, acaban hiperestimulándolos. De hecho, cuando el mayor y el mediano tenían unos siete y cinco años, respectivamente, cometí el error de llevarlos a demasiadas actividades: piano, inglés, taekwondo… En ocasiones, he oído decir que los padres mandan a sus hijos a las actividades extraescolares para no tener que ocuparse de ellos; no era así en nuestro caso, que nos resultaba un verdadero suplicio transportarlos de acá para allá y esperarlos haciendo tiempo en alguna cafetería o hasta en el coche. Para mí, llevarlos significaba tiempo y dinero, pero no me importaba. Quería que mis hijos tuvieran las oportunidades que yo no tuve cuando era niña. Que probaran cosas y que encontraran una pasión. A pesar de que ellos no parecían estar muy emocionados con el plan, yo les repetía convencida: «Algún día me lo agradeceréis». Sin embargo, las quejas comenzaron a ser cada vez más evidentes. Y aunque en un principio me resistía a escucharlos como se tiene que escuchar a un hijo, finalmente lo hice. Abrí los ojos, los oídos y el corazón. Y ahí estaba la base de todo: escuchar lo que de verdad me estaban intentando transmitir, en lugar de hacer caso a mis interpretaciones o teorías absurdas. Me interesé por sus preferencias y nos quedamos únicamente con una actividad, la que ellos eligieron. Me replanteé muchas cosas y me di cuenta de que podíamos estar un sábado de lluvia sin salir de casa. Cuando se tumbaban en el sofá mirando al techo aburridos, aprendí a esperar. Aprendí a no caer en la tentación de ofrecerles planes. Y me di cuenta de que, después del aburrimiento, surgían los mejores juegos que uno se pueda imaginar. Nunca los había visto jugar así a los tres juntos. Imaginando selvas, viajando por el espacio, resolviendo misterios…

Finalmente, la idea de que los niños tienen que aburrirse y que el aburrimiento es bueno, ha pasado a formar parte de mi ideario. Sin ninguna duda, porque muchas veces ese tiempo de hastío es la antesala a una explosión de creatividad e inimaginables opciones. Es en ese momento cuando surge el **juego libre o espontáneo**, aquel juego en el que el niño o la niña decide a qué jugar sin que el adulto interceda. El niño elige cuándo empezar, cómo seguir y cuándo acabar. Redacta las propias reglas de su juego y todo surge de una forma inesperada. En ese momento, el niño da alas a su imaginación sin barreras ni ataduras. Además, el juego libre es una vía para expresar emociones y ayuda, por tanto, a regularlas.

Quizá estamos en una época en la que generalmente dirigimos demasiado a nuestros hijos en casi todos los aspectos. Y considero positivo reflexionar sobre si les estamos dando o no el espacio necesario para que desarrollen aquello que tienen dentro: juegos, ideas e inquietudes. Ya que es imprescindible que los niños dispongan de un tiempo de juego libre, ya sea individual o compartido con otros niños.

Una forma de facilitar que el niño juegue libremente es procurarle un espacio amplio y bien iluminado que no esté saturado de juguetes y objetos. Podemos dejarle materiales con los que pueda crear e imaginar sus propios juguetes. Por ejemplo, ¿has probado alguna vez a darle una caja a un niño? Te aseguro que te sorprenderá lo que son capaces de hacer con ella.

Recuerdo una ocasión en la que nos fuimos a pasar dos meses a la Bretaña francesa; llovía mucho, no teníamos televisión y en el apartamento solamente había un juego de construcción. Resultó inimaginable los multiusos y el jugo que le sacaron a aquel conjunto de piezas de colores: un zoo, una cabaña, barreras para saltar, una casa para caracoles… Pocas veces les había visto disfrutar tanto, no necesitaron más juguetes, ni más estímulos; con lo que salía de sus cabecitas tenían bastante.

El juego dirigido

Como su nombre indica, el juego dirigido, también llamado «estructurado», es el que viene sujeto a unas reglas previas y en el que suele intervenir un adulto que actúa como guía o director. Lo bueno de este tipo de juegos, siempre hablando de crianza, es que nos permiten perseguir un objetivo que pensamos que es importante trabajar con nuestros hijos.

Los beneficios del juego dirigido son:

- Entretiene y divierte.
- Se puede intentar alcanzar objetivos concretos planteados previamente.
- Los niños aprenden a seguir y a cumplir unas reglas que son para todos iguales.
- Mejora la concentración y la memoria.
- Ayuda a fomentar el compañerismo y la deportividad a la hora de encajar las derrotas.

En el trayecto destinado a la práctica, te propongo algunos ejercicios dirigidos que podrás poner en práctica con tu hijo o tus hijos y que te ayudarán a alcanzar ciertos objetivos.

En resumen, el juego en todas sus variantes resulta una estrategia y una herramienta muy potente para el desarrollo del niño. Procurar tiempo y espacio para el juego es fundamental para su correcto crecimiento y desarrollo.

EL CINE

Disponemos de interesantes y potentes herramientas educativas más cerca y más accesibles de lo que creemos, a veces solamente tenemos que ser conscientes de ello. El cine es un arte que, para el tema que nos interesa, consiste en la proyección de una película. Se trata de un lenguaje muy especial formado por imágenes en movimiento, diálogos, sonidos y música, por algo se dice que es el «séptimo arte». El hecho de que resulte especialmente atractivo para los niños y las niñas lo convierte en una gran estrategia a la hora de educar.

La visualización de una película puede plantearse, tanto en el colegio como en familia, para acercarse a ciertos objetivos. Se trata de un entretenimiento que resulta muy atractivo, pero también es una gran herramienta que nos ayuda a reflexionar y que puede convertirse en una aliada para la crianza de nuestros hijos. Además, en el cine se da el aprendizaje por observación, y eso significa que los niños aprenderán de las vivencias y consecuencias que reciben los diferentes personajes. Tiene la inmensa ventaja de que podemos experimentar emociones sin vivirlas en primera persona y eso, a su vez, permite que se desarrolle la empatía. El poder de las historias que ya se mencionaban en el trayecto del cuento toman ahora una dimensión distinta, también muy beneficiosa. Según George Gerbner (1996) las historias darán explicaciones de los entornos sociales y culturales que tenemos a nuestro alrededor. Las psicólogas Felicidad Loscertales y Trinidad Núñez (2001), por su parte, hablan del doble valor psicosocial del cine, tanto por representar un espejo de la sociedad como por considerarse un generador de modelos. Lo que significa que el cine refleja una realidad social y a la vez emociones, ideas y creencias.

Otros aspectos que se pueden aprender o tratar a través del cine, en función de la edad de nuestros hijos, son estos:

- Valores: generosidad, humildad, esfuerzo, responsabilidad...
- Realidades sociales: migración, igualdad, culturas...
- El acoso escolar.
- El efecto nocivo de las drogas.
- Las consecuencias de la violencia.
- Historia.
- Geografía.
- Culturas y costumbres.

Pasos para sacar partido al cine

El aprendizaje de valores es, sin duda, uno de los grandes provechos que podemos encontrar en el cine. Para hacer uso de esta herramienta en casa puedes seguir estos sencillos **pasos**:

- Plantear uno o varios objetivos que nos interese alcanzar con nuestros hijos.
- Elegir la película que, de alguna manera, nos acerque a estos objetivos.
- Elegir el momento adecuado para ver la película en familia. Lo ideal es disponer de una tarde en la que no vaya a haber interrupciones, con tiempo suficiente para poder analizar y debatir después sobre la película.
- Ver la película. Podemos hacerlo de una forma especial, preparando palomitas y creando un ambiente que recuerde a una sala de cine.
- Tertulia. Tras la película nos reunimos a analizarla y a debatir:

- Hablar de la trama.
- Analizar los diferentes personajes y el papel que desarrollan en la película.
- Preguntarnos por qué actúan así los personajes y si podrían haberlo hecho de otra forma.
- Observar si ha habido alguna evolución en los personajes.

Beneficios

Además de la consecución de los objetivos que nos hemos propuesto con la película elegida, esta actividad aporta otras ventajas a tener en cuenta:

- Ofrece un rato de compartir tiempo juntos.
- Favorece la comunicación entre todos los miembros de la familia.
- Potencia el conocimiento de unos y otros gracias a la expresión de opiniones, ideas y enfoques.
- Ayuda a identificar las emociones que ha suscitado la película y a expresarlas.
- Favorece la organización de ideas y la expresión de las mismas.
- Se aprende a debatir.
- Ayuda a entender el punto de vista e interpretaciones de otras personas.
- Enriquece, debido a la aportación de las diferentes perspectivas.
- Fomenta la capacidad de empatizar.
- Da lugar a que se compartan inquietudes, si es que las hay.

Existen muchas películas que podemos utilizar en la educación de nuestros hijos. Al final de este viaje, en el anexo, he hecho una pequeña selección dividida por edades. Si te interesa ampliarla, existen en la red muchos artículos con recomendaciones y listados más extensos.

A continuación, te propongo una pequeña guía sobre cómo debatir en familia tras la visualización de una película:

1. Un voluntario hace un resumen de la película.
2. Se realiza una ronda en la que cada uno dice lo que más le ha gustado de la película y lo que menos, y explica el porqué.

3. Entre todos, se enumera y se describe brevemente a los personajes.
4. En una nueva ronda, cada uno menciona el personaje que más le ha gustado y el que menos, y explica el porqué.
5. Después de estas opiniones nos hacemos las siguientes preguntas:
   - ¿Crees que ha actuado bien el personaje *X*? ¿Y el personaje *Y*? ¿Por qué?
   - ¿Qué otra cosa podrían haber hecho los personajes? ¿Se podría haber actuado de una forma mejor? ¿Se podría haber hecho algo peor?
   - ¿Qué mensaje nos transmite esta película? ¿Crees que has aprendido algo? ¿En qué te va a ser útil?

Otra idea, sobre todo de cara a los largos días de invierno, es inaugurar una sesión semanal de cine en familia y procurar una buena selección de películas. Se pueden organizar ciclos: cine mudo, cine clásico, por actores, por directores, por temas… Estoy segura de que disfrutaréis en familia y de que encontraréis en esta actividad grandes beneficios.

LA CREATIVIDAD

Voy a comenzar este trayecto con la descripción de un caso que, todavía hoy, cuando lo recuerdo, sigue dándome un pellizquito en el corazón y me lleva a la inevitable pregunta: «¿Por qué?».

«Tiene demasiada imaginación», este era el motivo por el que acudía a mi consulta Beatriz, la madre de Iván, de seis años. Según ella, nada más comenzar el curso, la profesora de Iván la había llamado para transmitirle su preocupación respecto a su hijo. La docente le había dicho que Iván no atendía en clase, que estaba todo el tiempo distraído y mirando por la ventana. Para la profesora, el problema del niño era, en palabras textuales, su «falta de atención por imaginación desbordante».

Beatriz estaba muy preocupada y explicaba que antes consideraba normales algunos comportamientos de Iván que, desde la conversación con la maestra, habían comenzado a chocarle. Decía que el niño tenía tanta imaginación que muchas veces prefería jugar solo que con amigos, aunque añadía que no tenía problemas para relacionarse. Antes, cuando iban por la calle su hijo siempre revoloteaba a su alrededor imaginando que era un superhéroe, pero, últimamente, después de hablar con la profesora, ella intentaba cogerle de la mano y hacerle preguntas para evitar que su imaginación volase de acá para allá. Por último, Beatriz añadió que a Iván le encantaba leer y que tanto los libros como las películas lo hipnotizaban.

Este es quizá uno de los casos que más me ha llamado la atención, sobre todo porque venía condicionado por la frase de la profesora: «Falta de atención por imaginación desbordante».

Dejaré a un lado el tema de la falta de atención en el aula, porque es delicado y merecería una extensa explicación, y, además, nos desviaría del objetivo de este trayecto. Pero sí voy a hacer una pequeña reflexión para que puedas sacar tus propias conclusiones. En general, el sistema educativo actual exige que niños muy pequeños estén sentados y atentos durante muchas horas seguidas. Los niños se van adaptando como pueden a lo que se les pide, casi siempre en contra de lo que les demanda el cuerpo: jugar, experimentar, tocar y moverse. Este proceso de adaptación suele ser más complicado al darse el salto de infantil a primaria, que es cuando quizá se produce un cambio significativo a nivel metodológico. Sea como sea, hay algo que toda madre, padre y profesional que se dedique a la infancia debería saber, y es que uno de los mayores tesoros que tiene un niño es, sin lugar a dudas, su gran imaginación. Y como todo buen tesoro, hay que cuidarlo, mimarlo y hacer lo que esté en nuestra mano para potenciarlo y que se mantenga a lo largo del tiempo.

Durante los últimos años me he dado cuenta de que, en ocasiones, algunos adultos «cortamos las alas de la imaginación» de los niños sin ser realmente conscientes de lo que hacemos. Por ejemplo, cuando un niño dibuja un oso a su manera y el adulto se lo borra porque piensa que debe realizarlo del modo que él considera mejor. O cuando un niño llega a una solución correcta en un ejercicio de matemáticas por su propia vía y el profesor la señala como incorrecta porque es mejor hacerlo como él dice. O cuando, como en este caso, un docente señala la imaginación como un problema que hay que solucionar.

Beatriz, la madre de Iván, alentada por la maestra preguntaba qué se podía hacer para que su hijo tuviera menos imaginación y atendiera mejor en clase. Debo decir que se me pusieron los pelos de punta. ¿Arrancarle a un niño su imaginación? ¿Y la idea provenía de una profesora? Hoy todavía me pregunto cómo un docente pudo llegar a semejante conclusión. Me pregunto si en algún momento se planteó que el problema estaba en su metodología y no en Iván, si se cuestionó qué podía hacer ella para captar la atención de aquel niño que tan solo tenía seis años. ¿Intentar hacer las clases más amenas? ¿Buscar nuevas estrategias que motivaran más al alumnado? ¿Empatizar con un niño que prefería soñar despierto a escuchar durante horas a su profesora?

Lo que más me preocupa es que, ante comentarios de este tipo, algunos padres puedan pensar que el hecho de que sus hijos tengan imaginación es un «problema», en lugar de una fortaleza o una riqueza increíble. No pude evitar decirle a esa madre que la imaginación de su hijo era maravillosa y que ojalá la conservara para siempre. Que no dejara que nadie se la arrebatara. Que potenciar su atención, desde luego, no debía ser jamás a costa de deshacerse de su capacidad fantasiosa.

Por suerte, muchísimos padres y docentes dan el valor que se merece a la imaginación y a la creatividad de los más pequeños, respetando sus procesos inventivos y potenciando su imaginación a través del juego y otras estrategias creativas. La creatividad es, sin duda, un gran valor en la infancia y también en la edad adulta. Un adulto con imaginación no solamente será capaz de encontrar diferentes soluciones a los problemas, dificultades u obstáculos con los que se encuentre, sino que además aportará ese plus que le hará destacar y probablemente alcanzar el éxito no solo en su trabajo, sino en las diferentes facetas de la vida.

Por otro lado, una madre y un padre creativos también serán capaces de encontrar las fórmulas adecuadas para educar a sus hijos. Teniendo en cuenta lo que observan, lo que leen y sus circunstancias particulares, podrán incorporar y adaptar teorías a su caso concreto y ser eclécticos incluso aportando una visión propia. La creatividad hará que todo sea más agradable y llevadero, ayudará a buscar estrategias y a atajar dificultades que surjan. Los llevará a encontrar y a diseñar su propio camino.

Además, cualquier tipo de actividad creativa puede convertirse en una herramienta educativa. Te dejo algunos ejemplos:

- Expresar las emociones e inquietudes a través del dibujo y/o la pintura.
- Expresar las emociones e inquietudes a través de la escritura de un relato.
- Identificar las emociones a través de diferentes tipos de música.
- Potenciar la calma a través de mandalas u otro tipo de coloreables.
- Canalizar las emociones a través de la danza.
- Entrenar la capacidad de resolución de problemas planteando enigmas y misterios por resolver.
- Inventar o utilizar canciones para aprender rutinas y fomentar la autonomía: hacer la cama, atarse los cordones, lavarse los dientes...
- Actividades diseñadas y creadas para abordar temas y situaciones concretos.

En definitiva, la imaginación y la creatividad, no solo en nuestros hijos sino también en nosotros mismos, hará de este viaje un espacio de tiempo rico, diferente, único. Y dotará a nuestros hijos de una herramienta inigualable que les servirá a lo largo de toda su vida.

CLAVES PARA CREAR UNA BUENA CAJA DE HERRAMIENTAS DE CRIANZA

✓ Existen herramientas que se utilizan como vehículos que facilitan el camino en el viaje de la crianza.

✓ No a todos nos gustan ni nos funcionan las mismas estrategias, por eso es importante que fabriquemos nuestra propia caja de herramientas, aquellos útiles que nos acompañarán en la crianza de nuestros hijos.

✓ Una buena caja de herramientas puede incluir: el cuento, el juego, el cine y propuestas creativas en general.

✓ El cuento se sustenta teóricamente como procedimiento de elección en psicoterapia, en el ámbito médico, en el educativo y en otros campos donde se busque promover una evolución emocional, cognitiva y conductual.

✓ El juego, además de diversión, aporta a los niños multitud de beneficios, como favorecer su desarrollo emocional, social, intelectual, artístico y físico.

✓ Existen tres tipos de juego, todos ellos muy beneficiosos para el niño: simbólico, libre y dirigido.

✓ El cine es un entretenimiento que resulta muy atractivo, pero también es una gran herramienta que nos ayuda a reflexionar y que puede convertirse en una aliada para la crianza de nuestros hijos.

✓ Una madre y un padre creativos serán capaces de encontrar las fórmulas adecuadas para educar a sus hijos. Teniendo en cuenta lo que observan, lo que leen y sus circunstancias particulares, podrán incorporar y adaptar teorías a su caso concreto y ser eclécticos, incluso aportando una visión propia.

✓ La creatividad es, sin duda, un gran valor en la infancia. Es importante respetar los procesos inventivos de los más pequeños y potenciar su imaginación a través del juego y otras estrategias creativas.

La hora del cuento: Te lo cuento con un cuento

Desde que era niña, Juana se mostraba tímida y callada, le costaba mucho expresar sus sentimientos y se le hacía un mundo hablar de ciertos temas con su hijo Zacarías que, a sus nueve años, era un niño muy parlanchín. Era tan curioso que se pasaba el día haciendo preguntas, algunas de ellas un poco incómodas para su madre.

Un día, mientras caminaban por la calle, Zacarías le preguntó:

—Mamá, ¿cómo se hacen los niños?

Juana se puso colorada como un tomate, no sabía qué contestar.

—Es un poco largo de explicar, ¿qué te parece si este fin de semana te lo cuento tranquilamente? —contestó finalmente.

Juana había salido del paso con aquella respuesta, pero ahora tenía una preocupación. Le había prometido a Zacarías que le contaría cómo se producía la concepción y ella no sabía ni por dónde empezar. La idea de la cigüeña y de la semillita no le valían. Así que aquella tarde llamó a su amiga Daría, a quien consideraba mucho más resuelta para este tipo de cosas, y le pidió consejo.

—Precisamente, mantuve esta conversación con Leire este mismo verano. Se lo conté con total naturalidad. Le mostré algunas imágenes sobre los aparatos reproductores y le expliqué el proceso —dijo Daría.

A Juana se le hizo un nudo en la garganta, ¿cómo iba a conseguir ella hablar de ese tema tan abiertamente con Zacarías? Admiraba mucho a Daría en ese sentido, ojalá ella pudiera hacer lo mismo.

—Es que yo no me veo capaz, Daría —se lamentó Juana.

—Se me ocurre una idea, ¿por qué no buscas un cuento que hable de ese tema?

Siguiendo el consejo de Daría, Juana se fue a la librería de su pueblo. La librera, que era muy amable, le mostró por lo menos cinco cuentos que trataban esa cuestión.

—¡Vaya, sí que hay variedad! —exclamó.

—Es un tema muy demandado a partir de cierta edad. Muchos padres no saben muy bien cómo enfocarlo.

Juana suspiró aliviada. No era la única a la que le pasaban esas cosas. Examinó las diferentes opciones y eligió un cuento.

Y aquel fin de semana, Juana le leyó a Zacarías la historia de cómo una niña, a raíz del embarazo de la vecina, les preguntaba a sus padres si ella también estuvo dentro de una tripa, y a partir de aquí le explicaban todo el proceso. Zacarías estuvo muy atento durante toda la narración. Cuando el cuento se acabó, le dio un beso enorme a su madre y le dijo:

—¡Muchas gracias, mamá! ¡Lo he entendido perfectamente!

Reflexión

A veces se dan situaciones en la crianza que no sabemos cómo afrontar o que se nos hacen más cuesta arriba. En estos casos podemos pedir ayuda o contar con alguna herramienta para superar el reto al que nos enfrentamos.

No todos los padres somos iguales ni tenemos las mismas habilidades (o dificultades) en los desafíos que se nos plantean. Quizá para algunos sea lo más natural del mundo hablar abiertamente con los hijos de temas como la sexualidad, pero a otros les resulta complicado, no saben qué contestar ni cómo abordarlos. Los cuentos pueden ser buenas herramientas para estos casos.

En el cuento anterior, Juana se enfrenta a un problema y lo resuelve con una herramienta sencilla. Las librerías son templos donde se pueden encontrar libros que tratan infinidad de cuestiones interesantes. Un buen librero será el aliado perfecto para aconsejar, recomendar y dar a conocer los mejores y más apropiados títulos.

Por otro lado, como hemos visto a lo largo de esta línea, también existen juegos, películas, documentales u otro tipo de actividades creativas que pueden ser incluidas en nuestra caja de herramientas particular.

Cuestiones para pensar

- ¿Te ha sucedido alguna vez algo parecido a lo que le ha ocurrido a Juana? ¿Qué hiciste?
- Si te ocurriera hoy, ¿qué herramienta piensas que podrías utilizar?
- ¿Has utilizado en alguna ocasión el cuento como herramienta? ¿Cómo ha resultado esa experiencia?
- ¿Empatizas con Juana? ¿Piensas que dificultades así pueden acontecer a menudo en el proceso de crianza?

Actividades para realizar juntos: el uso de herramientas

Cuento

1. Escritura creativa
Objetivo: Escribir un cuento que hable de un tema concreto.

Materiales:

- Cuaderno
- Bolígrafo

Funcionamiento: La madre o el padre piensa en un tema que sea de interés para la crianza de su hijo: la autoestima, la asertividad, la frustración… Y escribe un cuento cuyo eje principal sea esa temática. Una vez acabada la historia, se lee con el niño y se reflexiona.

Una variable de esta actividad es que el niño también escriba un cuento sobre un tema que elija. Después se leen los cuentos en familia.

Juego dirigido

2. El lazarillo
Objetivo: Fortalecer la confianza entre padres e hijos. Trabajar la empatía.

Funcionamiento: Cuando estemos paseando por la calle en una zona que no entrañe peligros, nos ponemos en pareja cogidos de la mano (madre-hijo, padre-hija, madre-hija…). En un primer momento, el menor cerrará los ojos y el adulto lo guiará cuidando de que no se haga daño, indicando a través de la palabra si hay que desviarse, si se aproxima algún escalón, etc. Pasados unos minutos, se cambian los roles y es el menor el que guía al adulto, que tendrá los ojos cerrados.

3. ¿Y tú qué harías?

Objetivo: Analizar situaciones desde diferentes perspectivas. Trabajar el pensamiento crítico, la empatía y la flexibilidad.

Funcionamiento: Se presentan diferentes dilemas morales y se le pregunta al niño o la niña qué es lo que haría en esa situación. Los padres también pueden expresar qué es lo que harían ellos y por qué.

Ejemplo 1: Un buen amigo de Juan ha puesto un dibujo de un cerdo en el pupitre de un compañero con el escrito: «A ver si te duchas». Al verlo, el niño del pupitre se lo ha contado al profesor, que inmediatamente ha preguntado quién es el responsable de aquella nota, asegurando que si no sale castigará a toda la clase sin ir al viaje de final de curso. Juan sabe quién ha sido y el responsable no parece tener la menor intención de confesar. Si habla lo estará traicionando, pero si no lo hace pagaran justos por pecadores. Si estuvieses en el lugar de Juan, ¿tú qué harías?

Ejemplo 2: Marta, una amiga de Luisa, está en la organización del sorteo de una cesta navideña. El lote lleva, entre otras cosas, un montón de turrones, un jamón y algo que Luisa desearía tener con todas sus fuerzas: unos patines con ruedas luminosas. Marta le dice a Luisa que ha encontrado la forma de hacer que ella gane el sorteo y así después pueden repartir el premio entre las dos. Luisa sabe que es una buena oportunidad para conseguir algo que sus padres no se pueden permitir, pero por otro lado es consciente de que esa no es una actitud correcta. ¿Tú qué harías?

4. La gallinita ciega

Objetivo: Enseñar la importancia de los sentidos. Enfrentarse al miedo a la oscuridad.

Materiales:

• Un pañuelo para los ojos

Funcionamiento: El que va a hacer el papel de gallinita ciega se pone una venda en los ojos para no ver nada. La gallinita da unas vueltas sobre sí misma mientras cuenta hasta diez. El resto de los participantes se reparten por la habitación, la gallinita deberá encontrarlos y adivinar por el tacto quiénes son.

5. Puzle

Objetivo: Trabajar el valor de la paciencia, trabajo en equipo, búsqueda de estrategias, compartir un rato juntos.

Materiales:

- Un puzle

Funcionamiento: Elegir un puzle un poco más difícil que el que sería adecuado para que el niño lo realizara solo. Se trata de encajar el puzle juntos. Animar al niño a que organice el juego. Por ejemplo: «Tú buscas las piezas de cielo y yo las de vegetación», «Tú te encargas de los bordes y yo de este coche rojo»...

Creatividad

6. Los cubos para crear historias

Objetivo: Fortalecer la comunicación y potenciar la creatividad.

Materiales:

- Papel
- Tijeras
- Pinturas
- Pegamento

Funcionamiento: Existen en el mercado varias opciones para hacerse con unos cubos que se utilizan para crear cuentos e historias. En general, se trata de una caja con nueve cubos, cuyas caras tienen cada una un dibujo diferente: un timón, una bombilla, un árbol, una mesa, una piña... Estos cubos también se pueden hacer como manualidad, con papel y dibujando objetos en cada cara.

El juego consiste en lanzar los nueve dados e inventar una historia con los dibujos que han salido. La historia la puede crear primero el niño y después el adulto con los mismos dibujos que han salido, y observar así que cada uno crea una historia diferente.

Yo

Como todos los viajes, este ya va llegando a su fin. Y lo hace con un trayecto que me parece que es imprescindible abordarlo cuando hablamos de maternidad y paternidad: el factor «uno mismo». Se trata de un aspecto que muchas veces se nos olvida y que resulta del todo necesario para completar el circuito.

Quizá hayas oído alguna vez este curioso dilema para padres: «Estás viajando en avión con tus hijos. De pronto, el sistema alerta de que los niveles de oxígeno en la cabina están descendiendo de forma inquietante, comienza a sonar una alarma estridente y las mascarillas de oxígeno saltan desde el techo. ¿A quién le vas a colocar antes la mascarilla, a tus hijos o a ti?».

Si ya conocías este dilema, probablemente sabrás cuál es la respuesta correcta. Si no, es posible que pienses lo mismo que muchísimos padres y madres: «Mis hijos son lo primero. Para mí, ellos son lo más importante».

Sin embargo, la instrucción es muy clara en estas circunstancias. Primero debemos ponernos la máscara de oxígeno nosotros, para así después atender a nuestros hijos como se merecen. Si nos ocupamos antes de ellos, es posible que nuestro cuerpo no soporte la falta de oxígeno y, si perdemos el conocimiento, entonces será imposible cuidar de nuestros hijos.

Voy a compartir contigo también un ejercicio que practico a menudo con los padres y las madres que acuden a mi consulta. También es una dinámica que me gusta trabajar en grupos de padres. En ambos casos, el funcionamiento es el mismo. Les muestro una bonita caja con un cartel pegado en la tapa que reza LA PERSONA MÁS IMPORTANTE, y les doy la siguiente consigna: «He realizado una exhaustiva investigación y ya sé quién es la persona más importante de tu vida. Y aquí está, dentro de esta caja. ¿Te imaginas quién puede ser?». La mayoría de los padres contesta una frase de este estilo: «No sé lo que me encontraré en esta caja, pero la persona más importante es mi hijo (o mis hijos, en el caso de que tengan más de uno)».

Después de escuchar su respuesta, les doy la caja y les digo que la abran. Las reacciones son muy diversas: sonrisas, lágrimas, incredulidad… Pero nunca, nunca veo la indiferencia dibujada en sus caras. Y es que lo que se encuentran dentro de la caja es a ellos mismos. En el interior hay un espejo y lo que pueden contemplar es su reflejo.

Después de descubrir el mensaje «La persona más importante de tu vida eres tú», suele haber un debate en el que cada uno expresa si está de acuerdo o no con esta afirmación. Dependiendo de sus creencias y de si son más o menos flexibles, algunos padres niegan que eso sea así, e insisten en que las personas más importantes son sus hijos. Otros afirman con la cabeza y comprenden el significado real de dicha frase. En definitiva, este mensaje nos viene a decir que, si no nos cuidamos, difícilmente daremos lo mejor de nosotros mismos a nuestros hijos. Cuanto mayor bienestar alcancemos de forma individual, más calidad de tiempo y educación ofreceremos a nuestra familia.

En ocasiones, la maternidad (o paternidad) nos arrastra hasta límites insospechados. Como te comentaba en la línea de «La autoestima», pasamos a ser «la madre de» o «el padre de» y se nos olvida que nosotros también tenemos necesidades, aficiones, ilusiones, vida… Y es probable que nuestro bienestar se resienta y, en consecuencia, muchas veces de forma inevitable, también la calidad de nuestras interacciones con los hijos.

Además, considero muy interesante llevar a cabo un viaje interno, por un lado, hacia el niño que fuimos, y por otro, hacia el padre que soy y quiero ser.

En esta línea te propongo no solo que compruebes que te estás cuidando como te mereces, sino que encuentres dentro de ti la voz que te guiará en tu ruta como madre o padre. La voz que te ayudará a encontrar tu propio camino.

Para acabar esta introducción, quiero compartir contigo un pequeño resumen sobre las líneas generales de los estilos de crianza más destacables, ya que te será de utilidad para los ejercicios que se plantearán a lo largo de este trayecto:

- **Estilo de crianza autoritaria:** La desempeñan padres muy severos y exigentes. Este estilo se caracteriza por el uso de un habla con términos de autoridad, órdenes y castigos. Suele haber escasas muestras de afecto. ✓ Reglas - ✗ Afecto
- **Estilo de crianza permisiva:** La desempeñan padres excesivamente permisivos que no establecen límites ni normas a seguir. Suele haber muestras de afecto. ✗ Reglas - ✓ Afecto
- **Estilo de crianza pasiva:** La desempeñan padres que suelen mostrarse ausentes y poco accesibles para sus hijos. ✗ Reglas - ✗ Afecto
- **Estilo de crianza firme y amable:** La desempeñan padres que emplean un sano equilibrio entre el establecimiento de las normas y el trato de cariño para con sus hijos. En este estilo de crianza prima el sentido común, la asertividad, el respeto, el diálogo y la coherencia. ✓ Reglas - ✓ Afecto

YO, HIJO

En alguna ocasión habrás oído aquello de «conectar con tu niño interior», sin saber muy bien a qué se refiere esta frase. El niño que llevamos dentro está directamente relacionado con nuestra infancia y con las vivencias que experimentamos en edades muy tempranas. Hay muchas teorías que hablan de los beneficios de conectar con nuestro niño interno para sanar traumas o bloqueos que pudieron producirse en el pasado. Si te interesa ahondar más en ello, te invito a que investigues un poco por tu cuenta. En este caso, vamos a relacionar esa conexión con nuestra infancia y el estilo de crianza que recibimos. Comprobaremos también que, después de este viaje al pasado, nos resultará mucho más sencillo empatizar y comprender a nuestros hijos.

Muchas veces puede resultar complicado escuchar y ponernos en la piel de nuestros pequeños. Se nos olvida cómo siente y piensa un niño, y que nosotros también lo fuimos. Quizá si echamos la vista atrás, si tratamos de recordar, de conectar con nuestra infancia, hallaremos las respuestas a muchas de las preguntas que nos planteamos.

¿Cómo se puede comenzar a conectar con el niño interior? Te propongo seguir estos pasos:

1. Busca un momento en el que estés solo y tranquilo para que no haya interrupciones.
2. Busca un sitio confortable y acogedor.
3. Cierra los ojos y visualízate de niño: ¿Cuántos años tienes? ¿Dónde estás? ¿Cómo eres? ¿Cómo te sientes?
4. Abrázate muy fuerte. Siente que estás abrazando a tu yo niño.
5. Háblale a tu niño interior. ¿Qué te gustaría decirle?

Este ejercicio es una buena forma para tener una primera toma de contacto con el niño que hay en ti. Puedes realizarlo durante algunos días para, poco a poco, ir centrándote en la relación que tenías con tus padres y en cómo te hacía sentir.

Debes tener en cuenta que… **un niño siempre tiene una lupa delante del ojo.**

Hace unos años me invitaron a contar cuentos en mi colegio de la infancia, una escuela rural de un pueblo de quinientos habitantes. No había estado allí desde hacía muchísimos años y una emoción indescriptible me recorría de arriba abajo. Cuando llegué al patio, estaba absolutamente emocionada, en aquel espacio había vivido todo tipo de experiencias, buenas y no tan buenas, había sonreído y había llorado, había ganado carreras, pero también me había caído dejando importantes cicatrices en mis rodillas. Lo había recordado muchas veces y, sin embargo, ahora era diferente. Una de las cosas que inmediatamente pensé fue: «Qué pequeño, lo recordaba mucho más grande». En efecto, en mi memoria el patio era de las dimensiones de un campo de fútbol y, sin embargo, en aquel momento lo percibí diez veces más pequeño. Y lo mismo me sucedió con las aulas, con la plaza del pueblo e incluso con un vecino que me crucé, pues cuando era niña me parecía un auténtico gigante y me di cuenta de que era una persona normal que poco tenía que ver con un jugador de la NBA.

Probablemente te estés acordando ahora de sensaciones parecidas, de haber entrado en alguna casa que visitabas en la infancia y verla ahora mucho más pequeña, o en un parque o un restaurante.

Eso sucede porque los niños suelen tener una lupa delante del ojo y del corazón, por eso no solo perciben los espacios físicos, los objetos, los animales y las personas mucho más grandes que los adultos. También les ocurre con la intensidad de sus emociones, con la interpretación que hacen de las cosas, con la magnitud que dan a sus dificultades y problemas. Recuerdo las pequeñas grandes angustias que me entraban cuando alguna amiga dejaba de hablarme, cuando temía que mis padres se enfadaran conmigo o al recibir algún comentario desafortunado de un profesor. Al conectar con el niño que llevamos dentro, nos damos cuenta de cómo sentíamos entonces, y nos acercamos a nuestros hijos.

Una vez llevada a cabo esta primera toma de contacto con nuestro niño interior, podemos aproximarnos poco a poco al tema que nos ocupa: la crianza. Empezaremos por analizar qué tipo de crianza usaban nuestros padres con nosotros y luego reflexionaremos acerca de cómo nos sentíamos.

Este ejercicio lo he realizado con algunos padres y madres a través de preguntas dirigidas. Puedes pensar las respuestas, aunque yo te recomiendo que las escribas en un cuaderno para que el análisis sea más profundo. Vamos a trasladarnos a tu infancia, entre los cinco y los diez años aproximadamente. En las preguntas haré referencia a la madre y al padre en términos generales, pero doy por hecho que existen diferentes composiciones de familias. Te invito a que, en su caso, adaptes las preguntas a tu situación particular.

- ¿Con quién vivías?
- ¿Quiénes eran tus cuidadores principales?
- ¿Qué relación tenías con tu madre? ¿Qué estilo de crianza desempeñaba?
- ¿Qué relación tenías con tu padre? ¿Qué estilo de crianza desempeñaba?
- ¿Cómo te hacían sentir tus padres?
- ¿Sentías un amor incondicional por parte de ellos?
- ¿Puedes asegurar que siempre fueron un gran apoyo para ti?

- ¿Tenías inquietudes y preocupaciones? ¿Alguna de ellas se relacionaba con tus padres?
- ¿En alguna ocasión has sentido miedo a la reacción de alguno de tus padres? Si es que sí, ¿cómo te hacía sentir esa emoción?
- ¿Crees que te educaron de la mejor manera posible?
- ¿Qué es lo que más te gustaba de su forma de educarte?
- ¿Cómo te hubiera gustado que te educaran? ¿Qué cosas cambiarías de sus métodos de crianza?

Después de hacer este ejercicio, es probable que te hayas hecho una idea de cómo era el estilo de crianza que tus padres desempeñaban contigo, y también que tengas más o menos claro lo que te parece que era acertado y lo que no. Te propongo que lo anotes en dos columnas y que trates de evitar lo que te parezca que no era adecuado, encaminándote hacia lo que consideres más positivo con tus hijos.

YO, MADRE / YO, PADRE

¿Te has preguntado alguna vez qué estilo de crianza empleas con tus hijos? Es probable que no te identifiques al cien por cien con un solo estilo y que consideres que, por ejemplo, en ocasiones te comportas de forma autoritaria y, aunque parezca contradictorio, otras veces de forma permisiva. No se trata de que nos encasillemos en un estilo u otro, pero puede ser interesante que analicemos un poco nuestras tendencias. En general, seguimos patrones muy marcados que vienen condicionados por el momento del día, por las circunstancias, por nuestro estado de ánimo o por el cansancio. Precisamente este vaivén de un estilo a otro demuestra que no tenemos un plan específico, que nos dejamos llevar sin que haya una reflexión o un plan previo por nuestra parte. Para ilustrar esto, te dejo a continuación un pequeño escrito sobre una madre:

A Alejandra le han preguntado en la escuela de padres qué estilo de crianza practica con sus hijos. Ella se ha quedado un poco confusa, pues no cree que pueda identificarse claramente con ninguno de ellos. Es consciente de que, cuando está de mal humor, alza la voz y es quizá demasiado estricta con la niña; en cambio, cuando está cansada, no tiene energía y hace la vista gorda si la niña no cumple con sus obligaciones. Sin embargo, al final de la jornada y los fines de semana todo fluye mucho mejor. Tiene tiempo de hablar con su hija y de darle todos los mimos que se merece.

Se trata de hacer un análisis realista de cómo educamos a nuestros hijos y averiguar qué estilo de crianza solemos utilizar. Para eso será de vital importancia la autoobservación e incluso llevar a cabo algún tipo de registro.

A lo largo de estos años de profesión me he dado cuenta de que muchas veces no somos del todo conscientes de nuestras actuaciones. Un claro ejemplo de ello es cuando en una entrevista les pregunto a madres y padres cuántas veces al día les alzan la voz a sus hijos y estos contestan convencidos que, como mucho, una, y algunos días incluso ninguna. Y, tras una semana de registro, nos damos cuenta de que la media diaria de episodios de tono elevado es de por lo menos seis, quedando ellos mismos impactados por esa cifra. Quiero aclarar aquí que cuando hablo de «alzar la voz» me refiero a hacerlo para quejarse de una actitud o para ordenar algo a nuestros hijos; no me refiero a faltas de respeto, insultos o humillaciones, ya que esto último lo enmarcaría en otro lugar, que desde luego no tendría cabida en el viaje que yo te propongo.

La autoobservación es, por lo tanto, una estrategia de importancia vital. Se trata de ser conocedores de cómo lo estamos haciendo, cómo actuamos, qué decimos y cómo nos sentimos, porque los padres educamos todo el tiempo, aunque en ocasiones lo ignoremos. Palabras, miradas, reacciones... todo lo que hagamos, especialmente en presencia de nuestros hijos, formará parte de la crianza. Solo si somos conscientes de nuestros errores, corregiremos y avanzaremos en una dirección más acertada. Y podremos conocer también nuestras necesidades y valorar si precisamos cuidarnos más.

Para comenzar a hacer este ejercicio de autoconocimiento como padres, te propongo realizar una autoobservación a partir de una anotación de este estilo durante una semana. A continuación, te dejo un ejemplo de autorregistro, en este caso completado por Alejandra, la madre del ejemplo anterior, que vive sola con su hija Elena.

SITUACIÓN Fecha y hora (¿Qué ocurre?)	PENSA- MIENTO (¿Qué pienso?)	EMOCIÓN (¿Qué siento?)	CONDUCTA (¿Cómo reacciono?)	SENTIMIENTO POSTERIOR (¿Me siento satisfecho con mi actuación?)
Lunes, 8.00 h. A la hora del desayuno Elena no come.	«¡Qué hartura! ¡Todas las mañanas igual! ¡No puede ir al colegio en ayunas!».	Impotencia, enfado	Alzo la voz: «¡Me tienes harta!». Cojo el bol de mala gana.	No me gusta alzarle la voz ya de buena mañana.
Lunes, 14.15 h. Al llegar a casa Elena deja su chaqueta y zapatos tirados por el salón.	«Pero ¿qué se cree esta niña? Si piensa que yo voy a ser su criada, la lleva clara».	Enfado	Alzo la voz: «¡Recoge ahora mismo tus zapatos y coloca el abrigo en el perchero!».	No me gusta tener que alzarle la voz por todo. Me doy cuenta de que ni siquiera le he dado un beso al llegar.
Lunes, 18.00 h. Le pido a Elena que lea un poco, pero ella no hace caso y sigue viendo la tele- visión. Al final, tengo que obligarla.	«¿Por qué tiene que costarme todo tanto con ella?».	Enfado	Le apago la televisión y alzo la voz: «Vas a leer ahora mismo porque es tu obligación y porque lo digo yo».	No hago más que alzar la voz. No sé si estoy haciendo lo correcto.
Lunes, 20.00 h. Le pido a Elena que se bañe. Me dice que no.	«No puedo más. Que haga lo que le dé la gana».	Cansancio	Dejo que se salga con la suya y no hago nada.	No debería haber permitido que no se bañe. Pero estoy tan cansada…
Lunes, 21.30 h. Elena me pide que le lea un cuento.	«Por fin, llega la hora de descansar. Menudo día. Me encanta leerle el cuen- to a Elena».	Tranquilidad	Le leo el cuento. La abrazo y le doy muchos besos antes de apagar la luz.	Sí. Cuando Elena y yo estamos bien, me siento mucho mejor.

Alejandra era una de esas madres que en una primera entrevista aseguraba no alzarle la voz a su hija más de una vez al día. El autorregistro le sirvió para darse cuenta de que casi todas las interacciones con Elena llevaban algún tipo de reproche, muchas veces asociado a pensamientos negativos y a emociones que ella, la madre, vivía de forma desagradable.

El registro le abrió los ojos, y lo que vio no le gustó. Alejandra aseguraba que transitaba por el viaje de la crianza sin mapa, sin brújula, sin unos objetivos claros. Que se dejaba arrastrar impulsivamente y que ahora era consciente de que aquella forma de interactuar con su hija no le hacía bien a ninguna de las dos.

Alejandra solía utilizar un estilo autoritario basado en órdenes, tono de voz elevado y algunos castigos que parecían no funcionar. No se esforzaba por comprender a su hija, no practicaba la escucha activa y no se sentaba a dialogar ni a razonar con ella. Al final de la jornada, ya cansada, le dejaba hacer lo que quisiera. Y al día siguiente, vuelta a empezar: órdenes, desesperación, enfado, cansancio… Era una espiral que giraba y que no se veía con fuerzas de detener.

Alejandra era consciente de todas estas cosas y pedía orientación para cambiar, para agarrar con fuerza el timón del barco y conducirlo hasta buen puerto.

Otra cuestión que nos planteamos fue si Alejandra estaba cuidando de ella misma. Este tema enlaza directamente con el siguiente trayecto: «Yo, yo».

Para finalizar, te dejo una muestra del cuadro de autorregistro, listo para completar.

SITUACIÓN Fecha y hora (¿Qué ocurre?)	PENSA-MIENTO (¿Qué pienso?)	EMOCIÓN (¿Qué siento?)	CONDUCTA (¿Cómo reacciono?)	SENTIMIENTO POSTERIOR (¿Me siento satisfecho con mi actuación?)

Y también he preparado unas preguntas que podrán ayudarte a analizar con más profundidad tu estilo educativo y hacia dónde quieres dirigirte:

- ¿Qué es lo que más te gusta del modo en que educas a tu hijo?
- ¿Qué te gustaría cambiar y mejorar?
- ¿Crees que tus emociones, preocupaciones y estado anímico influyen en la forma de relacionarte con tus hijos? ¿Te parece justo para ellos? ¿Cómo piensas que podrías tratar de desvincular tu estado interior de la crianza de tus hijos?
- ¿Utilizas el castigo con tus hijos? ¿Te funciona? ¿Quieres seguir utilizándolo o te gustaría encontrar una nueva vía? Piensa en alternativas.
- ¿En alguna ocasión te has sentido culpable por cómo les has hablado a tus hijos? ¿Cómo has reaccionado? ¿Has tratado de solucionarlo?
- ¿Rectificas y les pides perdón a tus hijos cuando te equivocas?
- ¿Reservas todos los días un rato para conversar con tus hijos sin prisas? ¿Te gustaría hacerlo? ¿Qué momento del día crees que sería el mejor?
- ¿Sabes hacia dónde te diriges? ¿Tienes claro cómo quieres educar a tus hijos?

Según el doctor en psiquiatría Daniel J. Siegel, los padres pueden enfocar la educación de sus hijos siendo reactivos o siendo receptivos. Un comportamiento reactivo significa poner el «piloto automático», dejarse llevar por el primer impulso, no tener un plan ni una estrategia de crianza. En cambio, el comportamiento receptivo conlleva una intencionalidad, hay una reflexión detrás de cada actuación, se barajan opciones y se elige la que uno considera más adecuada para el bienestar de sus hijos a corto y largo plazo.

Para mí esto sería parecido a ir con mapa o a ir sin mapa. Si no sabemos hacia dónde nos dirigimos, estamos perdidos, improvisamos y nos equivocamos. Si, por el contrario, tenemos un itinerario que seguir, todo resulta mucho más sencillo.

En el trayecto anterior has hecho un análisis sobre cómo era el estilo de crianza de tus padres y en este, sobre cómo tiende a ser el tuyo. Te invito a hacer una comparativa para después sacar conclusiones:

- ¿En qué se parece tu estilo de crianza y el de tus padres? ¿En qué se diferencian?
- ¿Crees que has mejorado ciertos aspectos? ¿Cuáles?
- ¿Qué cosas te quedan por mejorar? Señálalas como metas y trata de diseñar una ruta para alcanzarlas.

Se trata de coger el mapa entre las manos y de conocer, reflexionar, marcar objetivos y trazar un plan para conseguirlos.

YO, YO

Cuídate para cuidar.

Si has seguido el orden propuesto, en estos momentos llevas todo un libro viajando, trayecto tras trayecto, y quizá ha llegado la hora de que te des un respiro.

Bájate del metro, sí, ahora, ¿por qué no? Sal a la calle y camina. Dirígete allí donde veas árboles y oigas que los pájaros cantan. Disfruta a cada paso del aire que respiras. Observa a tu alrededor: formas, colores, gente, animales... ¡Mira, una heladería! Te encanta el helado. ¿Estás pensando que es una pena que no estés con los niños para disfrutarlo con ellos y que mejor dejarlo para otro día? Pues olvídalo. Mi sugerencia es que te acerques al dependiente y elijas el cucurucho más grande que te pueda preparar y que después sigas paseando. Respira hondo y deja que el sol acaricie tu rostro y tu cuerpo. Cómete ese helado disfrutando cada bocado, saboreándolo. ¿Recuerdas cómo te sentías cuando eras niño y te compraban un helado? Conecta con esa emoción y sonríe.

¿Cómo te sientes en este momento? Apuesto a que mucho mejor. Si es así, ya puedes regresar a tu viaje. Seguro que ahora tienes más paz y más energía.

La crianza supone para madres y padres una actividad gratificante y a la vez compleja, que requiere una demanda muy grande de tiempo, cuidados y atención que, dependiendo de la edad de los niños y de sus diferencias individuales, pueden sobrepasarnos y desbordarnos. Es absolutamente normal que en un momento dado nos sintamos agobiados o abrumados por la intensidad de dichas demandas. Hay que tener en cuenta que, por un lado, se trata de un estado transitorio, de una racha que pasará, y, por otro, que quizá debas replantearte las cosas y tomarlas con mayor tranquilidad, ya que de lo contrario puedes sufrir consecuencias poco deseables, tanto a nivel personal como familiar. Y es que en la crianza también se da el «síndrome del *burnout*», o síndrome de los padres quemados o agotados, provocado por el frenético ritmo del día a día: trabajo, obligaciones domésticas, horarios, alimentación, deberes, exámenes, extraescolares, imprevistos...

El autocuidado es algo imprescindible para toda madre y todo padre que se dedique a la crianza de sus hijos. Se trata de ocuparnos de nuestro bienestar y estabilidad física y psicológica para que se vea también beneficiada la propia crianza.

Cargarse de bienestar significa a su vez cargarse de paciencia, de diálogo, de coherencia, de escucha... Además, los niños observarán que nos cuidamos y aprenderán que cuidar de uno mismo es importante, y no solo eso, de alguna forma ellos también tratarán de cuidarnos. Esto último me recuerda a cuando mis hijos se acercan a mí para preguntar qué tal estoy, o cuando se ofrecen para darme un masaje relajante y me aconsejan que descanse un poco. Sin duda, entender el cuidado como algo que necesitamos es gratificante en muchos sentidos y no nos traerá más que ventajas.

En el caso de las mujeres, se suele presuponer que al tener hijos dejan de ser cualquier cosa excepto «madres», y digo esto con pesar porque, aunque vamos avanzando en el camino de la igualdad, todavía queda mucho tramo por recorrer. Incluso a nivel social se crea un cerco en torno a las mujeres y se pone en entredicho nuestra función de madres si se considera que trabajamos demasiado fuera de casa o que nos tomamos demasiado tiempo para nosotras, algo que hoy todavía sucede en menor medida en el caso de los padres. Sin embargo, debemos ser conscientes de que necesitamos emplear cierto tiempo en nuestro autocuidado y que eso, lejos de ser negativo, es absolutamente beneficioso, no solo para nosotros mismos sino también para nuestros hijos. Porque en todo viaje largo se necesita hacer ciertas paradas, estirar las piernas, estirar los músculos, respirar aire y tomar el sol.

Si nos hemos procurado un rato para nosotros, dar un paseo, practicar deporte, tomar un café con una amiga o ir al cine, estaremos más contentos y relajados, y esto se reflejará en la crianza y en nuestra forma de relacionarnos.

Para que estés alerta, debes tener en cuenta que las responsabilidades y obligaciones a las que nos vemos sometidos cada día pueden conllevar una serie de **síntomas**:

- Cansancio
- Insomnio
- Estrés
- Ansiedad
- Negativismo
- Desorden alimentario
- Discusiones de pareja

Todo ello repercutirá en la forma en que interactúas con el resto del mundo (tus hijos incluidos), condicionando, entre otras cosas, tu estilo de crianza. Si no te cuidas lo suficiente, puede suceder que el cansancio y el desgaste te empujen a actuaciones que no deseas: alzar la voz, castigar, impacientarte o no escuchar.

En cambio, cuando nos cuidamos tratando de descansar y dormir las horas adecuadas, buscando vías como el deporte o un baño relajante para canalizar el estrés, guardando espacios para el disfrute propio, sus beneficios serán evidentes en nuestra forma de proyectarnos hacia fuera, mejorará sustancialmente nuestra relación con los hijos y será más fácil y más probable que conectemos, respetemos, escuchemos, razonemos, demos cariño...

Debemos tener en cuenta que en el caso de que tengamos a nuestro cargo a un niño con necesidades especiales, el autocuidado puede ser todavía más necesario, pues el tiempo de dedicación y la intensidad se multiplican.

Un primer paso para garantizarnos ese autocuidado tan necesario, sin culpas ni excusas, es llevar a cabo un **proceso de aceptación** en el que admitimos que no somos superheroínas (ni superhéroes), que tenemos un límite y que precisamos parar y recargar energía. También pondremos en entredicho la idea de que solamente nosotros podemos ocuparnos de nuestros hijos como es debido. He conocido a varias madres que consideraban a sus parejas o a otros familiares incapaces de atender las necesidades de los niños, esa creencia pesaba sobre sus hombros como una losa y significaba un lastre que les impedía desconectar, descansar y recobrar fuerzas. Ellas tuvieron que hacer un esfuerzo por cambiar de perspectiva y entender que era necesario que confiaran en otras personas. Cuando, por fin, lo hicieron y comenzaron a delegar de vez en cuando, en general se produjo un cambio sustancial en su sensación de bienestar y en la calidad de las interacciones con sus hijos. Por supuesto, en casi todos los casos somos lo mejor para nuestros hijos, pero todavía lo seremos más si nos cuidamos y nos damos ese respiro necesario.

Esta **creencia** de «solo yo puedo cuidar bien de mis hijos» suele acompañarse de otra: «Si dejo a mis hijos al cuidado de otras personas, actúo como mala madre (o mal padre)». Esta es una idea que circula en las cabezas de muchas madres y viene potenciada por las opiniones contrarias o por las críticas de personas del entorno, cuando precisamente suele ocurrir a la inversa. Probablemente, seremos mejores padres y más responsables si nos damos los cuidados que necesitamos.

Imagina el ejemplo de un coche. Tenemos un automóvil fabuloso, uno de los mejores del mercado. El más seguro, el más confortable, el más amplio… Ese coche nos lleva a todas partes. Con él viajaríamos al fin del mundo. Pero si no lo cuidamos poniéndole gasolina cuando la necesita, aparcando en la sombra para que no se caliente, llevándolo a las revisiones, cambiándole los neumáticos y manteniéndolo limpio, nos arriesgamos a que un día se pare el motor y nos quedemos tirados en mitad de una carretera, a que la rueda esté muy gastada y pinchemos, a que comience a hacer un ruido extraño o a expulsar un humo negro, o a que cada vez funcione peor porque no hemos realizado un mantenimiento adecuado. A veces debemos renunciar a ir en ese coche y utilizar otro tipo de transporte para ir a hacer los recados. Mientras tanto, el vehículo estará en el taller preparándose para luego seguir nuestro gran viaje. ¡Y eso será prudente, será responsable!

Por lo tanto, mi recomendación es que busques las **cosas que te gustan y que te hacen sentir bien** y que las practiques. Si tienes la posibilidad de hacerlo, coordínate con tu pareja para cuidar de los hijos, acude a algún familiar o busca un canguro de confianza. Se trata de no abandonarnos, de no renunciar a nosotros mismos por completo, de reponer energías y cuidar nuestro bienestar. Te aseguro que nuestros hijos también lo agradecerán. No olvides que el agotamiento del cuidador principal puede pasar factura a toda la familia. Para ello, encuentra lo que pueda encajar en tu día a día e intégralo dentro de tu rutina:

- Dar un paseo
- Hacer deporte
- Quedar con una amiga para cenar o tomar algo
- Salir de compras
- Ir al cine
- Leer
- Escribir
- Dibujar
- Escuchar música
- Tomar un baño de espuma
- Hacer una excursión

En ese sentido, también es importante **cuidar de la relación de pareja** (en el caso de que se tenga):

- Salir a cenar
- Dar un paseo juntos
- Ir a ver una película de adultos
- Practicar un deporte

Además, para que planees a fondo tu tiempo de autocuidado, te dejo otras ideas:

- Hazte con una agenda. Organiza tus obligaciones más importantes y deja espacio para actividades que realices únicamente por placer.
- Prioriza. No puedes hacerlo todo.
- Organiza una red de apoyo: el otro progenitor, tus padres, tus suegros, tus hermanos, tus cuñados, amigos de confianza... En el caso de hermanos, cuñados y amigos, si tienen hijos se puede plantear un intercambio de cuidados.
- Recuerda que la calidad siempre es mejor que la cantidad (si esta carece de calidad).
- Recuerda que cuidar de ti mismo no significa ser egoísta.
- Intenta encontrar un espacio en casa donde estar tranquilo durante un rato en un momento dado.
- Cuida tu alimentación.
- Escucha lo que te dice tu cuerpo. Si te duele la espalda o tienes migrañas. Si te mareas o si te sientes la mayor parte del día

cansado… En ese caso, será mejor que consultes con tu médico de confianza.

- Reconcíliate con la soledad. Todos necesitamos estar solos en algún momento, permanecer en silencio y escuchar tan solo el eco de nuestros pensamientos. Desear estar solo no es malo ni nos convierte en «malos padres», simplemente es una necesidad que debemos cubrir.
- No te cuides solamente para ser mejor madre o mejor padre, hazlo también simplemente por ti.

CLAVES PARA NO OLVIDARSE DE UNO MISMO EN EL PROCESO DE CRIANZA

✓ El factor «uno mismo» es un aspecto que muchas veces se nos olvida y que resulta del todo necesario para completar el circuito de la crianza.

✓ Tras conectar con nuestro niño interior comprobaremos que nos resultará mucho más sencillo empatizar y comprender a nuestros hijos.

✓ Es fundamental autoobservarnos, ser conscientes de cómo lo estamos haciendo, de cómo actuamos, qué decimos y cómo nos sentimos, porque los padres educamos todo el tiempo, aunque no lo hagamos de forma consciente.

✓ El autocuidado es algo imprescindible para toda madre y todo padre que se dedique a la crianza de sus hijos. Se trata de ocuparnos de nuestro bienestar y estabilidad física y psicológica, para que se vea también beneficiada la propia crianza.

La hora del cuento: La supermamá

Cada mañana, cuando sonaba el despertador, Leticia se levantaba de un salto, se enfundaba su supertraje con capa incorporada, dibujaba en su cara la mayor sonrisa y revoloteaba por la casa preparando los desayunos, colocando la ropa, despertando a sus pequeños con besos y arrumacos, verificando que todo estaba en las mochilas. Mientras le daba un bocado a la tostada, se vestía, le ponía los calcetines a Teo y le hacía una trenza de raíz con lazos a Nora.

Después volaba hasta el colegio, del colegio al trabajo, del trabajo al colegio y del colegio a casa. Recalentaba a la velocidad del rayo la comida que había preparado la noche anterior. Comían los tres juntos mientras conversaban, recogía la cocina y se ponían rápido con las tareas escolares, que debían estar acabadas antes de llevar a Teo a natación y a Nora a taekwondo. Así que preparaba las mochilas y las meriendas y volvía a volar de acá para allá y de allá para acá. Cuando regresaban a casa, Leticia estaba agotada. Pero sacaba fuerzas de donde no las había, aún quedaban los baños, las cenas, los pijamas y el cuento. Sin olvidar que debía preparar la comida para el día siguiente.

Así que Leticia no se quitaba el supertraje hasta que se ponía el pijama, se metía en la cama y se quedaba profundamente dormida. Cuando sonaba el despertador, saltaba de la cama y comenzaba una nueva jornada a prueba de superheroínas. Y así, día tras día.

Leticia era madre monoparental de los mellizos Teo y Nora de seis años. Su familia vivía en otra ciudad y ella sola hacía frente a la crianza de sus hijos. Por eso, todas las mañanas se enfundaba el traje de supermamá sin hacerse preguntas ni plantearse otra cosa.

Sin embargo, una mañana, Leticia se despertó más cansada que de costumbre. Buscó su traje especial por todas partes, pero no lo encontró. Así que deambuló por la casa tratando de llevar a cabo todas las tareas. A las nueve, como de costumbre, llevó a los niños al colegio. Más tarde, en el trabajo, Leticia estuvo ausente y desconcentrada, y hasta sus compañeros se dieron cuenta de que algo le pasaba.

Después de comer con los mellizos, tocaban las tareas, pero aquel día Leticia estaba de mal humor y no tenía suficiente paciencia.

—¿Es que en el colegio no te enseñan nada, Nora?

»¡Teo, te he dicho que te sientes!

»¡Sabéis lo que os digo, que ya es hora de que hagáis los deberes solos!

Leticia había alzado la voz a sus hijos sin justificación. Después se encerró en su habitación y se pudo a llorar.

Reflexión

En ocasiones, algunos padres se enfundan sus trajes de supermamá o de superpapá y viven día tras día a un ritmo frenético, dedicándose intensamente tanto a la crianza como al resto de sus obligaciones. Esto puede deberse a situaciones como la de Leticia, que es madre monoparental y no dispone de ayuda familiar, o también en casos en los que los padres no delegan y no buscan ratos para mimarse y cuidar de sí mismos. El problema de todo esto es que, aunque pongamos mucho empeño en ello, finalmente no somos superhéroes, somos humanos corrientes y molientes y necesitamos recargar las pilas. Ya que, si no lo hacemos, acabamos desbordándonos y todo a nuestro alrededor (además de nuestro bienestar propio) se resiente. Por eso es importante, aunque nos cueste, establecer una red de apoyo y ayudas que nos permita disponer de ratos de relax y de disfrute a solas o en pareja. Así evitaremos llegar a una situación de colapso o de agotamiento parental, y saldrán beneficiados tanto nuestros hijos como nosotros mismos.

Cuestiones para pensar
- ¿Alguna vez te has sentido como Leticia?
- ¿Te cuesta confiar el cuidado de tus hijos a otras personas?
- ¿Te sientes culpable cuando delegas el cuidado de tus hijos a otras personas? ¿Por qué?
- ¿Eres consciente de que deberías cuidar más de ti mismo?
- ¿Cómo te autorregalas tiempo? ¿Tienes unos ratos «sagrados» en tu día a día?

Actividades para realizar juntos: la conciencia del «yo».

Yo, hijo

1. El baúl de los recuerdos
Objetivo: Compartir con nuestros hijos recuerdos e historias de nuestra infancia.

Materiales:

- Recuerdos de la infancia.

Funcionamiento: Se pueden buscar fotografías, vídeos u objetos de cuando el padre o la madre eran pequeños. A través de estos, se trata de conectar con situaciones o emociones de la infancia que se consideren adecuadas para compartirlas con los hijos.

Yo, madre / yo, padre

2. Un, dos, tres, ¿cómo me ves?
Objetivo: Potenciar el autoconocimiento a través de la visión que tienen nuestros hijos de nosotros.

Materiales:

- Papel
- Bolígrafo

Funcionamiento: Se hacen dos listados, uno sobre «Lo que más te gusta de mí» y otro sobre «Qué cosas crees que debería mejorar». Se trata de completar ambas listas con la ayuda de los hijos, pidiéndoles que sean sinceros y en ningún caso cuestionando su opinión.

Tras el ejercicio, el padre o madre analizará lo que sus hijos manifiestan para llegar a conclusiones y tratar de mejorar lo que considere.

Yo, yo

3. Día de vacaciones de mamá y papá

Objetivo: Concienciar a los niños de que sus padres también necesitan descansar y cuidarse. Fomentar la empatía.

Funcionamiento: Dependiendo de la edad de los hijos, se planea un día en que se les propone que se ocupen de alguna tarea del hogar que suelen desempeñar sus padres, para que estos descansen de las obligaciones diarias. Se trata de pactar unas tareas sencillas y adaptadas a sus capacidades, como limpiar el polvo u ordenar la casa.

4. Mimitos a mamá y papá

Objetivo: Dar y recibir cariño. Los niños se convierten conscientemente en dadores de mimos y sus padres demuestran recibirlos con agrado.

Funcionamiento: Se busca una actividad, como por ejemplo un masaje o cosquillas en la cabeza. Los niños dan cariños a sus padres para también cuidarles un poco.

El viaje llega a su fin

Como todo viaje, este ya va llegando a su fin, por lo menos en lo que a mí respecta. Tú deberás seguir con el tuyo, o los tuyos, en plural, porque las personas siempre estamos en continuo movimiento, maduramos, nos desarrollamos, cambiamos y eso implica estar remando siempre en alguna dirección.

A lo largo de este recorrido he insistido en que busques tu camino y he tratado de compartir contigo cómo he encontrado, y sigo encontrando, el mío.

Sabemos cuáles son las nuevas tendencias en la crianza de los hijos y te he revelado cómo ha evolucionado mi forma de pensar a lo largo de estos años y en qué punto me encuentro ahora. Básicamente, he aplicado los principios que, por un lado, me parecen más acertados, después de hacer un análisis y una valoración como profesional según mis conocimientos y experiencia, y los que, por otro lado, me han dictado el sentido común y la intuición como madre.

Por supuesto, podemos equivocarnos, tener un mal día y no hacer las cosas como nos hubiera gustado, pero por suerte se puede rectificar, admitir los errores y pedir perdón. Porque, cuando pedimos disculpas, no solamente encontramos el perdón en los demás, sino también en uno mismo. En ocasiones, es probable que te sientas perdido y necesites volver a encontrarte. Cuando eso ocurre, una buena idea es regresar al amor, a ese conector del amor que tiene respuestas para todo, ¿recuerdas?

Personalmente, me preocupan los extremos y también las verdades que pretenden ser absolutas y tajantes: «Esto es lo que está bien y lo que es diferente, está mal». Y me inquieta y me enfada la facilidad con la que se juzga al otro, sin saber, sin conocer con profundidad. Lógicamente, hay cosas que jamás deben formar parte del proceso de crianza, pero no me refiero a eso ahora mismo. La idea que quiero transmitir en este libro-viaje, en el que te animo a buscar tu propia voz y tu recorrido, es que creo firmemente que no existe un manual válido para todos y que debes liberarte de las opiniones dispares que te rodeen. Quizá hay una tendencia con la que te sientas más afín, pero tiene cosas que no te convencen o que no van contigo. En cambio, sobre ese mismo tema prefieres lo que te dice otra teoría u otro especialista. Puede ser que te encaje lo que te ha dicho tu psicóloga pero no todo; sin embargo, hay algo que has aprendido en la escuela de madres y padres y piensas incorporarlo. Y es que, sí, te recomiendo que recojas experiencias e ideas de todas partes. De este libro, del que leíste el año pasado, del que leerás mañana, de los consejos de personas entendidas y de confianza… y a partir de eso que te ha convencido, traza tu propia ruta, siendo libre y consciente. Defiendo el eclecticismo y la flexibilidad, porque todos los caminos llevan a Roma cuando utilizas, además de la razón, el corazón; cuando en el centro se encuentra el amor. Las personas somos diferentes y, si encima nos convertimos en las piezas que encajan para dar lugar a una familia, las variables se multiplican. Por eso, aunque obviamente existen directrices generales, lo que es válido para unos, no tiene por qué serlo para otros. Debes sentirte cómodo con el sendero elegido y llevar tus propios zapatos, como decía la historia que leíste al principio.

No existen recetas mágicas ni teorías que funcionen siempre, y, por tanto, tampoco existe un viaje a medida de todos.

Obsérvate a ti, observa a tu hijo, hazte preguntas de este estilo:

- ¿Cómo es ella o él? ¿Qué pienso que debería potenciar?
- ¿Qué es bueno para mi hijo teniendo en cuenta su idiosincrasia y su forma de ser?
- ¿Con qué me siento yo cómodo teniendo en cuenta mi personalidad y mis creencias? ¿Es respetuosa esa elección?
- ¿Cuál es la mejor forma de comunicarte con él?
- ¿De qué manera puedo acompañar y transmitir amor incondicional cada día a mis hijos?
- ¿Qué dimensión o dimensiones de su autoestima sería bueno reforzar? ¿Cómo lo haré?
- ¿Cómo puedo fomentar que exprese sus sentimientos?

- ¿Qué reglas me gustaría instaurar en el hogar? ¿Qué tipo de consecuencias lógicas podría haber?
- ¿Cuáles son los valores que creo imprescindibles? ¿Qué hago para transmitirlos?
- ¿Tengo una buena «caja de herramientas»? ¿Cómo me gustaría completarla?
- ¿Se basan en el amor y en el respeto los pasos que doy en la crianza?
- ¿Tengo momentos para mí mismo?

Busca respuestas a estas y a otras preguntas, y diseña tu propio camino, un camino trazado para tu hijo y para ti, que será único e irrepetible, igual que vosotros.

«¡Atención, viajero! Próxima parada, "Despedida". Final del trayecto. Correspondencia con la vida misma. No olvide revisar sus asientos y comprobar que lleva consigo todas sus pertenencias, incluidos los pensamientos y las ideas. Desde estas líneas, le deseo feliz crianza».

Anexo

Herramientas: pequeña selección de cuentos y películas

Cuentos

A lo largo de estos años he escrito y publicado decenas de cuentos infantiles, muchos de ellos tratan temas que han sido de gran utilidad a las familias. Te dejo a continuación los que considero más interesantes, divididos por los temas que se han tratado en cada una de las líneas de nuestro mapa.

L1 Comunicación

- *El Juego de DimeDigo.* Ilustrado por Leire Salaberria. Editorial Tierra de MŪ. Incluye un juego de mesa para comunicarse en familia. Edad recomendada: + de 6 años.

L2 Autoestima

- *El gran libro de los superpoderes.* Ilustrado por Rocío Bonilla. Editorial Flamboyant. Edad recomendada: + de 5 años.
- *Me quiero.* Ilustrado por Mariona Tolosa Sisteré. Editorial Flamboyant. Edad recomendada: + de 6 años.

L3 Inteligencia emocional

- *El Emocionómetro del Inspector Drilo.* Ilustrado por Mónica Carretero. NubeOcho Ediciones. Incluye emocionómetro. Edad recomendada: + de 5 años.
- *Abecemociones.* Ilustrado por Marta Cabrol. Editorial Bruño. Edad recomendada: + de 3 años.

L4 Pensamiento positivo

- *Oso quiere volar*. Ilustrado por Silvia Álvarez. Cuento de Luz. Edad recomendada: + de 4 años.
- *Durmiendo con mamá*. Ilustrado por Natascha Rosenberg. Editorial Tierra de MŪ. Edad recomendada: + de 2 años.

L6 Educar la conducta

- *El bosque de la serenidad*. *Cuentos para educar en la calma*. Ilustrado por Manu Montoya. Editorial Beascoa. Edad recomendada: + de 5 años.
- *Esto no es una selva*. Ilustrado por Rocío Bonilla. Editorial Flamboyant. Edad recomendada: + de 4 años.
- *Ya soy mayor*. Ilustrado por Marta Cabrol. Editorial La Galera. Edad recomendada: + de 4 años.
- *Mapache quiere ser el primero*. Ilustrado por Leire Salaberria. NubeOcho Ediciones. Edad recomendada: + de 4 años.

L7 Valores

- *Ponte en mi lugar*. Ilustrado por Mylène Rigaudie. NubeOcho Ediciones. Edad recomendada: + de 4 años.
- *El ovillo mágico*. Ilustrado por Nora Hilb. Cuento de Luz. Edad recomendada: + de 4 años.

Películas

El cine puede ser una gran herramienta a la hora de educar a los hijos. A continuación he preparado una pequeña selección de películas distribuidas por edades.

+ de 3 años

- *Del revés*. Temas: Educación emocional, el funcionamiento de la memoria.
- *Buscando a Nemo*. Temas: Trabajo en equipo, el valor de la familia, problemas de memoria de los más mayores.
- *Coco*. Temas: Luchar por los sueños, creer en uno mismo, la muerte, otras culturas.
- *Mulán*. Temas: Igualdad, coeducación, estereotipos, lucha, el valor de la familia.

+ de 7 años

- *Cuerdas.* Temas: Empatía, amistad, respeto, diversidad, inclusión.
- *Campeones.* Temas: Diversidad, empatía, amistad.

+ de 10 años

- *Wonder.* Temas: Rechazo, acoso escolar, empatía, perseverancia, autoaceptación.
- *Billy Elliot.* Temas: Valor de la familia, coeducación, estereotipos, luchar por alcanzar objetivos.

+ de 13 años

- *Ponte en mi lugar.* Temas: Convivencia familiar, empatía, adolescencia.
- *El club de los poetas muertos.* Temas: Encontrar la pasión, buscar el propio camino, creatividad, amistad, pensamiento libre.
- *Persépolis.* Temas: Empatía, integración social, derechos de la mujer, otras culturas.
- *Cadena de favores.* Temas: Generosidad, solidaridad, empatía, trabajo en equipo.

Bibliografía

André, C. (2005), *Psicología del miedo. Temores, angustias y fobias*, Editorial Kairós, Barcelona.

Bandura, A. (1969), *Principles of behavior modification*, Holt, Rinehart & Winston, Nueva York [Hay trad. cast.: *Principios de modificación de conducta*, Salamanca, Editorial Sígueme, 1983].

Bowlby, J. (1998), *El apego*, tomo 1 de la trilogía *El apego y la pérdida*, Paidós, Barcelona.

Burns, G. W. (2003), *El empleo de metáforas en psicoterapia*, Editorial Masson, Barcelona.

Dale, E. (1946), *Audio-visual methods in teaching*, Dryden Press, Nueva York.

D'Zurilla, T. J., y Goldfried, M. R. (1971), «Problem solving and behavior modification», *Journal of Abnormal Psychology*, 78 (1), pp. 107-126.

Ekman, P.; Friesen, W. V., y Ellsworth, P. (1972), *Emotion in the Human Face: Guidelines for research and an integration of findings*, Pergamon Press, Oxford.

Ellis, A. (1991), «The ABC's of RET», *The Humanist*, 51 (1), pp. 19-49.

— (1991), «The revised ABC's of rational-emotive therapy (RET)», *Journal of Rational-Emotive and Cognitive-Behavior Therapy*, 9 (3), pp. 139-172.

Erikson, M. H., y Rossi, E. (1981), *Experiencing Hypnosis. Therapeutic approaches to altered states*, Irvington, Nueva York.

Ferber, R. (1985), *Solve Your Child's Sleep Problems*, Simon and Schuster, Nueva York.

Gardner, H. (2003), *La inteligencia reformulada. Las inteligencias múltiples en el siglo XXI*, Paidós, Barcelona.

Gerbner, G.; Gross, L.; Morgan, M., y Signorielli, N. (1996), «Crecer con la televisión: perspectiva de aculturación», en J. Bryant y D. Zilimann (coord.), *Los efectos de los medios de comunicación: investigaciones y teorías*, Paidós, Barcelona, pp. 35-66.

Goleman, D. (1995), *La inteligencia emocional. Por qué es más importante que el cociente intelectual*, Furesa, Buenos Aires.

Hoffman, L.; Paris, S., y Hall, E. (1995), *Psicología del desarrollo hoy*, vol. I, McGraw-Hill, Madrid.

Koffka, K. (1922), «Perception: an introduction to the Gestalt theorie», *Psychological Bulletin*, 19 (10), pp. 531-585.

Köhler, W. (1947), *Gestalt psychology: An introduction to new concepts in modern psychology*, Liveright, Nueva York [Reimpreso en 1959, New American Library, Nueva York].

Lazarus, Richard S. (1991), *Emotion and Adaptation*, Oxford University Press, Nueva York.

Loscertales, F., y Núñez, T. (2001), *Violencia en las aulas. El cine como espejo social*. Octaedro, Barcelona.

Maslow, A. H. (1968), *Toward a psychology of being*, Van Nostrand, Nueva York.

— (1970), *Motivation and personality*, Harper and Row, Nueva York.

Mehrabian, A. (1972), *Nonverbal Communication*, Aldine-Atherton, Chicago.

Méndez, F. X. (1999), *Miedos y temores en la infancia*, Pirámide, Madrid.

Méndez, F. X.; Inglés, C. J., e Hidalgo, M. D. (2002), «Estrés en las relaciones interpersonales: un estudio descriptivo en la adolescencia», *Ansiedad y estrés*, 8 (1), pp. 25-36.

Méndez, F. X.; Inglés, C. J.; Hidalgo, M. D.; García-Fernández, J. M., y Quiles, M. J. (2003), «Los miedos en la infancia y la adolescencia: un estudio descriptivo», *Revista Electrónica de Motivación y Emoción*, 6 (13), pp. 150-163.

Nawroth, Ph. (2010), *Active Listening According to Carl R. Rogers: Successful Listening in Professional Conversations and the Knowledge Society*, GRIN Verlag, Múnich.

Nelsen J.; Lott, L., y Gleen, S. (1993), *Positive Discipline A-Z: 1001 Solutions to Everyday Parenting Problems*, Harmony, Nueva York.

Ortín, B., y Ballester, T. (2013), *Cuentos que curan. Conocernos mejor con el poder terapéutico de los cuentos*, Océano-Ambar, Barcelona.

Pavlov, I. P. (1927), *Conditioned reflexes*, Oxford University Press, Londres.

Piaget, J. (1970), *The science of education and the psychology of the child*, Orion Press, Nueva York.

Plutchik, R. (2003), *Emotions and life: perspectives from psychology, biology, and evolution*, American Psychological Association, Washington.

Rogers, C. (1959), «A theory of therapy, personality, and interpersonal relationships: as developed in the client-centered framework», en S. Koch (ed.), *Psychology: A study of a science*, vol. 3: *Formulations of the person and the social context*, McGraw-Hill, Nueva York, pp. 184-256.

Rosenthal, R., y Jacobson, L. (1965), *Pigmalion in the classroom: Teacher Expectation and Pupils' Intellectual Development*, Crown House Publishing, Camarthen (Reino Unido).

Rotter, J. B. (1975), «Some problems and misconceptions related to the construct of internal versus external control of reinforcement», *Journal of Consulting and Clinical Psychology*, 43 (1), pp. 56-67.

Siegel, J., y Payne, T. (2012), *El cerebro del niño: 12 estrategias revolucionarias para cultivar la mente en desarrollo de tu hijo*, Alba Editorial, Barcelona.

— (2015), *Disciplina sin lágrimas: una guía imprescindible para orientar y alimentar el desarrollo mental de tu hijo*, B de Books, Barcelona.

Skinner, B. F. (1953), *Science and human behavior*, Macmillan, Nueva York [Hay trad. cast.: *Ciencia y psicología humana (Una psicología científica)*, Barcelona, Fontanella, 1971].

Timoneda, C., y Pérez, F. (2000), *Neuropsicopedagogía. Cognición, emoción y conducta*, Universitat de Girona, Girona.

Vygotsky, L. S. (1987), «The genetic roots of thinking and speech», en R. W. Rieber y A. S. Carton (eds.), *Problems of general psychology*, vol. 1: *The collected works*, Plenum, Nueva York, pp. 101-120 [Trabajo publicado originalmente en 1934].